HISTOIRE
DES
IDÉES LITTÉRAIRES
EN FRANCE
AU XIXe SIÈCLE

ET DE LEURS ORIGINES DANS LES SIÈCLES ANTÉRIEURS

PAR

ALFRED MICHIELS

> Les feuilles tombent et les préjugés restent. La force d'un seul est abattue par la faiblesse de tous.
> A. SCHOLL.

QUATRIÈME ÉDITION
TRÈS-AUGMENTÉE ET CONTINUÉE JUSQU'EN 1861

I

PARIS
E. DENTU, ÉDITEUR
LIBRAIRE DE LA SOCIÉTÉ DES GENS DE LETTRES
PALAIS-ROYAL, 13 ET 17, GALERIE D'ORLÉANS

1863

Tous droits réservés.

HISTOIRE
des
IDÉES LITTÉRAIRES
EN FRANCE

I

PUBLICATIONS DU MÊME AUTEUR:

ÉTUDES SUR L'ALLEMAGNE, renfermant une histoire de la peinture allemande, seconde édition.............. 2 vol. in-8.

SOUVENIRS D'ANGLETERRE, troisième édition............. 1 vol. in-8.

HISTOIRE DE LA PEINTURE FLAMANDE ET HOLLANDAISE..... 4 vol. in-8.

RUBENS ET L'ÉCOLE D'ANVERS........................... 1 vol. in-8.

L'ARCHITECTURE ET LA PEINTURE EN EUROPE du Ve au XVIe siècle (extrait du livre intitulé : Le Moyen âge et la Renaissance).. 1 v. gr. in-18.

LA CABANE DE L'ONCLE TOM, traduction complète, avec une biographie de l'auteur, quatrième édition.......... 1 vol. in-18.

LE CAPITAINE FIRMIN, ou la vie des nègres en Afrique... 1 vol. in-18.

CONTES DES MONTAGNES................................... 1 vol. in-18.

ŒUVRES COMPLÈTES DE REGNARD, avec un essai sur le talent de l'auteur et sur le talent comique en général. 2 v. gr. in-8.

ŒUVRES DE PHILIPPE DESPORTES, avec une introduction historique et des notes.................................. 1 vol. in-18.

LES BUCHERONS ET LES SCHLITTEURS DES VOSGES, ouvrage orné de 42 planches dessinées par M. Théophile Schuler... 1 vol. in-4.

LE LUNDI DE LA PENTECÔTE, tableau des mœurs strasbourgeoises avant 89, d'après Arnold, ouvrage orné de 41 planches dessinées par M. Théophile Schuler...... 1 vol. in-4.

LES CHASSEURS DE CHAMOIS............................... 1 vol. in-18.

LES ANABAPTISTES DES VOSGES, seconde édition.......... 1 vol. in-18.

CONTES D'UNE NUIT D'HIVER.............................. 1 vol. in-18.

HISTOIRE SECRÈTE DU GOUVERNEMENT AUTRICHIEN, troisième édition.. 1 vol. in-8.

HISTOIRE DE LA POLITIQUE AUTRICHIENNE depuis Marie-Thérèse... 1 vol. in-8.

SOUS PRESSE:

LA FRANCE DEPUIS LE 9 THERMIDOR.

L'AUTRICHE CONTEMPORAINE.

PARIS. — IMPRIMÉ CHEZ BONAVENTURE ET DECESSOIS,
55, quai des Grands-Augustins.

PRÉFACE

L'humanité, il faut bien le reconnaître, a en général peu de goût pour les systèmes d'art et de littérature. Non-seulement elle ne les aime pas, mais elle ne s'en occupe guère. De tous les livres publiés, ceux qui renferment des considérations sur le beau et ses diverses formes sont les moins lus. Malgré l'importance, malgré le charme de ces questions, presque personne ne veut les étudier. D'où vient une semblable répugnance?

Les œuvres d'imagination, par leur nature même, exercent un puissant empire. Elles sont un reflet du monde et un tableau de la vie ; on y retrouve les beautés que nous admirons autour de nous, depuis la grâce des fleurs jusqu'aux merveilles des nuits étoilées ; on y voit frémir, combattre, s'éteindre les passions diverses qui agitent le cœur de l'homme. Ces images nous font éprouver les mêmes sentiments que leurs modèles; les impressions, affaiblies sous certains rapports, sont développées sur d'autres points par l'adresse et le pouvoir créateur du génie. Elles forment donc un supplément, une continuation de l'existence réelle, nous apportant dans le calme et la retraite les émotions d'une aventureuse destinée. Immobile, étendu sous une voûte de chèvrefeuille et de clématite, ou sous les branches austères des sapins, on foule avec l'ambitieux les tapis des cours, on tremble avec le matelot sur les mers écumantes, on aspire avec le soldat l'odeur de la poudre, on s'arme de courage avec l'innocent traîné à l'échafaud. Toutes les joies, toutes les douleurs nous saisissent, mais les douleurs, transformées par la muse, deviennent des jouissances; les larmes mouillent la paupière comme une rosée divine.

A ces plaisirs, qui agrandissent le cercle de la vie habituelle, se joignent d'autres satisfactions, plus exquises peut-être. Le monde social a pour base une suite de conventions; la politesse, la prudence y refoulent la vérité dans les cœurs; les lubies de la fortune déterminent non-seulement le sort des individus, mais leurs droits, leur réputation bonne ou mauvaise, les sentiments qu'ils peuvent se permettre, les égards qu'ils peuvent exiger. La nature, la justice ne sont plus là que des mots; force, travail, inspiration, beauté, jeunesse, profond savoir, talent hors de ligne, tout fléchit devant les circonstances; le hasard distribue les greniers et les palais, décide de l'admiration et de la haine. Devant ce tumulte scandaleux notre intelligence se révolte. Que pouvons-nous y faire, néanmoins? Comment purifier les cœurs et régulariser la marche des choses? La plupart de ceux qui le tentent, non-seulement reconnaissent bientôt la vanité de leurs efforts, mais excitent contre eux de violentes persécutions, de farouches inimitiés. Dans tous les temps, on a proscrit les censeurs et les réformateurs. L'homme sage étouffe donc peu à peu la voix qui proteste dans sa conscience, devient muet, craintif, et semble résigné au spectacle du monde.

Mais l'âme ne renonce pas facilement à ses croyances, à ses désirs. Elle s'attache aux illusions qui l'abandonnent, avec l'étreinte convulsive d'un amour malheureux. Comme une femme délaissée presse contre son cœur et sur sa bouche le portrait de l'homme qu'elle chérit, nous voulons que l'image de nos espérances adoucisse nos regrets. Eh bien! cette image, c'est le poète épique, c'est le dramaturge, c'est le romancier qui nous l'offrent. Dans l'univers fictif où ils nous conduisent, la vertu, le bon sens, l'équité règnent sans partage. Le fourbe victorieux y reste méprisable; l'honnête homme indigent y conserve toute sa grandeur. Au lieu de se concentrer sur les brillantes positions, éternel objet de l'idolâtrie humaine, l'intérêt se porte sur les nobles caractères. L'esprit goûte un intime plaisir; il voit tous ses rêves prendre une forme, toutes ses idées généreuses s'incarner dans des acteurs magnanimes. Ce n'est qu'une illusion sans doute, mais elle est si vive, elle est si douce, il a tellement soin de ne pas la troubler, qu'elle l'émeut jusqu'en ses profondeurs. Il la regarde se déployer devant lui comme un divin spectacle.

L'étude du beau ne produit pas les mêmes effets. Du premier coup, elle emporte les intelligences vigoureuses dans les mondes lointains de la philosophie. Le vulgaire inhabile ne peut l'y suivre : elle demande trop d'attention et un coup d'œil trop lucide. Pendant que la littérature et l'art donnent un plaisir sans fatigue, la théorie impose un rude travail. Ce n'est plus un délassement, une joie et une fête, mais un labeur. Ce n'est plus une continuation, une radieuse efflorescence de la vie, mais une espèce d'arcane, une science profonde et peu connue. La foule en a donc peur ; elle ne jette qu'en tremblant un regard dans ces ténèbres, puis elle passe et va chanter plus loin. — Pourquoi, dit-elle, soumettrais-je à une pénible analyse les chefs-d'œuvre qui m'amusent, la satisfaction que j'éprouve? Le divertissement me suffit : je n'ai pas besoin qu'on me l'explique. Je ris, je pleure, je m'indigne ou j'admire ; le temps s'écoule pour moi d'une manière agréable, j'ai obtenu ce que je voulais. —Notons, avant d'aller plus loin, que, sous ce rapport, bon nombre d'esprits cultivés ressemblent à la multitude.

Ceux qui s'intéressent aux problèmes de la poésie et de l'art forment donc toujours une exception. Mais la philosophie a également très-peu d'adeptes. Le moindre bateleur rassemble autour de lui un plus grand auditoire que Platon sous les ombrages académiques. *Stultorum infinitus est numerus*, dit Salomon dans l'*Ecclésiaste*. L'univers entier se laisse néanmoins régir par les systèmes philosophiques. Qu'ils gardent ce nom ou qu'ils prennent celui de doctrines religieuses, les nations leur obéissent. Tout dans la vie sociale et politique, dans la science et dans l'art, dans la littérature et les mœurs revêt une forme en harmonie avec les idées qu'ils proclament, avec les solutions qu'ils popularisent, avec les plans qu'ils tracent. Ils influent même sur le costume et sur les moindres détails de l'existence privée. Les seules forces qui puissent lutter contre eux sont les forces de la nature ; mais elles ne les traitent point en ennemis, elles ne leur font point la guerre. Les résultats de ces deux principes composent un mélange qui tient de sa double source. L'histoire dans son ensemble n'est qu'un éternel compromis entre les pouvoirs du dehors et l'intelligente activité de l'homme. Les grandes périodes historiques, les civilisations, ne naîtraient point, si une vaste doctrine ne les enfantait.

Or, il semble que les lettres et les arts doivent aussi, à l'avenir, être engendrés par la théorie. Outre l'influence de la nature et l'influence des idées sociales, ils subiront celle de l'esthétique. Là encore les faits se modèleront sur des principes : l'empire du beau aura, comme les autres, ses lois particulières. L'intelligence humaine ne peut plus se détourner de cette route. Dans les temps primitifs, où l'action devançait toujours la réflexion, les poèmes devançaient de beaucoup les systèmes. Le rapsode, le barde, le ménestrel chantaient sans s'expliquer ni leur talent, ni les effets extraordinaires qu'ils lui voyaient produire. Nous avons laissé bien loin derrière nous ces époques naïves. Les peuples modernes cherchent à se rendre compte de tout : ils dissèquent l'univers entier ; point d'objet, de conception ou de sentiment dont ils ne scrutent la nature, l'origine et le but. Aucun privilége ne met les œuvres littéraires à l'abri de cet examen ; leur énergique et séduisante action n'en rend l'étude que plus curieuse. Aussi les Allemands ne sont-ils pas le seul peuple chez lequel des opinions esthétiques aient créé une littérature. Depuis trois cents ans, celle de la France est un produit volontaire. Au seizième et au dix-septième siècles, nos auteurs se laissaient-ils entraîner par leur imagination, ou s'efforçaient-ils de calquer les anciens? Tous leurs ouvrages n'ont-ils point pour base le principe de l'imitation? N'eussent-ils pas été bien différents, si les poètes n'avaient obéi qu'à leurs instincts? Mais on voulait suivre la règle, et, au lieu de se mutiner contre elle, on essayait de la rendre plus étroite, plus pernicieuse encore. Le siècle dernier ne se fit-il pas à son tour du siècle antérieur un type et un modèle? ne marcha-t-il pas respectueusement sur ses traces? Voltaire osait alors écrire : « Toutes les tragédies grecques me paraissent des ouvrages d'écolier en comparaison des sublimes scènes de Corneille et des parfaites tragédies de Racine (1). » De notre temps enfin, lorsqu'on a répudié la vieille méthode et compris autrement l'essence, le but, les moyens, la destinée, les obligations de la littérature et des arts, ne se sont-ils point métamorphosés peu à peu? Si donc la poésie a jadis précédé les systèmes, il est croyable que dorénavant les systèmes précéderont et enfanteront la poésie.

Voyez du reste quelle énorme place ont prise les discussions littéraires. Jamais les œuvres spirituelles n'ont subi une enquête si longue et si détaillée. Des escouades de journalistes attendent au seuil du libraire toutes les publications nouvelles et s'en saisissent comme d'une proie. Au bout de quelques semaines, elles sont analysées, dépecées, disséquées; le feuilleton les a couvertes de gloire ou de honte. Mais ce n'est là qu'un premier travail.

---

(1) Correspondance, année 1768. Lettre à Horace Walpole.

A peine sorties du laminoir quotidien, les revues les pressent dans leur filière : elles les tirent, les amincissent, les allongent et les tourmentent de cent façons. Les brochures, les volumes fondent ensuite dessus; l'ouvrage doit être pétri d'une manière bien cohérente et bien ductile pour soutenir cette nouvelle manipulation. Il y aurait de quoi le réduire en poudre. La masse des louanges, des censures, des controverses et des railleries suscitées par un livre, excède de beaucoup son propre volume. On dirait le flocon de neige roulant du haut de la montagne; dans sa course, il agglomère autour de lui le supplément gigantesque, dont le poids effraye les vallées.

Cette puissance morale et cette vigueur matérielle acquises de nos jours par la critique, lui imposent des obligations et rendent urgent de la surveiller, comme elle surveille elle-même les arts. Il faut qu'elle procède régulièrement, se dresse une carte de voyage et prenne soin de ne pas égarer les nations. Plus elle peut se montrer utile, plus aussi elle peut nuire. Qu'elle apprenne donc ses devoirs, ou qu'elle disparaisse. La critique morte, les poètes se trouvent abandonnés à leur instinct, cette voix obscure de Dieu; et si les instincts ne suffisent pas à l'homme pour remplir sa destinée, si son esprit avide de connaître, si sa volonté, qui a besoin de direction, le poussent toujours en toutes choses à se tracer un plan de conduite, rien d'une autre part ne lui est plus préjudiciable que de se mettre sous la tutelle d'une fausse doctrine. La nature alors ne le guide plus : la vérité, ou la nature comprise et réduite en système, ne le guide pas encore; il marche à la suite d'un fantôme trompeur.

Or, dans quelles conditions se trouve maintenant la critique française? A-t-elle pris pour guide une méthode juste et raisonnable? Cherche-t-elle à saisir les lois générales et particulières du beau, à distinguer ses attributs permanents et universels de ses formes locales, successives, transitoires? Se rend-elle compte des métamorphoses qui changent l'aspect de la littérature et des œuvres plastiques? Lui est-il même arrivé de comprendre et d'expliquer suffisamment une de ces grandes créations intellectuelles, douées d'un pouvoir générateur comme les plantes et les animaux, le drame ou l'architecture gothique, par exemple? A-t-elle une influence heureuse, éclaire-t-elle les esprits, rend-elle le sentiment de l'art plus vif et plus pur? Nous avons déjà répondu négativement à ces questions dans un précédent ouvrage (1), et avons par là excité des haines peu généreuses; car enfin nous ne nommions personne, nous parlions des choses sans attaquer les individus. C'était sur la science même que nous avions les yeux fixés, c'était pour elle seule que nous avions pris la parole. Au lieu d'écouter les suggestions d'un puéril orgueil, au lieu de méditer des vengeances sournoises, nos adversaires eussent mieux fait d'étudier, de s'instruire et de changer leur vicieuse méthode. Ni les injures ni les mauvais tours ne sont des arguments. Étais-je responsable de ce qu'ils suivaient un chemin sans issue? Pouvais-je empêcher qu'une réforme ne devînt nécessaire? Ne devait-elle pas tôt ou tard s'accomplir et être demandée par quelqu'un? Se démener dans un accès de colère, ce n'est pas anéantir

---

(1) *Etudes sur l'Allemagne.*

des principes que l'on trouve gênants. Quelle folie de s'emporter contre la science et la logique !

Une double intention m'a fait écrire ce livre parvenu à sa quatrième édition. Je voulais d'abord traiter une partie des problèmes que l'on a ou négligés, ou dénaturés, problèmes tantôt philosophiques, tantôt historiques ; signaler, entre autres choses, les caractères des deux écoles, les rattacher à l'ordre social où elles ont pris naissance, décrire leurs luttes et leurs vicissitudes sur le sol français, montrer combien on les a mal définies, et réparer l'injustice publique envers un petit nombre d'hommes qui ont été plus clairvoyants que les auteurs ordinaires. Je voulais ensuite prouver en détail ce que j'avais affirmé en général, à savoir : que les critiques français, n'étudiant pas même le sens des mots qu'ils emploient (des mots techniques, bien entendu), exercent une action funeste sur la littérature et les beaux-arts.

Cela était surtout manifeste, il y a vingt-cinq ou trente ans, au milieu de la grande lutte où ferraillaient les deux écoles. Ni d'une part ni de l'autre, les champions ne se donnaient la peine de chercher ce qu'ils voulaient dire, quand ils parlaient du beau, de la grâce, du sublime, du laid et du grotesque, de la tragédie antique, de la tragédie moderne et du drame. Lequel des censeurs en renom se préoccupait de la marche générale des arts ? Lequel a traité la question si intéressante de leur progrès ou de leur immobilité ? Lequel désignait leur but et leur source intellectuelle ? Toutes les bonnes idées que l'on trouve dans notre littérature concernant ces matières, on les doit à des historiens, à des avocats et à des poètes. Les critiques de profession gardaient le silence ou répétaient d'un air majestueux les plus vaines hypothèses.

Ils poussaient même si loin l'aveuglement que cette faiblesse morale, que cette absence de principes ne les troublaient pas le moins du monde. Ils se posaient en arbitres suprêmes, en juges infaillibles. De là les airs rogues qu'ils prenaient, que plusieurs d'entre eux prennent encore, la façon cruelle dont ils traitent les auteurs. Gœthe s'est amusé à recueillir tous les termes dédaigneux que nos anciens critiques avaient l'habitude de prodiguer : ils forment une liste, une kyrielle des plus étranges. Quoiqu'on semble de nos jours pencher vers un défaut contraire, la plupart des hommes qui ont joué à notre époque le rôle d'appréciateurs n'ont obtenu de succès qu'en montrant une impitoyable rudesse. Depuis Faydit jusqu'à Nonotte, depuis Patouillet jusqu'à MM. Nisard et Planche, c'est toujours la même âpreté, le même ton d'oracle. Aussi, je l'avoue, j'ai désiré faire sur quelques persiffleurs et quelques rodomonts un utile exemple ; j'ai voulu leur administrer une dose de ce breuvage qu'ils offrent tyranniquement aux producteurs et qu'ils ont trouvé d'un goût détestable, quand il leur a fallu le boire eux-mêmes. L'individu qui juge semble toujours dominer l'auteur cité à sa barre : l'un est, en quelque sorte, le prévenu ; l'autre, le magistrat. La multitude écoute avec déférence ce majestueux expert, qui décide de tout comme s'il ne pouvait se tromper. C'est une illusion, sans doute, puisque les commissaires-priseurs de la littérature sont généralement très-loin de valoir les créateurs. Mais, d'une autre part, ils satisfont la malignité publique, charmée que l'on bâtonne devant elle les hommes de talent, pour les punir de leur supériorité offensante. A toutes les époques, il sera donc plus avantageux d'insulter, de persécuter les poètes, les écrivains originaux, que de les défendre. On s'associe alors à leur gloire comme l'ombre à la lumière, comme une loupe au tronc d'un grand chêne. Ils rappellent d'ailleurs les princes du monde, et la reconnaissance ne fatigue pas leur mémoire. Du moment que l'on parle pour eux, on doit compter sur leur ingratitude et sur la haine, sur la colère de leurs ennemis. Qu'importe, du reste? En écoutant l'intérêt personnel, on ne fait que des choses vulgaires et mesquines. La pensée, dans les lois de son développement, a d'inexorables fatalités, comme les prescriptions de la morale. Une âme digne cherche et proclame la vérité sans songer aux conséquences. Elle n'ambitionne, elle ne regrette pas plus les avantages obtenus par une conduite opposée, qu'une femme vertueuse ne jette un regard d'envie sur les bénéfices d'une courtisane.

Toutes mes sympathies, on le verra, sont pour le progrès littéraire; la perfectibilité, quoi qu'on dise, n'est pas circonscrite dans le monde réel. Mais en blâmant la doctrine classique, je n'ai pas voulu déprécier les hommes fameux qui l'ont appliquée. Autre chose est leur talent, autre chose leur système de composition. Je ne nie point leur mérite extraordinaire : je me figure même le sentir beaucoup mieux que leurs adorateurs exclusifs. Dans tous les temps, leurs vigoureuses facultés eussent produit des ouvrages supérieurs; mais on doit regretter que de prosaïques pédants aient annulé une partie de leurs forces, en leur imposant une méthode que désavouent la nature et la logique.

Une dernière remarque. Je me suis fréquemment servi des expressions *classique* et *romantique*; l'usage qu'en ont fait un grand nombre d'écrivains célèbres me paraît les avoir consacrées pour toujours. Il aurait d'ailleurs été impossible de raconter les débats littéraires de notre époque sans employer ces mots. On les a discrédités en France avant de les comprendre, grâce au génie moqueur de la nation. C'est un fléau pour un peuple que l'esprit mal appliqué. Il raille les idées nouvelles, trouble les discussions, vilipende les hommes d'initiative et de courage, traîne dans la poussière les intérêts les plus sacrés, les principes les plus féconds et les plus nobles, ridiculise les termes nécessaires qui désignent les points fondamentaux des grandes controverses. Ses bouffonneries (belle gloire, en vérité !) finissent par rendre impossible tout examen sérieux. Des questions vitales demeurent abandonnées, de graves études restent en suspens. On a vu ce triste spectacle dans des luttes plus dangereuses et plus importantes que celle des deux écoles littéraires. Le goût excessif de la plaisanterie enchaîne la France dans toutes les espèces de routine ; c'est une corde qui l'attache au piquet des traditions, des vieux systèmes, la force de décrire un cercle monotone, et la fait trébucher aussitôt qu'elle veut prendre son élan.

HISTOIRE
DES
IDEES LITTÉRAIRES
EN FRANCE

LIVRE PREMIER

CHAPITRE Ier.

Définition et origines des deux écoles.

La littérature romantique exprime la société du moyen âge ; la littérature classique réfléchit le monde grec et romain. — Double origine des deux écoles. — La Renaissance copie les formes de l'art et de la poésie antiques. — Causes qui la préparent et qui favorisent son développement. — Restes de la civilisation païenne, lassitude du moyen âge, charme romanesque d'un passé mal connu, vanité des auteurs, matérialisme et incrédulité naissante. — L'école moderne véritable, dont Shakespeare est le fondateur et le représentant, n'a pas même été entrevue par la France.

La poésie et l'art romantiques sont l'expression de la société chrétienne ; ils l'expriment avec toutes ses circonstances de climat, de race, de situation géographique, de position relative dans l'histoire, avec ses principaux faits et ses caractères essentiels. La littérature classique réfléchit le monde grec et romain, comme la littérature hindoue la civilisation indienne, comme la littérature chinoise la civilisation de la Chine. Ce n'est donc point un art général, éternel et absolu, mais local, transitoire et particulier; il peint une forme qu'a revêtue l'humanité à un certain moment de son existence et dans un certain pays. On n'a pas le droit de réclamer pour lui l'empire universel, car, s'il est plus parfait que ses devanciers, il l'est moins que son successeur, moins que tous ses futurs descendants.

J'aurai l'occasion de revenir bien des fois sur ces principes, de mettre leur justesse, leur nécessité en lumière. On ne peut rien comprendre sans leur secours à l'histoire des littératures; eux seuls permettent de traiter avec fruit, avec discernement, les questions importantes qu'elle soulève. Le système qui fait naître la poésie romantique au XVIe siècle est une erreur grossière; il brouille toutes les idées, mêle toutes les époques, défigure l'art antique et l'art moderne. Si on l'avait admis sans contestation, il aurait plongé la critique dans une nuit impénétrable. Non-seulement il prouve que son auteur a peu de sagacité, mais on pourrait s'en servir comme d'une pierre de touche: quiconque s'y laisse prendre est un homme totalement dénué de coup d'œil philosophique.

Au surplus, ces deux littératures ont eu l'une et l'autre une double origine, ainsi qu'une double carrière. Après avoir été délaissé pendant le moyen âge, l'art classique déchira peu à peu le linceul qui l'enveloppait; il sortit réellement de la tombe, comme l'indique assez le mot de *renaissance*. Mais à peine fut-il hors du sépulcre, qu'il essaya d'y plonger son antagoniste, l'art chrétien, le fils de l'Évangile, qui s'était assis sur le monument pour l'y tenir captif. Celui-ci disparut en effet chez quelques peuples, durant une assez longue suite d'années. A la fin cependant, l'avantage resta au plus habile : le représentant de la société moderne triompha d'une manière complète. A part leur origine première, ils ont donc tous les deux une seconde origine; certains mobiles puissants les ramenèrent sur la scène. Nous allons esquisser l'histoire de cette double résurrection, nous bornant pour la poésie renouvelée des Grecs à signaler les faits généraux, qui expliquent sa domination transitoire : tout le monde sait comment elle a obtenu l'empire, comment elle en a usé. Pour la littérature moderne, nous indiquerons à la fois les causes générales et les détails subsidiaires, car ils sont également ignorés. Nous devons d'ailleurs être ici d'autant plus minutieux, qu'on a répandu à ce sujet dans le public des idées entièrement fausses.

Plusieurs causes différentes préparèrent chez nous l'avénement de la poésie classique. La civilisation latine, en refluant devant les barbares, avait laissé sur notre sol, comme sur tous les terrains inondés par elle, des sédiments profonds et tenaces. La Gaule était couverte de nombreux édifices ; la législation romaine avait passé dans les codes teutoniques, ou leur disputait la suprématie. Dès le xii° siècle, les papes furent obligés d'interdire aux prêtres l'étude du droit romain, pour lequel ils négligeaient l'étude du droit canon et de la théologie (1). L'Église avait adopté certaines fêtes, certaines

(1) Voyez la décrétale d'Alexandre III, promulguée en 1163 : *Ne clerici vel monachi sæcularibus negotiis se immisceant.* Le pape Honorius III dut renouveler cette défense, la quatrième année de son pontificat,

coutumes du paganisme. Elle avait enlevé aux maîtres du monde jusqu'à leur idiome, et c'était la dépouille la plus importante qu'elle pût leur ravir. Les principaux monuments de cette langue étaient sinon lus, du moins déposés dans les cloîtres. Partout un ferment païen dormait sous la glèbe chrétienne. Aussi longtemps que le dogme et le rite ne furent pas entamés, qu'une foi vigoureuse condensa les éléments sociaux, leur masse imposante contint la substance rebelle. Mais lorsque la piété se relâcha, lorsque d'évidents symptômes annoncèrent que la dissolution du moyen âge commençait, la matière hostile se mit à travailler. Elle souleva, rompit la couche épaisse qui la dominait, et se répandit en écumant à la surface. Dès le XII° siècle, Abeilard, guidé par quelques légères indications de Boèce, tentait de reconstruire la philosophie antique. Au XIII° et au XIV°, la littérature païenne préoccupait déjà vivement les hommes distingués, comme le montrent les ouvrages de Brunetto Latini, du Dante, de Pétrarque et de Boccace. Dans le siècle suivant, l'admiration pour les écrivains de Rome et d'Athènes fit des progrès rapides, se changea bientôt en monomanie. Les Italiens, abandonnant leur langue illustrée par des chefs-d'œuvre, ne se servirent plus que du latin. Leur engouement devint si furieux, que presque tous les érudits chargèrent leurs noms de désinences latines. Un des plus célèbres, François Filelfo, ne craignit même pas d'afficher un mépris public pour les trois grands fondateurs de

---

en 1219. Alors parut sa fameuse décrétale : *Super specula*. Ces deux bulles menaçaient de l'excommunication les réfractaires.

la littérature italienne. Vers les dernières années de ce siècle et au commencement du xv°, à la suite des expéditions de Charles VIII et de Louis XII, l'épidémie classique gagna la France. L'ardeur convulsive des pédants atteignit son paroxisme : après avoir proscrit toutes les langues modernes, ils voulurent encore proscrire une grande portion du latin. Choisissant parmi ses diverses formes, puis parmi les divers styles de ses auteurs, ils poussèrent la démence jusqu'à ne plus approuver que l'idiome cicéronien. La frénésie avec laquelle ils soutinrent cette opinion engagea Érasme à publier un livre spécial pour les réfuter, sous les titres de *Ciceronianus, sive de optimo dicendi genere*. César Scaliger lui répondit par deux libelles virulents, où il l'accablait d'outrages.

L'architecture suivait une marche analogue. Au quinzième siècle Bruneleschi et Alberti mesuraient, dessinaient, imitaient les constructions antiques, et, rédigeant la théorie des cinq ordres, propageaient autour d'eux leur amour du système grec. Vers les dernières années de ce siècle et pendant les premières du suivant, le même goût se répandait en France. Le terrain fut d'abord disputé; les artistes s'obstinèrent à marcher dans les voies gothiques. Jean Waast le fils et François Maréchal, par exemple, construisirent la flèche de Beauvais, tandis que Michel-Ange bâtissait le dôme de Saint-Pierre. Ceux même qui semblaient accepter l'art nouveau, lui résistaient d'une autre façon; ils appliquaient les ornements grecs sur des formes gothiques, et se bornaient, dans mainte circonstance, à modifier légèrement les habitudes architectoniques de leurs devanciers. Les églises de Saint-Eustache et de Saint-Étienne-du-Mont, à Paris, en offrent de curieuses preuves. Les châteaux de Gaillon, d'Anet, voire de Blois et de Chambord, portent également ce caractère hybride. La lutte, de moins en moins violente, dura cependant jusqu'aux règnes de Louis XIII et de Louis XIV. Les destinées de la statuaire et de la peinture subissaient des révolutions identiques.

L'effet que devaient produire tôt ou tard les restes de la civilisation païenne mêlés au moyen âge, et attendant un moment favorable pour prendre le dessus, était alors secondé par des causes puissantes. Les principes, les traditions catholiques régentaient depuis si longtemps l'Europe, qu'on en était fatigué. L'esprit humain ne peut suspendre sa marche, sous peine de tomber dans un ennui léthargique. C'est là une des nécessités qui nous distinguent des animaux. Chaque jour le bœuf retourne au même pâturage et broute les mêmes herbes; couché sur le sol fleuri, ou promenant son indolence le long des haies parfumées, il ne ressent ni dégoût ni inquiétude; son œil pesant réfléchit avec calme un site uniforme. Nous ne possédons pas cette heureuse insouciance, la soif du changement nous travaille : dès qu'une sensation nous est bien connue, elle perd la plus grande partie de son charme : dès qu'une vérité, dès qu'une science nous deviennent familières, leur poétique attrait diminue. Notre existence fugitive est trop longue encore pour nous. L'homme désire en toutes choses une variation perpétuelle. Si quelque circonstance arrête le mouvement des objets extérieurs; si ses idées, ses émotions ne se succèdent point assez vite, le froid de l'ennui glace son être; il croit alors périr tout vivant. Aussi rien ne lui coûte pour éloigner de lui ce triste sommeil; la faim, la soif, les disputes, les outrages, la mer dévorante, les canons foudroyants, la lassitude et la mort, il les brave, il les cherche, plutôt que de laisser le mystérieux vampire sucer lentement le sang de son cœur. Un grand nombre de ses folies, de ses prodiges, de ses crimes, de ses dévouements et de ses misères, n'ont d'autre origine que sa terreur de l'ennui.

Tant que le dogme évangélique eut encore des aspects ignorés, des détours inconnus, tant que le culte n'eut pas atteint son dernier degré de magnificence, ni l'art produit toutes ses fleurs, les nations joyeuses gravirent donc sans relâche la pente qui devait les mener aux cimes du monde catholique. C'était un voyage d'exploration, où elles découvraient à chaque pas des beautés inattendues. Mais une fois sur le point culminant, une fois qu'elles eurent sondé du regard le vaste horizon, l'ennui, l'effroyable ennui s'approcha d'elles. Pour fuir ce spectre odieux, elles s'élancèrent de l'autre côté de la montagne. Au lieu de chercher le firmament, elles descendirent vers l'abîme. Il leur paraissait moins cruel de dévier ainsi que de demeurer stationnaires. De nouvelles perspectives s'offraient au moins à leur vue, et charmaient leur esprit. Voilà comment fut amenée la décadence du moyen âge. Il alla se contournant de plus en plus, perdant son harmonie et sa sévère unité. Les déplorables édifices bâtis à la fin du xv siècle, les productions allégoriques de la même époque, nous le montrent pour ainsi dire retombé en enfance. Il allait mourir de mort naturelle, si on l'avait abandonné à lui-même, et si un souffle puissant n'était venu le régénérer.

Cet effet pouvait se produire de deux manières. Le christianisme avait jusqu'alors vécu en lui-même ; il dédaignait, fuyait d'une part le monde extérieur, de l'autre les recherches intellectuelles ; la foi l'éloignait du savoir, comme l'abnégation le détournait de la nature. Il s'était nourri de sa propre substance, et finalement se trouvait épuisé. Il devait donc recourir à l'observation, à la méditation : l'univers et la philosophie lui ouvraient leurs jardins enchantés, où, comme dans ceux des contes arabes, les végétaux portent des fleurs d'or et des fruits de diamant. C'était sans doute un peu s'éloigner de son principe ; mais il fallait obéir à l'exigence du siècle, il fallait marcher avec lui, ou compter sur de nombreuses défections. La cour pontificale ne voulut point se mouvoir ; une portion de l'Europe lui échappa. La littérature et l'art avaient un besoin plus pressant encore de se retremper aux sources de l'expérience et de la pensée. Ils contentèrent ce besoin sans sortir des voies chrétiennes et romantiques, dans les pays où le peuple-roi n'avait laissé que de faibles traces. L'Angleterre, l'Espagne, la Germanie, substituèrent aux productions uniformément naïves du moyen âge des écrits plus vigoureux, plus doctes, plus habiles ; l'inspiration y soufflait des mêmes points, mais avec plus d'énergie et d'abondance. Tel est le premier expédient par lequel l'art de nos aïeux pouvait se soustraire à la mort.

Nous avons déjà parlé du second remède : c'était de verser dans les lettres modernes tout le fond de la poésie précédente, sans s'inquiéter de savoir si le liquide ne changerait pas peu à peu de nature. La France et l'Italie, pleines de souvenirs classiques, choisirent ce moyen. Un bon nombre d'auteurs espagnols, anglais et allemands, suivirent leur exemple. Ce qu'il y avait alors de plus neuf, de plus inconnu, de plus attrayant pour les populations, c'était peut-être en effet les réminiscences grecques, l'histoire, les doctrines et la mythologie païennes. On savait le christianisme par cœur; les dieux, les héros, les traditions et les prouesses des anciens flottaient au milieu d'un brouillard magique : l'ignorance et la nouveauté leur prêtaient un charme romanesque. Le sentiment idéal particulier au moyen âge, en les baignant de sa lumière, augmentait encore leur pouvoir de séduction; des lointains rêveurs se creusaient derrière eux, mille nuances fantastiques changeaient leur vieil aspect. Au lieu d'un mythe, on avait une légende; au lieu d'un récit ordinaire, une ballade surnaturelle. Dans plusieurs tableaux de Lucas Cranach, Pâris est peint sous la figure d'un chevalier ; les déesses, sous celle de nobles dames. Une forêt opaque les entoure, de vagues sentiers se perdent au milieu des taillis, et, sur le troisième plan, un château crénelé dresse vers les nuages ses tourelles aiguës. Feuilletez le joyeux Chaucer : après ses *Canterbury Tales*, vous trouverez la *légende* de Didon, reine de Carthage, celle de Thisbé de Babylone, celles d'Hypermnestre et de Lucrèce, indépendamment de plusieurs autres que je passe sous silence.

Lorsque la curiosité de l'esprit humain s'éveilla, il est en outre manifeste qu'elle dut se prendre aux sujets antiques. Les sciences naturelles n'existaient pas encore, l'instruction religieuse était banale; il fallait donc se tourner vers les Grecs et les Romains. C'était par les études païennes seulement qu'on pouvait se distinguer de la foule. Aussi ne laissait-on point échapper une occasion de montrer son savoir : on était fier d'une citation érudite, comme d'un quartier de noblesse. Le triste *Roman de la Rose* est un spécimen curieux des effets de cette manie à son premier degré. Christine de Pisan étale aussi avec un orgueil ingénu sa faible récolte dans le domaine antique. La vanité fit bientôt d'immenses progrès ; on ne se contenta plus d'allusions, de récits inopportuns ; la littérature classique fut dépecée par mille auteurs, et ses lambeaux semèrent toutes les productions nouvelles. On alla jusqu'à broder les sermons et les plaidoyers de particules et de mots latins. « Cicéron, dans une de ses épîtres *ad Atticum*, disait un avocat, demande si *vir bonus* peut demeurer *in civitate* qui porte les armes *contra patriam* (1). »

Le doute et l'amour des plaisirs sensuels, qui minaient déjà sourdement le christianisme, favorisèrent aussi beaucoup le retour vers les anciens. Les sceptiques se plaisaient à substituer les dieux de la Grèce au Dieu de l'Évangile ; c'était une manière d'exprimer leur indifférence, et d'amasser autour du Christ les premières vapeurs de l'oubli. Les épicuriens trouvaient mille beautés dans une loi religieuse qui déifiait toutes les passions humaines. Le matérialisme naissant contemplait avec un œil d'envie les tableaux tracés par le matérialisme an-

---

(1) L'esprit humain obéit à des lois si régulières que ses manies elles-mêmes se reproduisent avec une frappante exactitude. Les Romains ornaient aussi leurs discours de mots étrangers, de mots grecs, pour faire preuve de savoir. Dans sa biographie de l'empereur Claude, Suétone rapporte une lettre d'Auguste, qui offre un exemple remarquable de ce travers enfanté par 'amour-propre.

tique. Les littératures païennes accéléraient le mouvement qui déterminait leur triomphe. Dans les pays où la réforme ne put s'établir, l'adoption de la poésie classique ne fut rien moins qu'un protestantisme littéraire. Quand on donnait sans restriction l'avantage aux lois, aux mœurs, aux coutumes, aux principes de l'antiquité, on blâmait d'autant les lois, les mœurs, les coutumes, les principes en vogue dans le monde chrétien. Les actions suivaient d'ailleurs les idées : on pensait en polythéiste, et l'on se conduisait de même. Les nations catholiques n'évitèrent le luthéranisme que pour tomber plus tard dans une parfaite incrédulité. C'est ce qui eut lieu en France. L'Espagne et l'Italie prennent la même route. Les populations huguenotes sont maintenant plus religieuses que les populations catholiques. La doctrine réformée étant un compromis entre l'Église et le siècle, entre l'autorité de l'ancien culte et les désirs des nouvelles générations, a modifié la rigueur de la loi ; ses maximes s'accordent mieux avec les tendances actuelles.

L'invasion latine fut donc amenée par cinq causes différentes : les restes nombreux du monde antique, la lassitude du moyen âge, le charme romanesque et l'attrait de nouveauté qu'offrait une civilisation mal connue, l'orgueil des auteurs, le matérialisme et l'incrédulité naissante.

Une troisième route eût conduit la littérature française dans de plus spacieuses et de plus opulentes régions. Sans imiter les anciens, sans se cramponner au moyen âge, elle pouvait marcher d'un pas libre vers l'avenir. L'ère moderne commençait : fille du christianisme et de la société féodale, elle leur avait de nombreuses obligations, mais elle ne voulait pas rester dans la maison paternelle; l'amour de la liberté, la soif de l'inconnu la poussaient aux aventures. Rompant avec les vieilles doctrines, avec les vieilles coutumes, avec les superstitions et les préjugés, elle aspirait à l'indépendance de l'esprit, comme à la nouveauté des formes. Dès la fin du xvi° siècle et l'aurore du xvii°, elle eut dans Shakespeare un majestueux représentant, l'Homère de la poésie moderne. Nul dogme, nulle principe établi, nulle croyance populaire ne gênent l'allure de sa pensée. Hamlet débat tous les problèmes humains comme un philosophe de notre temps. Le poète anglais demande à la vie les lois, les règles, les secrets de la littérature. Il cherche un moule pour ses conceptions, le moyen de reproduire le monde tel qu'il le voit, sans se préoccuper des méthodes antérieures, des habitudes consacrées. De même que son voisin Bacon, il pose en principe l'observation de la nature : les maximes de l'école, les traditions de tout genre ne lui importent guère. Il prend possession d'un territoire nouveau, il s'élance dans un monde inexploré. La mythologie païenne, les enseignements chrétiens n'ont à ses yeux qu'une valeur historique.

Certes, il eut été précieux pour notre littérature de suivre cette marche au sortir du moyen âge. Elle y aurait gagné en profondeur, en naturel, en grâce, en originalité, en verve, en éclat, en intérêt et en souplesse. Mais elle fut arrêtée, dès le début, par un obstacle invincible.

CHAPITRE II.

Formation de la littérature française.

Fécondité inventive de la France au moyen âge. — Elle crée tous les genres littéraires cultivés par les modernes, mais ne sait point perfectionner ses propres inventions. — Pourquoi? — Irréflexion, légèreté morale du peuple français. — Vulgarité des basses classes, violentes réactions. — La France imite les anciens faute d'idées et faute de style. — Elle prend l'uniformité, la régularité pour la beauté. — Influence du cardinal de Richelieu et des Bourbons. — Esprit négatif de Malherbe et de Boileau.

Cet obstacle capital, c'était le manque de style et le manque d'idées. La littérature française présente, au moyen âge, un spectacle des plus curieux. On dirait un vaste parc, où germent toutes les plantes, où grandissent tous les arbres, dont les vents porteront bientôt les semences aux quatre coins de l'Europe. Une force de végétation extraordinaire s'y manifeste; chaque jour voit éclore un produit inconnu; de fraîches haleines passent sur le jardin merveilleux, comme autrefois sur les bocages assignés en patrimoine au premier homme.

C'est alors que dans les pays de langue d'*oc*, au bord de la Méditerranée, entre les cimes des Alpes et les grèves de l'Océan, la poésie lyrique moderne prend naissance, bégaie des paroles enfantines. Elle accorde la guitare des troubadours, chante leurs affections et leurs joies, leurs tristesses et leurs regrets, exprime leur dévotion enthousiaste, où fait résonner le belliqueux sirvente comme un clairon provocateur. Elle déploie une grande habileté de versification, mélange savamment les rimes, se plaît à lutter contre les mots et la syntaxe. Mais dans cette vaine guerre, elle s'épuise : trop irréfléchie, trop dépourvue de pensées, elle fatigue bientôt ses auditeurs. Des tours de force métriques ne peuvent captiver longtemps l'intérêt. Nulle conception ne renouvelle le fond qu'elle élabore, nulle invention littéraire ne rajeunit la forme qu'elle emploie. Elle répète les mêmes idées, presque dans les mêmes termes et avec des tournures semblables. Ne changeant ni d'air, ni d'horizon, elle languit, elle se traîne vers le tombeau, quand la croisade contre les Albigeois vient l'y précipiter. C'est une moribonde que les fanatiques achèvent dans son lit de souffrance. Pétrarque et ses imitateurs recueillent la succession de la défunte, terminent ses ébauches, polissent ses rudes créations.

Au nord de la Loire se produisent des faits analogues. Le roman chevaleresque y débite ses interminables récits. Artus, Charlemagne, Alexandre, Rollon et d'autres personnages secondaires captivent l'habitant des manoirs pendant les nuits pluvieuses. On les suit en imagination dans les vastes forêts de la Grande-Bretagne, de l'ancienne France et de la Germanie. Des dragons, des fées, des nains, des géants, des esprits cruels en peuplent les solitudes et en augmentent la terreur. Les chevaliers prennent-ils quelque repos sur les bords d'une source, après une longue marche? une nixe écarte les herbes rivulaires et sort lentement des eaux; elle cherche à les attirer dans son humide séjour, elle leur promet le bonheur sous les vertes guirlandes qui forment ses draperies nuptiales. Un château leur ouvre-t-il ses portes, goûtent-ils quelques moments de sommeil? ils sont réveillés par des bruits lamentables, par des fantômes inquiets, par des appels de guerre. Ah ! c'est une rude vie que celle qu'ils mènent ! Auprès d'eux, les braves de nos romans actuels sont de pauvres hères et mourraient de peur, s'il leur fallait soutenir le quart des aventures que recherchaient leurs devanciers. Quoique très étendus, ces ouvrages pullulaient : il nous en reste plusieurs centaines ; on a retrouvé les noms de cent vingt-sept poètes antérieurs à l'année 1300. Eh ! bien, dans cette multitude de narrations, aucune ne se distingue par un vrai mérite littéraire : on y observe toujours la même vulgarité de forme, la même absence de style : c'est une monotonie invariable. *Le chant de Roland*, le mieux composé, le plus dramatique, ne l'emporte point à cet égard sur les autres narrations du moyen âge : il y règne sans doute une grandeur épique, on y sent frémir un enthousiasme chevaleresque. Mais ce qui lui donne du prix, c'est le caractère de l'invention, l'énergie des sentiments, la vigueur des scènes, l'héroïsme sauvage des principaux guerriers. La diction est faible. Si l'on admire çà et là quelque mot heureux, il faut en faire honneur à la nature, non au talent du trouvère, qui n'était certes pas écrivain. Son poème d'ailleurs a peu d'étendue. Le romancero du Cid, les Niebelungen, l'*Orlando innamorato* l'éclipsent sous le rapport de la dimension. L'épopée chevaleresque ne prend une forme définitive, ne s'élève jusqu'à la haute littérature qu'avec le Tasse, l'Arioste, Pulci et Spencer. Là encore, la France, après avoir indiqué la route, n'a pas su la parcourir : elle est tombée de lassitude à moitié chemin.

Le conte moderne doit aussi sa naissance aux trouvères. Ce sont eux qui lui ont donné le jour dans leurs fabliaux narquois et railleurs. La vie humaine ne semble avoir été pour eux qu'un sujet de plaisanterie, et l'on pourrait croire qu'un sourire flottait perpétuellement sur leur bouche. Ils peignent les vices et les ridicules de notre espèce avec un admirable sang-froid : on dirait qu'ils n'en font point partie et ne méritent aucune des censures qu'ils expriment. Cette indifférence gagne peu à peu le lecteur : elle le prémunit contre les dispositions chagrines et lui donne une sorte de philosophie instinctive. Quelle gaieté charmante éclaire d'ailleurs toutes ces fables, comme un rayon de soleil matinal ! Certes on trouve dans les contes français du moyen âge une grande force d'invention, beaucoup de verve, d'esprit et de finesse, une adroite manière de composer : nulle lecture n'est plus divertissante. Mais cette pauvreté de la forme, que nous avons constatée ailleurs, reparaît ici. Au quatorzième siècle, le genre créé par nos poètes moqueurs fait naître en Italie, en Angleterre et en Espagne trois œuvres durables : il inspire le *Décameron*, les *Canterbury Tales*, le *Comte Lucanor* ; Boccace, Chaucer, Don Juan Manuel l'élèvent au rang de production littéraire. En France, il demeure dans les langes du berceau et continue à balbutier un idiome imparfait.

Le drame y éprouve le même sort. Né avec les mystères, dans le giron de l'Église, il vieillit sans grandir. Vainement le peuple s'intéresse-t-il à ces représentations, vainement accourt-il de dix lieues à la ronde. Nul poète de premier ordre ne vient seconder l'enthousiasme national. On dresse d'immenses échafaudages, où s'ouvrent trente scènes différentes ; on joue des pièces qui durent des semaines entières, on se ruine en costumes ; il semble que tant d'efforts vont susciter un homme de génie. Cet homme ne se montre nulle part. Des auteurs vulgaires jettent à la nation de fades aliments, qui trompent sa faim au lieu de la calmer. Or, pendant qu'un éternel crépuscule enveloppe la France, la lumière se lève sur d'autres régions. L'Espagne et l'Angleterre mûrissent le fruit acerbe du drame. Lope de Vega, Calderon et Shakespeare donnent à ses différentes espèces toute la grandeur, toute la variété, toute l'énergie dont elles sont susceptibles.

Dante avait eu chez nous plusieurs précurseurs ; mais c'est au-delà des Alpes qu'une main puissante a creusé les cercles de l'enfer, étagé les gradins du purgatoire, illuminé le paradis.

Faut-il poursuivre cette enquête? montrer la ballade, l'épopée religieuse, le poème et le roman satiriques n'atteignant une complète beauté que loin du sol qui les a vus naître? Le fait me paraît maintenant assez prouvé ; la race française a été au moyen âge la plus inventive de l'Europe. D'où vient donc qu'elle s'est laissé ravir la gloire du perfectionnement? L'action simultanée de plusieurs causes a produit ce fâcheux résultat.

On ne peut méconnaître d'abord qu'une grande partie de sa force intellectuelle était absorbée par les arts. Dans l'architecture, dans la peinture sur verre, dans la sculpture épique des cathédrales, elle atteignait un haut degré d'excellence. Elle portait même l'art de bâtir aux dernières limites actuellement connues de la beauté. C'était là son œuvre chérie, le but principal de ses efforts. Comme la Grèce antique offre surtout à l'admiration du monde ses glorieuses statues, le moyen âge français l'émerveille surtout de ses incomparables édifices. Le peuple qui les a construits possède un amour de l'ordre, un sentiment de l'unité, de l'harmonie, auxquels n'échappe rien de ce qu'il fait. Il les a imposés à sa littérature, à ses jardins, à son administration. Or, l'architecture est la plus symétrique des productions humaines : elle a pour base la science des nombres, la correspondance visible des lignes, des masses, des formes, des parties. Elle devait donc briller d'un grand éclat sur le sol français.

On peut dire en second lieu, que le pénible travail de la création suffit généralement à un peuple comme à un individu. Il est rare que le même homme, que la même nation invente et perfectionne ; la sagacité qui découvre et la patience qui fertilise la découverte, ne sauraient se trouver toujours réunies.

Enfin le tempérament, les attributs intellectuels de la race française expliquent, comme on pouvait s'y attendre, les destinées de sa littérature. Mais ici je dois établir une distinction tout à fait nécessaire. Chez aucun peuple du monde, une si grande distance ne règne entre la multitude et les hommes supérieurs. L'élite des Français égale, pour le moins, l'élite de n'importe quelle nation ; mais la foule, sur notre sol, révèle une incapacité notoire. On ne peut l'accuser de sottise et de lourdeur : non, elle est vive, elle possède des facultés naturelles : sa physionomie seule le prouve indubitablement. Mais sa versatilité, son irréflexion annulent les ressources dont l'a gratifiée notre mère commune. Or, ne pas avoir d'intelligence, ou ne pas faire usage de celle qu'on a, revient au même. Les Français commettent par ignorance, par étourderie, autant de fautes et de crimes que d'autres nations par bêtise et par méchanceté. L'application, leur répugne, l'isolement les chagrine, l'étude les ennuie.

Leurs grands hommes conservent la vivacité de l'entendement, la lucidité du coup d'œil; ils y joignent la réflexion, le désir de connaître, la persévérance et la logique. Ainsi armés pour les expéditions intellectuelles, ils poussent très loin leurs conquêtes : la hardiesse du caractère national les stimule d'ailleurs, les fait avancer sans crainte. Mais la multitude n'a garde de les suivre. Légère, mobile, évaporée, elle dédaigne, elle abhorre la philosophie et les idées générales, faute de les comprendre : bien mieux, elle raille la conviction, la fermeté, le courage même des novateurs. Quand elle dit d'un homme : c'est un original, elle l'a condamné sans retour. Il faudrait, pour lui rendre justice, de l'attention, de l'étude, la liberté morale qui les suppose. N'est-il pas plus simple de la ridiculiser, d'en finir avec lui par quelque trait divertissant, par quelque charge bouffonne?

De là vient que la France est le pays des réactions furieuses et sanguinaires. L'élite de la nation met toutes voiles dehors, comme une troupe héroïque ; elle aperçoit dans le lointain, à travers le soleil et la brume, les rivages fortunés d'un nouveau monde. Elle y veut diriger le bâtiment, ordonner en conséquence la manœuvre. Mais l'équipage n'adopte ni ses espérances, ni son dessein, n'écoute ni ses arguments, ni ses prières. Il se ferme les oreilles, il se clôt les yeux ; si les réformateurs insistent, la colère saisit l'auditoire. Il ne veut point qu'on le fatigue de démonstrations, que des systèmes interrompent son labeur journalier, troublent ses plaisirs. Les vieilles doctrines lui suffisent, lui paraissent incontestables. Dans leur frénétique légèreté, les classes populaires massacrent leurs chefs ou les jettent par dessus bord.

Examinez l'histoire de France. Quelle tentative de l'esprit humain a réussi chez nous? La première civilisation de l'Europe moderne, celle de nos provinces méridionales, fut ensevelie toute vivante par la routine armée, par la croisade contre les Albigeois. Ces Albigeois étaient les précurseurs de la réforme, les devanciers de la philosophie. Abeilard expia cruellement la liberté de ses opinions. Pour avoir voulu secouer le joug d'Aristote et affranchir avec lui l'intelligence humaine, Ramus se traîna de douleur en douleur, mourut comme un martyr. On sait quel fut le sort du protestantisme, et le carnage de la Saint-Barthélemy prouve combien la nation respecte les droits de la pensée, les droits de la conscience. Depuis lors, tous les essais de régénération, politiques ou autres, ont échoué misérablement, un seul excepté, la révolution de 89; mais elle dut sa victoire à un groupe d'hommes intrépides, que n'effrayaient ni la lutte, ni le malheur, ni les outrages, et qui avaient fait d'avance le sacrifice de leur vie. Leur triomphe exceptionnel fut de courte durée d'ailleurs : l'échafaud termina leur rêve et suspendit leur travail salutaire. Après leur mort, la réaction alla gagnant du terrain, prit chaque jour des forces nouvelles : on osa demander le rétablissement du droit d'aînesse, on finit par discuter la loi sur le sacrilége. Si les Titans de 89 n'avaient pas démoli de fond en comble, et avec une célérité prodigieuse, l'ancien ordre de choses, on eût rétabli le vieil édifice social, comme on a depuis lors, à la suite de chaque secousse, restauré, consolidé tous les abus, toutes les lois iniques, toutes les oppressions un moment ébranlées par de généreux assauts.

Or, si l'on condamne au repos les intelligences, si l'on prohibe chaque effort de la pensée, qu'arrive-t-il? Les cerveaux s'engourdissent, perdent peu à peu les facultés dont on leur interdit l'usage ; la lourdeur de l'esprit, la torpeur du sentiment se glissent dans les régions morales, que vivifiaient naguère l'enthousiasme, l'espérance et la curiosité. Une sorte de léthargie endort les peuples, les individus ou les groupes d'hommes supérieurs, qui animaient toute la nation de leur verve, de leur génie, de leur impatience créatrice. Des races entières tombent dans une prostration cadavéreuse, comme en Flandre, en Autriche, en Espagne, sous l'abrutissante domination des Habsbourg, la plus pernicieuse des familles royales. Eh ! bien, le même fléau a longtemps paralysé la France. Quel problème pouvaient agiter les esprits, pendant le seizième siècle? quel sort pouvaient espérer les hommes d'intelligence ? quelle carrière s'ouvrait devant eux? De leur cabinet d'étude, s'ils portaient leurs regards au dehors, ils n'apercevaient que menaçantes ordonnances affichées sur les murailles, ils ne voyaient qu'instruments de torture et de mort : le bûcher, la roue, le gibet, le glaive et l'échafaud ; et derrière ce funèbre attirail, derrière ces encourageantes machines, les toits aigus des donjons, où l'humidité suintait dans des cachots plus redoutables que l'enfer. Pour éviter le supplice, pour éviter la lente agonie des prisons, force leur était de ne traiter aucune matière périlleuse, de ne pas même envisager les questions interdites. Or, ces questions embrassaient tout le domaine de la pensée. La religion? effleurer un de ses dogmes, un de ses articles, même secondaires, c'était se vouer au martyre; la philosophie? nul n'avait le droit de contester un principe d'Aristote, et devait s'en abstenir, s'il craignait le poignard, la hache ou le feu; les sciences naturelles? on accusait de sorcellerie tout homme qui observait la nature, la Sorbonne les prohibait sous peine de mort; la politique? on rompait, on écartelait, on brûlait quiconque osait juger les actions du roi, la conduite des grands seigneurs et des parlements (1). Que restait-il donc à cette pauvre intelligence humaine? Rien ou peu de choses. On permettait de chanter le vin, de célébrer les dames, de lire et de traduire les poëmes italiens ou espagnols, d'étudier, d'imiter sans relâche les auteurs grecs et romains.

Au milieu d'une pareille servitude, la France pouvait-elle acquérir un fonds d'idées originales, fonds nécessaire pour écrire, et trouver, appliquer à ces matériaux une forme nouvelle? Le contraire est manifeste. La littérature allait périr chez nous, si l'on ne fouillait les tombeaux des

(1) Ces persécutions durèrent longtemps encore dans le dix-septième siècle. En 1619, le parlement de Toulouse fit brûler Vanini à cause de ses idées sur Dieu et sur la nature; en 1624, la Sorbonne condamnait et bannissait trois chimistes; peu de temps après, le parlement de Paris défendit, sous peine de mort, d'enseigner aucune opinion qui n'aurait pas été approuvée par deux docteurs en théologie, ou par deux maîtres des autres facultés; en 1618, on roua deux auteurs et l'on en pendit un troisième pour avoir publié un pamphlet politique. Tout le monde, dans cette malheureuse France, se mêlait d'opprimer les penseurs.

morts, si l'on ne cherchait dans les sépulcres des sujets inertes, inoffensifs comme les ossements des générations éteintes. On passait au fil de l'épée toute conception libre et jeune, on réprimait l'enthousiasme, le sentiment, le désir du mieux ; on proscrivait l'idéal. Rien ne pouvait croître sur le sol aride, maigre et désolé qu'on abandonnait à la littérature, comme si elle avait besoin d'un emplacement pour former un cimetière.

La littérature, en effet, a cela de spécial qu'elle exige une grande richesse d'aperçus et une grande abondance d'émotions. Chaque terme est le signe d'une idée, chaque phrase doit avoir un sens, chaque œuvre peindre le monde d'un point de vue particulier. Or, c'est la réflexion qui nous montre les différents aspects de l'univers, qui nous fournit les moyens de varier nos tableaux et de féconder le langage. Quiconque ne pense pas, trouve tout d'une simplicité merveilleuse : il n'aperçoit qu'un petit nombre de surfaces, et ne peut sortir de l'étonnement où le plongent la monotonie de la nature, la monotonie de la société. Les hommes vulgaires périssent d'ennui devant les phénomènes les plus curieux, devant le spectacle mobile et toujours attrayant de l'histoire, des passions et des luttes individuelles. Bien autrement conformés sont les esprits méditatifs : la plus légère circonstance éveille leur attention, une multitude de faits, de problèmes, de détails, que négligent le sot ou l'étourdi, les frappent, les intéressent et les passionnent ; les milliers d'agents qui meuvent le monde, les innombrables formes de la vie, les mystères de la mort, la fluctuation perpétuelle des événements leur causent des surprises, des joies, des perplexités, des admirations, des transports continuels : la grandeur, l'immensité de la tâche les ravit, les trouble et les effraie.

Le sentiment, comme la pensée, approfondit l'existence : il donne aux objets, aux incidents, aux paroles une valeur inattendue. Ce qui n'émeut point l'homme froid et calculateur, agite vivement l'homme passionné. Toujours dans le plaisir ou la tristesse, il ne possède jamais le calme dont il éprouve le besoin, et qu'il ne peut obtenir. Au moindre souffle, son âme se bouleverse comme les parages de certaines mers. Cette susceptibilité délicate, orageuse, est un des attributs essentiels de l'artiste. Il faut qu'il exprime toutes ses idées, qu'il trace tous ses tableaux avec une énergie insolite. Sa propre tiédeur se communiquerait immédiatement au public. Les choses ne nous intéressent d'ailleurs que par leur action sur nous-mêmes : un événement qui ne cause ni joie, ni chagrin, ne possède pas de caractère dramatique. Mais la moindre circonstance éveille l'attention, tient l'esprit en suspens, lorsqu'elle doit réjouir ou attrister un individu semblable à nous, renverser ses projets ou confirmer ses desseins, lui apporter le bonheur ou le précipiter dans l'infortune.

Le sentiment et la pensée impriment en outre le mouvement à l'imagination : ils la stimulent, la gouvernent, la conduisent au but, lui ouvrent un monde supérieur à l'existence journalière.

Lors donc que les Français, avec la sagacité, avec la vivacité naturelle de leur esprit, eurent découvert des formes, inventé des moules ignorés des anciens, ils n'eurent pas de matériaux pour les remplir. Ils avaient préparé un grand nombre de coffres, mais ne savaient qu'y mettre. Les moines, le pape, la Sorbonne, l'Inquisition, les violences de toute nature, avaient dégoûté du christianisme et du moyen âge. Il fallait autre chose, et l'on n'avait rien. Montaigne disait : Que sais-je ? Charron : Je ne sais ; funèbre dialogue du découragement et de la peur. Pour sortir de cette position intolérable, on fut contraint d'emprunter aux nations voisines, ou de dépouiller les morts. Les Français imitèrent l'Italie et l'Espagne, mais surtout les Anciens. Ce fut un véritable pillage. Nos poètes, nos prosateurs se trouvaient moralement bannis de la France, expulsés des temps modernes : comme ces hardis chevaliers, qui, pour rétablir leur fortune, allaient conquérir de lointains royaumes, ils se créaient loin du sol natal une seconde patrie. Ronsard, Du Bellay, Desportes, Jodelle, Montaigne, Charron, Baïf, Vauquelin, tirèrent de la littérature grecque et romaine leurs idées, leur goût, leur style, leur merveilleux, et la plupart des faits, des anecdotes qu'ils racontent, des exemples qu'ils citent.

Mais cette adoration de l'antiquité se calma bientôt, sans que l'indépendance eût été rendue à l'esprit français. De toutes les passions qui l'avaient exalté, il ne lui restait plus un seul amour. Les ombres grises du crépuscule s'étendaient sur la nation, glaçaient, ralentissaient en elle la vie morale. Disant adieu à ses beaux rêves, elle fit comme font les vieillards : l'époque des aventures, des grandes entreprises, des folles tendresses était passée, momentanément du moins : elle s'éprit de l'ordre, de la régularité, des monotones plaisirs de l'habitude. Au lieu de courir par monts et par vaux, elle se forma un intérieur commode et tranquille. Tant de nourriture, tant de sommeil, tant d'espace pour la promenade ; nul excès, nul emportement. Il ne fallait point user les restes de sa vigueur. Alors, comme un oiseau de nuit dans les premières ténèbres, parut un écrivain sec, morne, triste et lourd, qui flatta le découragement de la nation, qui seconda ses projets de retraite. Malherbe exprima sans doute, mais accrut aussi l'abattement de la France. Jamais nature ne fut moins poétique, jamais homme n'eut moins le droit d'étaler dans le cénacle littéraire sa présomption et sa vulgarité. L'esprit, la verve, le sentiment, le goût même, tout lui manquait. Les jeux de mots, les concetti, les fausses métaphores abondent dans ses stances pénibles, guindées, fastidieuses, ternes et arides comme des feuilles mortes. L'art fut pour lui un cabinet d'intendant criminel, d'où il lança des réquisitoires contre l'imagination, l'enthousiasme, la délicatesse, la grâce et la beauté.

Un ministre supérieur continua son œuvre funeste. Richelieu avait indubitablement du génie ; mais c'était surtout un grand politique. Ses pièces de théâtre, ses mémoires, ses hostilités contre le Cid et Corneille prouvent son insuffisance littéraire. L'idéal poétique lui échappait, comme il échappe en général aux hommes d'action. Le protecteur de Bois-Robert voulut organiser la littérature, de même qu'il organisait l'État. Il fit écrire par l'abbé d'Aubignac *la Pratique du Théâtre*, qui est demeurée le code de notre scène, code déplorable entre tous (1) ; il ordonna de payer exactement à Vaugelas

(1) « Ce fut pour lui complaire que je dressai la *Pratique du Théâtre* qu'il avoit passionnément souhaitée, dans la croïance qu'elle pourroit soulager nos poètes de la peine qu'il leur eût fallu prendre et du temps qu'il leur eût fallu

une pension qu'il ne recevait plus, et le pressa de continuer ses travaux ; il fonda l'Académie française, approuva, seconda l'entreprise du dictionnaire ; loua hautement les dissertations et traités de Colletet, Mairet et Scudéry. Sans le moindre doute, il pensait avoir réglementé la littérature et la langue françaises, comme l'administration, la guerre, la marine et les finances. Il ne se trompait pas tout à fait, et il a eu, particulièrement sur le théâtre, une influence durable ; mais elle a été pernicieuse. Il avait envahi un territoire où il n'aurait pas dû mettre le pied. Sa poésie à lui, c'était la poésie toute réelle, toute palpable, du commandement, de la diplomatie, de la lutte qu'il soutenait contre les Huguenots et la maison d'Autriche, contre ses ennemis personnels et contre les adversaires de la royauté. La poésie proprement dite n'était pas de son ressort. Elle a des lois, sans doute, mais ce sont des lois générales, des lois intimes, dérivant de son essence ; elles n'offrent aucune similitude avec les règles conventionnelles, étroites, prosaïques, monotones et arbitraires, qu'il voulait lui imposer, que tous les critiques français préconisent et que l'on a ouvert comme des chausses-trappes sous les pas du talent

---

perdre, s'ils eussent voulu chercher eux-mêmes, dans les livres et au théâtre, les observations que j'avois faites. Et ce fut encore par son ordre que je fis un projet pour le rétablissement du théâtre françois, contenant les causes de sa décadence et les remèdes qu'on y pouvoit apporter ; le dessein lui en fut si agréable et il conçut tant d'espérance de le faire réussir, qu'il m'avoit obligé de commencer à traiter dans toute son étendue ce que je n'avois fait que toucher sommairement, s'étant engagé d'employer à l'exécution de ce dessein tout son pouvoir et ses libéralités. La mort de ce grand homme a fait avorter ces deux ouvrages ; mais voici le premier, que j'abandonne, tel qu'il est, aux sollicitations de mes amis. *Pratique du Théâtre*, t. Ier, p. 13.

ou du génie. Les principes les plus nobles de l'art d'écrire, ses ressources les plus variées, les plus charmantes, les plus délicates, il ne les entrevoyait même pas. Il croyait rédiger une poétique et ne dressait qu'un acte mortuaire.

Les goûts, le tempérament des Bourbons devaient en outre exercer une vive influence sur la littérature, dans un pays monarchique où tout dépendait du prince, où on lui témoignait une servile adoration. Louis XIV, amateur et protecteur des lettres, a spécialement contribué à leur faire adopter la marche qu'elles suivirent sous son règne et pendant un siècle après sa mort. Cette race, de mœurs assez douces et assez honnêtes, si on la compare aux autres familles souveraines, a quelque chose de pesant, de bourgeois, de mesquin. Depuis Henri IV, elle n'a produit que des hommes tout au plus médiocres. Louis XIV lui-même manquait d'étendue dans l'esprit, de sensibilité, de courage personnel, et, malgré son faste, son amour-propre, d'une certaine délicatesse, d'une certaine élévation morale. Deux auteurs, qui l'ont connu, lui reprochent avec justice son incessante préoccupation des détails (1). Il ne voyait pas les choses de haut, et son regard ne portait pas loin. Sa création, sa

(1) « Son esprit, naturellement porté au petit, se plaisoit en toutes sortes de détails, nous dit Saint-Simon... Il croyoit toujours apprendre à ceux qui savoient le plus. » — « L'habileté d'un roi ne consiste pas à tout faire par lui-même, ajoute Fénelon. C'est une vanité grossière que d'espérer d'en venir à bout, ou de vouloir persuader au monde qu'on en est capable. Vouloir examiner tout par soi-même, c'est défiance, c'est petitesse, c'est se livrer à une jalousie pour les détails, qui consument le temps et la liberté nécessaires pour les grandes choses. Un esprit épuisé par le détail est comme la lie du vin, qui n'a plus ni force ni délicatesse. *Télémaque*, l. 22.

résidence préférée, la ville et le château de Versailles, me paraissent un fidèle emblème de son intelligence. Quelle froideur prosaïque dans ces rues, dans ces boulevards, dans ces places immenses, que le soleil brûle en été, où les vents orageux tourbillonnent et soulèvent des flots de poussière, où la bise vous gerce la figure, qui ont toute la monotonie, toute la stérilité du désert et quelque chose de plus trivial ! Regardez le palais du côté de la cour : n'est-ce point une déplorable combinaison que ce fractionnement de toutes les masses, que ces nombreux corps de logis avancés ou en retraite? Pouvait-on mieux amoindrir l'effet de l'ensemble, pouvait-on mieux rapetisser à l'œil un si vaste monument? Du côté de jardin, même maladresse, même défaut de goût : cette immense façade, qui, par son étendue seule, eût produit une vive impression, est morcelée en trois parties, une construction centrale et deux ailes. Le corps du milieu forme d'ailleurs une telle saillie, qu'il absorbe l'attention, brise l'unité, cache tantôt le bâtiment de droite, tantôt le bâtiment de gauche. Et là, devant ce frontispice, on a dessiné sur le sable des arabesques de buis nain, qui sont la chose la plus ridicule, la plus triste, la plus maussade, la plus fastidieuse du monde. Je ne parle point du faîte, de ces combles uniformes, sans saillies, sans charme et sans élégance. Somme toute, beaucoup d'efforts et peu de résultats, beaucoup de prétentions et peu de majesté, beaucoup de recherche symétrique et peu d'harmonie. Telle fut la littérature sous Louis XIV. Comme Richelieu et plus encore peut-être, le vainqueur de la Hollande prenait l'ordre, la régularité pour la beauté, un des moyens pour la fin. Le Nôtre avait toutes ses prédilections et personnifiait le génie de l'époque.

Comme Malherbe avait résumé les tendances de l'esprit public sous le roi vaillant, comme d'Aubignac avait été l'interprète de Richelieu, Boileau fut le théoricien de Louis XIV. Il mettait un poète au niveau d'un joueur de quilles (1), la mythologie au-dessus de la nature, ne trouvait rien de préférable à un sonnet bien tourné, prisait peu Lafontaine et blâmait vertement Ronsard, qui fait parler ses paysans, dit-il, *comme on parle au village*. Quelle que soit la manière dont on le juge, quelque estime que l'on ait pour son talent (et je suis loin de le méconnaître), il ne faut pas oublier que c'était avant tout et par dessus tout un satirique, un frondeur, c'est-à-dire un esprit négatif. Le mauvais côté des choses le frappait exclusivement ; il observait, il saisissait les vices, les ridicules, les faiblesses de l'entendement et les défauts du cœur. L'idéal était pour lui une porte close. La fougue, la passion, l'art délicat ou sublime répugnaient à sa nature. L'*Argenis* de Barclay fut le seul roman qu'il goûta. Un homme qui n'a jamais compris l'amour, pouvait-il comprendre la poésie ? Sa satire contre les femmes donne la mesure de son intelligence. Leur beauté, leurs grâces, leur tendresse, leurs charmants caprices, la magie dont les environne la nature, le trouvaient impassible. Ce qu'il voyait en elles, c'était uniquement des imperfections qui augmentent souvent leur prestige, que leur pardonne toute âme affectueuse, dont nous ne sommes point exempts nous-mêmes, et

---

(1) Malherbe avait déjà tenu le même propos. Emile Colombey, *les Assemblées littéraires*.

qu'un mot, un regard font oublier. Un tel homme pouvait-il écrire la théorie des plus nobles, des plus pénétrantes, des plus suaves de toutes les émotions, de toutes les productions humaines? Ce caustique railleur était né pour une autre tâche. Sa conformation le vouait à exercer une influence désastreuse, s'il sortait du monde pratique. Un mauvais génie l'égara loin de son domaine. Il a été le soutien, le législateur, le prophète des pédants, des esprits vulgaires, des intelligences froides et communes. Tout homme compétent doit regretter que Malherbe, d'Aubignac et Boileau, ces trois antéchrists de la poésie, aient fait l'éducation de notre littérature, lui aient inspiré, deux siècles durant, leurs goûts prosaïques, leur aversion pour l'enthousiasme et le naturel, pour l'indépendance et l'originalité.

CHAPITRE III.

Querelle des anciens et des modernes.

Premières tentatives d'affranchissement. — Question du langage; protestations en faveur de notre idiome. — *Illustration de la langue françoise*, par Joachim Du Bellay. — Henri Estienne : ses œuvres de philologie française. — Fondation de l'Académie. — Discours de Bois-Robert. — Discours de Guillaume Colletet. — Arnauld d'Andilly. — *Discours de la poésie chrestienne*, par Godeau. — Opinion du cardinal de Richelieu. — Mépris de Descartes, de Malebranche et de leurs élèves pour les Anciens.

Mais quelque profonde et vaste que fût l'inondation classique, elle devait peu à peu rentrer dans son lit. A peine eut-elle submergé l'Europe, qu'un mouvement de reflux s'opéra. Sa dernière victoire, son effet le plus pernicieux, avait été le renversement des langues modernes, englouties sous l'idiome latin. Ce fut de ce côté que se portèrent les premiers secours. Les érudits n'avaient pas encore pleinement savouré la joie de leur triomphe, que Du Bellay sonna le tocsin pour demander assistance ; il publia, en 1549, son *Illustration de la langue françoise*, où il cherche à venger notre idiome du mépris qu'on lui témoignait. « Les langues, disait-il, ne sont nées d'elles-mesmes, en façon d'herbes, racines et arbres, les unes infirmes et débiles en leurs espèces, les autres saines et robustes, et plus aptes à porter le faix des conceptions humaines : mais toute leur vertu est née au monde du vouloir et arbitre des mortels. Il est vray que, par la succession des temps, les unes, pour avoir esté plus curieusement reiglées, sont devenues plus riches que les autres ; mais cela ne se doit attribuer à la félicité desdites langues, ains au seul artifice et industrie des hommes. A ce propos, je ne puis assez blasmer la sotte arrogance et témérité d'aucuns de notre nation, qui, n'estant rien moins que Grecs ou Latins, desprisent et rejettent d'un sourcil plus que stoïque toutes choses escrites en françois, et ne me puis assez esmerveiller de l'estrange opinion d'aucuns sçavans, qui pensent que notre vulgaire soit incapable de toutes bonnes lettres et érudition ; qui voudroit dire que la grecque et la romaine eussent toujours esté en l'excellence qu'on les a veues du temps d'Homère et de Démosthènes, de Virgile et de Cicéron ? »

Ce désir d'élever la langue française à la même hauteur que les idiomes précédents, est un trait qui distingue la Pléiade de l'école des Villon et des Marot. Ceux-ci chantaient sans but, sans arrière-pensée, avec l'indolence d'un courtisan ou d'un hanteur de mauvais lieux. L'école de Ronsard entreprit une guerre sérieuse ; elle ne se contenta point de murmurer des vers faciles : elle jura de mettre un terme au dédain des savants. Ce fut là sa seule intention novatrice ; c'est uniquement sous ce rapport qu'elle a contribué à l'affranchissement des lettres modernes. Pour tout le reste, il faut voir en elle la cause première de notre longue servitude poétique. Alors, comme du temps de Malherbe, comme du temps de Boileau, comme du temps de la Harpe, et comme dernièrement, en 1828, la question du langage éclipsa les autres. Nos critiques n'ont été en général que des grammairiens, des scholiastes, des éplucheurs de mots : la forme extérieure et, dans cette forme, la partie la plus matérielle, la plus grossière, les sons, la langue, les préoccupent tellement qu'ils oublient le fond ; les idées, la nature, le sentiment et la poésie paraissent ne point exister pour eux. Les questions de littérature et de beaux-arts touchent cependant à l'histoire, à la psychologie, à la métaphysique même : on ne peut les débattre, encore moins les résoudre, sans un travail d'analyse philosophique : cherchez ce travail dans les livres de nos rhéteurs !

Comme Du Bellay, Henri Estienne se montra fort chatouilleux pour l'honneur de la langue française. Mais la manière dont il la défendit sent le pédantisme de son siècle et le révèle par des traits assez naïfs. Le philologue ne veut pas qu'on dédaigne, qu'on néglige notre idiome. Il entreprend de lui découvrir des lettres de noblesse. Or, comme toute l'époque raffole de grec et de latin, il imagine de chercher dans notre langage les points de similitude qu'il peut offrir avec celui des Hellènes. Il trouve que nul autre ne s'en rapproche autant. Cette persuasion lui inspire un volume qu'il publie en 1565 : *Conformité du langage françois avec le grec*. L'idiome d'Homère et d'Eschyle étant, à son avis, le plus parfait de tous, et l'idiome français lui ressemblant d'une manière étonnante, ce dernier mérite l'estime des savants, et l'on doit, par respect même pour les anciens, lui témoigner toutes sortes d'égards. Tel est l'argument essentiel du docte imprimeur. Afin d'en accroître la force, il invente des analogies entre les deux systèmes d'expression, mais les invente de bonne foi. « Son goût pour le grec, nous dit Goujet, l'a conduit à imaginer plus d'une relation qui n'existe pas. » Ecrit dans le but de gagner, de séduire les hellénistes, les professeurs de littérature et de langues mortes, son livre dérida leurs figures rébarbatives. Ils commencèrent dès lors à tempérer leur mépris pour l'idiome vulgaire, puisqu'il n'était pas sans rapport avec les poudreux volumes qui chargeaient les rayons de leurs bibliothèques.

Dans ses deux *Dialogues du langage françois italianizé*, Henri Estienne voulut rendre à son pays un autre service. Les expéditions en Italie, le mariage de Henri II avec Catherine de Médicis, l'étude de la littérature italienne, alors très brillante, avaient mis à la mode chez nous un grand nombre de termes et de locutions, qui auraient dû rester au-delà des Alpes. Ainsi l'on disait *strade* pour rue, *past* pour dîner, *spaceger* pour se promener, *garbe* pour gentillesse, *goffe* pour lourd, et on dénaturait ainsi notre langue (1). Estienne protesta contre cette manie, la tourna en ridicule. Le français ne le cédant à aucune langue, pourquoi lui faire contracter des emprunts inutiles ?

La *Précellence du langage françois*, composée en 1579, un an après les *Dialogues*, tendait au même but. On disputait alors sur la prééminence du français, de l'italien et de l'espagnol. Henri Estienne se porta le champion de sa langue maternelle. Ses arguments ne

(1) Etude sur Henri Estienne, par Léon Feugère.

changent pas. « Tout ainsi que quand une dame auroit acquis la réputation d'estre parfaicte et accomplie en tout ce qu'on appelle bonne grâce, celle qui approcheroit le plus près de ses façons auroit le second lieu : ainsi, ayant tenu pour confessé que la langue grecque est la plus gentille et de meilleure grâce qu'aucune autre, et puis ayant monstré que le langage françois ensuit les jolies, gentilles et gaillardes façons grecques de plus près qu'aucun autre, il me sembloit que je pouvois faire seurement ma conclusion, qu'il méritoit de tenir le second lieu entre tous les langages qui ont jamais esté, et le premier entre ceux qui sont aujourd'huy. »

Après avoir déployé sa bannière invariable, Estienne compare minutieusement le français et l'italien, donnant toujours au premier l'avantage, comme un bon patriote. Quant à l'espagnol, il le déclare moins bien constitué que la langue italienne. Donc si notre idiome l'emporte sur celui de Pétrarque et du Dante, à plus forte raison l'emporte-t-il sur celui qu'on parle derrière les Pyrénées.

Estienne, comme on le voit, ne songeait nullement à contester la suprématie des Grecs et des Latins. Il est, au contraire, leur fervent admirateur, il les prend pour types et pour règle. C'est par sa similitude avec leurs moyens d'expression qu'il justifie notre langue.

Il suivait la direction générale des esprits, durant toute cette période historique. Les hommes même qui parlaient en faveur de notre idiome, ne voulaient pas de notre poésie. Ronsard et Joachim n'entendent s'éloigner des anciens que pour les mots ; pour les choses, ils se condamnent à ramper servilement derrière eux. « Il faut, dit le second, recommander avant tout au poète l'imitation des Grecs et Latins. » — « Toi donc qui te destines au service des Muses, lis et relis jour et nuit les exemplaires grecs et latins, et laisse-moy aux jeux floraux de Toulouse et au Puy de Rouen toutes ces vieilles poésies françoises, comme rondeaux, ballades, virelais, chants royaux, chansons et telles autres épiceries, qui corrompent le goût de notre langue, et ne servent sinon à porter témoignage de notre ignorance. Jette-toy à ces plaisantes épigrammes, à l'imitation d'un Martial; distille d'un style coulant ces lamentables élégies, à l'exemple d'un Ovide, d'un Tibulle, d'un Properce, etc. » (1). Dans la préface de la *Franciade*, Ronsard ne se contente pas de baiser la poussière foulée par les anciens; il trace une longue et minutieuse recette épique, dont le but est de faire calquer tous les poèmes à venir sur l'*Iliade* et sur l'*Enéide*.

Les ouvrages ne démentirent point la théorie. Les prétendues inventions rhythmiques de la Pléiade ne sont généralement que des emprunts faits aux troubadours et à l'antiquité. Il suffit de parcourir l'ouvrage de M. Raynouard pour constater la justesse de la première assertion; quant à la seconde, l'aveu positif de Ronsard ne permet point de révoquer en doute son exactitude : « J'ay esté d'opinion en ma jeunesse, dit-il, que les vers qui enjambent l'un sur l'autre, n'estoient pas bons en notre poësie; toutesfois j'ay cognu depuis le contraire par

---

(1) Voyez aussi la péroraison de la préface que Ronsard mit au-devant de sa *Franciade* : il y expose les mêmes idées avec plus de verve et de talent.

la lecture des autheurs grecs et romains, comme

> . . . . Lavinia venit
> Littora. . . . .

« J'avois aussi pensé, que les mots finissans par voyelles et diphthongues, et rencontrans après un autre vocable commençant par une voyelle ou diphthongue, rendoient la voix rude : j'ay appris d'Homère et de Virgile, que cela n'estoit point malséant, comme *sub Ilio alto, Ionio in magno.* » Depuis Du Bellay jusqu'au milieu du dix-septième siècle, l'aqueduc romain élevé par l'enthousiaste cohorte roula sans obstacle vers la France toute l'eau des sources antiques. La grande cause de l'indépendance littéraire fut malencontreusement abandonnée. A peine s'élevait-il de loin en loin quelque réclamation fugitive, quelque plainte accidentelle. On eût dit ces éclairs pâles et rapides, qui brillent vaguement à l'horizon des nuits d'été. Ainsi, le malheureux Théophile déplorait, dans ses *Fragments d'une histoire comique* (1), l'étroit esclavage de notre poésie. L'invocation des muses païennes lui semblait profane et ridicule. Il ne trouvait *ces singeries* ni utiles ni agréables. Mais si on avait assez de courage pour laisser échapper des murmures, on n'en avait point assez pour proclamer ouvertement la supériorité des modernes, et pour composer dans ce but des écrits spéciaux.

Chose étrange ! les premiers qui relevèrent, malgré les cris de la foule, le pavillon abattu de l'art national, furent, sinon les fondateurs en titre de l'Académie française, au moins les instigateurs du décret ministériel qui

---

(1) En 1621.

lui donna le jour ; elle a depuis lors bien racheté par ses pleurs la honte de ce généreux commencement ! Vers l'an 1629, quelques hommes de lettres, logés en différents endroits de Paris, ne trouvant rien de plus incommode, dans une aussi grande ville, que de se chercher souvent les uns les autres sans pouvoir se rencontrer, fixèrent un jour de la semaine pour se réunir. Leurs assemblées avaient lieu chez M. Conrart, dont la maison était la plus spacieuse et la plus rapprochée du centre de la capitale. On avait résolu de garder le secret ; pendant trois ou quatre ans il fut observé. Mais M. Malleville, un des sociétaires, n'ayant pu cacher l'existence de la compagnie à M. Faret, celui-ci obtint la permission d'assister à une séance. Il en instruisit Desmarests et Bois-Robert, tous les deux protégés du cardinal de Richelieu et faisant partie des cinq poètes qui écrivaient pour lui ses pièces de théâtre. Desmarests y vint plusieurs fois ; il y lut le premier tome de son *Ariane*, qu'il composait alors. Bois-Robert voulut également être admis aux conférences ; il n'y eut pas moyen de repousser sa demande, car il jouissait de la plus grande faveur auprès de Richelieu. Dans ses entretiens avec le ministre, il lui peignit d'une manière avantageuse la petite société qu'il avait vue et les personnes dont elle était l'ouvrage. Richelieu conçut l'idée d'en former un corps littéraire ; il leur fit proposer de se réunir sous une autorité publique ; et, ayant obtenu leur assentiment, des lettres patentes furent dressées au nom du roi, pendant le mois de janvier 1635 (1). Voilà comment cette illustre compagnie prit naissance.

(1) Pelisson, *Histoire de l'Académie française*.

Or, dès le second jour de janvier, avant même que les lettres patentes fussent marquées du sceau royal, on tira au sort le nom des académiciens, et on les inscrivit sur un tableau. Il fut alors décidé que chacun d'eux lirait à son tour une harangue sur telle matière et de telle longueur qu'il lui plairait; on devait ainsi entendre un discours par semaine. Bois-Robert se trouva le quatrième; il choisit pour sujet la défense du théâtre moderne, comparé à celui des anciens. Ce travail n'existe plus; de vingt discours successivement débités, cinq seulement eurent les honneurs de l'impression, et celui de Bois-Robert ne fut pas du nombre. On sait cependant qu'il y dépouillait tous les auteurs grecs et romains d'une gloire qu'il croyait usurpée (1); il les traitait comme des hommes inspirés par le génie, mais ordinairement sans goût et sans délicatesse. Homère eut le plus à souffrir : Bois-Robert l'assimila aux chanteurs de carrefours dont les vers réjouissent la canaille. La tradition conserva la mémoire de cette rude sortie; La Motte l'invoquait par la suite, lorsqu'on lui reprochait de soutenir une cause aussi périlleuse.

Ce discours de Bois-Robert avait été prononcé le 26 du mois de février 1635. Le 3 janvier 1636, Guillaume Colletet, l'ami, l'auteur préféré de Richelieu, en débita un autre; que nous possédons et qui ne manque certes pas d'intérêt. On peut croire que le cardinal n'y fut pas étranger, d'autant plus qu'il se termine par une véritable apothéose de son éminence. Une prétentieuse recherche, que le ministre approuvait sans doute,

---

(1) Irail, *Querelles littéraires depuis Homère jusqu'à nos jours*.

caractérise d'un bout à l'autre cette harangue. La matière seule lui donne déjà une importance historique : l'auteur voulait y démontrer *que pour estre éloquent, il faut imiter les Anciens, et qu'en les imitant on les peut surpasser.* Voilà le titre même du morceau. Colletet débute par des généralités sur l'imitation, écrites dans le style des précieuses. A l'en croire, toutes les choses créées n'ont pour but que de se contrefaire à l'envi. « Cette flâme enchassée dans un cercle d'argent, cette image visible du soleil, qui partage avecque luy l'empire du monde, ne semble-t-elle pas tressaillir de joye, lorsque, parmi l'épaisseur et le silence des ténèbres, elle entend résonner les hymnes des poètes, qui luy donnent le titre de soleil de la nuit? Cette loüange exquise est un charme capable de la tirer du ciel, et de lui faire advoüer qu'il n'y a rien qui la flatte davantage que la créance que l'on a qu'elle imite les fonctions de ce bel astre. La terre paroist morne et languissante, si tost que l'air est triste et enveloppé de nuages ; et dès que le ciel luy montre un visage serain, elle semble sourire. Ces perles fondües, qui brillent dès le matin sur la pointe des herbes, passent pour autant de larmes de joye. Aussi, dans la passion que le ciel a pour elle et dans la pompe qu'elle estalle pour luy plaire, quiconque voit de toutes parts tant d'yeux ouverts, doute avecque raison si par un agréable eschange les fleurs de la terre sont les estoilles du ciel, ou si les estoilles du ciel sont les fleurs de la terre. Et quand il arrive que par une violente secousse, cette mère commune des hommes agite le fond de ses entrailles, qu'elle tremble et qu'elle s'émeut, que prétend-elle autre chose, sinon d'imiter les divers mouvements des cieux, aussi bien que la mer les imite dans son flux et dans son reflux ? »

Ces arguments sont péremptoires et prouvent triomphalement que l'imitation est la loi de la nature. Si donc les choses inanimées subissent elles-mêmes l'influence de ce principe, comment l'esprit de l'homme et ses œuvres pourraient-ils l'éluder ? La science, l'industrie, la littérature lui sont soumises ; les poètes, les orateurs se suivent à la file, comme les moines dans une procession, et chacun d'eux marche sur les pas de ses devanciers. Démosthènes et Cicéron imitaient leurs prédécesseurs ; Homère a eu des modèles, Hésiode et Pindare l'ont pris pour guide, Ennius, Plaute, Térence, Virgile, tous les auteurs latins ont emprunté à d'autres. « Entre les poètes, continue le protégé de Richelieu, comme Ronsard se rendit le plus considérable, ce fut aussi celuy qui déféra le plus à l'imitation. Il se faisoit gloire, comme il dit luy-mesme, de saccager la Pouïlle et de piller Thèbes, sans épargner celuy qui trouva du respect parmi l'insolence des soldats, et qui, longtemps après sa mort, garantit sa maison de la fureur de toute une armée victorieuse. »

L'imitation, en conséquence, est indispensable aux travaux de l'esprit ; mais il ne faut pas tomber dans une imitation servile, qui rende l'homme esclave d'autrui et incapable de rien exécuter par lui-même. Comme exemples des inconvénients de cette fâcheuse méthode, Guillaume Colletet cite les travers des cicéroniens. Ce sont des phénomènes bizarres, produits par l'engouement littéraire, que nous ne devons point omettre dans un ouvrage comme celui-ci : « Ne renouvellez pas, dit-il, le mystère de ce genre d'hommes, qui, ne reconnaissant que le seul Cicéron pour leur dieu, se faisoient autresfois appeler Cicéroniens. C'estoit un curieux spectacle de voir ces visages pasles et mélancoliques se priver de tous les plaisirs de la vie, fuir la compagnie des vivants, comme s'ils eussent esté desjà morts, s'ensevelir dans leur estude comme dans un cercueil; et s'abstenir de la lecture de toutes sortes de livres, horsmis de Cicéron, avec autant de soin que Pythagore s'abstenoit de l'usage des viandes. Leurs bibliothèques n'estoient diversifiées que des différentes impressions des œuvres de Cicéron. Leurs histoires n'estoient que celles de sa vie, et leurs poèmes épiques que les froides narrations de son consulat; les tableaux et les peintures de leurs galleries n'estoient que son image. Ils la portoient gravée dans leurs anneaux, aussi bien que dans leurs cœurs. Pendant le jour, il estoit le seul entretien de leur esprit, comme durant la nuit il estoit l'unique objet de leurs songes. Quiconque les abordoit, reconnoissoit bientost qu'ils préféroient l'honneur d'avoir ramassé ses paroles en une période bien ronde et bien cadencée, aux généreuses actions des plus grands héros du monde. Et quand leurs longues veilles les avoient exténués de maladies, ils mouroient contents, puisqu'ils augmentoient le nombre des martyrs de Cicéron ; et il sembloit qu'ils souhaitassent moins en mourant la possession de la gloire céleste et la vision de Dieu mesme, que la présence éternelle de ce démon de l'éloquence. »

Ce n'est point cette vénération fanatique, ce n'est point cette ridicule servilité que loue et recommande l'auteur du discours. Il veut qu'on étudie les anciens, non pour devenir un simple écho de leurs paroles, mais pour apprendre à inventer, à s'exprimer aussi bien qu'eux, et tâcher ensuite de les surpasser. On ne peut les atteindre sans les suivre, on ne peut les devancer sans les avoir atteints. Ici Colletet ébauche la théorie de la perfectibilité humaine et du progrès littéraire. Ce premier linéament d'un sytème devenu fameux exige notre attention. L'auteur déclare d'abord que les livres des anciens sont les véritables trésors de toutes les sciences. « Mais, ajoute-t-il, si nous pouvons sçavoir les choses qu'ils ont sceües, et les égaler en ce que nous les sçavons comme eux, nous pouvons aussi les surpasser en ce poinct que nous sçavons des choses qui leur ont esté cachées, que le temps nous a découvertes, et qu'il semble n'avoir réservées que pour nous. Et en effet, comme une longue expérience ne s'acquiert qu'avec un long usage, il est bien croyable que ces derniers siècles, qui sont comme la vieillesse du monde, peuvent donner aux hommes des connaissances et des lumières que l'enfance du monde ne leur pouvait pas donner encore. — Il n'y a rien de beau, disoit un ancien, qui ne puisse estre effacé par quelque chose de plus rare. Polyclète devança de beaucoup dans son art son maistre Agelas. Quelque perfection qu'ayent eu les antiques peintures, Fréminet et Rubens en ont peut-estre conçeu de plus parfaites. L'imagination de l'homme est infinie; les siècles produisent tous les jours de nouveaux miracles, et il semble que Dieu ait voulu compenser la courte durée de notre vie par une plus prompte et plus vive appréhension des choses. Il n'y a rien de difficile à celui qui aime, et le travail assidu luy peut faire obtenir ce que la nature luy dénie. L'industrie humaine triomphe de tous les obs_tacles. On a trouvé l'art de l'imprimerie et l'usage du canon ; on a veu luire de nouvelles estoiles ; on a découvert de nouvelles mers et de nouveaux peuples, depuis que le sage a dit qu'il n'y avait plus rien de nouveau sous le soleil. Qui eût jamais crû que la langue latine n'eût esté au comble de sa perfection, lorsque Plaute, Térence, Ennius, Lucrèce et tous les orateurs de leur temps prirent soin de la cultiver ? et que notre langue françoise n'eût eü toute son estendue, toutes ses fleurs et toutes ses richesses, quand Amyot et Ronsard prirent la peine de la défricher ? Et toutesfois on a veu depuis éclater des Virgile et des Cicéron, des Du Perron et des Malherbe. »

Colletet, s'adressant aux auteurs rassemblés, ajoute qu'ils n'ont qu'à poursuivre. Notre langue, notre littérature se promettent tout de leur soin, de leur affection et de leur sage audace. Elles seront, s'ils le veulent, comme ces grands fleuves qui deviennent plus profonds et plus larges, à mesure qu'ils s'éloignent de leur source.

Voilà certes le problème posé dans toute son étendue. Cette brève esquisse sera développée par d'autres, mais le premier chez nous Colletet a proclamé la doctrine de la perfectibilité humaine. Et il ne limite point le progrès aux sciences, à la politique, à l'industrie ; non, il l'admet dans les arts, dans la littérature. Il imprime même cette belle phrase, que peu d'hommes écriraient ou accepteraient de nos jours : *L'imagination de l'homme est infinie*.

La remarque déjà faite par Bacon et si souvent répétée depuis, que l'antiquité était la jeunesse de l'univers, comme les temps modernes en sont la vieillesse, Colletet l'exprime nettement et hardiment.

On peut croire que sur ces divers points, le protégé de Richelieu était d'accord avec son patron. Plein du sentiment des grandes choses qu'il avait accomplies, le ministre ne pouvait voir d'un œil indifférent que l'on sacrifiât son époque aux temps anciens, sa gloire à celle des illustres personnages morts depuis plusieurs siècles. Il devait donc croire le moment venu d'entrer en lutte avec l'antiquité et applaudir aux paroles de Colletet. Une disposition d'esprit analogue avait inspiré Bacon sous le règne d'Elisabeth, Tassoni à la fin du XVIe siècle, cette période si brillante de la littérature italienne. Les succès, la fécondité poétique de la pléiade portèrent aussi Etienne Pasquier à soutenir la gloire de la France, à la déclarer l'émule de la Grèce et de Rome. C'est Colletet lui-même qui le rappelle : « Lorsque Pasquier, dit-il, prouve par des exemples et des raisons que les poètes français, imitant les latins, les ont souvent égalés et quelquefois surmontés, n'oppose-t-il pas un grand nombre de vers de la *Franciade* de Ronsard aux vers des Argonautiques, de Catulle, d'Apollonius Rhodius, du grand Virgile mesme, tesmoin l'embarquement de Francus et la vive description d'une tempeste qu'il dict qu'il a empruntée de Virgile, et qu'il a beaucoup relevée dessus luy, adjoustant qu'en cela et qu'en beaucoup d'autres, comme Virgile l'emporte de bien loin sur Homère qu'il a imité, Ronsard, en beaucoup d'endroits, l'emporte de bien loin sur Virgile qu'il a imité pareillement » (1).

(1) C'est dans le livre 7 et le ch. XI de ses *Recherches* que Pasquier fait ces réflexions. Voyez la Vie de Ronsard, par Colletet, publiée pour la

L'étude excessive des anciens causait d'ailleurs à Colletet des dégoûts et des lassitudes qui lui inspiraient par moments le désir de secouer leur joug. C'est ce qu'il a vigoureusement exprimé au début d'un poème sur la traduction :

> C'est trop m'assujettir, je suis las d'imiter ;
> La version déplaît à qui peut inventer.
> Je suis plus amoureux d'un vers que je compose,
> Que des livres entiers que j'ai traduits en prose.
> Suivre comme un esclave un auteur pas à pas,
> Chercher de la raison où l'on n'en trouve pas,
> Distiller son esprit sur chaque période,
> Faire d'un vieux latin un françois à la mode,
> Éplucher chaque mot comme un grammairien,
> Voir ce qui le rend mal ou ce qui le rend bien,
> Faire d'un sens confus une raison subtile,
> Joindre au discours qui sert un langage inutile,
> Parler asseurement de ce qu'on sçait le moins,
> Rendre de ses erreurs tous les doctes tesmoins,
> Et vouloir bien souvent, par un caprice extrême,
> Entendre qui jamais ne s'entendit soi-même ;
> Certes, c'est un travail dont je suis si lassé,
> Que j'en ai le corps foible et l'esprit émoussé.

Pendant que ces déclarations de principes avaient lieu à l'Académie, d'autres tentatives étaient faites au dehors pour modifier le goût des poètes et changer le cours de leurs idées. Comme Théophile, on protestait contre la mythologie en faveur du dogme chrétien. Durant l'année 1634, Arnauld d'Andilly, seigneur riche et influent, publiait un *Poëme sur la vie de Jésus-Christ*. L'auteur, dans la préface, loue la beauté, la noblesse des sujets pieux. « Le langage magnifique et figuré de la

première fois en tête des œuvres inédites du *gentilhomme Vendomois*. Paris, 1855, chez Aubry.

poésie ayant sans doute quelque majesté proportionnée à l'éminence des actions héroïques, c'est une heureuse rencontre que plusieurs excellents esprits quittent maintenant pour un sujet si noble les illusions de l'amour profane. Les muses qui, durant qu'elles estoient payennes, chantoient avec tant d'art et de grâces la fausse gloire de leurs dieux, perdront-elles, en devenant chrestiennes, ces ornements et cette pompe si convenables à l'éternelle majesté que nous adorons? Il faut au contraire que cet incomparable objet les élève au-dessus d'elles-mêmes, et leur inspire des pensées dignes de sa grandeur incompréhensible. »

Après d'autres développements, il conseille aux poètes de suivre la route qu'il parcourt lui-même. « Ceux qui se plaisent à faire des vers devroient choisir principalement des sujets de piété ; il y a de quoy s'étonner que plus de personnes n'y travaillent, en un temps où nous avons pour exemple le chef de l'Eglise. »

L'année suivante, Godeau publiait ses *OEuvres Chrestiennes*, dédiées au cardinal de Richelieu. Un Discours de la Poésie chrestienne précède les opuscules rimés. Il débute par une vive abjuration de la poésie païenne. « Je confesse que me suis autrefois laissé emporter à l'opinion de ceux qui croyent que les muses cessent d'estre civiles, aussitôt qu'elles deviennent dévotes, qu'il faut qu'elles soient fardées pour estre agréables, et qu'il est impossible d'assortir les lauriers profanes du Parnasse avec les palmes sacrées du Liban. Mais je me suis détrompé, et maintenant qu'un âge plus meur m'a donné de meilleures pensées, je reconnois par expérience que l'Hélicon n'est point ennemy du Calvaire, que la Palestine cache des thrésors dont la Grèce, toute superbe et toute menteuse qu'elle est, n'oseroit se vanter. »

Il accuse ensuite les poètes anciens d'avoir loué des passions criminelles, soutenu des principes révoltants, décrit des actions infâmes. Laïs, auprès de cette littérature effrontée, avait de la retenue et de la pudeur. La Grèce ne vit pas seule une si honteuse prostitution. Les muses montrèrent à Rome une égale impudence, et l'on eût dit qu'elles apprenaient de nouvelles turpitudes à mesure qu'elles s'éloignaient de leur montagne. Ronsard, qui les avait amenées en France, leur avait rendu leur première sévérité. Mais Godeau se plaint de ce qu'elles ont repris leurs mauvaises mœurs. De princesses, elles sont devenues esclaves de la fortune ; d'une même bouche elles ont soutenu et condamné les sacriléges ; elles ont fait un odieux commerce de louanges. La punition a de bien près suivi leurs débauches. La fortune s'est montrée implacable envers elles, et le mépris public les a couvertes de honte. Mais elles peuvent sortir de cet abaissement ; elles peuvent reconquérir l'estime par deux moyens, l'excellence du travail et le choix de la matière. L'évêque ne se propose pas de leur signaler les mérites qui leur sont indispensables, de leur donner des préceptes littéraires ; mais il pense devoir les conseiller relativement aux sujets. Il y en a de deux sortes : les uns, empruntés à la religion, qui concernent la grandeur de Dieu, les actions inspirées par la grâce, les maximes sans lesquelles nous ne pouvons faire notre salut ; les autres, empruntés à la nature humaine et traitant des vertus morales, faisant l'éloge ou racontant la vie des personnes qui les possèdent. L'auteur des *OEuvres chres-*

tiennes donne de beaucoup l'avantage aux premiers. « Si le travail de ceux qui louent les grands hommes est digne d'estime, ne doit-on pas faire plus de compte des esprits, qui, voulant rendre à Dieu l'usure des lumières qu'ils ont reçues de luy, consacrent toutes leurs pensées et tous leurs discours à sa gloire ? »

La poésie profane exerce sur les mœurs une influence pernicieuse. Un philosophe ancien disait que pour connaître un homme, il fallait savoir quels individus il fréquentait habituellement. Les lectures auxquelles on s'adonne, les sujets que l'on traite, dénotent aussi le caractère. L'imagination ne produit pas seulement du désordre dans le corps, elle trouble les fonctions de l'âme par ses dérèglements. « Il est impossible qu'elle soit remplie d'objets déshonnêtes, qu'elle s'occupe avec plaisir à des inventions impies, sans que l'intelligence en demeure obscurcie ou la volonté corrompue. » Les princes chrétiens devraient, non pas, comme Platon, bannir la poésie de la république, mais lui rappeler qu'elle est vierge et fille du ciel, lui faire quitter les vains ornements du monde, la retenir dans l'enceinte des temples ou la contraindre à n'en sortir que pour visiter des lieux où règne la vertu. Il est juste qu'Athènes et Rome idolâtres cèdent à Jérusalem la sainte. « On peut passer par celles-là ; mais il faut établir sa demeure en celle-ci ; il luy faut consacrer les dépouilles de ses ennemies et la bastir de leurs ruines. Nos pères ont renversé les autels des démons, qui n'estoient que de pierre, et nous leur en éleverons d'or et de diamant dans nos ouvrages ! Nous aurons tous les jours dans la bouche des faussetez que nostre cœur desadvoue ! Nous invoquerons pour dieux ceux à qui nous ne voudrions pas ressembler? Nous trouverons le nom de Jupiter plus auguste que celuy de Jésus, et les adultères de l'un nous fourniront de plus belles pensées, que la saincteté et les miracles de l'autre? »

Ceux qui prononcent si hardiment que l'Écriture n'offre point de sujets agréables, parlent d'un pays dont ils n'entendent pas la langue et où ils n'ont jamais pénétré. Ils veulent emmailloter tous les esprits dans les langes de leur ignorance, et parce qu'ils ne peuvent s'élever tant soit peu, ils défendent que l'on quitte la terre. La peine avec laquelle on tire l'or des livres saints les effraye tellement, qu'ils sont bien aises de faire perdre aux autres le courage dont ils sont eux-mêmes dépourvus. Et certes, il faut demeurer d'accord que ce genre d'écrire est extrêmement difficile. C'est seulement au pied de la croix, devant celui qui ouvre la bouche des enfants pour chanter ses louanges, qu'on l'apprend en perfection. La sagesse n'entre point dans une âme impure et dans un corps sujet au péché. Il n'y a nul rapport entre la lumière et les ténèbres, nulle convenance entre l'Église et les temples des idoles.

De même que le protégé de Richelieu réclamait en faveur des modernes, au nom du progrès, l'évêque de Grasse réclamait donc, en faveur du christianisme, contre la mythologie. C'est le début d'une longue protestation, qui a duré deux siècles et qui n'a point cessé de retentir à la porte des écoles. Le système catholique ne pouvait se retirer sans combat devant une doctrine plus ancienne et plus grossière. Les deux croyances devaient tôt ou tard engager une lutte.

Richelieu, comme prince de l'Église, devait être favorable à ces opinions littéraires. Au mois d'octobre 1617, il avait publié un livre de théologie intitulé : *Défense des principaux points de la foi catholique*. On croit que Dulaurens écrivit presque sous sa dictée *le Triomphe de l'Eglise romaine*. Quelle que fût la liberté de ses mœurs, il voulait maintenir sans altération la doctrine établie. La pourpre dont il était vêtu, la déférence qu'il exigeait pour son rang ecclésiastique, lui en inspiraient naturellement le désir. Aussi avait-il accepté la dédicace des *Œuvres chrestiennes* ; aussi est-on en droit de présumer qu'il se montrait favorable à toutes les entreprises, à toutes les théories littéraires de même nature.

Ces tendances hostiles au passé allaient être soutenues par une philosophie nouvelle, qui, sous des allures prudentes, sous un langage paisible, cachait un violent désir de réformes. Descartes n'aspirait à rien moins qu'à ensevelir toute la vieille science, à lui substituer une science jeune, forte et hardie. Non-seulement il méprisait la scolastique, mais il dédaignait l'antiquité. L'étude des langues mortes lui semblait une occupation puérile. Voyant la reine Christine prendre une leçon de grec, il ne se gêna point pour lui témoigner son étonnement qu'elle s'amusât à de pareilles sornettes. Il en avait appris suffisamment au collége, étant petit garçon, disait-il, mais se faisait honneur d'avoir tout oublié depuis qu'il avait âge de raison. Un honnête homme, écrivait-il, n'est pas plus tenu à « savoir le grec et le latin que le suisse ou le bas-breton, ni l'histoire de l'empire romano-germanique que celle du plus petit État qui se trouve en

Europe » (1). Il se vantait d'ignorer la philosophie péripatéticienne, ajoutant qu'il regarderait comme une honte d'avoir donné à cette étude trop de soin et d'attention. Gassendi enfin recevait de lui cet avertissement : « Vous devriez vous souvenir que vous parlez à un esprit tellement détaché des choses corporelles, qu'il ne sait même pas si jamais il y a eu aucuns hommes avant lui, et qui partant ne s'émeut pas beaucoup de leur autorité. » Il soutenait encore que l'on ne doit rien préjuger en faveur des anciens à cause de leur antiquité, que nous sommes les vrais anciens, le monde étant plus vieux aujourd'hui et les hommes ayant une plus grande expérience (2).

Malebranche reproduit la même idée : « Au temps où nous vivons, dit-il, le monde est plus âgé de deux mille ans ; il a plus d'expérience, doit être plus éclairé ; c'est la vieillesse et l'expérience du monde qui font découvrir la vérité » (3). Il poussait jusqu'au sarcasme le mépris pour l'histoire. La science des écoles lui paraît enfler le cœur de l'homme et fausser son esprit. Avant d'être grammairien, poète, historien, étranger, il voulait qu'on fût homme, chrétien et Français. L'examen d'un insecte lui causait plus de joie et lui semblait plus utile que toute l'histoire grecque et romaine. Ce serait un bien petit malheur, disait-il, si le feu venait à brûler non-seulement les ouvrages des philosophes, mais encore ceux

---

(1) Baillet, *Vie de Descartes,* 2ᵉ partie, p. 396.
(2) Non est quod antiquis multum tribuamus propter antiquitatem, sed nos potius iis seniores dicendi. Jam enim senior est mundus quam tunc, majoremque habemus rerum experientiam. » Baillet, *Vie de Descartes,* liv. 8, chap. 10.
(3) *Recherche de la vérité,* 2ᵉ livre.

des poètes anciens. Il ne témoignait pas plus de vénération pour Homère que Charles Perrault ou La Motte Houdard. « Homère, qui loue son héros d'être vite à la course, eût pu s'apercevoir s'il eût voulu, que c'est la louange que l'on doit donner aux chevaux et aux chiens de chasse » (1). Enfin, ayant trouvé un Thucydide sur la table de Daguesseau, il en fut scandalisé à un tel point, que le célèbre jurisconsulte perdit beaucoup dans son opinion (2).

Arnauld, Pascal, Nicolle, Terrasson, tous les cartésiens expriment des sentiments de même nature et proclament la perfectibilité humaine. Ils ne veulent point que les nations restent accroupies sur les tombeaux des morts, qu'elles fassent du discours une lamentation funèbre. Quand le soleil plonge dans les flots, c'est pour aller reprendre place au levant : la lumière un moment éclipsée ne paraît que plus abondante et plus belle. L'humanité grandit, l'humanité est forte : honte à qui doute de son avenir !

Assurément ces opinions cartésiennes vinrent en aide aux réformateurs littéraires. Mais il serait inexact de rattacher à notre grande école philosophique toute la théorie du progrès et toute la lutte contre les anciens, comme on l'a voulu faire récemment. Le *Discours sur la méthode* fut publié à Leyde, en 1637 ; bien avant que les principes de Descartes eussent pu influencer les esprits, Bois-Robert, Colletet et Godeau avaient posé les questions, détruit le charme qui tenait les modernes comme pétrifiés sous le regard de la Méduse antique.

(1) *Recherche de la vérité*, dans la préface.
(2) Voyez l'*Histoire de la philosophie cartésienne*, par M. Bouillier, excellent ouvrage auquel nous empruntons ces renseignements.

CHAPITRE IV.

Querelle des anciens et des modernes.

Desmarests de Saint-Sorlin. — Ses débuts profanes. — Il se convertit et prend la défense du christianisme contre le paganisme, des modernes contre les anciens. — *Les Délices de l'esprit.* — Préface de *Marie-Madeleine.* — *Traité pour juger les poètes grecs, latins et françois.* — *Poème d'Esther*, par le sieur de Boisval. — Autres ouvrages théoriques de Saint-Sorlin. — Opinion de Colbert. — Lamentations de Commire et de Sauteuil. — Les deux partis invoquent l'aide de Charles Perrault, qui garde le silence. — Charpentier soutient le parti des modernes. — Ses deux livres intitulés : *Défense de la langue françoise, Excellence de la langue françoise.*

Pendant que les philosophes agrandissaient la question et dirigeaient la lutte sur un autre point du champ de bataille, la discussion religieuse et littéraire fut trente ans abandonnée. Mais elle ne pouvait tomber dans l'oubli : la nature des choses devait tôt ou tard la ranimer. Ce fut encore un protégé de Richelieu, Desmarests de Saint-Sorlin, conseiller du roi, contrôleur général de l'extraordinaire des guerres et secrétaire général de la marine du Levant (1), qui ramena la dispute sur le terrain de la poésie et du dogme. Ancien ami de Bois-Robert, il avait sans doute gardé quelques-unes de ses opi-

(1) Pelisson, *Histoire de l'Académie françoise.*

nions. Durant toute la première partie de son existence, il avait écrit des romans, des pièces de théâtre et des vers profanes, en sorte que la mythologie, les matières mondaines étaient loin de le scandaliser. Mais peu à peu il tomba dans la dévotion, prit violemment parti contre Port-Royal et se déchaîna contre les jansénistes. Son zèle l'emporta jusqu'au désir de provoquer une persécution, jusqu'à lui faire croire qu'il pénétrait les mystères de l'avenir. Pour expier ses anciennes erreurs, il rima d'abord un livre de prières, puis le *Poème des Vertus chrétiennes*, en huit chants. Il versifia ensuite une épopée religieuse (1), et se sentit dès lors personnellement intéressé à défendre les modernes contre les anciens. L'année suivante il se déclara effectivement leur champion dans un livre en deux volumes intitulé : *Les Délices de l'esprit*. C'est par le côté des opinions religieuses qu'il aborde le problème : on lit dans le préambule : « Il faut faire voir à ce siècle sensuel, délicat et poli, qui cherche la beauté des inventions, la richesse des descriptions, la tendresse des passions, et la délicatesse et justesse des expressions figurées, qu'il n'y a ni roman ni poème héroïque dont la beauté puisse être comparée à celle de la sainte Écriture, soit en diversité de narration, soit en richesse de matière, soit en magnificence de descriptions, soit en tendresses amoureuses, soit en abondance, en délicatesse et en justesse d'expressions figurées. »

L'ouvrage est un Dialogue entre *Eusèbe* et *Philédon* ; Eusèbe, homme sage et pieux, dont toutes les idées se colorent en passant à travers sa foi, comme les rayons

---

(1) *Clovis*, 1657.

du soleil en franchissant les vitraux ; Philédon, joyeux sceptique, n'aimant que le plaisir, les lectures divertissantes, les idées agréables. Son interlocuteur essaie de le ramener à de plus graves sentiments. Il lui prêche que l'on doit tout faire ici-bas en vue de Dieu, que les sciences, la littérature et les arts sont eux-mêmes des guirlandes de fleurs, qui doivent orner ses autels. Si on s'en sert pour un autre usage, on les dégrade et les pervertit. Les chants, les poèmes corrompent alors les âmes, au lieu de les tourner vers le ciel ; la peinture, la sculpture leur offrent des images pernicieuses. La statuaire a même été la principale cause de l'idolâtrie. Pour l'architecture, elle ne saurait mieux employer ses merveilleuses ressources qu'à la glorification de l'Éternel. Aucun art prouve-t-il mieux la force de l'esprit humain, nous rappelle-t-il mieux nos obligations envers le Créateur ? Quelles recherches il a fallu pour tirer le fer des entrailles de la terre, le rendre souple et malléable, lui donner la trempe, l'aiguiser, l'armer d'un manche, afin d'abattre les charpentes nécessaires aux monuments ! Que d'inventions pour le laminer, le denteler, en fabriquer des scies ! On a d'abord construit les maisons en bois, puis en pierres, puis en marbre. Que d'efforts ont nécessité le compas et la règle, sans lesquels on ne pourrait bâtir avec mesure et symétrie ! Les colonnes, les frises, les corniches, les divers ordres d'architecture, les temples, les palais, les amphithéâtres et les portiques révèlent encore un immense travail. Et, pour comble d'adresse, on a trouvé le moyen de dessiner sur le papier le plan des édifices, d'en tracer les élévations, d'en calculer d'avance les frais, les avantages et les inconvénients.

Ici, comme dans plusieurs autres passages, on voit poindre l'idée du progrès. Elle est vague encore : l'auteur ne l'introduit que d'une manière accidentelle, ne la revêt pas d'une forme bien nette. Dans la préface d'un nouvel ouvrage (1), il se montre plus hardi et plus positif. « Voicy, dit-il, une sorte de poëme dont il n'y a ni précepte ni exemple dans l'antiquité; et ceux qui voudroient en juger sur les règles d'Aristote ou sur les écrits d'Homère et de Virgile, se tromperont ou en voudront tromper d'autres, pour leur faire faire de faux jugements. Il y a bien de la différence entre un sujet héroïque, dont le principal personnage n'est qu'un homme d'une valeur et d'une force extraordinaires, et où le merveilleux et le surnaturel ne paroist qu'en des assistances ou en des contrariétés du ciel et de l'enfer... et un sujet dont le principal personnage est un Homme-Dieu, et fait par lui-même les choses merveilleuses et surnaturelles. » Ainsi, dès les premiers mots, il déclare les éléments poétiques fournis par notre âge bien supérieurs à ceux qu'offrait le monde ancien. Il attaque le problème du bon côté, il n'en fait pas une simple question de personnes et n'oppose pas maladroitement individu à individu : les querelles de cette dernière espèce ne sauraient finir. Il établit que le poète moderne est placé sur un autre terrain que le poète grec; dès lors, il s'agit uniquement de décider lequel des deux favorise le plus la littérature, lui permet d'atteindre la plus grande beauté. Selon lui, tous les avantages sont pour nous. Jamais la fiction païenne, quelque riche, vaste et auda-

---

(1) *Marie-Madeleine*, 1669.

cieuse qu'elle se montre, n'a pu approcher des merveilles accomplies par le Dieu martyr. Quand elle invente des miracles comme celui des vaisseaux changés en nymphes (1), elle est tout simplement ridicule. Les prodiges du Christ sont à la fois vrais et surnaturels ; ils font naître l'admiration, et plusieurs témoins ont répandu leur sang, lorsqu'il a fallu en soutenir la vérité. Les anciens ne connaissaient que le poème héroïque : nous chantons des sujets sacrés. Or, ceux-ci admettent et nécessitent de bien plus nobles caractères, de bien plus beaux mouvements du cœur. Les choses divines inspirent aussi des idées plus majestueuses que les événements humains. C'est là surtout que les richesses de la diction se déploient à l'aise et sont en leur lieu. Les figures extraordinaires, les images brillantes, conviennent au monarque éternel, à l'œuvre immense de ses mains, aux faits sublimes opérés par son ordre et sous ses auspices. L'Écriture renferme un plus grand nombre d'actions étonnantes que tous les recueils de métamorphoses païennes. Quand même d'ailleurs la religion de nos pères n'éclipserait pas complétement celle de anciens, nous devrions la célébrer, comme ils célébraient la leur. Virgile n'a pas invoqué les dieux de l'Égypte ; il les a traités de monstres, ne les croyant propres qu'à servir d'objet de plaisanterie :

Omnigenûmque Deûm monstra et latrator Anubis.

La préface de *la Madeleine* ne fut, pour ainsi dire, qu'une déclaration de guerre. L'année suivante, Desma-

---

(1) *Énéide.*

rests de Saint-Sorlin réunit toutes ses forces et entra en campagne. Les prolégomènes ne lui suffisaient plus ; il publia un traité spécial : *La comparaison de la langue et de la poésie françoises avec la grecque et la latine, et des poëtes grecs, latins et françois.* Il commence par une admonition au lecteur. « On te fait juge, lui dit-il, du plus grand différend qui soit maintenant au monde et qui sera jamais, puisqu'il s'agit de juger la Grèce, Rome et la France, les siècles passés et le présent, et de juger encore si les François doivent céder pour jamais la gloire du langage et du génie aux Grecs et aux Latins. » Comme on le voit, l'importance de cette question ne lui échappe pas ; elle embrasse toute l'histoire des lettres, et concerne l'avenir aussi bien que le présent. Il ne pense donc point pouvoir lui accorder trop d'attention.

Au reste, il ne veut pas condamner entièrement l'esprit et le goût des anciens ; nous avons d'eux des choses excellentes, digne d'être lues et admirées. Il ne blâme que leur défaut d'invention et leur peu de jugement ; il blâme aussi la fureur des savants, qui louent même leurs plus grandes aberrations. Pour avoir fait un beau poème, Virgile ne mérite pas le titre de *divin*, ni l'enthousiasme fanatique dont l'honorait Scaliger. Il a ses taches et ses faiblesses. Dire qu'on ne peut atteindre une égale perfection, c'est outrager la nature, qui n'est pas assez folle et assez indigente pour s'être épuisée en faveur d'un siècle et d'une nation.

L'étourderie ne plaide pas seule la cause des anciens ; les mauvais penchants lui prêtent aussi leurs secours. L'envie d'abord. On loue les poètes décédés par jalousie contre les vivants : leur lointain éclat ne blesse point les yeux, comme la gloire actuelle des hommes supérieurs (1). L'obstination et l'esprit de routine ne leur sont pas moins favorables. Les âmes communes, dressées dès leur enfance à une servile admiration du passé, n'osent rien concevoir de plus noble et de plus exquis ; elles ne peuvent sortir du triste abîme de la prévention, où l'habitude les a comme liées d'indissolubles chaînes. Horace en a déjà exposé les vrais motifs :

> Vel quia nil rectum, nisi quod placuit sibi, ducunt ;
> Vel quia turpe putant parere minoribus, et quæ
> Imberbes didicere, senes perdenda fateri.

De là les injustices que les nouveaux-venus ont eues à souffrir de tout temps, et dont le même Horace s'est plaint dans son Épître à Auguste.

Il n'est pas jusqu'au terme par lequel nous désignons les peuples morts, qui ne soit un titre usurpé. C'est nous qu'on devrait appeler les Anciens. Et quoique nos prédécesseurs aient eu le mérite de défricher les sciences et la terre, ils ne peuvent soutenir la comparaison avec nous. Ces temps d'inexpérience étaient la jeunesse du monde ; les nôtres en sont la vieillesse et, pour ainsi dire, l'automne. Nous voyons mûrir les fruits dont ils admiraient les fleurs ; nous possédons leurs dépouilles ; nous avons profité de leurs essais, de leurs inventions, de leurs

---

(1) Perrault a exprimé la même idée dans le quatrain suivant :

> La raison en est toute prête :
> En mérites, en vertus, en bonnes qualités,
> On souffre mieux cent morts au-dessus de sa tête,
>   Qu'un seul vivant à ses côtés.

fautes. Ce noble héritage s'est accru dans nos mains ; nous couronnons l'édifice dont ils élevaient le soubassement. Nous retrouvons ici une idée que nous connaissons déjà et que nous verrons se reproduire bien des fois encore.

Il distingue ensuite deux genres d'éléments poétiques: les uns fournis par la nature, les autres créés par l'homme. Il juge les premiers immuables ; s'il les apprécie en eux-mêmes, au sein de l'univers, son opinion ne souffre pas le plus léger doute ; s'il les envisage littérairement, elle est fausse. Les objets réels ne changent ni d'essence, ni de physionomie, à la bonne heure ; mais notre point de vue se déplace ; nous n'apportons pas constamment en leur présence les mêmes dispositions. Ils permettent donc de tracer des peintures aussi variées que leurs effets sur nous. L'autre élément paraît à Saint-Sorlin s'améliorer avec les années. Chaque jour l'invention se perfectionne; nous concevons incessamment des idées plus justes, plus grandes, plus pures de toutes choses. Notre imagination s'y conforme, s'en empare, et franchit les limites qui l'arrêtaient naguère.

Pour notre langue, elle est aussi harmonieuse, plus claire, plus vive que la latine; Desmarests prétend même qu'elle a une quantité non moins évidente. Elle ne gêne l'expression d'aucune pensée, elle ne repousse aucune hardiesse poétique ; il ne s'agit que d'avoir du talent, et de la manier en homme habile. Les prôneurs des anciens auraient depuis longtemps reconnu cette vérité, si leurs études grecques et latines ne les absorbaient pas à un tel point, qu'il semble ne plus leur rester ni loisir, ni esprit, ni justice, pour apprécier leur idiome natal et les ouvrages de leurs compatriotes. Ils préfèrent les dédaigner sans les connaître. On mesure habituellement l'excellence d'une chose par la peine qu'on a eue à l'acquérir. Ils ont travaillé beaucoup pour apprendre le grec et le latin, pour se familiariser avec les littératures anciennes ; ils leur attribuent donc une immense valeur, et méprisent une langue qu'ils parlaient tout enfants, des livres qui n'exigent point le secours du dictionnaire.

Voilà les idées les plus générales, les plus philosophiques énoncées dans la *Comparaison* des anciens et des modernes. Le reste de l'ouvrage n'offre guère que des critiques de détail. L'auteur passe en revue maintes célébrités païennes, et leur administre successivement une petite correction. Homère, selon lui, entasse les faits les uns sur les autres, sans ordre et sans goût ; il lui reproche ses fastidieux épisodes, ses longues narrations, ses discours inopportuns, l'intervention perpétuelle de l'Olympe, contraire au précepte d'Horace. Si l'on enlevait le superflu de ces deux poèmes, on les diminuerait de moitié. Virgile a peu d'invention ; l'*Enéide* est mal conçue ; toutes les métaphores, toutes les similitudes, tous les ornements de l'ouvrage sont tirés d'Homère. Le héros pleure et tremble sans cesse. Ovide ne manque pas d'esprit ; mais il n'est point délicat dans le choix de ses termes, ni habile dans la conduite de son sujet ; son grand livre des *Métamorphoses* n'a ni ensemble ni liaison. Catulle, Lucrèce, Stace, Properce, Lucain, Silius Italicus et Tibulle sont sévèrement examinés l'un après l'autre. Saint-Sorlin trouve l'Anthologie grecque d'une fadeur extrême, et partage en cela l'opinion de beaucoup d'hommes distingués ; les modernes lui semblent avoir bien plus d'esprit et de finesse. Il voit aussi dans l'étendue de nos connaissances un avantage énorme pour le poète, surtout pour le poète épique : elles agrandissent la sphère de son imagination, elles lui permettent de varier ses ornements.

La lutte de Desmarests contre les préjugés de son époque en était là, quand il vit accourir à son aide un généreux auxiliaire. Dans l'année 1670, le sieur de Boisval publia un poème chrétien, dont l'histoire charmante d'Esther forme le sujet. Au commencement de l'ouvrage se trouve une pièce de vers intitulée : *L'excellence et les plaintes de la poésie héroïque au roi*. On y distingue le passage suivant :

> On nous dit que sans eux (1) tout ouvrage est stérile,
> Que les fables des Grecs sont le seul champ fertile ;
> Qu'à leurs inventions on est accoutumé,
> Que sans elles nul vers ne peut être estimé ;
> On invoque sans cesse Apollon et les Muses ;
> On croit que par eux seuls les grâces sont infuses,
> Que les vers n'ont sans eux ni grâce ni beauté.
> Mais manquons-nous d'esprit et de divinité,
> Pour aller emprunter, dans notre sécheresse,
> De l'esprit et des dieux de Rome et de la Grèce ?
> Cet État manque-t-il d'hommes ingénieux ?
> Le vrai Dieu ne peut-il ce qu'ont pu les faux dieux ?
> Pourquoi faut-il aux Grecs céder la gloire entière ?
> Nous les surpasserons en art comme en matière.

Dans la solitude morale où se trouvait alors Desmarests, ce langage ami dut lui causer une intime allégresse. Quand on se voit l'unique champion d'une idée, quelque juste qu'elle puisse être, quelque fort assentiment

(1) *Les dieux païens.*

que la raison lui donne, on éprouve toujours une secrète défaillance, un doute obscur et un amer ennui. Que des discours sympathiques frappent en ce moment nos oreilles, la conviction se ranime plus ardente que jamais; sentant qu'on n'est plus seul, qu'on possède un frère spirituel, on proclame la vérité d'un front joyeux, avec l'accent de l'espoir et de l'enthousiasme. Desmarests fut donc loin de quitter le champ de bataille. A la suite de son *Clovis*, dont la troisième édition parut en 1673, il réimprima son ouvrage critique, augmenté de plusieurs chapitres. La seconde partie renferme peu d'idées nouvelles; l'auteur exalte encore la perfection et la beauté du dogme chrétien. « La religion païenne, dit-il, n'a pu fournir à la poésie que des folies, des bassesses, des infamies, et des pensées ridicules. » Il signale dans Homère, dans Virgile, des fautes qu'il n'avait pas notées d'abord. Quelques-unes de ces censures ont été si souvent reproduites, que nous devons en dire un mot. L'*Iliade* et l'*Odyssée* abondent en images triviales; il regarde comme spécialement absurde l'endroit où Homère compare Ulysse, qui s'agite dans son lit, ne pouvant dormir, à un boudin plein de graisse et de sang qu'on retourne sur un brasier. Perrault, Fontenelle, La Motte, Voltaire et bien d'autres ont raillé l'immortel aveugle à propos de cette bizarre similitude. Le bouclier d'Achille lui paraît encore une monstrueuse hyperbole, et l'on sait que les critiques modernes se sont battus alentour avec non moins d'acharnement que jadis les Grecs et les Troyens.

Au-devant du poème en l'honneur du premier roi de France, on lit une Ode à Louis XIV, où l'auteur aborde les mêmes questions. Désapprouvant la manière dont

Boileau avait décrit le passage du Rhin, il dit avec beaucoup de justesse :

> Forcer les éléments par un cœur héroïque,
> Est bien plus que lutter contre un dieu chimérique.
> A ta haute valeur c'est être injurieux,
> Que de mêler la fable à tes faits glorieux ;
> Recourir à la feinte offense ta victoire,
> Et c'est moins dire en vers que ne dira l'histoire.

L'Ode est suivie d'un *Discours pour prouver que les sujets chrétiens sont les seuls propres à la poésie héroïque*. On y trouve les observations que contenaient déjà les opuscules précédents, corroborées de cinq ou six aperçus nouveaux. Desmarests blâme les conceptions théologiques des anciens ; leurs dieux cruels, ignorants, perfides, lâches, vindicatifs et dépravés, manquent tout à fait de noblesse et de grandeur ; ils ne méritent ni estime ni adoration ; il s'en faut qu'ils soient dignes de gouverner le monde. Les païens avaient des idées de perfection trop incomplètes pour représenter les dieux et les héros sous des formes sublimes, comme l'exige leur nature. Nos esprits secondaires, les anges, les saints, ont eux-mêmes une majesté plus réelle que tous les habitants de l'Olympe, que toutes les puissances du Ténare.

Le dernier exploit de Saint-Sorlin fut un duel avec Boileau. Celui-ci avait prohibé dans son Art poétique, l'usage du merveilleux chrétien. Desmarests fut choqué de voir ainsi notre croyance mise au ban de la littérature. Les raisons qu'alléguait l'auteur courtisan lui paraissaient d'une extrême faiblesse. Il jugea donc utile d'en dévoiler la misère et publia, durant l'année 1674, sa *Défense du poëme héroïque*. Cet ouvrage n'est que la reproduction de ses anciens arguments, disposés en forme de dialogue. On n'y trouve guère qu'une remarque générale omise dans ses écrits antérieurs. Il montre combien il est absurde et maladroit de faire intervenir les dieux païens au milieu d'une action moderne ; il ne peut assez admirer que le lecteur supporte une aussi ridicule invraisemblance. « Tout le merveilleux et le surnaturel doit être fondé sur la religion du héros que l'on prend pour sujet, du prince à qui l'on consacre l'ouvrage, de l'auteur qui le compose, et de ceux qui le doivent lire et juger. » En effet, que sont à nos yeux les Minerve, les Saturne, les Apollon et les Mercure ? Des images informes, blême souvenir d'un rêve des anciens temps. La foi que nos aïeux nous ont transmise peut seule nous environner d'illusions.

Cependant la mort allait précipiter du haut de la tribune le vaillant panégyriste des modernes. En 1676, Desmarests s'alla reposer de sa longue querelle dans le silence ininterrompu du cercueil. Mais au moment d'abandonner pour toujours cette vie transitoire, il chercha un défenseur à la cause du progrès poétique. Il en avait lui-même révélé l'importance ; il n'ignorait pas que c'était une question essentielle et inévitable. Or, ses arguments n'avaient pas triomphé ; non-seulement on ne voulait point abandonner le Parnasse et renoncer aux muses, aux dryades, aux sylvains, à toute la mythologie, mais on renouvelait contre la langue française de vieilles attaques. On prétendait l'abaisser devant le latin, on la jugeait trop variable pour être littéraire et on disait qu'elle passerait comme une mode. Voici à quelle occasion avait eu lieu cette prise d'armes. Colbert témoignait un goût décidé pour les œuvres écrites dans sa langue maternelle et une indifférence égale pour les compositions en latin moderne, surtout pour les compositions versifiées. Il encourageait et rémunérait exclusivement les poètes, les prosateurs qui se servaient de notre idiome. Les imitateurs de Virgile et d'Horace ne purent voir ce dédain sans affliction. Le jésuite Commire, fameux alors pour ses vers latins, jeta le cri d'alarme, dans une ode latine adressée à Jean-Baptiste Santeuil, et qui débute de cette manière :

> Santeuil, quelle disgrâce à la nôtre est égale,
> Puisque le grand appuy des lettres et des arts,
> Colbert, nous refusant ses soins et ses regards
> N'honore que les vers de sa langue natale !

Ne crois pas néanmoins, poursuit-il, que la gloire fera faute à ceux qui, prenant Virgile pour guide, emboucheront la trompette d'Ausonie et moduleront des vers pareils aux tiens. Ne sais-tu pas comme notre idiome varie chaque jour? Ces grâces de la diction que les auteurs cherchent maintenant avec effort et inquiétude, l'arrogant usage peut demain les couvrir de mépris, les repousser avec dégoût. Ronsard, que l'on nommait jadis le père des lettres françaises, blesse à présent nos oreilles délicates de ses accords barbares. Le latin, au contraire, demeure immuable, et, protégeant le poète contre les dédains d'un siècle frivole, lui assure une gloire éternelle.

Tout le reste du morceau n'est qu'un développement de ce préambule (1).

(1) Jean Commire, né à Tours en 1625, mort à Paris, le 25 décembre

Santeuil ne resta pas indifférent à la proscription des muses latines, pour parler son langage. L'idée lui vint de demander secours à Perrault, qui jouissait d'un grand crédit et remplissait des fonctions importantes auprès de Colbert. Il se mit donc sous son patronage, sollicita son intervention :

> Perrault, assiste-nous, écoute nos douleurs,
> Plains de notre Apollon les injustes malheurs.
> On nous fuit ! Nous errons dans une nuit profonde ;
> Pour nous plus de respect, plus de faveurs au monde.
> De nos fronts soucieux les lauriers tombent morts
> Et nos luths dédaignés ont perdu leurs accords.

Pour séduire Perrault, il le flatte directement :

> Les siècles à venir nous liront quelquefois,
> Et toujours dans nos chants durera ta mémoire,
> Toi qui des dons royaux alimentes la gloire.

C'était là, en effet, le point capital pour les faiseurs de pastiches latins. Plus de gratifications, plus de pensions ! Il y avait de quoi gémir et se désoler. Santeuil ne dis-

---

1702, avait acquis au dix-septième siècle une réputation immense, qui se prolongea dans le dix-huitième. Titon du Tillet le jugeait ainsi en 1727 : « Peut-être depuis Auguste personne n'a-t-il mieux pris le génie de la poésie lyrique : on voit dans ses odes des pensées sublimes, des images vives, une élocution pure, un arrangement noble et harmonieux, ce qu'on trouve de même dans ses pièces héroïques et dramatiques. Il nous a donné aussi des fables, où il paroît qu'il a emprunté de Phèdre la pureté de la langue romaine et cette naïveté charmante qui fait le caractère de ces sortes d'ouvrages. » Qu'est devenue la célébrité de Commire ? Où sont ses lecteurs ? Lui qui craignait que la langue française ne lui faussât compagnie, ne laissât périr sa gloire en chemin ! Il comptait sur la langue latine, et c'est elle qui l'a trahi.

simule pas les vraies causes de sa douleur : Perrault l'intéresse vivement parce qu'il peut faire desserrer les cordons de la bourse. Les termes dans lesquels le poète exprime son inquiétude financière, constatent que le futur défenseur des modernes n'avait pas encore témoigné ouvertement sa prédilection pour eux. « Si l'on nous abandonne, s'écrie-t-il d'une voix frémissante, nous oublierons notre art. Moi-même je détruirai mes vers, car les parents sont quelquefois autorisés à sévir contre leur progéniture. En vain les doctes sœurs, en vain mes amis eux-mêmes voudraient s'y opposer, ce volume périra dans les flammes, ce volume que m'ont dicté les muses, que tu lis, Perrault, et que tu approuves en le lisant (1). A quoi me serviraient tant d'efforts, tant de travaux accomplis pendant le jour et tant de longues veilles, s'ils ne m'assurent point l'honneur de voir Colbert, si je ne puis franchir le seuil vénéré de son palais? Sa main arrose les lauriers que produit la France ; ah ! qu'une légère ondée tombe sur les nôtres ! »

Comme Danaë, le bizarre Santeuil appelait donc une pluie d'or.

Desmarests s'indigna de ces réclamations et de ces prières. L'honneur de la France, la gloire du roi, l'intérêt de l'avenir, l'équité même s'opposaient à ce qu'on y prît garde. Si le ministre condamnait un genre suranné, cela faisait l'éloge de son goût; Perrault ne devait point changer ses dispositions; il devait au contraire protéger avec force, avec persévérance la cause des lettres modernes. Saint-Sorlin l'en

---

(1) *Quem, Peralte, legis, quemque legendo probas.*

adjura dans une pièce de vers dithyrambiques (1) :

> Viens défendre, Perrault, la France qui t'appelle ;
> Viens combattre avec moi cette troupe rebelle,
> Ce ramas d'ennemis, qui, foibles et mutins,
> Préfèrent à nos chants les poètes latins.
> Ne souffrons point l'excès de leur audace injuste,
> Qui sur le grand Louis veut élever Auguste.

Bientôt la colère le transporte, comme il l'avoue lui-même :

> Pauvres imitateurs, ne faites point les braves,
> Puisqu'Horace vous nomme un vil troupeau d'esclaves ;
> Trop indignes sujets du plus digne des rois,
> Copistes des Latins, qui rampez sous leurs lois.
> Qu'on vous ôte Apollon, les Muses, le Parnasse,
> Les centons, les lambeaux de Virgile et d'Horace,
> Vous voilà secs, mourants, sur la vase couchés,
> Semblables aux poissons des étangs desséchés.

Il leur oppose la libre pensée, la féconde imagination de leurs adversaires :

> Nous qui, d'inventions ayant nos sources pleines,
> Dédaignons de puiser aux antiques fontaines,
> Nous parlons un langage et plus noble et plus beau
> Que le triste latin qu'on tire du tombeau.
> Sans l'aide ny des dieux, ny des métamorphoses,
> Sans le pompeux fatras pillé dans vingt écrits,
>   Toujours par de nouvelles choses
>   Nous charmons les esprits.

Saint-Sorlin fait ensuite un éloge détaillé du français, auquel nous ne nous arrêterons point, car nous avons déjà

---

(1) Ce morceau, que l'on ne sauroit peut-être où chercher, est joint à presque toutes les éditions de Santeuil.

vu la question traitée par d'autres. Mais ce qu'il importe de remarquer, c'est que l'exhortation de Desmarests contient la première idée du *Siècle de Louis le Grand*, ce cartel adressé, bien longtemps après, aux détracteurs des modernes.

> Mais comment oses-tu, Commire,
> Faire d'une ode une satire !
> Sans respect pour ton souverain,
> Qui répand sur son siècle un éclat qu'on admire,
> Tu l'appelles un siècle vain,
> Ce siècle, où par les grands génies,
> A la guerre et dans les beaux-arts,
> Les lumières seront ternies
> Dont brillèrent les temps des Grecs et des Césars !

Perrault n'accepta point d'abord le legs belliqueux de Saint-Sorlin : ses fonctions de commis des bâtiments du roi ne lui laissaient pas le loisir de s'engager dans une lutte ; il resta sourd à l'appel de guerre que lui adressait le vieux logicien. Un autre combattant prit sa place, homme instruit et judicieux, qui ne portait pas volontiers les chaînes de la routine. En 1670, après les conquêtes de Flandre et de la Franche-Comté, Colbert voulut dresser un arc de triomphe en l'honneur du roi. Le Brun et Le Vau proposèrent des plans ; mais ce fut un croquis de Charles Perrault que l'on accepta ; son frère Claude obtint la direction de l'entreprise, et l'on commença l'exécution à la porte St.-Antoine, le 6 du mois d'août. Le soubassement seul fut construit en pierre ; on éleva le reste en plâtre, afin de juger sur place et dans son ensemble le mérite du projet. Cette ébauche finie, on s'occupa des inscriptions qui devaient orner ou, pour mieux dire, expliquer le monument. Depuis 1662, Colbert avait formé un petit conseil de cinq personnes, qui lui fournissaient les légendes destinées aux médailles, fêtes de la cour et bâtiments publics. Chapelain, l'abbé de Bourzeis, l'abbé de Cassagnes, Perrault et Charpentier composaient cette troupe ingénieuse, d'où est née l'académie des inscriptions et belles-lettres (1). Dans les délibérations relatives à l'arc de triomphe, Bourzeis soutint que la langue latine devait seule y figurer : Perrault et Charpentier estimèrent notre idiome préférable. Colbert fut du même avis. L'opinion du ministre semblait devoir terminer le débat; mais l'abbé possédait un grand savoir, une facilité naturelle de parole et avait à la cour de nombreuses, d'importantes relations (2). Il défendit opiniâtrément sa manière de voir, que partageaient dans le public une foule d'adhérents; il fallut tenir compte de cette opposition. Quelques admirateurs du latin poussaient l'enthousiasme jusqu'à insulter leurs compatriotes. « Celui-là seul, disait l'un d'eux, qui nie l'éclat du soleil, la fertilité d'un champ où ondoient les moissons, peut préférer le français au latin, une race pusillanime à de véritables hommes » (3).

(1) *Mémoires de Charles Perrault*, p. 28 et suiv.; Gosselin, 1842.
(2) Voici le témoignage que Charpentier lui-même rend à son mérite : « C'estoit un homme d'une érudition consommée et d'une présence d'esprit incomparable. Quelque chose qu'on lui proposast, il estoit tousjours préparé pour y répondre. Il sembloit qu'il n'eust jamais rien oublié de tout ce qu'il avoit lu. La grande expérience du monde, la fréquentation des personnes de la première qualité, l'amitié des roys, des princes et des ministres d'Estat lui avoient acquis une facilité de conversation et une noblesse d'entretien, qui ne suivent pas tousjours la doctrine. » *Défense de la langue françoise*, p. 337 et suiv.
(3)   Ille potest latiæ gallam præponere linguæ,
        Imbellesque homines æquiparare viris.

Pour le coup, c'était trop fort! Charpentier ne voulut point tolérer de semblables outrages, et il écrivit sa *Défense de la langue françoise*. Dans ce livre important et bien fait, non-seulement il disculpe, il exalte notre idiome, mais peu à peu, par l'enchaînement naturel des questions, il se trouve amené à débattre des problèmes plus intéressants et plus graves. Pour tempérer l'idolâtrie des pédants à l'égard du latin, il leur rappelle qu'il était déprécié à Rome par les admirateurs du grec, absolument comme ils déprécient leur langue maternelle. Mais l'opinion des Romains lui semble juste et la leur mal fondée. Quintilien, Lucrèce, Aulu-Gelle avaient raison de déplorer la faiblesse, l'indigence de leur idiome : celui des Athéniens possède une bien autre vigueur, une bien autre richesse. Leur génie avait la même supériorité : tout homme impartial préférera leurs poètes, leurs philosophes, leurs historiens, leurs orateurs, aux beaux esprits de Rome. Tite-Live, imitateur de Polybe en maint endroit, n'égale pas son modèle; Térence, au dire de César, n'était qu'une moitié de Ménandre et laissait regretter la force comique de son prédécesseur ; Quintilien estimait si peu le théâtre de son pays que l'éloquence romaine lui paraissait boiteuse de ce côté-là ; Homère éclipse Virgile, et Horace lui-même avoue qu'il serait téméraire d'entrer en lutte avec Pindare.

Les Grecs, à leur tour, ont le désavantage sur quelques points, si on les compare aux Hébreux. Ils ne peuvent suivre dans son vol la poésie lyrique du peuple élu: David atteint des régions sublimes, où n'ont pénétré ni Horace ni Pindare. Ses chants ont plus d'élévation de pensée, plus de noblesse d'expression, plus d'abondance et de variété que les leurs. Les odes, spécialement, que le protégé de Mécène a écrites en l'honneur de ses dieux, sont infiniment au-dessous des hymnes consacrées par le prince israélite à la gloire du Créateur. Pour la clarté, la précision et la noblesse, nul ouvrage païen ne l'emporte sur les livres de Moïse, où il raconte la délivrance des Hébreux, leur sortie de l'Égypte, leur pérégrination et leur séjour au désert. Trouve-t-on dans Hérodote un passage que l'on puisse mettre en comparaison avec l'histoire de Joseph et de ses frères? Quelle scène attendrissante que leur entrevue! Comme toutes les circonstances préparent l'effet du dénouement! Avec quel charme, avec quel sentiment sont racontés les détails! Il faudrait avoir le cœur pétrifié pour ne pas s'attendrir au moment de la reconnaissance. Jamais les Grecs n'ont mieux pratiqué l'art de remuer les passions, eux qui l'estimaient à si haut prix. Le talent de Moïse a, du reste, frappé les critiques païens eux-mêmes : Longin témoigne son admiration pour la phrase sublime, où le législateur hébreu, voulant exprimer la rapidité de la création, emploie cette tournure : «Dieu dit : Lumière soit ! la lumière fut. »

A Charpentier revient l'honneur d'avoir, le premier en France, soutenu la supériorité des Grecs sur les Latins, supériorité maintenant évidente, et considéré la Bible comme une œuvre purement littéraire, en signalant les mérites spéciaux qui la distinguent. Il a précédé de loin Chateaubriand.

Tout cela, poursuit-il, démontre qu'il y a eu du talent ailleurs qu'à Rome, et même ailleurs que dans l'Italie et dans l'Attique. Or, si l'on a vu jadis l'esprit humain fleurir en divers lieux, pourquoi l'ordre des choses serait-il maintenant troublé? C'est une erreur comique et dangereuse autant que grossière, de croire la nature sujette à vieillir, à tomber en décadence. Nous voyons le même soleil qui éclairait nos aïeux, et il n'a point changé de route; nous voyons les mêmes étoiles, et leur splendeur n'est point obscurcie; notre globe suit toujours dans les cieux le même itinéraire et possède toujours la même fécondité. Les animaux déraisonnables, les plantes et les pierres ont conservé leur figure, leurs instincts ou leurs propriétés. Les Grecs et les Romains n'avaient pas une taille ni des proportions plus avantageuses que les nôtres. Si parfaites que soient les statues de Corinthe et d'Athènes, formées d'après l'élite de la population, exécutées par des artistes merveilleux, nous rencontrons chez nous des personnes vivantes qui les égalent. En conséquence, puisque notre corps changeant et périssable n'a subi aucune altération depuis tant de siècles, pourquoi l'intelligence de l'homme, pourquoi son esprit immuable et immortel aurait-il perdu de sa vigueur et de ses facultés? C'est faire injure au Tout-Puissant que d'attribuer à son plus noble ouvrage une caducité dont les brutes et les pierres elles-mêmes sont exemptes.

La Grèce et l'Italie antique ont produit de très grands hommes, ont puisé à pleines mains aux sources du génie; mais il s'en faut qu'elles aient épuisé l'onde intarissable. Leurs plus illustres enfants ont brillé dans une carrière où il ne nous est pas interdit de les suivre; s'ils nous y ont précédés, est-ce un avantage ou un désavantage? On ne doit pas croire qu'il nous soit impossible de les atteindre, ni même de les dépasser. Les progrès accomplis de nos jours dans toutes les sciences, dans la physique, dans la médecine et l'astronomie, par exemple, prouvent que nous aurions tort de ne point leur disputer la victoire. Que pourraient opposer les fanatiques admirateurs des anciens à nos découvertes dans les beaux-arts, dans la mécanique, dans la navigation, dans la stratégie? De quelle lumière n'avons-nous pas éclairé l'histoire, même la plus lointaine, même celle des temps fabuleux? L'invention de l'imprimerie n'a-t-elle pas rendu notre pensée immortelle? Les horloges nous comptent les heures, les lunettes rapprochent de nous les cieux, le canon démolit les murailles les plus solides ; grâce à nos connaissances géographiques, les vaisseaux modernes sillonnent toutes les mers et font le tour du globe.

Par quelle anomalie bizarre voudrait-on que l'esprit humain, donnant des témoignages si positifs de sa vigueur croissante, perdît tout à coup cette vigueur, quand il s'occupe de littérature? Ayant mieux analysé, mieux compris que les anciens la nature des choses, pourquoi nous exprimerions-nous d'une manière moins habile? Pourquoi rendrions-nous moins bien des idées plus nettes et plus profondes? Rien ne légitime une distinction, un raisonnement pareils.

Il faut admirer sans doute ce que les auteurs grecs et latins ont produit d'excellent ; mais il ne faut pas les croire infaillibles et rester devant eux dans une extase perpétuelle. Ils ont commis des erreurs de tout genre ; l'inspiration, le goût, l'énergie les ont souvent abandonnés. Ils connaissaient mieux leur langue que nous ne pouvons la connaître, cela est évident ; mais l'art de penser et l'art d'écrire n'ont pas plus de mystères pour nous que pour eux. Ont-ils prétendu régner en souverains dans ce libre domaine? Ils nous avertissent, au contraire, de ne pas nous laisser éblouir par leurs auteurs les plus célèbres, de peur que nous n'imitions jusqu'à leurs fautes. « Les grands écrivains ne sont pas toujours irréprochables, nous dit Quintilien ; ils succombent par moment sous le poids du sujet, ils ont eu leurs heures de négligence ou de lassitude. » Tenons-nous donc en garde contre eux.

La manière dont ils se blâment les uns les autres, prouve d'ailleurs qu'ils ne se jugeaient pas irrépréhensibles. Plutarque et Cicéron critiquent Hérodote, Longin censure Isocrate, Phocion raillait Démosthènes, Calvus et Brutus désapprouvaient l'abondance de Cicéron, Martial et Horace n'ont point épargné Homère. On pourrait multiplier les preuves de cette persuasion où étaient les anciens eux-mêmes, qu'ils pouvaient commettre des fautes et que leurs plus grands écrivains ne réunissaient pas toutes les qualités. A entendre leurs modernes admirateurs, ils sembleraient au contraire avoir été formés d'une autre argile que nous. On vante leurs moindres mérites, on excuse tous leurs défauts.

Ne vaudrait-il pas mieux trahir moins de prévention à leur égard et montrer un peu d'indulgence aux vivants? Pourquoi exiger d'eux une perfection absolue que ne possédaient ni les Grecs ni les Romains? N'est-ce pas assez que notre connaissance restreinte des langues mortes nous cache souvent leurs imperfections ? Leur génie nous apparaît dans un lointain mystérieux et dans une sorte de brume : notre ignorance, notre respect voilent à demi leurs faiblesses, leurs méprises, leurs vices de conception et d'exécution. Les ouvrages modernes, au rebours, sont enveloppés d'une abondante lumière : on en voit immédiatement toutes les taches. La position n'est pas égale : on devrait donc nous témoigner d'autant moins de rigueur.

Si les ennemis de la langue et de la littérature françaises voulaient se donner la peine de lire avec attention nos poètes, ils se guériraient bientôt de leur injuste répugnance. Ils trouveraient chez nous des épigrammes aussi perçantes, des élégies aussi passionnées, des pièces de théâtre aussi dramatiques, des odes, des comédies aussi bien faites que celles des anciens. Nous n'avons pas encore de poème comparable aux deux récits d'Homère, à l'*Enéide* de Virgile. Mais le grand homme qui produira une œuvre égale, peut naître demain. Notre langue ne trahira pas ses efforts. « La langue tient lieu de matière dans le travail de l'esprit : c'est à l'ouvrier à luy donner la forme et le tour, et s'il y manque, c'est luy seul qu'il en faut accuser. »

Les Égyptiens affichaient pour les Grecs le même dédain que les savants affichent pour nous. « O Solon, Solon, s'écriait l'un d'eux, vous autres Grecs, vous êtes toujours enfants : il n'y a point de Grec qui soit vieux. » Cela ne voulait-il pas dire que toute la littérature hellénique était frivole, comparativement à celle des Égyptiens, qu'il ne fallait chercher au bord de la mer Égée ni le savoir, ni l'expérience, ni la réflexion ? Les Achéens se laissèrent-ils décourager ? Leur éternelle enfance a éclipsé la vieillesse dont se glorifiaient les prêtres d'Isis. La science de leurs contempteurs a disparu dans un abîme ; la philosophie, l'éloquence, la poésie, les monuments, les statues, l'histoire des Grecs éveillent encore l'admiration et témoignent depuis vingt siècles en leur faveur. Soyons comme les Hellènes ; ne nous laissons point énerver par un injuste mépris ; montrons la même fermeté, espérons la même gloire.

Il faut d'ailleurs aimer sa patrie avant toutes choses. « Tu es de Sparte, travaille pour l'honneur de Sparte, » disait un législateur. Des héros n'ont-ils point préféré le sol stérile qui les avait vus naître, aux régions les plus délicieuses, où la faveur des princes et l'amour des peuples, où la nature et l'art les invitaient à se fixer? Travaillons, nous aussi, pour l'honneur de la France. Dans un siècle prodigieux, sous un nouvel Auguste, n'abandonnons point les avantages que nous ont légués nos pères, ceux que nous avons conquis nous-mêmes ou que nous pouvons obtenir encore.

Ayant ainsi réfuté les paroles et la dissertation de l'abbé Bourzeis, Charpentier croyait avoir mis fin au débat, d'autant plus que son adversaire était mort pendant qu'il imprimait son livre. Mais la routine ne manque jamais de champions. Le jésuite Lucas, professeur en théologie, se présenta dans la lice pour remplacer le défunt. L'année même où avait paru l'ouvrage de Charpentier, dix ou douze évêques, plusieurs conseillers d'État et la fleur du grand monde remplissaient, en décembre 1676, la chapelle du collége de Clermont. Le révérend père débita un discours en faveur du latin : *De monumentis publicis latinè inscribendis*. Son antagoniste se trouvait au nombre des curieux. « Je me meslay moy-mesme, dit-il, parmy la foule de ses auditeurs, et je voulus bien que l'on creust que je ne prétendois point y paroître avec la frayeur d'un criminel, mais avec la fermeté d'un athlète, qui se resjouit de rencontrer un concurrent illustre » (1). Le discours, prononcé avec chaleur, eut un succès manifeste, mais ne persuada ni Charpentier ni ses adhérents. Malgré les éloges que lui avait donnés l'orateur, le premier forma le dessein de répondre. Un de ses amis, l'abbé Tallemant, le prévint et réfuta le père jésuite en pleine académie. « Je fus bien aise, je l'avoue, dit Charpentier, qu'il eust entrepris de soustenir mon opinion et de faire valoir, avec toute la véhémence de sa prononciation, quelques-uns de mes arguments, qui n'avoient peut-estre pas fait tant d'impression sur les esprits dans le silence de la lecture. Mais j'aurois désiré qu'il eust traité ce sujet en orateur, qui cherche plustôt à persuader ses auditeurs qu'à les entretenir agréablement; il m'auroit sauvé la peine de paroître une seconde fois dans la carrière. » Charpentier se mit à l'œuvre et prit son temps : sa nouvelle argumentation ne vit le jour qu'au bout de sept années, en 1683. On ne précipitait point alors les manœuvres guerrières de la polémique. Son *Excellence de la langue françoise* nous arrêtera peu de temps. Ces deux volumes renferment moins d'idées générales que le livre antérieur : Charpentier y serre de plus près la question philologique. On trouve seulement çà et là quelque observaneuve et importante, sur le problème littéraire mêlé à ce débat de linguistique. Après avoir reconnu, par exemple, que le gouvernement d'un seul a fait dispa-

---

(1) *De l'Excellence de la langue françoise*, t. Ier, p. 5.

raître l'éloquence de la tribune, que les causes ordinairement plaidées par nos avocats ne peuvent former un grand orateur, le savant dialecticien constate que le dogme catholique a ouvert à l'art de persuader un immense domaine. Ni les Grecs ni les Romains n'ont entendu des harangues comparables aux discours prononcés dans la chaire. « C'est de là qu'on tonne et qu'on foudroie ; c'est là qu'on se rend maître des esprits et des volontés ; c'est là qu'on devient le véritable conducteur des peuples ; et si Démosthènes ou Cicéron pouvoient renaître, je doute qu'en traitant les mêmes sujets, ils fissent paroître plus de noblesse de génie, plus de force de raisonnement, plus de véhémence pour toucher les esprits, que l'on n'en remarque dans ce grand nombre de prédicateurs célèbres, pour qui nos églises les plus vastes deviennent trop étroites. » Et l'académicien développe cette thèse avec une ardeur passionnée, qui lui donne à lui-même de l'éloquence.

Une autre observation, qui mérite d'être recueillie en passant, qui conservera toujours son intérêt et sa valeur, c'est que les littératures vivantes sont une espèce de cohue, où le bon et le mauvais se coudoient, où figurent pêle-mêle tous les auteurs d'une époque, les uns avec leurs manteaux de pourpre et leur noble maintien, les autres avec leurs vêtements délabrés, leurs malpropres guenilles ou leur costume d'un autre âge. Les littératures mortes, au contraire, forment des assemblées choisies, des réunions d'élite, où ne se montrent que les talents éprouvés, que l'aristocratie de l'intelligence. Les écrivains sans mérite n'ont pu soutenir la longue épreuve du temps ; demeurés à la porte, le guet les a aussitôt ramassés comme des truands et des vauriens. Mais cette fastidieuse engeance trouble le présent de son activité, de son amour-propre, de ses aberrations et de ses œuvres malsaines. Un auteur qui loue son siècle, ne prétend pas justifier les sottes inventions, les absurdes ouvrages des Trissotins et des Vadius. C'est de la fausse monnaie, qui ne compte pas dans la richesse nationale; c'est le limon que roule une époque littéraire et qui doit peu à peu tomber, disparaître au milieu des ténèbres. Il faut donc en faire abstraction, en détourner ses regards. Les anciens aussi ont eu leur plèbe intellectuelle; chez eux comme ailleurs, de mauvais écrivains ont falsifié l'histoire, débité des contes insipides, travesti l'amour, babillé au hasard sur la politique et la guerre, saccagé les livres de leurs prédécesseurs. En Grèce le plagiat était fort répandu : Ménandre lui-même avait volé toute une comédie à Antiphane, sans autre précaution que d'en changer le titre, appelant *Le Superstitieux* une pièce nommée d'abord *Le Devin*. Les recherches de style, les métaphores guindées, les hyperboles qui nous choquent, abondaient dans l'Attique et dans le Péloponèse aussi bien qu'à Rome. Un poète grec, voulant exprimer la petitesse d'un homme, ne craignit pas de dire qu'il avait percé un atome avec sa tête et passé au travers. Il ajoutait qu'ayant été emporté par le vent, il fut pris dans une toile d'araignée, y demeura cinq jours et cinq nuits, et regagna la terre en descendant le long d'un fil. C'est un avantage pour les anciens que toutes ces niaiseries, que toutes ces absurdités aient disparu ; mais n'oublions point qu'ils en avaient une ample provision.

Je trouve enfin dans le *Carpenteriana* un passage qui

ne semble point dater du siècle de Louis XIV (1) : « La solitude m'empêche, pour ainsi dire, d'être seul, et me dérobe à moi-même : un beau ciel, une verdure agréable, le murmure des eaux me font oublier insensiblement ce que je veux méditer : toutes ces beautés de la nature s'emparent malgré moi de mon imagination ; et si je rêve, c'est d'elles que s'occupe ma rêverie. Elles s'insinuent d'autant plus facilement dans mon esprit qu'il n'y a point d'autres objets qui frappent mes sens ; le silence même leur est avantageux : il semble qu'il ne me laisse toute mon attention que pour les considérer avec plus de loisir et en être vivement touché. Enfin mon esprit s'abandonne à une volupté secrète qui l'endort et l'enchante : il se relâche et n'est plus capable de travail. » Cet amour sincère et profond de la nature, ce goût de la rêverie, étaient alors extrêmement rares.

(1) Charpentier mourut en 1702, à Paris, âgé de quatre-vingt-deux ans. L'arc de triomphe qui avait provoqué le débat sur les inscriptions ne fut jamais terminé : le modèle provisoire resta debout jusqu'en 1716, où on le démolit.

CHAPITRE V.

Querelle des Anciens et des Modernes.

Fontenelle prend parti pour les modernes. — *Dialogues des Morts.* — Ayant résigné ses fonctions, Perrault s'adonne entièrement à la littérature. — Son *Épistre chrestienne sur la Pénitence* louée par Bossuet. — Son poème de *Saint Paulin*; la préface. — Opinions littéraires de Bossuet. — *Le Siècle de Louis le Grand* lu à l'Académie. — Fureur de Boileau, sarcasmes de Racine. — Fontenelle rentre en lice. *Discours sur l'Églogue. Digression sur les anciens et les modernes.* — *Épitre au Génie*, par Perrault. — *Parallèle des Anciens et des Modernes.* — Analyse complète de l'ouvrage.

Un autre champion s'arma encore pour défendre le progrès et les modernes, pendant que Charles Perrault continuait à rester sous sa tente. Ce fut le circonspect et adroit Fontenelle. Partisan de Descartes, il avait puisé dans son école le mépris de l'antiquité. Ce mépris devait se faire jour à travers toutes ses opinions, à travers tous ses jugements. Dès qu'il aborda des questions un peu graves, il se déclara pour son siècle et pour l'avenir contre le passé. Son premier ouvrage de quelque étendue, ses *Dialogues des Morts*, publiés par lui en 1783, à l'âge de vingt-six ans, manifestent déjà ses prédilections. Mais la plupart des idées qu'il y expose concernant la perfectibilité humaine, sont déjà connues de nous, car elles avaient eu les honneurs de l'impression avant qu'il débutât dans la littérature. Combien de fois avons-nous vu la remarque suivante : « Prenez garde, l'antiquité est un objet d'une espèce particulière : l'éloignement la grossit. » Combien de fois avons-nous vu cette autre observation, mise par Fontenelle dans la bouche de Socrate : « Ce qui fait d'ordinaire qu'on est si prévenu pour l'antiquité, c'est qu'on a du chagrin contre son siècle, et l'antiquité en profite. On met les anciens bien haut pour abaisser ses contemporains. Quand nous vivions, nous estimions nos ancêtres plus qu'ils ne méritaient, et à présent notre postérité nous estime plus que nous ne méritons. » Comme Godeau et Saint-Sorlin, Fontenelle blâme les conceptions mythologiques, ou plutôt il raille les dieux païens. Nous retrouvons encore dans ses Dialogues la persuasion que la nature et la race humaine n'ont point dégénéré, qu'elles possèdent toujours les mêmes forces, la même jeunesse et la même activité.

Cependant le principal avocat des modernes allait enfin prendre la parole. Depuis quelques années déjà, Colbert, ne pouvant plus suffire aux monstrueuses dépenses de Louis XIV, devenait triste et morne. Lui qui jadis entrait dans son cabinet, se mettait au travail d'un air joyeux, en se frottant les mains, ne s'asseyait guère dans son fauteuil qu'avec une expression chagrine et même en soupirant (1). Et comme les difficultés de sa tâche augmentaient tous les jours, son humeur s'assombrissait à mesure. Le roi n'était pas content néanmoins : il trouvait blâmable que le surintendant n'exécutât point

(1) *Mémoires de Charles Perrault*, p. 84.

avec de faibles sommes des travaux gigantesques. Le malheureux administrateur s'aigrissait de plus en plus. Ces intempéries des hautes sphères ne laissaient pas d'atteindre Perrault : il était accablé de besogne, et jamais un mot d'approbation, un sourire d'encouragement, ne stimulaient son zèle, ne récompensaient sa persévérance. Dans le courant de 1682, il mit en ordre les papiers de son administration et céda sa place de contrôleur général des bâtiments à M. de Blainville, fils de Colbert. L'année suivante le secrétaire d'Etat mourut, épuisé de fatigue. M. de Louvois, son rival et son successeur, n'aimait point Charles Perrault. Il l'exclut indirectement du comité des inscriptions et belles-lettres. L'ancien fonctionnaire s'était retiré dans une maison qu'il possédait au faubourg Saint-Jacques, où il surveillait l'éducation de ses enfants. Libre désormais et jouissant d'une honnête fortune, il s'adonna sans réserve à la littérature. Il avait déjà écrit plusieurs morceaux de vers et de prose, réunis et publiés par Le Laboureur en 1675. Mais ce n'était là que des essais juvéniles, pour ainsi dire. Sa véritable carrière d'auteur allait commencer à l'âge de cinquante-cinq ans.

L'appel de Desmarests, les arguments et la fréquentation de Charpentier, de Fontenelle, des cartésiens, avaient fini par le décider. Une excitation vive et directe lui était d'ailleurs venue de sa famille. En 1678, Pierre Perrault, un de ses quatre frères, avait publié une traduction de la *Secchia rapita*, en tête de laquelle se trouve une préface théorique. Les idées principales que devait soutenir l'ennemi de Boileau, y sont exposées brièvement, mais hardiment. Bien avant cette époque, le même Pierre

Perrault avait écrit une défense de l'opéra d'Alceste, que Racine ne put lire sans colère. Charles était donc plein d'admiration pour son époque, d'indifférence pour les siècles antérieurs. Entrant tout à fait dans les voies que Saint-Sorlin lui avait désignées d'une main mourante, il composa d'abord une *Epistre chrestienne sur la Pénitence*. Encouragé par l'approbation de Bossuet, Perrault entreprit un ouvrage plus considérable; le poème de *Saint-Paulin*, dédié à l'évêque de Meaux (1). Le pieux orateur blâmait ouvertement l'usage des fictions mythologiques. « Les poètes chrétiens et les beaux esprits, dit-il avec regret, se sont montrés animés du même esprit que les poètes profanes. La religion n'est non plus dans le dessein et la composition de leurs ouvrages que dans ceux des païens » (2). Il aurait même voulu que toutes les pensées des auteurs fussent tirées des sources mystiques, où il puisait lui-même son éloquence. La satire lui paraissait contraire aux maximes chrétiennes ; il désapprouvait spécialement les railleries de Boileau contre le sexe aimable. « Celui-là s'est mis dans l'esprit de blâmer les femmes ; il ne se met point en peine s'il condamne le mariage, et s'il en éloigne ceux à qui il a été donné comme un remède!

---

(1) On lit dans la dédicace : « Cet ouvrage vous doit sa naissance et vous en êtes la première cause. En effet, Monseigneur, ce sont les louanges qu'il vous plut de donner à mon Epistre en vers sur la Pénitence, et le désir que vous témoignastes, en la lisant, de voir la poësie françoise s'occuper sur des sujets semblables, qui m'ont porté à l'entreprendre, dans la pensée que mon exemple pourroit peut-estre exciter les maistres de l'art à consacrer leurs veilles à ces sortes d'ouvrages, et vous donner ainsi une pleine et entière satisfaction. »

(2 *Traité de la Concupiscence.*

Pourvu qu'avec de beaux vers il sacrifie la pudeur des femmes à son humeur satirique, et qu'il fasse de belles peintures d'actions bien souvent très laides, il est content. » Le titre de *Pomone*, sous lequel Jean-Baptiste Santeuil avait publié une description des jardins de Versailles, choqua si fort le rigide prélat qu'il en fit de sévères reproches à l'auteur. Celui-ci témoigna aussitôt son repentir dans une pièce de vers (*Poeta christianus*), que termine cette déclaration en prose : *Me pœniteat errasse in uno vocabulo latino, si displicuisse videar in me insurgenti tanto episcopo, etiam absolventibus musis.*

La fin de l'épître dédicatoire achève d'associer Perrault à la confrérie des poètes pieux et au parti des modernes. Les sujets sacrés, il l'avoue, ont moins d'attrait pour la foule des hommes que les matières mondaines. La raillerie et l'amour charment principalement les lecteurs. Les poètes, en conséquence, ne touchent guère que ces deux cordes : ils s'adressent à la malignité ou aux penchants voluptueux. Les pièces de théâtre sont en général des tableaux moqueurs ou de galantes peintures ; la malice et la corruption de l'auditoire contribuent au succès beaucoup plus que le talent de l'écrivain. Or, pourquoi toujours décrire nos vices, pourquoi toujours flatter des passions dangereuses ? Les beautés de la création, les vertus héroïques des grandes âmes ne pourraient-elles mieux inspirer le génie ? Elles seraient une occasion de rendre hommage au souverain artiste. Le ciel et les anges, la terre et les justes, l'enfer et les démons, mais, par dessus tout, l'infaillible ordonnateur des choses, offrent à l'esprit un champ sans bornes et d'inépuisables ressources. Il ne s'agit pas de rimer des catéchismes ou de pieuses méditations. Que l'ouvrage ait pour but essentiel la gloire de Dieu, cela suffit. On peut mêler ce sentiment aux descriptions de la campagne, à des récits de toute nature : il n'en produira que plus d'effet, parce que les événements, les images agrestes charmeront l'esprit et que l'intention morale ne se trahira point abruptement.

Saint-Paulin avait été publié en novembre 1685 : Perrault méditait déjà son poème du *Siècle de Louis le Grand*. Le 27 janvier 1687, dans une séance tenue par l'académie pour célébrer la convalescence du roi, il lut ce factum qui allait provoquer tant d'orages. Le moment était bien choisi : l'éloge du siècle et du monarque empruntait à la circonstance un intérêt d'opportunité. Le ton résolu de l'ouvrage, l'ordre parfait de l'argumentation, l'étendue de l'attaque devaient exaspérer les fanatiques du grec et du latin. Dès l'exorde, leurs sourcils se contractèrent :

> Je vois les anciens sans plier les genoux ;
> Ils sont grands, il est vrai, mais hommes comme nous ;
> Et l'on peut comparer, sans craindre d'être injuste,
> Le siècle de Louis au beau siècle d'Auguste.

Ce manifeste ne négligeait aucune science, aucun art, aucun genre littéraire : il embrassait toutes les œuvres du génie, dans le présent et dans le passé, les mettait toutes en opposition. Boileau eut peine à contenir sa fureur ; après avoir longtemps grondé tout bas, il finit par se lever et s'écria que c'était une honte pour l'académie d'entendre une pareille lecture, de pareils blasphèmes contre l'antiquité. Huet, alors évêque de Soissons, lui dit de se taire, que s'il fallait prendre le parti des anciens, cela le regardait, attendu qu'il les connaissait beaucoup mieux que lui ; mais que leur devoir était d'écouter (1). Perrault montrait pourtant une certaine mesure, comme le prouve ce passage :

> Père de tous les arts, à qui du dieu des vers
> Les mystères profonds ont été découverts,
> Vaste et puissant génie, inimitable Homère,
> D'un respect infini ma muse te révère.

Mais Perrault critiquait ensuite le poète grec, et ses justes éloges ne suffisaient point pour calmer les adorateurs des morts. Il se montrait si radical dans son opinion, que, même en fait d'art, il mettait le dix-septième siècle au-dessus du siècle antérieur, les peintres de Louis XIV au-dessus de Raphaël et des peintres italiens. Cette hardiesse choqua profondément Racine : opiniâtre imitateur des anciens, sa cause se trouvait identifiée avec la leur. Et puis Perrault avait malicieusement exalté Corneille, sans dire un mot de son rival. En homme habitué à la cour, le poète sut déguiser sa colère. Il aborda l'ancien contrôleur des bâtiments et le félicita d'un air moqueur. Il lui dit qu'on ne pouvait mieux se tirer d'un badinage, mieux défendre un insoutenable paradoxe. L'orateur fut scandalisé de voir qu'on ne prenait pas, ou qu'on feignait de ne pas prendre au sérieux son ouvrage. Il forma le projet d'écrire en prose ce qu'il avait écrit en vers, d'y joindre une foule de preuves et de ne laisser aucun doute sur ses vrais sentiments. Cette résolution donna le jour à son *Parallèle des anciens et des modernes*.

Il est rédigé sur le même plan, il contient les mêmes

(1) *Mémoires de Charles Perrault*, p. 97.

principes généraux que le discours rimé. Comme nous voulons en extraire la substance, nous ne donnons point l'analyse du poème, pour ne pas tomber dans des répétitions.

Tandis que Perrault travaillait à cet important ouvrage, Fontenelle lui amena le secours de sa verve ingénieuse et de son élégante diction. *Le Siècle de Louis le Grand* avait fixé tous les regards sur les théoriciens du mouvement et de l'immobilité : le jeune auteur profita de l'occasion pour se mettre en lumière (1). Il fit une brillante escarmouche, pendant que se préparait la bataille rangée.

Le 30 janvier 1688 parut son *Discours sur la nature de l'Eglogue*, à la suite duquel on trouve la *Digression sur les Anciens et les Modernes*, qui le complète. Le premier opuscule a effectivement une allure guerrière. L'auteur y porte contre les anciens d'assez graves accusations. Il leur reproche de n'avoir pas su idéaliser la nature. Ils l'ont peinte, d'accord, mais dans toute sa grossièreté. Les personnages de Théocrite sont des pâtres mal appris ; ceux de Virgile ont également trop peu d'éducation : Fontenelle voulait des bergers que l'on pût mener à la cour. Il estime que les poètes grecs et latins n'ont pas assez d'horreur pour les détails vulgaires. Ils parlent d'engrais, d'étables, d'abreuvoir, comme si

---

(1) « Que l'on me permette de faire une exposition naïve du sentiment où je suis sur les anciens et les modernes. Le poème de M. Perrault a mis cette question fort à la mode. Comme il se prépare à la traiter plus amplement et plus à fond, je ne la traiterai que légèrement ; j'estime assez les anciens pour leur laisser l'honneur d'être combattus par un adversaire illustre et digne d'eux. » *Discours sur l'Églogue*, à la fin.

c'étaient là des images bien attrayantes ! Fontenelle soutient qu'on ne doit pas décrire la nature, mais exprimer les sentiments qu'elle fait naître, surtout l'amoureuse langueur qu'elle inspire. Il ne pouvait concevoir une opinion plus erronée, plus française et plus en harmonie avec l'époque.

Ses pastorales sont conformes à cette théorie : au lieu de bergers et de bergères, on voit, on entend parler dans ses bosquets de toile peinte d'élégantes duchesses et de spirituels marquis. Trente vers de Bloomfield, notamment sa description des pourceaux qu'on mène à la glandée, par un matin brumeux d'automne, ont un bien autre charme poétique.

La *Digression* vaut infiniment mieux que le système des églogues anti-rurales. C'est la première œuvre consacrée à la doctrine du progrès, où l'on trouve du talent et du style. Les idées seules font tout le mérite des précédentes.

Fontenelle pose d'abord en principe la fécondité, la puissance invariable de la nature. Mais bientôt une distinction lui paraît devoir être faite. Si la nature ne change point, les hommes habitent des climats différents. Ces climats ne pourraient-ils avoir sur l'esprit une action plus ou moins favorable ? Les températures extrêmes semblent arrêter son développement. Il y a lieu de croire que « la zône torride et les deux glaciales ne sont pas fort propres pour les sciences. Jusqu'à présent, elles n'ont point passé l'Égypte et la Mauritanie d'un côté et de l'autre la Suède. » Le précurseur de Voltaire juge les autres climats indifférents : leurs avantages et leurs désavantages se compensent. Ceux qui donnent aux intelligences de la vivacité, leur ôtent de la justesse et ainsi de suite. D'où il résulte que les effets de la température ne doivent pas entrer en ligne de compte, pourvu que les esprits soient également cultivés. La civilisation d'un pays se transporte d'ailleurs plus facilement dans un autre que les plantes : nous aurions moins de peine à nous assimiler le génie des Italiens qu'à élever des orangers. « Quoi qu'il en soit, poursuit Fontenelle, voilà, ce me semble, la grande question des anciens et des modernes vidée. Les siècles ne mettent aucune différence naturelle entre les hommes ; le climat de la Grèce ou de l'Italie, et celui de la France, sont trop voisins pour mettre quelque différence sensible entre les Grecs ou les Latins et nous. Quand ils y en mettroient quelqu'une, elle seroit fort aisée à effacer, et elle ne seroit pas plus à leur avantage qu'au nôtre. Nous voilà donc tous parfaitement égaux, Anciens et Modernes, Grecs, Latins et François. »

Le spirituel géomètre reconnaît cependant à nos prédécesseurs un mérite fort singulier : « Nous avons l'obligation aux Anciens de nous avoir épuisé la plus grande partie des idées fausses qu'on se pouvoit faire : il falloit absolument payer à l'erreur et à l'ignorance le tribut qu'ils ont payé, et nous ne devons pas manquer de reconnaissance envers ceux qui nous en ont acquittés. Il en va de même sur diverses matières, où il y a je ne sais combien de sottises que nous dirions, si elles n'avoient pas été dites, et si on ne nous les avoit, pour ainsi dire, enlevées. Cependant il y a encore quelquefois des modernes qui s'en ressaisissent, peut-être parce qu'elles n'ont pas encore été dites autant qu'il faut. Ainsi, étant éclairés par les vues des anciens et par leurs fautes mêmes, il n'est pas surprenant que nous les surpassions. Pour ne faire que les égaler, il faudroit que nous fussions d'une nature fort inférieure à la leur, il faudroit presque que nous ne fussions pas hommes aussi bien qu'eux. » On ne pouvait rendre avec plus d'esprit une idée juste et vraie, qui ressemble pourtant à un sarcasme, par le tour vif et ingénieux que lui a donné l'auteur.

La *Digression* renferme beaucoup d'idées que nous connaissons déjà, ou que nous allons voir reparaître dans les dialogues de Perrault. Telle est l'assimilation du genre humain à individu, qui se développe, qui s'éclaire avec les années. Il possède maintenant la force, le raisonnement lucide de l'âge mûr. On peut dire sans crainte qu'il serait plus avancé, si la passion pour la guerre n'avait retardé ses progrès. Il jouit en compensation d'un avantage immense, puisqu'il ne connaîtra ni la vieillesse ni la décrépitude. « Il sera toujours également capable des choses auxquelles sa jeunesse étoit propre, et il le sera de plus en plus de celles qui conviennent à l'âge de virilité. C'est-à-dire que les hommes ne dégénèreront jamais, et que les vues saines de tous les bons esprits qui se succèderont, s'ajouteront toujours les unes aux autres. »

Fontenelle examine encore si les anciens ont eu plus de mérite à trouver les éléments des arts et des sciences, que nous n'en avons à les perfectionner. Il ne tranche pas la question et met les deux parties dos à dos. Quand même nous aurions besoin d'un plus grand effort, cet effort nous serait moins pénible, grâce aux découvertes des nations primitives. Si nous surpassons les inventeurs, c'est qu'ils nous y ont aidés eux-mêmes ; leurs travaux éclairent notre esprit, facilitent notre tâche. Ils ont donc part à notre œuvre, et si l'on retirait cette part, il ne nous resterait aucun avantage sur eux.

D'où naît la prévention générale en faveur des illustres anciens? De plusieurs causes. Leurs noms, qui produisent un effet mystérieux, parce qu'ils sont étrangers ; la réputation qu'ils ont eue de tenir le premier rang parmi les hommes, ce qui n'était vrai que pour leur siècle ; le nombre de leurs admirateurs, qui a eu le temps de grossir pendant une longue suite d'années, ont produit et entretiennent l'infatuation à leur égard.

En somme, il vaudrait mieux être prévenus pour les modernes. Chose plaisante ! On a besoin de stimuler notre amour-propre, de relever notre courage dans une lutte de talent et d'orgueil. « Nous qui avons souvent une vanité si mal entendue, nous avons aussi quelquefois une humilité qui ne l'est pas moins. Il est donc bien déterminé qu'aucune sorte de ridicule ne nous manquera. »

Des obstacles peuvent sans doute retarder momentanément les progrès d'une nation ou de l'espèce humaine. Les inondations de barbares, les gouvernements contraires ou peu favorables aux sciences et aux arts, des préjugés, des lois, des fantaisies locales ou accidentelles, les longues guerres qui ramènent l'ignorance et la brutalité, suspendent évidemment la marche des peuples vers l'avenir. Joignez à cela les chances funestes de la vie privée, qui détruisent, qui étouffent un grand nombre de talents. La nature produit une foule de Cicérons et de Virgiles: quelques-uns seulement viennent à bien. Mais dans tous les temps une habile protection, des circonstances heureuses les font éclore, grandir et s'épanouir au soleil.

J'omets quelques autres aperçus de Fontenelle, pour parler d'une restriction fâcheuse qu'il met à la perfectibilité. Plus savant que poète, il confine le progrès dans la science et le bannit de la littérature. « L'éloquence et la poésie ne demandent qu'un certain nombre de vues assez borné, dit-il, par rapport à d'autres arts, et elles dépendent principalement de la vivacité de l'imagination ; or, les hommes peuvent avoir amassé en peu de siècles ce petit nombre de vues, et la vivacité de l'imagination n'a pas besoin d'une longue expérience, ni d'une grande quantité de règles pour atteindre toute la perfection dont elle est capable. » L'ingénieux sceptique répète plusieurs fois cette erreur, que tant d'autres devaient répéter après lui. Nous aurons vingt occasions de la réfuter dans les pages suivantes. Pour le moment, nous nous bornerons à dire que, sur ce point, Fontenelle trahissait la cause des modernes et faisait un pas rétrograde. Colletet, Saint-Sorlin, Charpentier avaient été plus judicieux et plus indépendants de la routine. Charles Perrault n'admit pas cette exception chimérique à la doctrine du progrès.

Il fut cependant charmé d'avoir Fontenelle pour auxiliaire et le remercia de son concours, dans une *Epître au Génie*, lue devant les académiciens assemblés, en juillet 1688 : on recevait ce jour-là M. De la Chapelle, qui prenait la place de la Furetière. L'Épître se distingue du *Siècle de Louis le Grand* par un ton plus doux et même par certaines concessions. L'auteur n'abandonne point son système, mais il préconise Homère, il emploie nombre d'expressions mythologiques. A la veille d'entrer en campagne, il semble avoir voulu adoucir la colère de ses antagonistes. C'était un homme fin et d'un grand sens, ne l'oublions pas. Un autre opuscule témoigne de son adresse. Il avait pour but de lui assurer tout à fait l'appui du roi. Voyant l'horizon se couvrir de nuages, après la tumultueuse séance dont nous avons parlé, le contrôleur devenu poète adressa au prince une épitre des plus flatteuses, *sur l'excès de joie que Paris avait témoigné de sa convalescence*. Il lui attribue toute la grandeur de son époque et cherche à le gagner irrévocablement au parti des modernes. L'espoir de leur donner un tel chef anime Perrault d'une verve insolite.

L'année même où avait paru la *Digression*, parut aussi, à la fin d'octobre, le premier volume du *Parallèle des Anciens et des Modernes*. Ce travail occupa longtemps le judicieux auteur, que l'on pourrait nommer le prophète de l'espérance, car on ne finit d'imprimer le tome quatrième que le 27 novembre 1696. La valeur intrinsèque du livre et le rôle qu'il a joué dans l'histoire de notre littérature, nous engagent à en donner une analyse complète. C'est une production importante : peu de personnes la connaissent, peu de personnes voudraient la lire. Nous croyons utile d'en extraire soigneusement la substance. Notre résumé permettra au lecteur de constater beaucoup d'emprunts : mais telle est la stratégie des grandes disputes ; on reproduit sous d'autres formes les mêmes arguments, on les étaie de considérations nouvelles, jusqu'à ce que l'un des deux partis ait triomphé.

PARALLÈLE DES ANCIENS ET DES MODERNES.

Rien n'est plus naturel ni plus raisonnable que de montrer une grande vénération pour toutes les choses, qui, possédant un vrai mérite en elles-mêmes, y joignent encore le prestige de l'antiquité. Ce sentiment universel entretient l'amour et le respect que nous avons pour nos aïeux ; il consolide l'autorité des lois et des usages. Mais comme l'excès gâte les meilleures choses, à proportion de leur valeur, une tendance si louable d'abord s'est fréquemment changée en une superstition criminelle, poussée maintes fois jusqu'à l'idolâtrie. Des princes d'une rare vertu ont fait le bonheur des nations ; ils furent bénis de leur vivant et honorés après leur mort : c'était une juste récompense. Mais, par la suite des temps, on oublia qu'ils étaient de simples mortels : on leur offrit de l'encens et des sacrifices. La même aberration a lieu pour les hommes qui ont brillé soit dans les arts, soit dans les sciences. L'éclat qu'ils reflétèrent sur leur époque, le charme ou l'utilité de leurs travaux, leur acquirent beaucoup de gloire pendant leur vie ; leurs productions furent admirées de la postérité, qui les combla de louanges. Peu à peu cette vénération augmenta si fort, qu'on ne voulut plus rien voir en eux qui se ressentît de la faiblesse humaine : on consacra jusqu'à leurs erreurs. Il suffit qu'une chose eût été faite ou dite par ces grands hommes pour être merveilleuse. Certains savants ne regardent-ils pas comme un devoir de préférer le moindre opuscule des anciens aux plus beaux ouvrages des modernes ? Or, cette injuste prévention ne date pas d'hier : Cicéron, Horace et Martial ont eu à la combattre de leur temps. Quant au nôtre, on ne peut guère espérer de convertir les érudits ; ils perdraient trop à changer d'opinion ; il serait incivil de leur en faire une loi. Autant vaudrait proposer un décri général des monnaies à des hommes, qui auraient tous leurs biens en espèces et ne posséderaient pas un acre de terre. Que deviendraient effectivement leurs trésors de lieux communs, de vaines remarques ? Ils n'auraient plus de prix, et ce serait une calamité générale. Il faut que tout individu qui peut citer à propos, et même hors de propos, un vers d'Anacréon ou de Pindare, tienne un rang distingué dans le monde. Quelle confusion si ce genre de mérite venait à s'anéantir ! Il suffirait d'avoir du goût et de l'intelligence pour dominer ces illustres savants.

L'histoire de Cupidon enfoui par Michel-Ange montre combien est grande la force du préjugé.

Pour entretenir celui qui revêt les anciens d'une grandeur chimérique, l'influence simultanée de diverses causes a été nécessaire. Une de ces causes était le manque de traductions. Pendant longtemps les érudits jugeaient seuls les livres grecs et romains. Fiers de les connaître, ils les vantaient sans mesure. La rareté des éditions produisait encore un effet analogue. Mais quand les auteurs furent dans les mains de tout le monde, soit en français, soit en leur langue originale, l'illusion s'évanouit. On examina ceux qu'on avait cru des géants sur parole, et on les trouva d'une taille ordinaire.

L'éducation des colléges a aussi pour tendance principale de déifier les anciens. Les classes résonnent perpétuellement de leurs louanges, et bien des hommes restent écoliers toute leur vie. Les maximes qu'on leur a enseignées, les livres qu'ils ont lus dans leur jeunesse, comme les endroits où ils l'ont passée, gardent à leurs yeux un charme indélébile. Ames sans fécondité, les notions qu'on y plante, au lieu de donner des fruits, se changent en ronces pernicieuses.

Quelques-uns ayant ouï dire qu'on aime les ouvrages des anciens à proportion du goût et de l'intelligence dont on est doué, s'épuisent à faire entendre qu'ils les admirent jusqu'au ravissement. Ils débitent des niaiseries par amour-propre.

Les enfants, de leur côté, voyant que leurs pères en savent plus qu'eux et louent presque toujours le passé, se figurent que leurs aïeux possédaient de bien plus grandes connaissances et une vertu supérieure. Lorsque l'âge vient affaiblir leurs émotions, refroidir leur enthousiasme, décolorer sous le givre de la mort le reste de leur existence, ils donnent à leur tour dans le même travers. C'est ainsi qu'une idée de perfection s'est insensiblement unie à l'idée d'ancienneté : plus les époques étaient lointaines, plus on attribuait de mérite aux hommes qui vivaient alors. L'idéal brillait dans le passé, la terreur et le dédain offusquaient l'avenir.

Les éloges accordés par des auteurs morts à des savants, des philosophes, des poètes de leur siècle ou des siècles antérieurs, concourent au même but. On les lit, on prend note de leur témoignage, et leur décision acquiert force de loi. Ce jugement, vrai quand ils l'ont rendu, cesse de l'être avec les années. Les livres latins nous apprennent que Varron possédait la science la plus profonde qu'on eût jamais vue : que serait à notre époque ce grand érudit ?

L'autorité ne doit d'ailleurs être admise que dans la théologie et dans la politique. Si vous pensez que l'Éternel a dicté les saintes Écritures, si vous avez la persuasion qu'il inspire encore son Église, baissez la tête, et laissez-vous guider par les maximes chrétiennes. Si un pouvoir établi promulgue une ordonnance, il faut obéir sans murmure. Partout ailleurs la raison peut agir en souveraine et user de ses droits. Quoi donc! il nous sera défendu d'apprécier les œuvres d'Homère, de Virgile, de Cicéron, de Démosthènes, et de les juger comme il nous plaira, parce que d'autres en ont jugé à leur fantaisie? Rien au monde n'est plus absurde.

La liberté morale, dont nous nous sommes mis en possession, forme certainement une des plus grandes conquêtes de l'esprit humain. On croyait aussi jadis que pour savoir la physique il n'était pas nécessaire d'étudier les objets, ni de recourir aux expériences ; qu'il suffisait de bien entendre Aristote et ses interprètes. Mais le vain désir de briller par des citations a fait place au louable désir de connaître immédiatement les ouvrages de l'artiste suprême. Une foule de mystères ont alors été dévoilés : la nature, si longtemps méconnue, parut prendre plaisir à étaler au jour ses secrètes grandeurs.

En effet, les arts et les sciences croissent et s'améliorent aussi fatalement par l'étude, les recherches, les découvertes et l'observation, qu'un fleuve grandit, à mesure qu'il avance, en absorbant l'eau des sources et des rivières. On compare habituellement la durée du monde à la vie d'un homme : il a eu son enfance, sa jeunesse, et son âge mûr ; il est présentement dans sa vieillesse. Figurons-nous de même que l'humanité est un seul homme ; cet homme aurait été enfant dans l'enfance du monde, adolescent dans son adolescence; homme parfait dans la force de l'âge, et maintenant l'univers et lui seraient dans leur vieillesse. Cela posé, nos premiers pères ne doivent-ils pas être regardés comme les enfants, et nous comme les vieillards, comme les véritables anciens? Nous avons recueilli la succession de nos prédécesseurs, nous l'avons augmentée de nouvelles richesses, conquises par l'intelligence et le travail.

On remarque pourtant dans l'histoire des sortes d'éclipses momentanées, où le génie humain semble vouloir s'éteindre. Au neuvième et au dixième siècles, il y avait certainement en Europe plus d'ignorance et de barbarie qu'au siècle d'Auguste. Aussi, lorsqu'on affirme que les derniers temps doivent surpasser les périodes antérieures, est-il nécessaire d'ajouter : à condition que toutes choses soient d'ailleurs pareilles. Car si de longues guerres ravagent un pays, et que les habitants négligent les travaux intellectuels pour s'occuper de défendre leur existence ; si ceux qui ont vu l'origine de la lutte sont morts, et qu'il s'élève une seconde génération uniquement façonnée au maniement des armes, il est naturel que la poésie et la science disparaissent dans une assez longue obscurité. Elles sont alors comme des fleuves qui viennent à rencontrer un gouffre où ils s'abîment, mais qui, après avoir roulé sous plusieurs provinces, trouvent enfin une issue par où on les voit sortir plus abondants que jamais. Les ouvertures par où les arts et les sciences reviennent sur la terre, sont les règnes féconds des grands monarques ; ceux-ci maintiennent le calme autour d'eux, et rappellent à la lumière toutes les belles connaissances. Ainsi, ce n'est pas assez qu'un siècle soit postérieur à un autre pour avoir sur lui l'avantage; il faut qu'il se développe au milieu de la paix et de la prospérité, ou que la guerre, s'il y en a, se fasse au dehors. Il faut de plus que ce calme et cette prospérité durent longtemps, pour que le siècle ait le loisir d'atteindre peu à peu sa dernière splendeur. Nous avons dit que depuis le commencement du monde jusqu'à nous on distingue plusieurs âges; on les distingue de même dans chaque siècle en particulier, lorsque après de grandes luttes on commence de nouveau à s'instruire et à penser.

Les anciens, il est vrai, auront toujours le mérite d'avoir découvert les éléments des arts et des sciences. Il ne faudrait pas néanmoins leur attribuer exclusivement la gloire de l'invention. Chaque perfectionnement apporté aux découvertes originelles prouve autant et quelquefois plus de génie que ces découvertes elles-mêmes. Celui qui, le premier, creusa un arbre, et s'en fit un bateau pour traverser un fleuve, eut certainement droit à des éloges; mais cette pirogue et la manière dont elle fut évidée, ont-elles rien qui approche de nos grands vaisseaux et de leur habile structure? Il y a une distance énorme entre les inventions rudimentaires, qui ne pouvaient échapper à l'industrie naturelle du besoin, et les inventions profondes des hommes venus par la suite.

Quand même d'ailleurs les anciens auraient eu plus de génie que les modernes, il ne s'ensuivrait pas que leurs ouvrages fussent meilleurs que les nôtres : car il faut distinguer l'ouvrier de l'ouvrage ; et en admettant que les inventeurs l'emportassent sur ceux qui ont amélioré leurs inventions, cela n'empêcherait pas que les productions les plus récentes ne fussent les plus belles et les plus parfaites. Les initiateurs avaient la maladresse de l'inexpérience; nous unissons l'habitude au savoir. Quand on blâme les anciens, on ne leur refuse donc pas le génie; on ne s'en prend qu'à leur siècle, qui ne leur permettait pas d'atteindre plus haut. Mais en reconnaissant leur mérite, on ne veut point leur immoler leurs successeurs. La nature est invariable; et comme elle donne tous les ans une certaine quantité d'excellents vins, parmi un grand nombre de faibles et de médiocres, elle forme aussi à toutes les époques un certain nombre d'hommes exceptionnels, parmi la foule des esprits vulgaires. Il serait complétement déraisonnable de s'imaginer qu'elle n'a plus la force de produire d'aussi grandes intelligences que celles des premiers siècles. Les lions et les tigres, qui parcourent aujourd'hui les déserts de l'Afrique, sont aussi vigoureux, aussi féroces que ceux du temps d'Alexandre ou d'Auguste; nos violettes ont le même parfum que celles de l'âge d'or. Pourquoi serions-nous exceptés de cette règle générale? Quand on compare les anciens et les modernes, ce n'est donc pas sous le rapport des talents personnels, qui ont été les mêmes dans tous les grands hommes de toutes les époques : on ne juge que les produits et la connaissance plus ou moins parfaite, selon les temps, des lois de l'art et des lois de la nature; car les arts et les sciences, pris en eux-mêmes, ne sont qu'un recueil d'observations et de maximes, qui augmente avec les années (1).

(1) On retrouve dans ce passage les idées de Saint-Sorlin, de Fontenelle et de Charpentier sur la permanence de la nature, mais Perrault oublie ou méconnaît l'immuable virilité de l'espèce humaine.

Voilà comment Perrault traite la question du progrès, en le considérant d'un point de vue général. Certes, la critique française a rarement déployé une aussi grande puissance. L'auteur des Dialogues montre une vraie sagacité philosophique. On a sans doute remarqué la belle image, dont il se sert pour expliquer les apparentes défaillances de la civilisation.

Du problème général il passe à l'examen historique des divers arts, des diverses sciences. Nous allons succinctement résumer ses considérations; il importe qu'elles soient de nouveau mises sous les yeux du lecteur, et qu'un aussi louable travail ne soit pas perdu pour nous.

ARCHITECTURE.

Perrault distingue dans l'architecture deux espèces de beautés : celles-ci transitoires et locales, celles-là éternelles et universelles. Selon lui, les seules beautés invariables consistent dans la grandeur des proportions, dans la régularité de la bâtisse et de l'appareil. Ce sont là des mérites nécessaires à tous les systèmes d'architecture. Quant aux formes, elles sont susceptibles de changement, et aucune ne doit passer pour exclusivement belle. La manière antique ne possède point la beauté absolue; on peut en imaginer une foule d'autres, qui lui seront égales ou supérieures. La diversité des proportions assignées à chaque ordre fait voir, par exemple, qu'elles sont arbitraires. Les frontons, les colonnes, les chapiteaux, les entablements, pourraient prendre des figures très éloignées de celles que leur ont données les Grecs, et plaire tout aussi bien. On loue la forme antique, parce qu'elle est reçue depuis longtemps ; mais de nouvelles formes pourraient s'établir, et, sans aucune injustice, être à la longue revêtues de la même autorité. Il faut voir dans le règne de l'architecture grecque une véritable mode, plus opiniâtre que les autres, parce que les objets qu'elle concerne sont eux-mêmes plus résistants.

C'est une preuve de stérilité merveilleuse que de s'en tenir à un style unique et immuable. Les cinq ordres d'architecture, bien mesurés, bien dessinés, sont entre les mains de tout le monde ; il est moins difficile de les prendre dans un livre théorique, que de prendre les mots d'une langue dans un dictionnaire.

Du reste, les anciens n'ont jamais pensé à la moitié des finesses qu'on leur attribue ; le hasard est le seul auteur d'une foule de beautés qu'on prête à leurs œuvres. Le caprice ou la négligence de l'architecte a été cause de certaines modifications peu importantes ; les critiques prévenus y ont cherché du mystère ; ils ont ensuite fait partager au monde l'ivresse de leurs illusions.

Pourquoi les Grecs auraient-ils eu, dans l'invention des formes, une habileté plus grande que dans l'art de bâtir ? Leurs monuments trahissent, en bien des cas, une ignorance et une maladresse grossières. Ils donnaient à leurs planchers une épaisseur double de celle des murailles, au lieu que nous leur en donnons seulement la moitié ; les leurs étaient donc quatre fois plus épais que les nôtres, et chargeaient inutilement les constructions d'un horrible fardeau. Ils avaient encore une très mauvaise manière de bâtir : ils taillaient les pierres en forme de losange, et les disposaient en forme de réseau (*reticula-*

tum opus) : chaque rhomboïde ainsi placé était comme un coin, qui tendait à écarter les deux pierres sur lesquelles il s'appuyait. Ils ignoraient la partie la plus difficile du métier, le trait ou la coupe des pierres ; c'est pourquoi presque toutes leurs voûtes étaient en briques enduites de stuc, et leurs architraves de bois ou d'un seul morceau. Or, comme un bloc un peu long, et qui aurait eu trop de portée, se serait infailliblement rompu, ils ne pouvaient espacer leurs colonnes. L'architrave qui couronnait la porte du temple d'Ephèse, et qui avait quinze pieds dans sa plus grande dimension, passait pour une merveille unique dans son genre. Les anciens supposaient que Diane l'avaient placée elle-même, tant une pareille masse leur semblait difficile à remuer. Or les deux pierres principales du fronton du Louvre ont chacune cinquante-quatre pieds de long sur huit de large, et quinze pouces seulement d'épaisseur, ce qui les rendait très fragiles. Ni les Grecs, ni les Romains n'eussent donc pu construire comme nous ces trompes étonnantes, où l'on voit une portion d'édifice se soutenir elle-même, des voûtes surbaissées et presque plates, des rampes d'escaliers qui, sans autre appui que celui des murs, tournent le long des cages qui les renferment et vont aboutir à des paliers également suspendus ; ils ne savaient point se servir de la pesanteur de la pierre contre elle-même, et la fixer dans l'air au moyen du poids qui devrait causer sa chute.

Leur indigence était si grande, qu'ils n'avaient point de machines commodes pour transporter les fardeaux. Les hommes compétents avouent que celles décrites par Vitruve ne sauraient être d'aucun usage, ou rendraient fort peu de services. Leur habitude générale était de porter les pierres sur leurs épaules, lorsque leur dimension le permettait; si elles étaient trop grosses, ils les roulaient sur la pente des terres qu'ils amoncelaient contre leurs bâtiments, jusqu'au point où l'édifice était parvenu. On les enlevait ensuite. Quant à nous, nos machines ne portent pas seulement les pierres à la hauteur qu'on le désire; elles les vont placer justement à l'endroit qui leur est assigné.

SCULPTURE.

Perrrault critique plusieurs statues que nous ont laissées les anciens. Il montre que, malgré leur habileté dans la sculpture, ils ne sont pas irréprochables. Il demande encore si l'admiration accordée à certaines figures antiques vient de leur mérite intrinsèque, ou de la force du préjugé. Quoi qu'il en soit, les Grecs et les Romains ont pu briller dans la statuaire. En effet, ce bel art est le plus simple et le plus restreint de tous, particulièrement dans les ouvrages de ronde bosse. Moins compliqué, il exige moins de réflexion et d'étude. Rien n'empêchait donc que ses lois peu nombreuses fussent connues tout d'abord. Cela est si vrai que dans les parties de la sculpture même, où il entre plus de composition et de règles, comme dans la toreutique ou l'art des bas-reliefs, ils se sont montrés beaucoup plus faibles. A l'époque où ils ont élevé la colonne Trajane, ils en ignoraient encore presque tous les secrets. La dégradation et la perspective y manquent totalement. Les figures sont la plupart sur la même ligne; s'il y en a sur les seconds plans, l'artiste les a faites aussi grandes et aussi marquées que celles du premier. Les bas-reliefs antiques ne méritent vraiment pas le nom de bas-reliefs ; ils n'offrent tous qu'une suite d'images de ronde bosse, sciées en deux, et dont la principale moitié a été appliquée sur un fond uni. Ce n'est pas de cette manière qu'agissent nos sculpteurs : avec une saillie de deux ou trois pouces, ils taillent des figures qui non-seulement paraissent entières et indépendantes de leur champ, mais qui semblent plus ou moins éloignées dans les profondeurs de la perspective.

PEINTURE.

Si la toreutique était un art trop compliqué pour les anciens, à plus forte raison en peut-on dire autant de la peinture. Pour découvrir toutes les lois, tous les secrets de cette dernière, il n'a pas moins fallu qu'un grand nombre de siècles. Le peu de valeur des tableaux antiques, et leur immense infériorité comparativement à ceux des Raphaël, des Michel-Ange, des Véronèse et des Titien, ressort des éloges mêmes qu'on leur a décernés. Les auteurs rapportent, comme une chose étonnante, que Zeuxis peignit des raisins d'une manière si habile que les oiseaux les vinrent becqueter; que Parrhasius dessina un rideau qui fit illusion à Zeuxis. Cette admiration pour des trompe-l'œil prouve l'enfance de l'art. Qu'auraient dit les anciens de nos panoramas? Et cependant nous ne mettons point ceux qui les tracent au nombre des grands artistes. Pline s'émerveille de ce qu'un peintre avait représenté l'ombre d'un pigeon sur le bord de l'auge où il buvait ; de ce qu'une Minerve paraissait regarder tous ceux qui l'examinaient; de ce qu'un Hercule d'Apelle, vu par le dos, ne laissait point de montrer son visage : preuve certaine qu'on avait fait jusqu'alors les figures tout d'une pièce, sans leur donner aucune attitude qui exprimât le mouvement et la vie. Enfin, comment jugerons nous la prouesse par laquelle ce même peintre s'acquit la réputation du plus grand artiste de son temps? Chose sublime! il divisa un trait fort délié par un trait plus mince encore!

Les anciens n'avaient guère d'autres ressources pour charmer les yeux que le dessin et l'expression. Ils ignoraient la perspective et le clair-obscur ; à peine savaient-ils mélanger les couleurs. La composition leur était presque aussi étrangère. C'est ce que démontrent les noces de la vigne Aldobrandine et les images du tombeau d'Ovide. Les figures en sont bien dessinées, les poses sages et naturelles; il y a beaucoup de noblesse dans les airs de tête : mais tout y est sec, inanimé, sans liaison, et sans cette mollesse des corps vivants qui les distingue du marbre et du bronze. Les teintes ont une force égale ; rien n'avance, rien ne s'éloigne ; tous les personnages sont à peu près sur la même ligne, en sorte qu'on dirait moins un tableau qu'un bas-relief antique orné de couleurs (1).

(1) Pour montrer l'ignorance des peintres anciens, l'auteur du *Parallèle* pouvait citer un fragment curieux des *Entretiens de Socrate*, par Xénophon : le livre III contient un dialogue du philosophe et de Parrhasius. — « Le caractère de l'âme enfin, dit-il à celui-ci, parvenez-vous à l'imiter, ou faut-il le regarder comme inimitable ? — Eh ! comment le représenter, puisqu'il ne dépend ni de la proportion, ni de la couleur, ni d'aucune des choses que vous avez détaillées, puisque enfin il ne tombe pas sous le sens de la vue ? » — Socrate lui prouve que l'on peut très bien le rendre, et ses arguments constatent la faiblesse. le matérialisme de la peinture, à son époque. Cet art s'améliora néanmoins par la suite, et, du temps des empereurs,

ÉLOQUENCE.

L'éloquence et la poésie ont eu besoin pour se perfectionner d'autant de siècles que l'astronomie et la physique. Le cœur de l'homme, qu'il faut connaître si on veut le toucher et le convaincre, n'est pas moins difficile à pénétrer que les secrets de la nature. Ne l'a-t-on pas toujours regardé comme un vaste abîme, où l'on découvre sans cesse de nouveaux replis, et dont Dieu seul peut sonder la profondeur? L'anatomie a trouvé dans l'homme matériel une foule de vaisseaux, de nerfs, de fibres, de valvules inconnus des anciens ; les modernes ont distingué dans l'âme nombre de désirs, de joies, de douleurs et de mystères, que les Grecs et les Romains n'avaient pas aperçus. C'est ce qu'on pourrait démontrer en examinant toutes les passions l'une après l'autre. Nos pièces de théâtre, nos romans, nos discours, nos traités de morale, contiennent une multitude de sentiments, de pensées délicates, dont les ouvrages païens n'offrent aucune trace. Combien l'amour, par exemple, ne s'est-il pas épuré chez nous? Jadis un amant sortait le soir avec une hache pour enfoncer la porte de sa maîtresse, si elle ne lui ouvrait pas assez promptement. Nul livre antique ne dit qu'un homme n'ait point osé déclarer sa passion, de crainte d'offenser l'objet chéri. Nous, au contraire, nous mettons dans ces rapports une tendresse, une honnêteté, une déférence exquises.

Quand même d'ailleurs les anciens auraient triomphé

---

les coloristes avaient plus de science et d'habileté que ne le suppose Charles Perrault. Les images d'Herculanum et de Pompéi l'attestent victorieusement : la *Bataille d'Alexandre* offre des raccourcis très bien exécutés.

dans un genre d'éloquence, nous pouvons les surpasser dans d'autres genres, nous pouvons opposer à leur mérite des mérites plus grands encore.

Outre les plaidoyers, les harangues, les oraisons funèbres, qui exerçaient le talent des Grecs et des Romains, nous avons l'éloquence religieuse, à laquelle nous devons des œuvres sublimes, sans modèle chez eux. Leurs orateurs ne parlaient que d'intérêts matériels : nos prédicateurs parlent au nom du souverain arbitre et pour le salut des âmes. Leur voix nous explique la grandeur, la bonté de Dieu, nous reproche nos turpitudes et nos faiblesses ; du haut de leur chaire, ils dominent jusqu'à ces rois orgueilleux qui font trembler les nations.

Les modernes se sont approprié ce que les anciens avaient de meilleur ; ils ont soigneusement évité leurs fautes ; comment ne les éclipseraient-ils point ?

L'étrange opinion de Démosthènes, qui voyait dans l'action la partie la plus importante de l'éloquence, n'est-elle pas tout à fait propre à nous donner une idée peu avantageuse des discours antiques ?

HISTOIRE.

Thucydide, Tite-Live, et en général tous les historiens de la Grèce et de Rome ont le tort très grave de mêler le faux au vrai, le réel au fictif ; ils donnent ainsi à leurs productions un air de fable et de roman. Pourquoi ces interminables harangues qu'ils forgent eux-mêmes, et supposent ensuite avoir été débitées par leurs personnages ? Ces discours seraient à leur place dans un poème : ils forment tache dans une narration historique. Thucydide va plus loin encore : il empiète sur le domaine du théâtre, et fait parler des nations entières comme des espèces de chœurs. « Le peuple étant donc assemblé, dit-il, pour entendre discuter les affaires publiques, les Corcyréens s'exprimèrent ainsi : Ceux qui implorent le secours, etc. — Les Corcyréens, poursuit-il, ayant argumenté de la sorte, les Corinthiens répondirent à peu près en ces termes : Puisque nos ennemis ne se sont pas contentés d'implorer votre assistance, etc. »

Les historiens antiques se rapprochent aussi des poètes, en ce qu'ils ne datent jamais les faits ; rien cependant n'est plus essentiel à l'histoire que la chronologie.

Leur ignorance de la géographie est encore un vice pernicieux ; il entoure d'obscurité un grand nombre d'incidents, et ne laisse pas voir où ils s'accomplissent.

Pour l'élévation et la profondeur de la pensée, ils restent bien loin derrière nous. Le discours de Bossuet sur l'histoire universelle n'a pas de rival dans l'antiquité.

POÉSIE.

Les ressources de la poésie sont de deux sortes : les unes fournies par la nature, et communes à tous les peuples du monde ; les autres créées par l'homme, et variables selon les temps et les lieux. Le premier genre se compose du sentiment, des passions, des prosopopées ; le second embrasse les personnages divins et allégoriques. Les poètes grecs mettaient leurs dieux en scène ; les poètes chrétiens y mettent l'Éternel, les anges, les démons. Les machines païennes ne sont donc point de l'essence de la poésie ; le merveilleux change en même temps que les dogmes. Nous avons le droit de puiser à pleines mains dans nos croyances religieuses, comme les polythéistes puisaient dans les leurs.

Au reste, l'ineptie des critiques n'a pas légèrement contribué à l'infatuation pour les anciens, par laquelle se sont laissés corrompre tant d'esprits. Le jugement, qui leur eût été si nécessaire, leur a presque toujours manqué. Ils ont mis sous le dais une certaine forme d'art, sans comprendre l'art en lui-même ; il leur était plus facile de déclarer un type unique et absolu que de montrer du goût et de l'intelligence. Une fois lancée dans le monde, la sottise a passé de bouche en bouche, de génération en génération ; nos rhéteurs se sont copiés l'un l'autre avec une touchante exactitude.

S'ils avaient eu moins de routine et plus d'indépendance, ils auraient vu que les poètes anciens ne sont pas sans défauts. Celui qu'ils reconnaissaient tous pour leur chef et leur prince, Homère, en offre un grand nombre. Examinons un instant les sujets qu'il a choisis, les mœurs de ses héros, ses pensées et sa diction.

Et d'abord est-on sûr qu'il a réellement existé ? L'abbé d'Aubignac soutenait le contraire ; ses deux poèmes lui semblaient un recueil de chants séparés, une vraie compilation de Pisistrate. Comment donc le hasard pourrait-il avoir produit un plan merveilleux ? Ne serait-il point ridicule, dans cette hypothèse, de louer si fort celui de l'Iliade ? En tout cas, l'opinion d'Élien et des anciens critiques, opinion suivant laquelle Homère n'aurait composé l'Iliade et l'Odyssée que par fragments, sans unité de dessein, prouve le peu d'excellence de ses deux fables.

Quant aux mœurs, quelques-unes de celles qu'il dépeint sont burlesques relativement à nous; ses héros, par exemple, font la cuisine, ses princesses lavent le linge. Mais, quoiqu'elles diminuent la valeur du poème, il serait injuste d'en blâmer l'auteur. Le vieux chantre a dû reproduire son siècle, et ne pouvait connaître d'avance les raffinements du nôtre.

Pour les caractères, ils sont en général bien dessinés ; on ne peut même leur refuser une certaine grandeur ; ils attestent néanmoins la rudesse de l'époque. Une constante grossièreté morale souille les actions, les pensées, les discours des personnages homériques.

Le style n'est pas non plus irréprochable ; il fourmille de termes vulgaires. Les comparaisons, poursuivies bien au-delà du point par lequel les objets se ressemblent, alanguissent fâcheusement la narration ; elles détournent l'esprit du sujet, et le font perdre de vue. Homère prodigue aussi les détails inutiles, comme quand il dit que Capanée amena au siége de Troie des chevaux qui n'avaient pas le pied fourchu, ou que les talons de Ménélas étaient à l'extrémité de ses jambes. Pénélope demande à Ulysse qu'elle n'a point reconnu, son nom et celui de sa famille ; « car, ajoute-t-elle, vous n'êtes pas né d'un vieux chêne ni d'une pierre. »

Perrault trouve dans l'Iliade et l'Odyssée plusieur autres vices d'élocution. Nous passerons ces reproches sous silence, de même que les critiques dont il poursuit Virgile, Horace, Catulle, Ovide, Tibulle et Properce, à l'exemple de Desmarests. Il juge la poésie lyrique des anciens trop obscure, comme celle de Pindare, ou trop vulgaire et insignifiante, comme celle d'Anacréon, de

Bion, de Moschus. Est-ce une chose fort agréable, dit-il à propos du théâtre, qu'une pièce où chacun des actes n'a parfois qu'une scène, et où le personnage, qui déclame tout seul, récite deux cents vers de suite, tantôt se lamentant sur ses malheurs, tantôt faisant le récit de quelque triste aventure? Lorsque ce personnage se retire, souvent sans qu'on sache pourquoi et comme de pure lassitude, il est relevé par un chœur toujours présent et ennuyeux, qui recommence les mêmes lamentations, avec des sentences plus longues encore et d'une vérité plus manifeste. Les poètes semblent réellement ne l'avoir établi que pour mettre en œuvre un certain nombre de lieux communs. L'auteur des Dialogues trouve donc que les pièces antiques pèchent d'abord par excès de simplicité, ou, si l'on aime mieux, par indigence de matériaux. Il blâme ensuite le désordre du plan, et signale comme un grand défaut le manque d'idées qui s'y fait sentir. A peine une tragédie grecque a-t-elle de quoi fixer l'attention et engendrer un vague intérêt.

Perrault descend dans une foule de détails où nous ne pouvons nous plonger avec lui. Nous tirerons encore de son livre deux aperçus généraux, qui termineront cette analyse. Le premier, c'est que les anciens nous sont très inférieurs pour tous les ouvrages de raillerie. Ils n'avaient point cette délicatesse du sens moral, qui permet de saisir les divers genres de ridicule. Aussi avons-nous de grands avantages sur le terrain de la chanson, de l'épigramme, de la satire et de la comédie. Les partisans les plus furieux de l'antiquité ne peuvent en disconvenir.

La seconde observation est que la poésie a maintenant

agrandi sa sphère. Beaucoup de nouveaux genres, inconnus des anciens, ont fructifié chez nous : tels sont les lais, virelais, chants royaux, sonnets, rondeaux, ballades, pour les petites productions ; les opéras ou drames merveilleux, et les poèmes burlesques, pour les grandes. Ces derniers forment deux catégories : dans l'une on parle plaisamment des choses sérieuses ; dans l'autre on parle pompeusement de choses communes ou insignifiantes (1). Le Virgile travesti de Scarron nous offre un modèle de la première espèce ; le Lutrin, de la seconde.

Le dernier dialogue de Perrault est consacré à la science. Il ne veut même pas prouver, dit-il, que nous avons dépassé de beaucoup la limite où s'était arrêtée celle des anciens ; il croit seulement devoir mesurer l'étendue que nous avons franchie.

(1) Les anciens ont connu ce genre de poème : la *Batrachomyomachie* d'Homère le prouve suffisamment.

CHAPITRE VI.

Querelle des Anciens et des Modernes.

Réponses de Boileau. — Ses épigrammes. — Préface de l'Ode sur Namur. — *Réflexions sur Longin.* — Concessions de Boileau; les deux antagonistes se réconcilient. — Défauts du *Parallèle.* — Inflexible constance de Perrault. — Opinion de Racine. — Opinion de La Bruyère. — L'Angleterre et l'Italie prennent part à la querelle. — Traduction de l'Iliade, par La Motte. *Discours sur la poésie, Discours sur Homère.* — Réponses de Mme Dacier. — *Des causes de la corruption du goût.* — Réplique de La Motte : *Réflexions sur la critique.* — Réconciliation de La Motte et de Mme Dacier. — Autres champions des deux systèmes. — Les médiateurs.

Perrault, comme on le voit, traitait dignement et sérieusement ce problème si vaste, si compliqué, si difficile, qui embrasse deux littératures, deux arts, deux civilisations, qui touche par mille côtés à l'histoire, à la philosophie, à l'esthétique ; problème fondamental qui, après deux siècles de labeur, n'a pas été encore examiné sous toutes ses faces.

Quelle contenance faisait Boileau devant cet énergique et habile adversaire ? Tâchait-il de contre-balancer ses arguments par des arguments aussi péremptoires ? Essayait-il de mettre en déroute le bataillon de preuves qu'il poussait vers lui ? Nullement : il sautait par-dessus la question pour frapper l'auteur ; il l'injuriait, au lieu de le réfuter.

Le poème de Perrault lui suggéra trois mauvaises épigrammes. Dans la première, il s'étonne de ce que cet ouvrage n'a pas été fait chez les Hurons ou les Topinambous, ni lu à Charenton, mais à l'Académie ; dans la seconde, il se ravise, en songeant que l'Académie est un peu topinamboue ; la troisième offre un sens plus futile encore.

Les Dialogues l'émurent davantage : il les foudroya de cinq épigrammes. L'auteur y est placé côte à côte avec Néron et Adrien ; les termes d'insensé, de furieux, d'imbécile, ne paraissant point assez forts au sage Boileau, il se demande, l'âme navrée, comment il appellera son ennemi. Enfin, il se résout à le nommer « un sot plein de bassesses. »

L'idée lui vint ensuite de terminer la lutte par un coup de maître, et comme son antagoniste s'était fort raillé de Pindare, il voulut écrire un dithyrambe analogue aux siens, qui fît comprendre son génie même des personnes assez malheureuses pour ne pas savoir un mot de grec (1). Il rima en conséquence son *Ode sur la prise de Namur* :

> Quelle docte et sainte ivresse
> Aujourd'hui me fait la loi ?
> Chastes nymphes du Permesse,
> N'est-ce pas vous que je voi ?

---

(1) « Comme cette langue est aujourd'hui assez ignorée de la plupart des gens, et qu'il n'est pas possible de leur faire voir Pindare dans Pindare même, j'ai cru que je ne pouvois mieux justifier ce grand poète, qu'en tâchant de faire une ode en françois à sa manière, c'est-à-dire pleine de mouvements et de transports, où l'esprit parût plutôt entraîné du démon de la poésie, que guidé par la raison. » *Préface de l'Ode sur Namur.*

> Accourez, troupe sçavante,
> Des sons que ma lyre enfante
> Ces arbres sont réjouïs.
> Marquez-en bien la cadence ;
> Et vous, vents, faites silence :
> Je vais parler de Louis.

Les muses ne pouvaient effectivement trop bien marquer la cadence de pareils vers :

> Dix mille vaillants Alcides,
> Les bordant de toutes parts,
> D'éclairs, au loin homicides,
> Font pétiller leurs remparts.

Une préface outrageante pour Perrault sert d'avantgarde à cette ode belliqueuse (1). L'auteur dit de son poème : « J'y ai jeté autant que j'ai pu *la magnificence des mots*, et, à l'exemple des anciens poètes dithyrambiques, j'y ai employé les figures les plus audacieuses, jusqu'à y faire un astre de la plume blanche que le roi porte ordinairement à son chapeau, et qui est en effet comme une espèce de comète fatale à nos ennemis, qui se jugent perdus, dès qu'ils l'aperçoivent. » Il prétendait que Perrault, malgré son désir de louer son époque, l'avait réellement diffamée, en faisant voir qu'il s'y trouvait des hommes capables d'écrire des choses si peu sensées. » L'ami de Colbert lui répondit agréablement : « Pour faire voir que je diffame notre siècle, il faut montrer que je suis dans l'erreur, et m'en convaincre par de bonnes raisons, mais cela est un peu plus malaisé que de dire une injure ou de mettre mon nom à la fin

---

(1) L'*Ode sur la prise de Namur* fut composée en juin 1693 : trois volumes du *Parallèle* étaient imprimés.

d'un vers. Les amateurs outrés des anciens ne s'avilissent pas jusqu'à raisonner » (1). Perrault conserve dans toute sa réplique l'avantage du calme, de la finesse et de l'intelligence : « Ne vous imaginez pas, monsieur, que la chaleur avec laquelle vous prenez les intérêts de Pindare vous fasse dans le monde tout l'honneur que vous pensez. Beaucoup de gens regardent votre colère là-dessus à peu près du même œil qu'on regardoit autrefois l'emportement, avec lequel certains moines de Saint-François se faisoient la guerre sur la forme de leurs capuchons; encore trouvent-ils que ces bons pères avoient plus de raison de s'échauffer pour leurs coëffures, que vous n'en avez de vous gendarmer, comme vous faites, pour un poète mort il y a deux mille ans. »

Citons encore un passage, qui montrera de quelle hauteur Perrault dominait son adversaire : « Cependant, monsieur, il ne tiendra qu'à vous que nous soyons amis, comme nous sommes confrères, pourvu que vous ne croyiez pas que je vous craigne. Les traits de votre satire ne sont pas aussi mortels que vous le pensez : on en voit un exemple dans M. Quinault, que toute la France regarde présentement, malgré tout ce que vous avez dit contre lui, comme le plus excellent poète lyrique et dramatique tout ensemble, que la France ait jamais eu. Vous pouvez vous faire du tort tant qu'il vous plaira par vos satires ; mais vous ne m'en ferez point du tout, nous sommes trop connus l'un et l'autre. Que si vous voulez absolument être en guerre avec moi, il faudra bien m'y résigner, pourvu que vous ne vouliez pas que je me

---

(1) Lettre à M. Despréaux en réponse au Discours sur l'Ode.

fâche. J'ai résolu absolument de n'en rien faire et de ne troubler, pour quoi que ce soit, le repos dont je jouis dans ma solitude. »

Loin d'accepter ces propositions de paix, Boileau éprouva un redoublement de fureur. Le cercle étroit où se meuvent des satires et des préfaces, ne lui permettait plus d'épancher toute sa colère : il lui ouvrit une large issue par une attaque dans les règles, et, en 1694, il donna au public ses *Réflexions sur Longin* (1).

Elles n'ont pas plus de valeur que ses épigrammes ; nulle question générale n'y est touchée. Au lieu d'investir philosophiquement son antagoniste, et de battre en brèche son système de progrès, il s'amuse à détruire quelques petites assertions, à relever quelques erreurs insignifiantes. Il commence par se disculper d'une ingratitude prétendue envers Claude Perrault, frère de celui qu'il attaquait. Il l'avait, disait-on, guéri de deux maladies, et, pour récompense, avait été bafoué dans le quatrième chant de l'*Art poétique*. Boileau soutient qu'il ne lui a jamais rendu de service. Pendant sa jeunesse, il est vrai, un de ses parents l'appela deux ou trois fois en consultation près de lui ; mais il n'avait alors qu'une fièvre peu dangereuse, et aurait pu fort bien se passer de ses visites. Trois ans plus tard, comme il éprouvait une difficulté de respiration, cette même personne l'envoya chercher de nouveau ; il saigna le malade au pied, sans que rien prescrivît l'emploi d'un tel remède. Le satirique ne put marcher de trois semaines : voilà toute l'obligation qu'il eut à Claude Perrault. Il ne

---

(1) Elles avaient été composées dans le second semestre de 1693.

lui en voulait cependant point de son ignorance ; mais ayant su qu'il le dénigrait partout, ces preuves de haine l'avaient poussé à le traiter en ennemi. Claude partageait d'ailleurs, comme toute sa famille, les opinions de son frère sur les anciens, et il admirait Quinault, proscrit par l'auteur de l'*Art poétique*. Le dernier devait-il se faire scrupule de l'appeler tour à tour assassin et mauvais maçon ? Tel est le premier exploit de Boileau dans cette nouvelle campagne ; son attention se porte d'abord sur les commérages. Bien différent de Charles Perrault, qui débute par les idées générales, de vains discours lui paraissent le point essentiel.

Le reste de l'ouvrage trahit la même puérilité. Croit-on, par exemple, que dans la seconde réflexion l'auteur discute des sujets plus importants ? on se tromperait beaucoup. Son antagoniste avait incidemment blâmé la rigueur avec laquelle il juge ce vers de Scudéry :

Je chante le vainqueur des vainqueurs de la terre.

Ce n'est là qu'un détail fort accessoire de l'ouvrage sur les anciens et les modernes ; aussi Boileau s'en occupe-t-il comme d'une objection de premier ordre. Il épuise ses forces pour démontrer qu'il a eu raison, et il semble que la poésie était perdue, si son avis n'eût pas triomphé. On lui pardonnerait encore cette seconde réplique, mais jusqu'à la fin on trouve une égale mesquinerie. Le fameux législateur du Parnasse, comme on l'appelait autrefois, rampe de la manière la plus aveugle autour d'un immense problème, qui compose le fond même de l'histoire des lettres. Chaque page prouve son manque de discernement. Boileau, comme le dit M. Leroux, n'avait point assez d'intelligence pour comprendre son adversaire (1).

En effet, il ne sort des petitesses qu'en tombant dans les grossièretés. Il nomme son antagoniste un pédant, qui décide de tout sans rien connaître, pas même le grec. Il lui rappelle le sort de Zoïle, qui, selon les uns, fut mis en croix, selon les autres, lapidé ou brûlé vif à Smyrne. Il insinue qu'il mériterait un sort pareil, et, fier de cette convaincante argumentation, promène sur lui des regards dédaigneux.

Perrault trouve cette manière de le réfuter bizarre au dernier point. Il ne s'en irrite pas toutefois, et se contente de répondre avec esprit :

> L'agréable dispute, où nous nous amusons,
> Passera sans finir jusqu'aux races futures :
> Nous dirons toujours des raisons,
> Ils diront toujours des injures.

Qui fut pourtant vaincu dans cette lutte, où le droit et la force étaient du côté de Perrault? Le moins habile l'emporta; et il en devait être ainsi, car les juges du camp n'avaient point de clairvoyance. A toutes les époques, le peuple français a été un peuple futile. Dans ses moments d'expansion, il le reconnaît lui-même (2); les étrangers en sont fermement convaincus. Un auteur mo-

(1) M. Pierre Leroux est le premier écrivain français qui ait aperçu l'intime rapport de la querelle sur les anciens et les modernes avec l'affranchissement littéraire accompli de nos jours. Voyez son remarquable travail intitulé : *De la loi de continuité qui unit le dix-huitième siècle au dix-septième*.

(2) Voici comment le dépeint Rabelais : « Tant sot, tant badaud et tant inepte de nature, qu'un bateleur, un porteur de rogatons, un mulet avec ses cymbales, un vielleux au milieu d'un carrefour, assemblera plus de gens que ne feroyt un bon prêcheur évangélique. »

derne n'a-t-il pas imprimé la phrase suivante : *Tout ce qui exige de la réflexion pour être compris ne vaut pas la peine qu'on réfléchisse.* On ne trouverait aucune sentence analogue chez les peuples voisins ; la maxime opposée serait plutôt vraie : toutes les connaissances, toutes les industries qui ont arraché l'homme à l'état sauvage, qui font sa grandeur et sa puissance, ont été conquises par une étude opiniâtre et une sérieuse méditation. Les idées neuves, les principes fertiles ressemblent à ces trésors que les dragons surveillent, dans des antres mystérieux : il faut une lutte et une victoire pour les obtenir. C'est ce qu'on ne veut point admettre en France ; on y blâme, on y hait tout ce qui dépasse les bornes de la causerie : la science doit s'y montrer simple, facile et vulgaire, comme un jeu de mots ou une banalité. Un raisonnement suivi paraît de mauvais ton. Malgré cette fâcheuse étourderie, que l'on n'a pas manqué de réduire en système et d'élever sur un piédestal, la nation enfante toujours des esprits originaux, de hardis investigateurs. Mais si, dans tous les pays du monde, le don de la pensée est un présent funeste, il constitue chez les Français la plus terrible malédiction qui puisse accabler un homme. Descartes le savait bien, lorsqu'il prenait, au siége de la Rochelle, devant les murs foudroyés par l'artillerie catholique, la résolution de quitter la France, d'aller chercher à Amsterdam le droit de réfléchir, lorsqu'il se promettait de ne rien publier pendant sa vie (1),

---

(1) « Après la résolution que M. Descartes avoit faite de ne point laisser imprimer ses ouvrages de son vivant, il semble qu'il ne s'agissoit plus que de le tuer, pour mettre le public en possession d'un bien qui devoit lui appartenir. » Baillet, *Vie de Descartes*, livre IV.

lorsque la condamnation de Galilée lui faisait détruire un manuscrit tout prêt, le *Traité du monde* (1), lorsqu'il repoussait les avances de Richelieu et de Louis XIII, qui lui offraient une brillante position, lorsqu'enfin il dissimulait adroitement ses opinions intimes sous une foule d'ambages et de réticences. Comme pour justifier ses craintes, un ordre de Louis XIV défendit de prononcer son oraison funèbre, à St-Etienne-du-Mont; plusieurs arrêts du même souverain prohibèrent l'enseignement de sa philosophie. Nicole, Arnauld, Bayle, Jean-Jacques, Mme de Staël, et bien d'autres encore ont dû fuir également une terre inhospitalière pour les esprits scrutateurs. Les grandes considérations sur l'histoire, domaine essentiel du positif cependant, y excitent à peine un vague intérêt. L'*Esprit des lois* fut d'abord mal accueilli, justement parce que le regard de Montesquieu embrassait un horizon trop étendu. Chez une telle nation, Boileau devait écraser Perrault. Celui-ci abordait franchement le problème, essayait de le résoudre, et en poursuivait l'examen jusqu'où ses facultés lui permettaient de parvenir. Celui-là ridiculisait l'homme; il se moquait de sa pose et de ses gestes, plutôt qu'il ne répondait à ses discours. Le public, amusé par ses bouffonneries, concentrait sur leur auteur toute son attention; Perrault ne pouvait même se faire écouter. Bien loin de gagner sa cause, il fut donc presque mis au rang des fous. Pendant cent cinquante ans, il a gardé cette honorable place dans l'histoire de notre littérature.

Boileau avait pourtant de Perrault une opinion beaucoup plus favorable : c'est ce que met hors de doute la

(1) Baillet, livre III, §§ xi et xii.

lettre qu'il lui adressa en 1699, à propos de leur réconciliation. Il y témoigne beaucoup de mépris pour ces savants ineptes qui, ne sentant point son mérite, l'avaient jugé indigne d'une réponse. Il avoue d'ailleurs qu'il a raison sur tous les points fondamentaux, et qu'on ne peut nier le progrès des lettres. Son excessive animosité contre les anciens lui paraît seule blâmable. Il lui jure, au demeurant, qu'il a pour lui la plus vive estime, et que rien ne troublera désormais leur union.

Quelques-uns des passages où Boileau reconnaît sa défaite, en cherchant à la dissimuler, ont une importance capitale dans cette grande controverse : « Votre dessein est de montrer que pour la connaissance, surtout des beaux-arts, et pour le mérite des belles-lettres, notre siècle, ou, pour mieux parler, le siècle de Louis le Grand, est non-seulement comparable, mais supérieur à tous les plus fameux siècles de l'antiquité et même au siècle d'Auguste. Vous allez donc être bien étonné, quand je vous dirai que je suis sur cela entièrement de votre avis; et que même, si mes infirmités et mes emplois m'en laissoient le loisir, je m'offrirois volontiers de prouver comme vous cette proposition, la plume à la main. A la vérité, j'emploirois beaucoup d'autres raisons que les vôtres, car chacun a sa manière de raisonner, et je prendrois des précautions et des mesures que vous n'avez point prises.

« Je n'opposerois donc pas, comme vous avez fait, notre nation et notre siècle seuls à toutes les autres nations et à tous les autres siècles joints ensemble ; l'entreprise, à mon sens, n'est pas soutenable. J'examinerois chaque nation et chaque siècle l'un après l'autre ; et après avoir mûrement pesé en quoi ils sont au-dessus de nous, et en quoi nous les surpassons, je suis fort trompé, si je ne prouvois invinciblement que l'avantage est de notre côté. » Tout le reste du morceau mérite d'être lu dans l'original. Boileau admet sans restriction le progrès, non-seulement des sciences, de la morale et de l'industrie, mais des arts et des lettres. Il est plus avancé, plus résolu que Fontenelle et que beaucoup d'auteurs de notre époque. Il répète un assez bon nombre de considérations exprimées par Perrault, sans avoir l'air d'en soupçonner l'origine. Son antagoniste et lui ne diffèrent d'opinion que relativement à la méthode. Tant de cris, de fureurs et d'inconvenances pour se laisser ainsi choir au bout de la carrière ! Sachons lui gré cependant de sa conversion tardive. Nous retrouvons ici le Boileau qui ridiculisait le latin moderne, qui, dans son *Arrêt burlesque*, protégeait contre la Sorbonne les droits de la raison, la liberté de l'esprit humain.

Perrault, comme on voit, n'eut besoin ni de changer ni de modifier ses opinions : il avait les honneurs de la guerre. Ce n'était pas d'ailleurs un homme à battre en retraite. La nature lui avait donné la persévérance des âmes fortes, des esprits justes et solides, qui, ayant une fois aperçu la vérité, n'en détournent jamais leurs yeux. De 1696 à 1701, il publiait deux volumes in-folio sous ce titre : *Les Hommes illustres qui ont paru en France pendant ce siècle*. C'était sa thèse qu'il continuait sous une autre forme, qu'il développait et achevait, même pendant sa réconciliation avec Boileau. La préface ne laisse aucun doute à cet égard, non plus que l'ouvrage. On y lit effectivement : « Comme le siècle où nous vivons, riche des biens de tous les siècles précédents, qu'il a recueillis par droit de succession, et riche encore de son propre fonds, a vu toutes les sciences et tous les arts s'élever en quelque sorte à leur dernière perfection, il n'est pas étonnant qu'il ait été si fécond en grands hommes. — L'intention principale de ce recueil étant de faire honneur à notre siècle, on a cru ne devoir pas oublier ceux qui ont excellé dans les beaux-arts, et dont les ouvrages n'ont pas moins élevé la France au-dessus des autres États, que les prodiges de valeur de nos grands capitaines, que la sagesse consommée de nos grands politiques, et que les admirables découvertes de nos gens de lettres dans toutes les sciences. »

Perrault avait soixante-huit ans lorsqu'il écrivait ces lignes ; soixante-treize lorsqu'il termina l'ouvrage. Ainsi rien ne le détournait de son but, rien ne fatiguait sa constance. On rapporte qu'un chevalier espagnol, atteint d'une blessure incurable en guerroyant contre les Infidèles, et ne voyant pas de prêtre qui pût lui donner l'absolution, ne pouvant même baiser, en guise de croix, le pommeau de son épée qu'il avait perdue, traça de son propre sang le signe rédempteur sur la poussière et mourut en y appliquant ses lèvres. Comme ce champion du Christ, Perrault fut inébranlable dans sa croyance, et lutta pour elle jusqu'à son dernier soupir (1).

Son œuvre offre sans doute des taches assez nombreuses. Mais, loin de lui porter dommage, elles auraient dû lui être utiles ; car ses erreurs ne sont habituellement que des concessions involontaires aux préju-

---

(1) Il mourut le 17 mai 1703, à Paris, où il était né le 12 janvier 1628.

gés de l'époque. Malgré son audace, il ne put se soustraire complétement à l'action de la routine, et c'est elle qui l'égare. Il ne soupçonne point, par exemple, qu'il y a dans le monde un autre système de littérature que la manière classique. Il juge bien possible de dépasser les Grecs, mais en suivant à peu près la même route. Loin de mettre l'architecture ogivale au-dessus de l'architecture ancienne, il ignore jusqu'à son existence. Le plus haut terme de son admiration est le palais de Versailles (1). Qu'on n'immole point le siècle de Louis XIV au siècle d'Auguste, voilà tout ce qu'il demande. S'occupe-t-il des problèmes généraux, il les traite avec indépendance ; aborde-t-il les détails, les marques du collier reparaissent sur-le-champ. La véritable muse chrétienne n'existe pas pour lui ; jamais elle ne l'a promené dans l'ombre des cloîtres, ni sur les plates-formes solitaires des manoirs abandonnés. Il ignore le charme puissant qui nous entraîne vers les abbayes en ruine, qui nous fait prêter une âme aux ifs taciturnes des cimetières, à l'asphodèle mélancoliquement bercé par les vents d'automne.

Sa lutte contre Homère n'est pas toujours édifiante pour ceux qu'anime un vrai sentiment de la poésie. Bon nombre de reproches qu'il lui adresse ont une mince valeur littéraire. Ce génie primitif, chantant des nations encore à moitié barbares, ne pouvait séduire l'homme raffiné

---

(1) J'ai moi-même exécuté le travail que Perrault ne pouvait entreprendre, comparé l'architecture grecque au système gothique ; supputé, analysé d'une part leurs éléments ; de l'autre, apprécié l'usage qu'ils en ont fait, leurs combinaisons d'ensemble. Cette étude, je crois, met hors de doute la supériorité de l'art ogival sur l'art hellénique. Voyez *Le Moyen âge et la Renaissance*, où elle a paru.

du *grand* siècle. Perrault n'aimait pas moins l'élégance, la politesse des salons que ses adversaires et que Fontenelle lui-même. Achille faisant cuire sa nourriture et dormant avec ses captives; Ulysse ballotté par les vagues sur un simple radeau (1), puis nageant vers l'île des Phéaciens, où il aborde sans costume et, pour éviter les froides haleines de la mer, se blottit jusqu'aux épaules dans un amas de feuilles sèches, sous un olivier sauvage; les champêtres habitudes de Nausicaa, les pourceaux d'Eumée, Minerve prenant la forme d'une mendiante, les treize poiriers de Laërte et ses mœurs rustiques, les servantes de Pénélope pendues à la file le long d'une corde, tous ces détails pleins de vérité, de couleur et d'énergie, blessaient le champion des modernes, en admiration devant Louis XIV. Il jugeait bien inférieurs au parc de Versailles les jardins d'Alcinoüs, avec leur agreste simplicité. On y cueillait des fruits, dit-il, et on y voyait deux sources naturelles, au lieu de fontaines jaillissantes! Comme les hommes de son temps, il regrettait que les anciens n'eussent pas fait usage de perruques, de jabots et de manchettes.

Perrault eut aussi le tort très grave de soutenir des hommes sans mérite, les Chapelain, les Gombaud, les Maynard, les Scudéry, et de les inviter au festin de la gloire. On l'associa naturellement avec eux; il fut jugé un esprit de la même force; et, comme un habile marin auquel s'attachent de mauvais nageurs, le poids de ses compagnons l'entraîna dans l'abîme.

(1) Ce radeau a tellement choqué Fénelon, qu'en traduisant une partie de l'Odyssée, il a mis à la place un *navire*, que le *malheureux prince* gouverne tout seul.

Il ne périt pas néanmoins sans avoir agité profondément les eaux stagnantes de la critique. Un point essentiel de l'histoire littéraire venait d'être touché ; la lutte continua lorsque le principal jouteur eut fini sa besogne, et une grande partie de l'Europe s'en mêla.

Chez nous, de nombreux volontaires prirent fait et cause pour l'un des deux partis, pour l'un des deux chefs. Racine, qui escarmouchait en tirailleur auprès de Boileau, montrait la même faiblesse d'intelligence, la même pauvreté de logique. Pas une idée, pas un aperçu, rien qui témoigne qu'il comprit ses antagonistes. Il s'attachait à des minuties, relevait des méprises de détail dans une dissertation de Pierre Perrault (1), mais ne pouvait sortir de ces bas-fonds. Il rimait encore une épigramme contre l'*Aspar* de Fontenelle. Est-ce tout ?... Mon Dieu ! oui, ou le reste ne vaut pas la peine qu'on s'en occupe. Jamais dans un débat de première importance, on n'a révélé une plus grande étroitesse de conception, un manque plus absolu de pensées.

La Bruyère, qui admettait la perfectibilité dans les sciences, dans la morale, dans l'industrie et la politique, la repoussait de l'art et de la littérature. Il identifiait le premier, par une erreur grossière et funeste, le bon sens avec le bon goût, l'exquise perception du beau avec la justesse vulgaire du sentiment pratique (2). C'était en-

---

(1) Sa *Défense de l'opéra d'Alceste* : nous en avons parlé plus haut.

(2) « Entre le bon sens et le bon goût, il y a la différence de la cause à l'effet. » La réflexion antérieure ne s'accorde guère avec celle-là ; mais qu'importe ! « Talent, goût, esprit, bon sens, choses différentes, non incompatibles. » Voyez le chapitre *Des jugements*.

core un de ces observateurs moroses de la nature humaine, toujours préoccupés du mal et du laid, qui peuvent être de bons écrivains, mais, n'ayant pas l'esprit tourné vers l'idéal, possédant moins d'imagination que de finesse, ne sauraient exposer les vrais principes de l'art, comme ceux qui vivent dans la contemplation du beau. Les théories sont positives, dogmatiques, par essence, et inabordables pour les esprits négatifs.

Perrault eut sans doute un grand nombre d'adhérents parmi ses contemporains. Bayle, Vizé, Basnage de Beauval, l'abbé de Lavau, les jésuites le soutenaient, sans parler des femmes qu'il avait gagnées, en écrivant leur *Apologie*. Mais le beau style, la renommée croissante de ses contradicteurs, la vulgarité même de leurs raisonnements, proportionnés à l'étendue des intelligences communes, la ligue du corps enseignant, dévoué aux anciens et à toutes les routines, ont annulé son argumentation victorieuse, la haute portée de ses vues et la finesse de son esprit. Les ouvrages de ses contempteurs sont devenus classiques : dès son entrée dans les écoles, la jeunesse, en lisant leurs écrits, apprend à le dédaigner. Quelques savants, tout au plus, recherchent ses ouvrages ; il a succombé sous le poids de ses imperfections littéraires et sous la gloire de ses rivaux. L'art d'écrire l'a emporté sur la justesse des principes, sur l'invention et sur le tact.

Raconter en détail toutes les luttes secondaires provoquées par cette grande controverse, serait une longue histoire. Nous ne voulons pas l'entreprendre : elle aurait pour nous peu d'intérêt, parce que nous trouverions peu d'idées en jeu, si même nous en trouvions quelqu'une.

Mais nous devons dire que les partisans des modernes se montrèrent généralement bien supérieurs à leurs antagonistes (1).

La mêlée ne fut pas moins vive en Angleterre qu'en France. Wotton, Boyle, Wensley, Saint-Évremont, se déclarèrent pour les modernes. Le chevalier Temple et Jonathan Swift prirent le parti des anciens. Le premier poussa la démence jusqu'à soutenir qu'ils étaient plus instruits que nous en toutes choses, même dans les sciences mathématiques et naturelles. Swift composa sa *Bataille des livres*, où il donne l'avantage aux Grecs et aux Latins sur les nations chrétiennes. On y remarque, entre autres épisodes, la mort de Perrault et de Fontenelle, tués par le chantre d'Ilion. « A la tête de la cavalerie brillait Homère ; il montait un cheval fougueux qu'il dirigeait lui-même avec peine, et que nul autre mortel n'aurait osé toucher. Il se précipita dans les rangs de l'ennemi, et tout fut immolé sur son passage... Il tua

---

(1) « Le public, dit M. Rigault, qui voyait les partisans des anciens ne répondre aux *modernes* que par des épigrammes qui ne prouvaient rien, par des dissertations qui voulaient trop prouver, par de petites chicanes et par de grosses injures, était tenté de croire que les modernes avaient raison. » Dans l'édition générale de ses œuvres, commencée et interrompue en 1851, M. Pierre Leroux, reproduisant ses travaux sur la doctrine de la perfectibilité humaine, avait renvoyé à mon *Histoire des idées littéraires*, comme renfermant une exposition plus complète de la querelle des Anciens et des Modernes. C'est moi maintenant qui renverrai, surtout pour la seconde partie de la controverse, au livre spécial de M. Rigault. Cet ouvrage contient une foule de détails biographiques et historiques très bien racontés. Seulement l'auteur favorise un peu trop les adversaires des modernes. Pour la première période de la dispute, des renseignements précieux lui ont échappé. Il d'ailleurs passé sous silence la question de l'enseignement. Je devais faire ces observations dans l'intérêt de l'histoire ; mais je reconnais avec plaisir l'étendue de ses recherches et son talent de mise en œuvre.

Wensley d'une ruade de son coursier, puis arracha violemment Perrault de sa selle et le lança à la tête de l'auteur des *Eglogues* ; leurs crânes se brisèrent l'un contre l'autre, et ils perdirent ensemble la cervelle. » Tout l'opuscule est écrit de la même façon ; il y a sans doute beaucoup d'esprit, mais on n'y trouve pas une seule idée théorique. C'est une narration grotesque dans le genre de la *Batrachomyomachie;* elle égaye, et ne prouve rien.

L'Italie fut en butte au même orage. Les poètes nationaux eurent leurs défenseurs acharnés. Paul Beni mettait au-dessus des anciens le Dante, l'Arioste, le Tasse, Machiavel. Scipion Errico, dans ses *Troubles du Parnasse* (Revolte di Parnasso), prit les modernes pour but de ses sarcasmes. Les poètes espagnols surtout excitèrent sa verve moqueuse. Menzini, Gravina, Crescimbeni, se précipitèrent ensuite au milieu de la bataille.

C'est en France néanmoins que les esprits furent le plus violemment agités. La manière dont on y traitait les renommées grecques et latines mit les Hardouin et les Huet au désespoir. Un certain abbé Fraguier pensa en mourir de douleur. On comprendra son exaspération, quand on saura que, dans l'espace de quatre ans, il avait recommencé six ou sept fois la lecture d'Homère, soulignant au crayon les plus beaux endroits, et qu'à force d'admirer, il avait fini par souligner tout son exemplaire.

Aussi la paix conclue entre l'auteur des *Satires* et l'auteur des Dialogues ne termina-t-elle point le débat. Ce fut un simple armistice. Au moment même où les deux rivaux se tendaient la main, en 1699, Mme Dacier publiait sa traduction de l'*Iliade*. Elle l'abritait derrière une préface pour le moins étrange, contenant une de ces idées qui viennent seulement aux esprits rétrogrades. C'était d'assimiler Homère avec la Bible, non pas en faisant ressortir le caractère primitif des deux ouvrages, la naïve barbarie ou la simplicité patriarcale des mœurs que les auteurs décrivent, la hardiesse et l'énergie de leur style, mais en représentant l'*Iliade* et l'*Odyssée* comme un simple décalque du livre hébreu. Dans sa *Méthode pour enseigner chrétiennement les lettres humaines*, le père Thomassin avait déjà soutenu que les anciens poètes avaient emprunté, soit directement, soit indirectement, toutes leurs idées louables, tous leurs beaux épisodes à l'Écriture sainte. Les démons les avaient aidés en imitant la vraie religion dans les cérémonies et dans les dogmes du paganisme ; la tradition, la rumeur publique, les dernières lueurs de la loi naturelle avaient fait le reste. Le digne oratorien prétendait même que les dieux païens étaient des personnages défigurés de l'Ancien Testament. Mme Dacier prit au pied de la lettre ce système invraisemblable. Elle voulut justifier Homère contre ses détracteurs en l'identifiant avec la Bible, le protéger par des citations pieuses et des textes vénérés. Elle fait presque un devoir religieux d'admirer ses poèmes dans leur ensemble et dans leurs détails : ce sont des œuvres plus instructives, plus morales, plus orthodoxes, pour ainsi dire, que celles de presque tous les auteurs catholiques. « Homère, dit-elle, a rapporté ses deux poèmes à l'utilité de son pays ; il a cherché à rendre le vice odieux et la vertu aimable ; quelle honte pour des chrétiens de faire tout le contraire et de ne travailler qu'à empoisonner les esprits par une moralité très pernicieuse ! »

Aussi témoigne-t-elle l'indignation la plus vive contre ses détracteurs. « Je ne relèverai point les critiques fades et insipides, et les impertinences que de méchants petits auteurs ont répandues. Elles ne méritent nulle attention. Je ne salirai pas mes mains à remuer ces balayures du bas Parnasse ; la poésie d'Homère, comme l'onde pure d'une claire fontaine, lavera et dissipera toute seule ces ordures, sans que je prenne davantage la peine de m'en mêler. » Mais, contrairement à cette protestation, l'amazone frappe les sacriléges à coups redoublés, les meurtrit de son ceste et les laisse pour morts sur la place (1).

Les sottises ont une fécondité merveilleuse : elles se propagent comme les sauterelles. Mme Dacier avait fait à Homère un piédestal de l'Écriture sainte ; Faydit voulut l'ériger en père de l'Église. Il trouve dans ses poëmes et dans ceux de Virgile, non-seulement une explication et une démonstration de tous les dogmes chrétiens, mais une réfutation de toutes les hérésies. Leurs vers lui servent à combattre « le socinianisme, le spinosisme, le calvinisme, l'arminianisme, le quiétisme et autres erreurs de son temps, et même les opinions dangereuses de quelques catholiques célèbres, comme M. Simon et le père Malebranche » (2). La seconde partie de l'ouvrage porte un titre divertissant : « Excellence de la théologie de ces deux poëtes, pardessus celle des Sociniens et des

---

(1) C'est elle-même qui emploie cette expression belliqueuse. Elle termine sa préface de l'*Odyssée* par ce fragment de vers latin :

Hic cœstus artemque repono.

(2) Remarques sur Virgile et sur Homère, et sur le style poétique de l'Écriture sainte, par l'abbé Faydit ; Paris, 1705, un volume in-12.

Protestants et de plusieurs Catholiques, sur les volontés particulières de Dieu, et sur l'efficacité de la Grâce. »

Ces litanies, ces hymnes pieux en l'honneur de deux poètes idolâtres, ce nouvel accès de fièvre classique, où le délire allait croissant, devaient amener des protestations, ranimer la lutte. En effet, presque aussitôt après la publication du livre de Faydit, La Motte, alors âgé de trente-quatre ans, adressait à Fontenelle une *Ode sur l'Emulation*, où il répondait au cantique de la savante et de l'abbé par l'éloge des modernes. La première strophe du morceau en indique l'esprit :

> Dépouillons ces respects serviles
> Que l'on rend aux siècles passés ;
> Les Homères et les Virgiles
> Peuvent encore être effacés.
> Dût l'audace sembler plus vaine
> Que celle des fils de Climène,
> Ou de l'amoureux Ixion,
> Il faut, au mépris du vulgaire,
> Secouer, sage téméraire,
> Le joug de l'admiration.

Cette pièce de vers fut publiée en 1706, avec une foule d'autres, dans un volume que précédait un *Discours sur la poésie en général et sur l'ode en particulier*. L'auteur y manifeste, à l'égard des anciens, des sentiments de même nature, mais exprimés avec circonspection. Il y rejette la pieuse hypothèse qu'on essayait de faire prévaloir : « Pour moi, dit-il, j'avoue que je ne regarde point les poèmes d'Homère comme des ouvrages de morale, mais seulement comme des ouvrages où l'auteur s'est proposé particulièrement de plaire, excellents dans leur genre, par rapport aux circonstances où ils ont été faits ; comme des chefs-d'œuvre d'imagination, remplis de saillies heureuses et d'une éloquence vive. »

Et il défend contre les maladroits prôneurs d'Homère, contre leur rigorisme inopportun, la liberté de la poésie. Elle chante ce qu'elle veut, dispose ses sujets comme elle l'entend, ne se préoccupe ni du vice ni de la vertu. Cette indifférence où on la laisse, scandalise quelques personnes : il leur semble qu'elle doit chercher à instruire, et si on refuse de leur donner gain de cause, leur esprit s'exalte au point d'en faire la théologie la plus sublime. Mais, pour parler avec justesse, elle n'a d'autre but que l'agrément. Lorsqu'elle nous charme, ne lui demandons pas autre chose ; elle a rempli sa mission. Les opiniâtres insistent, en alléguant que la poésie est un art, que tout art se propose nécessairement une fin utile. Sans doute les arts poursuivent une fin, mais que cette fin soit l'utilité, on ne peut l'admettre, si, sous le mot vague d'utile, on ne comprend pas le plaisir, « qui est en effet un des plus grands besoins de l'homme. »

Jusque là le critique avait raison. Insensé qui veut astreindre la poésie à prouver quoi que ce soit : elle est la recherche du beau, le culte de l'idéal, le rêve d'un monde meilleur et de créatures irréprochables. Elle fait jouir l'âme de ses plus hautes facultés, le berce de ravissantes illusions, l'entoure de personnages fictifs, mais sublimes ou délicats, et l'enivre de sentiments héroïques. Attenter à sa liberté, lui prescrire soit une besogne vulgaire, soit une tâche de pédagogue, c'est arracher de ses mains la harpe magique, pour lui substituer une bêche ou une férule.

Mais La Motte entreprend de justifier, d'expliquer la poésie en elle-même, et fait preuve d'une excessive maladresse. Dès les premiers mots, on voit qu'il n'est pas sur son terrain ; ses réflexions, ses arguments exhalent une odeur d'épicerie, un parfum d'arrière-boutique. A ceux qui blâment la contrainte du vers, qui regardent les fictions comme d'inutiles circuits et les tropes comme des expressions fausses, il répond bourgeoisement : « Le nombre et la cadence chatouillent l'oreille; la fiction flatte l'imagination, et les passions sont excitées par les figures. » C'est tout ce qu'il voit dans cette fleur de la pensée, dans cette adoration de la nature, dans cette musique du cœur, dans cet élan sublime de l'homme vers le beau et le bien, vers les hautes sphères de la vie et de l'intelligence !

Le Discours sur la Poésie et sur l'Ode ne paraît point avoir suscité de réponse. Un calme profond régna dans le monde littéraire pendant huit ans, et fut à peine troublé par une nouvelle édition de Boileau. Tout à coup on entendit sonner de nouveau le clairon : La Motte venait d'estropier l'Iliade et chantait victoire. Cette strophe, qui fait partie d'une ode intitulée : *L'ombre d'Homère*, où il suppose que le glorieux mendiant le conseille, donnera une idée juste de l'esprit dans lequel est exécuté son travail :

> Mon siècle eut des dieux trop bizarres,
> Des héros d'orgueil infectés,
> Des rois indignement avares,
> Défauts autrefois respectés.
> Adoucis tout avec prudence ;
> Que de l'exacte bienséance
> Ton ouvrage soit revêtu,
> Respecte le goût de ton âge,
> Qui, sans la suivre davantage,
> Connaît pourtant mieux la vertu.

Ainsi ramener les chefs et les dieux barbares d'Homère aux *bienséances* du dix-huitième siècle (1), voilà le projet singulier de l'auteur, projet qu'il ne déguise nullement. Dans le fond, cette controverse était la lutte de deux civilisations, et la plus jeune ne pouvait pardonner à la plus vieille son caractère sauvage. Leur démêlé roulait bien moins sur des questions vraiment littéraires, que sur des questions de philosophie historique. La préface de La Motte le prouve surabondamment. Il compare les misères, les vices des dieux païens avec la majesté du Dieu de l'Ecriture, et les imperfections des premiers le révoltent. Leurs petitesses, leurs mauvaises mœurs avaient aussi choqué Boileau, qui n'osait pas l'avouer (1). La colère, l'impiété, les sentiments féroces, les habitudes triviales des héros homériques ne scandalisaient pas moins l'auteur moderne. Il n'admettait pas que des princes, *des personnages du grand monde*, eussent pu se conduire ainsi. L'homme raffiné par la civilisation attribuait au goût personnel d'Homère la rudesse de ces peintures primitives, qui en démontre la vérité. Il blâmait donc sans ménagement le poète d'Ionie. Après ce début, il rangeait en bataille, pour la

---

(1) L'Iliade de La Motte parut au commencement de l'année 1714.

(1) Il employait, pour disculper Homère, une hypothèse vraiment absurde: « Il voulut bien me faire confidence d'un sentiment qui lui étoit propre, quoique, tout persuadé qu'il en étoit, il n'ait pas voulu le rendre public : c'est qu'Homère avoit craint d'ennuyer par le tragique continu de son sujet ; que n'ayant de la part des hommes que des combats et des passions funestes à peindre, il avoit voulu égayer le fonds de sa matière aux dépens des dieux mêmes, et qu'il leur avoit fait jouer la comédie, dans les entr'actes de son action, pour délasser le lecteur que la continuité du sérieux auroit rebuté sans ces intermèdes. » La Motte, préface de l'Iliade, page XL.

troisième ou quatrième fois, les arguments lancés contre Homère par ses prédécesseurs. Il les renforçait d'un petit nombre d'observations originales, mais trop peu importantes pour que nous nous y arrêtions. Tant que dura cette guerre, Saint-Sorlin, Perrault et Charpentier en firent véritablement tous les frais. C'est pourquoi nous avons insisté sur leur polémique, et pourquoi nous allons maintenant au pas de course.

Le père de la poésie grecque ne demeura point sans vengeur. Mme Dacier répondit à La Motte dans un livre spécial, intitulé : *Des causes de la corruption du goût* (1). Elle y comble d'éloges le vieil aveugle, et le place, comme un nouveau stylite, sur un pilier solitaire, qui le sépare à jamais de tous les écrivains ; il domine de là leur tourbe confuse. L'enthousiaste savante compare La Motte aux fils de la terre, qui voulurent escalader le ciel. Mais les Titans avaient des proportions gigantesques, et lui n'est qu'un pygmée. Si donc leur entreprise avorta, combien la sienne doit sembler ridicule ! Elle fait ensuite invasion dans ses retranchements, foule aux pieds son système, et critique sa traduction livre par livre. Nous la laisserons discourir sans lui prêter l'oreille.

Un nommé Boivin, de l'Académie française, voulut prendre part au tournoi et vint se ranger à côté de la fougueuse érudite. Au milieu de l'année 1715, il publia un volume d'arguments (2). Il y suit pas à pas le contempteur d'Homère avec une régularité monotone. Le bouclier d'Achille le préoccupe beaucoup. Depuis Des-

---

(1) Publié à la fin de 1714.
(2) *Apologie d'Homère et bouclier d'Achille.*

marests et Charles Perrault, c'était un des points essentiels de la dispute. Dans le *Siècle de Louis le Grand*, le dernier avait écrit, en interpellant le poète aveugle :

> . . . . . Si le ciel, favorable à la France,
> Au siècle où nous vivons eût remis ta naissance,
> Cent défauts, qu'on impute au siècle où tu naquis,
> Ne profaneroient pas tes ouvrages exquis.
> Tes superbes guerriers, prodiges de vaillance,
> Près de s'entre-percer du long fer de leur lance,
> N'auroient pas si longtemps tenu le bras levé,
> Et, lorsque le combat devroit être achevé,
> Ennuyé les lecteurs d'une longue préface
> Sur les faits éclatants des héros de leur race.
> Ta verve auroit formé ces vaillants demi-dieux
> Moins brutaux, moins cruels et moins capricieux.
> D'une plus fine entente et d'un art plus habile
> Aurait été forgé le bouclier d'Achille,
> Chef-d'œuvre de Vulcain, où son savant burin
> Avoit gravé le ciel, les airs, l'onde et la terre,
> Et tout ce qu'Amphitrite entre ses bras enserre ;
> Où l'on voit éclater le bel astre du jour,
> Et la lune au milieu de sa brillante cour ;
> Où l'on voit deux cités parlant diverses langues,
> Où de deux orateurs on entend les harangues ;
> Où de jeunes bergers, sur la rive d'un bois,
> Dansent l'un après l'autre et puis tous à la fois ;
> Où mugit un taureau qu'un fier lion dévore ;
> Où sont de doux concerts, et cent choses encore
> Que jamais d'un burin, quoique en la main des dieux,
> Le langage muet ne sauroit dire aux yeux.
> Ce fameux bouclier, dans un siècle plus sage,
> Eût été plus correct et moins chargé d'ouvrage.

Afin de démontrer qu'un si grand nombre de motifs pouvaient tenir sur un bouclier, Boivin fit graver deux estampes qu'il joignit à son livre. L'une indique dans des compartiments la place de chaque objet : l'autre nous montre ces objets mêmes gravés au burin. La preuve est péremptoire : les scènes décrites par le chantre aveugle occupent le disque sans le surcharger. Ils forment même un ensemble harmonieux et un très bel ouvrage.

Ainsi la dispute allait se rétrécissant. On avait d'abord opposé le siècle de Louis XIV à l'antiquité, la France moderne à la Grèce et à l'Italie ; on avait ensuite groupé la discussion autour d'Homère ; un détail de son œuvre semblait maintenant absorber toute l'attention des orateurs.

La Motte ne se tint pas pour battu. Il répondit au au couple belliqueux dans ses *Réflexions sur la critique*, où il s'occupe de M*me* Dacier bien plus que de son auxiliaire. Il y passe en revue tous les arguments de la Clorinde anti-française et balance les autorités qu'elle cite par des autorités non moins graves. Il rapporte les jugements défavorables de Suidas, de Platon, de Pythagore, de Longin, de Denys d'Halicarnasse, de Lucien, de Josèphe, de Caligula, d'Adrien, de Plutarque, de Dion Chrysostôme, d'Horace, de Quintilien, d'Érasme, de Jules César Scaliger, de Bayle et de Rapin, sur ce vaste Homère, dont la gloire éternelle est plus agitée que les flots sans cesse tournoyants des cataractes. Son livre ne renferme néanmoins que ses objections antérieures, présentées sous une nouvelle forme ; il y ajoute seulement quelques détails, quelques faits omis dans les prolégomènes de sa traduction. Il élève, si l'on peut ainsi parler, des murs de terrassement pour soutenir son système.

Il s'étonne au surplus des invectives que lui adresse l'irascible amazone. « Ridicule, impertinence, témérité aveugle, bévues grossières, folie, ignorances entassées, ces beaux mots sont semés dans le livre de Mme Dacier, comme ces charmantes particules grecques qui ne signifient rien, mais qui ne laissent pas, à ce qu'on dit, de soutenir et d'orner les vers d'Homère. » Suit un autre passage vraiment curieux : « Alcibiade étant entré dans l'école d'un rhéteur, il lui demanda qu'il lui lût quelque partie d'Homère, et le rhéteur lui ayant répondu qu'il n'avoit rien de ce poète, Alcibiade lui donna un grand soufflet. Que feroit-il aujourd'hui à un rhéteur qui lui liroit l'Iliade de M. La Motte? » Comme La Motte avait justement déclamé à l'ardente scoliaste un livre de son poème, il se félicite d'avoir échappé à cette marque de désapprobation. Dans la seconde partie de la lutte, aussi bien que dans la première, l'intelligence, l'esprit, l'urbanité distinguèrent les avocats des modernes ; les admirateurs boursoufflés des anciens divertirent le public de leurs emportements, de leur gaucherie et de leurs injures. Les premiers arrivaient sur le terrain avec la fronde et la panetière de David ; les seconds avec la lourde armure, la forfanterie de Goliath, et ils recevaient au front la pierre lancée par une main habile.

Mme Dacier riposta encore dans la préface et dans les notes de son Odyssée (1).

Le père Hardouin entonna également un hymne à la louange du poète ionien. Mais il s'y prit de telle façon qu'il exaspéra sa compagne de plain-chant. Elle écrivit

---

(1) Paris, 1716 ; trois volumes in-12. On avait publié deux traductions complètes d'Homère au dix-septième siècle ; l'une, écrite en vers par Salomon Certon, forme deux volumes in-8, et parut en 1615 ; la seconde, écrite en prose par De la Valterie, forme 4 tomes in-12 et date de l'année 1682.

pour le réfuter : *Homère défendu contre l'Apologie du père Hardouin, ou suite des Causes de la corruption du goût* (1). Le jésuite, d'une part, avait blâmé l'assimilation d'Homère avec la Bible ; de l'autre, il soutenait que les dieux païens étaient de purs symboles des forces de la nature. Il poussait même l'audace jusqu'à les croire inventés par le chantre de Smyrne.

M^(me) Dacier avait sans doute raison de blâmer ce système, mais, il faut bien le dire, elle ne comprenait pas plus la poésie que le religieux ou que La Motte Houdard. Son interprétation générale des poèmes homériques le prouve suffisamment. Elle adoptait cette triste définition de l'épopée : « Le poème épique est un discours en vers, inventé pour former les mœurs par des instructions déguisées sous l'allégorie d'une action générale et des plus grands personnages » (2). Une idée aussi fausse lui inspirait une confiance aveugle : elle s'y attachait opiniâtrément, elle y revenait sans cesse. « L'Iliade, dit-elle, nous représente tous les maux que la division des chefs cause dans un parti, et l'Odyssée nous remet devant les yeux ceux que l'absence des princes cause dans leurs Etats ; mais ils sont tous deux une même sorte de poème, c'est-à-dire qu'ils sont tous deux une fable inventée pour former les mœurs par des instructions déguisées sous les allégories d'une action. Tout ce qui n'aura pas cette qualité, ne sera nullement poème épique » (3).

---

(1) Paris, 1716, un volume in-12. Voici le titre de l'ouvrage qu'elle combattait : *Apologie d'Homère, où l'on explique le véritable dessein de son Iliade et sa Théomythologie*, Paris, 1716 ; un volume in-12.

(2) Préface de l'*Odyssée*, p. 10. — *Traité du poème épique*, par le père Le Bossu, p. 14.

(3) *Des Causes de la corruption du goût*, p. 69.

Réduire la poésie à une simple démonstration, quelle malheureuse idée! Quelle absence complète de goût, d'imagination, de sentiment idéal!

Comme les deux antagonistes défendaient leur cause avec opiniâtreté, la dispute semblait ne devoir jamais finir. On s'en remit à l'arbitrage de Fénelon. L'imitateur d'Homère ne se décida ni pour l'un ni pour l'autre. Dans sa *Lettre sur les occupations de l'Académie françoise*, on lit ce passage conciliant : « Je ne vante point les anciens comme des modèles sans imperfections ; je ne veux ôter à personne l'espérance de les vaincre ; je souhaite au contraire de voir les modernes victorieux par l'étude même des anciens qu'ils auront vaincus. » Il juge qu'il serait aussi nuisible de dédaigner les Grecs que de marcher fanatiquement sur leurs traces. Pour Homère, il le déclare un grand génie : on ne peut le blâmer d'avoir peint fidèlement son époque ; mais ses idées grossières enlaidissent son œuvre. Ses dieux ne méritent aucune estime, et ses héros ne sont pas des *honnêtes gens* (1).

La guerre continua donc. Aussi bien que Mme Dacier, La Motte eut des seconds dans ce duel littéraire. Presque tous étaient des cartésiens. Nous ne citerons que les deux plus remarquables, l'abbé De Pons et l'abbé Terrasson. Le premier défendit La Motte contre son impétueuse antagoniste, contre Fourmont (2) et Labarre. Il se piquait

---

(1) La *Lettre sur les occupations de l'Académie française* et la correspondance de Fénelon avec La Motte sont de l'année 1714.

(2) Sous ce titre : *Examen pacifique de la querelle de Mme Dacier et de M. De La Motte*, il avait publié une véritable apologie de la première. Son ouvrage imprimé en 1716 forme deux volumes in-12.

de suivre exactement les maximes du *Discours sur la méthode*, de répudier les vieilles erreurs, de n'adopter aucun principe sans l'avoir examiné avec défiance. « Accoutumons, dit-il, notre esprit à ce doute courageux, qui nous met à l'abri de toutes les surprises et qui nous rend, pour ainsi dire, juges incorruptibles de la vérité. » Il devait conséquemment soutenir les modernes, parler en faveur de l'émancipation littéraire. L'enthousiasme que lui inspirait l'auteur d'*Inès*, le fit surnommer le bossu de M. La Motte, à cause d'un vice d'organisation qui prêtait aux railleurs et dont il prenait gaiement son parti.

L'abbé Terrasson était un homme d'une bien autre importance. Il voulut appliquer aux études littéraires l'esprit philosophique, les traiter comme une science naturelle. Son gros livre mérite donc plus d'attention que les autres ouvrages inspirés par la polémique spéciale sur Homère (1). Nous y reviendrons dans un chapitre subséquent, où nous jugerons les tentatives faites chez nous au dix-huitième siècle pour réformer la critique.

Enfin La Motte et Mme Dacier se réconcilièrent, comme s'étaient réconciliés Boileau et Perrault. M. de Valincour les réunit tous deux dans un souper, le 5 avril 1716. Ils se témoignèrent des sentiments d'estime, d'amitié réciproques, et *burent à la santé d'Homère*. La Motte se fit honneur d'un si heureux dénouement : il imprima bientôt la déclaration suivante : « Il faut que

(1) Dissertation critique sur l'*Iliade* d'Homère, où, à l'occasion de ce poème, on cherche les règles d'une poétique fondée sur la raison et sur les exemples des anciens et des modernes. Paris, 1715 ; deux volumes in-12.

les disputes des gens de lettres ressemblent à ces conversations animées, où, après des avis différents et soutenus de part et d'autre avec toute la vivacité qui en fait le charme, on se sépare en s'embrassant et souvent plus amis que si l'on avait été froidement d'accord. »

Mais le débat ne s'éteignit point avec leur animosité. Le feu couva sous les restes de l'incendie pendant tout le dix-huitième siècle ; on en voyait fréquemment sortir des jets de flamme. Marivaux ne perdait pas une occasion de se déchaîner contre les anciens. Diderot, pour la première fois en France, louait Perrault avec enthousiasme dans l'*Encyclopédie*, soutenait la cause du progrès littéraire jusque dans des ouvrages licencieux (1), et Condorcet proscrit, voué à la mort, le démontrait d'une voix ferme, qui ne trahissait ni la crainte ni la douleur (2).

Telles furent, aux deux siècles précédents, les vicissitudes nombreuses de cette guerre, où le sort même de l'esprit humain était en question. Les disputes de longue durée portent toujours sur un point fondamental. Longtemps on a méconnu la grandeur de celle-ci ; elle n'est cependant pas encore terminée. Dès que notre siècle eut commencé sa tâche, elle se ranima plus ardente que jamais. Le viel Olympe fut englouti dans l'abîme des illusions perdues ; les déités grecques partagèrent sa chute. Il ne resta que d'ineptes critiques pour pleurer ces ennuyeux fantômes.

---

(1) Voyez le chapitre XXVIII° des *Bijoux indiscrets*.
(2) *Tableau des progrès de l'esprit humain.*

CHAPITRE VII.

Tentative pour réformer l'enseignement.

L'érudition chrétienne sous Louis XIV. — Enseignement païen. — Remords du père Thomassin. — Il entreprend de réformer l'instruction donnée à la jeunesse. — Traditions de l'Église. — Anciens débats sur cette matière. — *La méthode d'étudier et d'enseigner chrestiennement et solidement les belles-lettres.* — *La méthode d'étudier et d'enseigner chrestiennement et solidement la philosophie.* — Autres livres pédagogiques du père Thomassin. — Il meurt à la peine.

A la querelle des anciens et modernes se rattache d'une manière intime le démêlé sur l'enseignement, ou, pour mieux dire, c'est la même question transportée dans une autre partie du domaine littéraire. La fin du siècle de Louis XIV fut signalée par un grand travail d'érudition catholique. De cette époque datent les immenses recherches de Mabillon, Ruinart, Ducange, Thomassin, Bochart, Selden, Vossius, Marsham, Huet, Fleury et Sainte-Marthe. Ces hommes courageux semblaient vouloir lutter contre l'érudition classique, alors de mode, qui menaçait de tout envahir. Les origines chrétiennes, l'histoire du christianisme leur paraissaient plus importantes que les annales des peuples anciens, que l'histoire de leur religion, de leur littérature, de leurs beaux-arts, de leurs systèmes philosophiques. Ils désiraient que la foi eût ses Scaliger, ses Casaubon et ses Juste-Lipse ; que la Bible et l'Évangile formassent la base d'une science, comme les grands livres des nations païennes. Chose remarquable ! presque tous ces écrivains laborieux étaient Français (1). La France, où a été prêchée la première croisade, qui a exécuté seule la dernière, et a fourni dans l'intervalle les champions les plus nombreux aux armées du Christ, fut encore la patrie de l'érudition chrétienne et lui donna ses principaux chefs.

Mais pendant qu'ils s'efforçaient de changer ainsi la direction de la science, il dut leur venir plus d'une fois dans l'esprit que ce n'était pas tout de réformer cette dernière, d'agir sur les hommes studieux et de leur inspirer des goûts nouveaux; qu'il fallait réformer aussi l'enseignement, ne pas laisser leurs adversaires maîtres des écoles, et faire sortir dorénavant l'instruction des sources chrétiennes. Il était indispensable qu'on enseignât la jeunesse comme ils enseignaient eux-mêmes l'âge mûr. De l'année 1680 à l'année 1700, cette grave préoccupation se fit jour dans des livres considérables, qui non-seulement battaient en ruine la méthode usitée, mais traçaient un plan général d'éducation, et, après en avoir exposé les principes, descendaient jusqu'aux moindres détails. Deux hommes seulement avaient, en Italie, traité cette question pendant la seconde moitié du seizième siècle et au commencement du dix-septième (2) ; en

---

(1) *Histoire littéraire des Bénédictins*, par Ziegelbauer, bénédictin allemand. — *Vies des Oratoriens illustres*, par le père Cloiseault, prêtre de l'Oratoire.

(2) Le père Possevin et le père Sacchini, tous les deux jésuites. Le livre

France, elle fut l'objet de travaux nombreux, plus approfondis et plus étendus.

Au mois d'avril 1679, Louis XIV rendit un décret pour régler l'enseignement de l'Université de Paris et autoriser le cours de droit romain, que l'on avait continué à y faire depuis un siècle, malgré l'édit de Blois (1). L'ordonnance nouvelle fut le signal de la discussion. Il y avait alors à Paris, dans la maison centrale de l'Oratoire, un savant religieux qui avait professé trente ans la philosophie, l'histoire et les belles-lettres. Au milieu de la solitude où il composait des livres pleins d'érudition, comme ses trois volumes in-folio : *Ancienne et nouvelle discipline de l'Eglise*, il finit par se demander si ses leçons avaient exercé une heureuse influence sur l'esprit de ses élèves. Il s'était borné, ainsi qu'on le faisait alors, à expliquer les poètes, les systèmes de philosophie, à dérouler devant son auditoire les annales du monde, sans grouper les détails infinis de la science autour d'une doctrine, sans les éclairer d'une lumière supérieure. Dans ce grand voyage à travers le passé, il ne se gouvernait pas, pour ainsi dire ; le vent qui gonflait sa voile le conduisait. Il avait suivi une méthode empirique, au lieu de professer dogmatiquement, de saisir l'intelligence de ses disciples et de les mener vers un but. Le digne prêtre finit par re-

---

du premier a pour titre : *Ragionamento del modo di conservare lo stato e la libertà ai Lucchesi*. En 1614, le second fit paraître son ouvrage : *De ratione libros cum profectu legendi ;* à la fin se trouve un discours presque aussi long que tout le reste : *De vitandá librorum moribus noxiorum lectione*.

(2) Publié juste cent ans auparavant. (*Histoire du Droit romain*, par Joseph de Ferrière).

marquer les fâcheuses conséquences de cette abdication morale. Chrétien, il avait glorifié par la bouche des poètes les dieux, les maximes du paganisme, il avait fait admirer le langage sans prémunir contre les erreurs du fond, sans montrer les écueils sous le flot d'azur; homme de foi, il avait exposé les recherches hypothétiques de la pensée humaine, sans les juger ou sans les faire servir au triomphe de sa croyance; regardant la morale évangélique comme supérieure à tous les préceptes des religions anciennes, persuadé que la Providence gouverne les affaires d'ici-bas, règle à la fois le cœur de l'homme et le sort des nations, il avait raconté les événements de l'histoire, sans y signaler les traces de la main divine; royaliste, il avait intéressé aux luttes de la démocratie antique, aux malheurs, aux victoires des républicains de Grèce et d'Italie. Par inadvertance donc, il avait introduit dans l'âme de ses auditeurs un idéal contraire à tous les principes qu'il vénérait : Jupiter et Mercure y tenaient lieu du Fils de l'homme; Platon et Aristote y dominaient saint Augustin; la force des événements y faisait oublier le souverain ordonnateur; la politique républicaine y éclipsait la doctrine monarchique. Ces effets, qu'il avait produits contre son gré, lui inspirèrent une espèce de remords. Pour expier sa faute involontaire, il forma le projet d'en préserver tous ceux qui, à l'avenir, se chargeraient d'enseigner la jeunesse; il résolut de montrer comment on pouvait employer toutes les connaissances, toutes les inventions, toutes les erreurs humaines à environner d'un plus grand éclat le dogme chrétien et la morale évangélique.

Le passage où il blâme l'instruction donnée au dix-septième siècle dans les colléges et les séminaires, où il regrette d'avoir si longtemps suivi la même marche, et annonce son vaste projet de réforme, est trop caractéristique pour que nous ne le citions point : « On me permettra, dit-il, d'avertir avec respect les professeurs des belles-lettres, qu'estant chrestiens et la pluspart ecclésiastiques, instruisant des chrestiens, dont une partie entrera dans la profession ecclésiastique, leurs leçons et leurs instructions doivent estre chrestiennes, et ne le peuvent estre qu'en practiquant ce que les saints Pères nous ont dit, que toutes les sciences humaines sont comme les richesses de l'Egypte, qu'on ne luy enleva que pour les consacrer à Dieu et pour luy en bastir un temple. La Providence a fait tomber entre les mains des ecclésiastiques presque toutes les écoles un peu considérables. Nous avons prouvé ailleurs que toutes les Universités étoient autant de séminaires dans leur origine, pour former des clercs habiles et vertueux. Les communautés qui instruisent la jeunesse sont donc particulièrement tenues de rapporter leurs études et leur travail à la gloire de l'Eglise et à l'augmentation de la piété. Croit-on satisfaire à une obligation si sainte, si importante, en expliquant les poètes, les orateurs et les historiens d'une manière si profane? ou en ne disant rien de plus que ce que Servius, ce que Donat, ce que Quintilien, ce qu'un payen diroit? Croit-on élever et instruire chrestiennement la jeunesse, quand on ne cherche que l'élégance des expressions, ou les beaux tours d'esprit, ou les antiquitez du paganisme, et qu'on néglige les semences de la religion et de la morale chrestienne, qui sont cachées dans les mesmes auteurs, ou qui y sont quelquefois fort évidentes, pourvu qu'on y fasse attention ? Je confesse qu'estant dans les mesmes engagements, j'ay suivy les routes communes, et que je ne me suis aperceu de mes égarements que dans un âge plus avancé. Selden, Bochart, Vossius, Marsham, M. Huet m'ont ouvert les yeux, quand ils ont commencé à paroistre, et m'ont excité à rechercher ceux qui les avoient précédez dans ce noble travail, et encore davantage à relire les anciens poètes, les orateurs, les historiens et les philosophes, pour y découvrir moy-mesme ce qui pourroit avoir plus de rapport à l'Ecriture, à la religion et à la morale chrétienne. Le souvenir de mes égarements ne me décourage pas. Il est bien plus juste que je m'applique à les expier, en avertissant mes frères de mes fautes, et de faire que mon exemple les empesche d'y tomber. »

Dans son Épître dédicatoire à Monseigneur de Harlay, archevêque de Paris, Thomassin avait précédemment allégué une autre raison, qui aurait dû inspirer aux ecclésiastiques un meilleur système d'enseignement. — « C'est l'Église, Monseigneur, c'est la religion, qui a conservé le sacré dépost des sciences, pendant les siècles où le peuple et la noblesse les avoient entièrement mises en oubly. Ce fut dans ces mêmes siècles que se formèrent les Universitez, cómme des pépinières fecondes, qui devoient éterniser les lettres. Ainsi, elles naquirent dans le sein mesme de l'Église, et elles entrèrent dès lors dans un engagement heureux de rapporter à sa gloire tout ce qu'elles tenoient d'elle. »

On le voit, le père Thomassin prend, dès son entrée en matière, une position originale. Évitant tous les extrémes, il ne conseille pas de proscrire les anciens, parce qu'on les a trop adorés, parce qu'on les a lus, étudiés d'une façon irréfléchie, parce qu'il a lui-même commis cette faute pendant la première partie de son existence. Non, l'idée ne lui vient pas de rompre entièrement avec l'histoire, avec les traditions et les grands hommes qui ont précédé le christianisme. Il veut, au contraire, système bien plus sage, que le présent et l'avenir profitent du passé, que l'on tire du vaste océan des siècles les objets précieux engloutis sous les flots, que l'on examine le fort et le faible des œuvres, des doctrines, des civilisations, pour montrer combien le christianisme a tout perfectionné, tout consolidé, tout ennobli. Cette méthode me semble irréprochable, car elle ne sacrifie rien et met chaque chose à sa place. Si on l'avait adoptée, elle aurait prévenu le débat soulevé de nos jours, débat intéressant, mais trop tardif, où l'on n'a même pas mentionné la controverse qui nous occupe. C'est un malheur des nations peu studieuses, qu'elles oublient au fur et à mesure qu'elles apprennent, en sorte que leur expérience du jour ne leur sert pas le lendemain. Il n'est rien chez nous qu'on ne refasse constamment, parce qu'on ignore ce qui a été fait : à peine exposé, un système s'évanouit comme une ombre ; à peine formulé, un argument se dissout comme une vapeur. Il semble que les choses de l'esprit soient pareilles, en France, aux mets de nos tables : qu'elles perdent, au bout de quelques jours, leur parfum, leur goût et leur vertu alimentaire.

Pour traiter à fond ce grave sujet, le savant oratorien composa huit volumes in-octavo, et un volume in-folio publié seulement après sa mort. En voici les titres et les dates : *la Méthode d'étudier et d'enseigner chrestienne-*

ment et solidement les lettres humaines par rapport aux lettres divines et aux Ecritures; 3 volumes in-8°, 1681-1682. — *La méthode d'étudier et d'enseigner chrestiennement et solidement la philosophie par rapport à la religion chrestienne et aux Ecritures;* un volume in-8°, 1685. — *La méthode d'étudier et d'enseigner chrestiennement et utilement la Grammaire ou les langues, par rapport à l'Ecriture sainte, en les réduisant toutes à l'hébreu;* 2 volumes in-8°, 1690. — *La Méthode d'étudier et d'enseigner chrestiennement et solidement les historiens profanes, par rapport à la religion chrestienne et aux Ecritures;* 2 volumes in-8°, 1693. — *Glossarium universale hebraïcum, quo ad hebraïcæ fontes linguæ et dialecti penè omnes revocantur;* un volume in-folio.

Le premier de ces ouvrages est le plus intéressant pour nous, car il concerne l'étude des poètes. Avant d'aborder la matière même, le prêtre judicieux rappelle que cette question a été débattue avant lui, dès le temps de la primitive Église. Il était impossible, en effet, qu'elle ne soulevât pas de controverses. Aussitôt que la religion chrétienne fut tolérée par les empereurs, que les chrétiens purent occuper des chaires et former des élèves, il fallut décider s'ils enseigneraient les belles-lettres comme les professeurs païens; s'ils instruiraient dans l'art de bien dire en proposant pour modèles les écrivains, les orateurs profanes, ou s'ils s'en tiendraient à la Bible, à l'Évangile, aux Pères de l'Église. Mais leurs écoliers parlaient grec et latin; or, les vrais maîtres du style, pour la Grèce et l'Italie, c'étaient Homère et Pindare, Thucydide et Platon, Virgile et Horace, Cicéron et Tite-Live. Chercher ailleurs les belles formes du langage, sous le ciel d'Athènes ou de Rome, eût été condamner volontairement les élèves à une regrettable infériorité. Les païens n'eussent pas manqué de s'en prévaloir ; ils eussent tourné en ridicule les mauvaises locutions de leurs antagonistes. Quelle marche adoptèrent en conséquence les instituteurs chrétiens ? Ils prirent un parti souverainement habile, comme tous ceux qu'inspirent la conviction et la bonne foi ; car les stratagèmes et la ruse ne sont souvent que de grossières maladresses. Ils résolurent de traiter les mêmes sujets, d'expliquer les mêmes auteurs, de voguer pour ainsi dire dans les mêmes eaux. Seulement, ils changèrent de direction et déployèrent d'autres voiles. Les professeurs païens admiraient, vantaient le fond et la forme des grands poètes, des grands orateurs profanes. Les instituteurs chrétiens expliquèrent la beauté de la forme et condamnèrent les erreurs du fond. Quand ils rencontraient une maxime juste, ils montraient que, sur ce point, la lumière naturelle avait précédé la lumière de la révélation ; mais ils montraient aussi, la plupart du temps, que les préceptes évangéliques étaient bien supérieurs. Quand, au contraire, une idée blâmable, une scène impudique, une fiction absurde ou immorale s'offraient à eux, ils s'en servaient pour prouver dans quels abîmes de folie, de grossièreté ou de licence tombe l'esprit humain, si Dieu ne l'écarte pas des précipices. Le désaccord des livres païens et des livres chrétiens ne leur était pas moins utile que leurs conformités : aussi faisaient-ils de nombreux prosélytes, et les chaires, où l'on enseignait les belles-lettres, soutenaient-elles la comparaison avec les chaires des prédicateurs, pour la propagation de la foi. L'empereur Julien, voyant les triomphes continuels obtenus par cette méthode, et les temples des faux dieux chaque jour plus déserts, forma le projet de mettre un terme aux conquêtes des Galiléens. « On nous combat, disait-il, en se servant de nos propres armes. Nous laisserons-nous égorger avec notre épée? » Il promulgua donc, le 17 juin 362, une loi par laquelle, « après avoir dépeint comme une honteuse duplicité, comme un trafic déhonnête, la conduite de ceux qui font métier d'expliquer Homère, Démosthène et les autres anciens, dont ils blâment la religion, il leur donne le choix d'adorer les mêmes dieux, ou de se borner à expliquer Luc et Mathieu dans les Églises chrétiennes » (1). Et tandis qu'il fermait leurs cours, il rendait ceux des professeurs païens accessibles à tous les jeunes gens, quelles que fussent leurs opinions religieuses ; c'était un piége qu'il leur tendait. Cette loi réduisait d'ailleurs au silence des hommes dont il était secrètement jaloux, comme Apollinaire et Grégoire de Nazianze.

Tous les partisans de la doctrine nouvelle se récrièrent contre l'édit de l'empereur : ils voyaient quels dommages il allait infailliblement leur causer. Les maîtres de rhétorique et de grammaire, qui avaient fait jusque-là tant de conversions, devenaient dès lors presque inutiles, comme des soldats condamnés au repos. Les pères de l'Église grecque et les pères de l'Église latine déplorèrent également la ruse de Julien; ils eussent mieux aimé une persécution ouverte, car l'intrépidité des chré-

---

(1) *Vie de l'empereur Julien*, par l'abbé de la Bletterie, p. **262**.

tiens en face de la mort était une autre manière de répandre leurs doctrines, une autre sorte d'éloquence victorieuse. Mais ne pouvoir ni parler, ni braver les tortures et l'agonie, c'était perdre à la fois les deux principaux moyens de porter la conviction dans les âmes.

De là vint qu'un grand nombre d'illustres prélats gardèrent une secrète tendresse pour les études classiques, dirigées comme ils l'entendaient. Les paroles de saint Grégoire de Nysse sont bien remarquables : il veut qu'à l'exemple de Moïse les chrétiens dépouillent l'Egypte avant d'en sortir, lui enlèvent les richesses dont elle ornait les temples de ses fausses divinités, pour les transporter dans l'Église, qui est le temple du vrai Dieu. « Ces richesses, dit-il, sont la philosophie morale, la physique, l'astronomie, la géométrie, la musique, la dialectique et toutes les autres sciences humaines. » Saint Basile, qui a fait un discours sur la manière dont la jeunesse doit étudier les lettres des Gentils (*quomodo ex doctrinis Gentilium proficiant*), Théodoret, Synesius, évêque de Cyrène, saint Ambroise, saint Jérôme, saint Augustin, Sidoine Apollinaire, Ennodius, évêque de Pavie, et une foule d'autres personnages célèbres, qui font autorité dans l'Église, ont exprimé une opinion semblable. Par l'étude des lettres profanes, ils voulaient non-seulement percer les païens de leurs propres flèches, mais conserver le souvenir des erreurs, des abominations engendrées par une fausse doctrine. Ils voulaient que la connaissance de la civilisation antique devînt le trophée de leur victoire. C'est ce que le père Thomassin exprime fort énergiquement : « Il est utile et mesme nécessaire pour les avantages de la religion et de la morale chrestienne, qu'on ne laisse point perdre la mémoire de tant d'ennemis que nous avons terrassez, de tant de victoires que nous avons remportées, de tant de fausses divinitez qui en avoient imposé au monde et dont nous l'avons détrompé, de tant d'abominables vices où la créance de ces infâmes divinités avoit précipité l'univers, de tant de poètes et d'autres écrivains, qui n'ont pu défendre une si mauvaise cause sans la trahir, ny combattre la vérité sans donner à ses défenseurs des armes invincibles. »

Au surplus, cette méthode que les fidèles adoptaient pour combattre leurs antagonistes sur leur propre terrain, c'est la marche que suit l'humanité entière par suite d'une tendance naturelle et presque sans le vouloir. Toutes les époques, toutes les croyances, tous les partis se servent d'une interprétation analogue, pour tourner le passé à leur avantage. On refait constamment l'histoire. Les catholiques ont refait celle de l'antiquité; les luthériens, celle du monde catholique; les incrédules, celle du catholicisme et du protestantisme. L'histoire, au bout du compte, c'est la mort; c'est un détritus où la vie a le droit de plonger ses racines, de chercher les divers éléments qu'elle peut s'assimiler.

On vient de voir, toutefois, l'esprit dédaigneux que les chrétiens ont apporté à l'accomplissement de cette tâche. Ils traitaient de haut les écrivains profanes, comme des malheureux plongés dans les ténèbres de l'erreur. « La plupart de leurs livres, dit l'abbé Fleury, étaient inutiles ou dangereux. Les poètes étaient les prophètes du diable, qui ne respiraient que l'idolâtrie et la débauche, et faisaient des peintures agréables de toutes sortes de passions et de crimes. Plusieurs philosophes niaient toute religion en général, et niaient qu'il pût y avoir des miracles et des prophéties. De plus, leur morale était remplie d'erreurs, et roulait toute sur ce principe d'orgueil que l'homme peut se rendre bon lui-même. Les orateurs étaient pleins d'artifices, de mensonges, d'injures ou de flatteries. » A diverses époques, ce sentiment de mépris pour les fables, pour les idées, pour la morale des écrivains antiques, s'est changé en haine ouverte chez un certain nombre de prélats. Grégoire-le-Grand, Isidore de Séville, Grégoire de Tours, le pape Adrien VI, Savonarole, Luther même et son condisciple Mélanchton blâmèrent sans ménagement l'étude des auteurs profanes. Quelques-uns d'entre eux eussent voulu anéantir les livres grecs et romains.

Ce zèle excessif trouva peu d'imitateurs. L'ancienne méthode, l'interprétation chrétienne, demeura en usage dans toute l'Europe, à l'exception de la France et de quelques universités italiennes, où l'on suivit une marche précisément contraire. Non-seulement on n'y évita pas la lecture des poètes, des orateurs, des philosophes païens, mais on s'éprit pour eux d'une admiration sans bornes ; loin de vouloir les abaisser devant la grandeur du christianisme, ce fut le christianisme que l'on humilia devant eux. On dédaigna, en effet, tout ce que la religion catholique avait produit dans les arts et la littérature ; les recherches de l'érudition ne furent plus guidées par l'esprit de l'Évangile, ne servirent plus au triomphe de la croix ; la science se détourna de l'Église, l'antiquité prit sa place dans les intelligences et les cœurs.

L'imitation acheva ce que l'étude avait commencé. « On a cru, dit l'abbé Fleury, que pour écrire comme les anciens, il fallait écrire en leur langue, sans considérer que les Romains écrivaient en latin et non pas en grec, et que les Grecs écrivaient en grec, et non pas en égyptien ou en syriaque. On s'est piqué de faire de bons vers en latin, et même on en a fait en grec, au hasard de n'être entendu de personne ; et ceux qui, comme Ronsard et ses sectateurs, ont commencé à en faire de français, après la lecture des anciens, les ont remplis de leurs mots, de leurs phrases poétiques, de leurs fables, de leur religion, sans se mettre en peine si de telles poésies pourraient plaire à ceux qui n'auraient point étudié. Il suffisait qu'elles fissent admirer la profonde érudition des auteurs. On a imité de même les orateurs : on a harangué en latin, et on a farci des discours français de passages latins. En un mot, on a cru que se servir des anciens c'était les savoir par cœur, parler des choses dont ils ont parlé et redire leurs propres paroles ; au lieu que, pour les bien imiter, il fallait choisir les sujets qui nous conviennent, comme ils se sont appliqués à ceux qui leur convenaient, les traiter comme eux d'une manière solide et agréable, et les expliquer aussi bien en notre langue qu'ils les expliquaient en la leur. » De cet engouement prodigieux résulta que, du temps même de Fleury, on n'enseignait pas le français dans les écoles et séminaires, où l'on apprenait pendant huit et dix ans à la jeunesse le grec, le latin, l'histoire, la mythologie, les lois, les mœurs, les doctrines philosophiques des nations païennes. Les esprits cultivés n'avaient plus la France pour patrie ;

c'était sur les bords du Tibre ou de l'Eurotas qu'ils vivaient en imagination ; ils priaient dans les temples de Jupiter ou de Diane et s'écriaient comme le poète :

> En vain faut-il qu'on me traduise Homère,
> Oui je fus Grec : Pythagore a raison.
> Sous Périclès, j'eus Athènes pour mère ;
> Je visitai Socrate en sa prison.
> De Phidias j'encensai les merveilles ;
> De l'Ilissus j'ai vu les bords fleurir.
> J'ai sur l'Hymète éveillé les abeilles ;
> C'est là, c'est là que je voudrais mourir.

Après avoir fait l'histoire des discussions relatives à l'enseignement, le père Thomassin aborde sa tâche et donne lui-même, non pas une solution générale, mais une solution particulière sur chaque point controversable de la littérature, de la philosophie, de la grammaire et des annales du monde antique. Dans ses trois volumes concernant la lecture des poètes, il débute par un éloge de la poésie : son intention n'est pas de la rabaisser, ni en elle-même, ni dans ses représentants idolâtres, pour faciliter son travail ou donner l'avantage aux œuvres de science et de théologie. Le digne oratorien prouve au contraire qu'elle a primitivement policé tous les peuples, que les poètes furent les premiers théologiens, les premiers philosophes, les premiers historiens, qu'ils résidaient en cette qualité auprès des monarques et leur donnaient même des conseils sur les affaires d'État. Il rapporte en leur faveur cette opinion générale de l'humanité, qu'un souffle divin les anime quand ils chantent les actions des dieux ou des héros, la gloire ou les malheurs des nations. L'Écriture-Sainte d'ailleurs est pleine de poésie ;

non-seulement plusieurs livres de la Bible sont revêtus d'une forme métrique, comme l'histoire de Job, les psaumes et les proverbes de Salomon, « mais, dit Thomassin, l'air, l'esprit et la majesté de la poésie y règnent partout. Ce n'est pas la seule versification qui fait les poètes. Ou peut mettre de la prose en vers, qui ne sera rien moins que de la poésie, parce qu'elle n'aura rien de ce tour particulier, ni de ces expressions vives, ni de ces figures hardies et surprenantes de la véritable poésie. Et au contraire, toutes ces beautés particulières de la poésie se peuvent trouver en un discours où les règles des vers ne seront nullement observées, et on pourra dire avec raison que c'est de la poésie plutôt que de la prose. Or, il n'y a personne qui ne soit convaincu que le cantique de Moïse dans le Deutéronome, le livre de Job, les Psaumes et les livres de Salomon, au moins en partie, ne soient remplis de ces expressions énergiques, de ces images vives et singulières, de ces tours hardis et surprenants, enfin de ces riches descriptions qui sont propres aux poètes. On doit mettre dans le même rang tous les ouvrages des prophètes de l'ancienne loi; on peut y remarquer le même caractère de force, d'élévation et d'enthousiasme. »

Quand il a justifié le style de l'Écriture, dont on faisait peu de cas et dont Fleury était également contraint d'expliquer les mérites, le père Thomassin entreprend l'apologie des auteurs profanes.

Quoique leur intelligence ne fût pas éclairée par les lumières supérieures de l'Évangile, toutes leurs idées n'étaient pas fausses, même concernant la religion. Seulement, le prêtre laborieux assigne à leurs idées justes une source un peu lointaine. « Les poètes, dit-il, ont emprunté ce qu'ils ont de bon, ou des Écritures, dont les démons ont tâché de contrefaire les mystères dans les superstitions de la gentilité et dans les récits de la fable, ou des bruits qui s'estoient répandus au loin des véritez annoncées par les prophètes, ou enfin des restes de la lumière et de la loy naturelle, écrite dans le cœur de tous les hommes. » Voilà son plan d'interprétation et d'histoire littéraire. Son second livre signale les conformités qui existent entre l'Écriture-Sainte et les ouvrages des auteurs païens, en fait de principes moraux et de traditions cosmogoniques ; le troisième, les conformités de certains personnages mentionnés dans la Bible avec les dieux et les héros du polythéisme ; Thomassin croyait en effet que des patriarches, des individus fameux de l'Ancien Testament étaient devenus les types de plusieurs divinités païennes. Adam, Noé et ses trois fils ont, par exemple, servi de modèles à Janus, Saturne, Jupiter, Neptune et Pluton ; l'histoire de Josué a produit, avec d'assez grandes modifications, il est vrai, la fable d'Hercule ; Nemrod a fourni aux païens les traits principaux du dieu Mars. Si invraisemblables que ces origines puissent paraître, Thomassin les appuie sur d'ingénieux rapprochements et de savantes considérations. Mais la plupart des dieux antiques sont rebelles à cette exégèse; il a donc fallu leur appliquer un autre procédé. Le quatrième livre, qui forme près de six cents pages, est consacré à cette opération. L'auteur y montre comment presque toutes les divinités païennes sont les symboles des forces qui animent les divers objets de la nature : ainsi l'on adorait la terre sous les noms de Rhéa, Cybèle,

Isis, Cérès, Proserpine ; l'eau, sous ceux de Neptune et d'Amphitrite, des Naïades et des Nymphes ; le feu, dans les temples de Vulcain et de Vesta. Les plantes, les animaux, les vents, les orages, les astres et les fleurs obtenaient aussi les honneurs de l'apothéose. Toutes les passions, tous les actes, toutes les phases de la vie humaine, la jeunesse, la santé, la force, la vieillesse, l'amour, la pitié, la valeur, la liberté, l'opulence, la concorde, la vertu et le vice prenaient des formes emblématiques. Les dieux même que Thomassin a d'abord rapprochés des personnages de l'Écriture lui semblent, à un autre point de vue, des allégories. L'Olympe renfermait une troisième classe de divinités : c'étaient les héros, les grands princes, les hommes fameux poétisés par la mort dans l'esprit des nations et élevés au rang de génies protecteurs, comme Triptolème, Hercule, Janus, Protée, Esculape, Castor et Pollux. Le paganisme, ainsi analysé, prend une apparence bien mesquine en face du dogme chrétien : il ne peut plus jouer à son égard que le rôle des captifs menés en triomphe derrière leur vainqueur. Cette recherche de ses éléments primitifs avait été commencée pendant le règne du polythéisme : les philosophes, les historiens, les poètes de la décadence avaient dévoilé les origines des dieux, soit pour combattre l'engouement populaire, soit pour donner à la mythologie un sens raisonnable. Thomassin reprit ce travail de critique, et, chose singulière ! il fut continué par Dupuis, par Boulanger, par les voltairiens du dix-huitième siècle, charmés de dépeindre toutes les religions comme des amas d'impostures, mais ne ménageant pas plus le christianisme que les autres, si bien qu'ils arrivèrent à considérer Jésus comme l'emblème du soleil et les apôtres comme les symboles des douze constellations du zodiaque.

Dans un cinquième livre, le père Thomassin prouve que les poètes de l'antiquité n'ont pas toujours eu des idées fausses sur la nature de Dieu, que plusieurs ont cru à un maître suprême et unique, gouvernant le monde après l'avoir créé ; que l'existence même de l'âme et son immortalité ne leur étaient pas inconnues; qu'il y a entre le culte évangélique et les cultes païens une foule d'analogies, touchant les obsèques, les expiations ou pénitences, le droit d'asile, les cérémonies, les offrandes, les dîmes et les mystères. Le sixième et dernier livre signale les rapports de la morale païenne avec la morale chrétienne : les poètes anciens ont, comme les pères de l'Église, donné à la piété la première place dans le chœur des vertus, recommandé la patience, la modération, le travail, la frugalité, l'amour de la solitude, le le silence et la pudeur ; ils ont très bien exprimé les devoirs des époux, des pères, des enfants, des maîtres et des serviteurs, des rois et des sujets ; ils ont blâmé les mêmes vices que les chrétiens, fait voir ce qui dégrade l'homme après avoir montré ce qui l'élève. « Ils ont même, dit Thomassin, exhorté les pécheurs à ne pas différer leur conversion, » et il est positif que ces vers d'Horace ne signifient pas autre chose :

> Vivendi qui rectè prorogat horam,
> Rusticus expectat dum defluat amnis ; at ille
> Labitur et labetur in omne volubilis ævum.

On peut maintenant constater l'influence de notre auteur sur Mme Dacier, le père Hardouin et l'abbé Faydit.

Tant de similitudes entre les principes moraux des poètes et ceux de l'Évangile n'empêchent pas ceux-ci d'être supérieurs, notamment dans tout ce qui tient à la charité, à l'abnégation et au mépris des richesses. « La plus pure morale, soit des philosophes, soit des poètes païens, ne peut estre à l'épreuve de la censure des pères de l'Église ou des théologiens chrétiens. Jésus-Christ est le seul qui ait apporté sur la terre la vérité entière et la doctrine parfaite des bonnes mœurs, aussi bien que la grâce nécessaire pour l'accomplir. »

Le système général de conciliation adopté par le père Thomassin devait lui faire traiter avec indulgence une habitude de son époque, à l'égard de laquelle des laïques ne montraient pas la même tolérance. Il veut qu'on laisse aux poètes le droit d'employer la mythologie dans leurs vers. « Après tout ce qui a esté dit, on ne sera plus surpris de ce que tant de saints évêques et plusieurs même d'entre les pères ont composé de plusieurs sortes de vers, et y ont fait les allusions ordinaires à la Fable et aux dieux de l'antiquité païenne, comme s'ils avoient voulu éterniser la mémoire non pas de ces monstres, non pas de leurs crimes exécrables, mais des triomphes que l'Eglise en a remportez. Saint Ambroise, saint Paulin, saint Sidoine Apollinaire, saint Avit, saint Fortunat, Théodulfe, Hildebert et un grand nombre d'autres évêques et d'autres Pères de l'Église latine, nous ont laissé leurs poésies, et y ont inséré les ornements que la Fable pouvoit y adjoûter, aussi bien que saint Grégoire de Nazianze. Comme néanmoins leurs écrits ne respirent que la piété, la critique n'a pu donner d'atteinte à leurs

poëmes, quelque allusion qu'ils aient faite à la Fable. »
C'est pousser trop loin la modération. Que l'on interprète habilement les ouvrages grecs et romains, au lieu de les proscrire, à la bonne heure ; mais on ne doit point autoriser l'emploi de fictions surannées, de moyens contraires aux tendances, aux principes religieux des peuples modernes. Si quelques Pères de l'Église en ont fait usage, c'était sous l'influence d'une vieille habitude ; la civilisation antique les pressait encore de toutes parts et ils n'avaient pas su trouver une élocution nouvelle. Mais au dix-septième siècle on ne pouvait alléguer les mêmes excuses. Une loi suprême de la vie, c'est que la forme dénote, exprime le fond : elle s'applique à la poésie comme à la nature entière. La littérature d'une époque doit rendre l'idéal de cette époque, en faire aimer les principes, les mœurs, les convictions : elle ne doit pas entraîner les esprits vers des temps inférieurs et des doctrines moins pures.

Nous parlerons brièvement des volumes du père Thomassin qui concernent l'histoire et la philosophie. Quoiqu'il change de sujets, sa méthode ne varie point. Cherchant toujours dans le passé ce qui convient au présent, ce qui est en harmonie avec les idées chrétiennes, il parcourt la terre entière sans perdre un moment de vue son projet. L'Inde, la Chaldée, la Phénicie, l'Egypte, la Grèce, l'Italie ancienne sont pour lui des champs d'exploration, où il grossit peu à peu sa gerbe. Si nous pouvions employer ici le langage de la philosophie moderne, nous dirions qu'il semble avoir voulu montrer laborieusement l'unité du genre humain. Parmi tant d'opinions diverses, il signale des points de ressemblance très nombreux sur les questions essentielles. Le grand but de l'Église, c'est de conquérir toutes les intelligences à la foi chrétienne : voilà pourquoi elle s'appelle *catholique*. Ce plan généreux, le père Thomassin en prépare l'exécution, puisqu'il prouve que dans les pays les plus sauvages, le bon grain de l'Évangile trouverait un sol disposé à le recevoir. On ne peut nier que ce vaste examen des systèmes philosophiques ne soit curieux et important. Pour l'histoire, le pieux auteur s'occupe moins des faits que de la manière dont les historiens les ont présentés, que des observations mêlées au récit. Son livre est une méthode de lecture et non une philosophie de l'histoire. Il traite *de la religion des historiens profanes par rapport aux Ecritures et à la religion chrétienne*, de leur morale, de leur politique, *de leurs réflexions sages et édifiantes* sur le sort des empires ; à ces dernières, Thomassin ajoute celles des Pères de l'Église ; il finit par un tableau de la puissance et de la richesse que certains peuples ont acquises, pour tomber ensuite dans une faiblesse et un dénûment égal : l'univers est jonché de ruines, qui étaient jadis de somptueux monuments et provoquaient l'admiration des hommes. « Ce sont là les pensées, dit le laborieux écrivain, dont notre esprit doit s'entretenir, quand le monde ou la lecture présente à nos yeux les merveilles visibles de l'art ou de la nature. Après en avoir légèrement considéré la beauté passagère, il faut arrêter notre esprit sur leur décadence et leur destruction infaillible, afin de l'accoutumer à estimer peu tout ce qui passe, tout ce qui doit périr, et à ne s'attacher qu'aux beautés incorruptibles de la vertu et de la vérité. »

On voit que la méthode historique du père Thomassin diffère complétement de celle que Bossuet a employée dans son *Discours sur l'Histoire universelle*. Le grand orateur aborde les faits mêmes, les saisit de sa main puissante et les groupe autour du christianisme ; les guerres, les travaux, les malheurs, les prospérités des peuples anciens n'ont eu, selon lui, d'autre but que de préparer le triomphe de l'Évangile. Tous les événements humains sont un glorieux piédestal, sur lequel trône le Rédempteur. Cette doctrine, plus profonde que le système du père Thomassin, a le même but et procède de la même inspiration : il est permis de regarder le livre de Bossuet comme une tentative pour donner une forme chrétienne à l'enseignement de l'histoire, pour changer la méthode alors en usage. L'éloquent orateur l'avait écrit du reste avant que le moine commençât son grand travail. Nommé, en 1670, précepteur du fils unique de Louis XIV, il avait composé cet ouvrage afin qu'il servît de manuel à son élève. Huet, plus tard évêque d'Avranches, l'aidait dans ses fonctions. Suivant un conseil du duc de Montausier, celui-ci fit imprimer des éditions de classiques anciens, destinés spécialement au jeune prince, *ad usum Delphini*, sorte de travail tout nouveau. En 1681, l'éducation du royal disciple étant achevée, Bossuet publia son *Discours sur l'Histoire universelle*. Nul doute que cette éducation n'ait contribué à faire naître le débat sur l'enseignement. Dans une monarchie absolue, où tout dépend du caractère et des volontés d'un seul homme, il est très important de savoir quelle direction lui sera imprimée dès son enfance. Le Dauphin, en 1670, avait neuf ans : à mesure qu'il grandit, la préoccupation augmenta, et cette cause accidentelle seconda puissamment des causes plus générales.

Louis Thomassin termina son entreprise par un grand effort qui lui coûta la vie. Son *Traité des langues réduites à l'Hébreu*, dont le titre même indique la nature, lui demanda tant de recherches, qu'il eut à peine le temps d'y mettre la dernière main. Il voulait effectivement lui donner une autre forme, celle d'un dictionnaire, et parvint à le remanier; mais, depuis lors, son esprit accablé lui refusa tout service : pendant trois ans il végéta plus qu'il ne vécut ; sa langue se paralysa enfin, et, deux semaines après, le 24 décembre 1695, il s'endormit du sommeil des héros, à l'âge de soixante-seize ans et quatre mois. En 1697, son dictionnaire parut sous ce titre : *Glossarium universale hebraïcum, quo ad hebraïcæ linguæ et dialecti pene omnes revocantur.* L'idée de cet ouvrage ne me semble pas fort heureuse, quoiqu'elle ait toujours été en faveur dans le monde chrétien, et approuvée par nombre d'érudits, comme Vossius, Casaubon et Scaliger. Il me paraît peu utile au dogme évangélique de soutenir qu'Adam et Eve parlaient hébreu ; que les diverses langues, dont se servirent contre leur gré ceux qui bâtissaient la tour de Babel, étaient des dialectes de l'hébreu, et que tous les mots, ou presque tous les mots des diverses langues, ont des racines hébraïques. La foi n'a rien à gagner aux querelles de grammaire : c'est là une de ces hyperboles dans lesquelles fait tomber l'esprit de système.

CHAPITRE VIII.

Tentative pour réformer l'enseignement.

Traité du choix et de la méthode des études, par l'abbé Fleury. — *De l'éducation des filles*, par Fénelon. — *De ratione dicendi et docendi*, par le père Jouvency. — Opinion de Bossuet. — *Remarques sur Virgile et sur Homère, et sur le style poétique de l'Écriture-Sainte*, par l'abbé Faydit. — *De la manière d'étudier et d'enseigner les belles-lettres*, par Rollin. — Le nouveau système échoue. — Anathèmes du clergé contre la littérature et les beaux-arts.

Tandis que le père Thomassin rédigeait et publiait ses traités dogmatiques, parut un livre plein d'idées justes, nobles et utiles, dont l'auteur ne se proposait pas uniquement de mettre l'instruction en harmonie avec les principes chrétiens, mais s'occupait de toutes les questions relatives à l'enseignement. Composé par l'abbé Fleury, en 1675, le *Traité du choix et de la méthode des Études* ne fut imprimé pour la première fois qu'en 1684. Les passages que nous en avons déjà extraits prouvent combien il partageait les opinions du père Thomassin, quant à l'esprit religieux qui doit présider aux travaux des instituteurs et des élèves. Son dix-neuvième chapitre renferme d'autres considérations importantes; il veut qu'on explique aux enfants les beautés de l'Écriture, comme celles des livres profanes; puis il ajoute :

« Je crois qu'il seroit bon de leur donner aussi quelque légère connaissance des Pères et des autres auteurs ecclésiastiques, car il semble fâcheux que la plupart des chrétiens qui ont étudié, connaissent mieux Virgile et Cicéron que saint Augustin ou saint Chrysostome ; vous diriez qu'il n'y ait eu de l'esprit et de la science que chez les païens, et que les auteurs chrétiens ne soient bons que pour les prêtres et les dévots. Leur titre de saint leur nuit, et fait croire sans doute à la plupart des gens que leurs ouvrages ne sont pleins que d'exhortations et de méditations ennuyeuses. On va chercher la philosophie dans Aristote, et on lui donne la torture pour l'ajuster au christianisme, quoi qu'il en ait, et on a dans saint Augustin une philosophie toute chrétienne. Pourquoi ne cherche-t-on pas de l'éloquence dans saint Chrysostome, dans saint Grégoire de Nazianze et dans saint Cyprien, aussi bien que dans Démosthènes et dans Cicéron ? Et pourquoi n'y cherche-t-on pas la morale plutôt que dans Plutarque et dans Sénèque ?... » Le reste du passage, que nous ne transcrivons pas à cause de sa longueur, a le même sens et ne fait qu'entrer dans les détails. Mais Fleury ne se borne pas à demander que l'on mette entre les mains des jeunes gens les auteurs chrétiens :

« De plus, dit-il, pour faire le contre-poids des vertus humaines que l'on voit dans les grands hommes de l'antiquité grecque ou romaine, je ferois observer à mon disciple des vertus du même genre encore plus grandes, et d'autres entièrement inconnues aux païens, ou dans l'Écriture-Sainte, ou dans les histoires ecclésiastiques les plus approuvées ; je leur ferois voir la sagesse et la fermeté des martyrs, je leur ferois admirer la patience et la pureté angélique des solitaires; je leur ferois connaître ceux qui ont vécu chrétiennement dans les affaires du monde et dans les plus grands emplois, comme l'empereur Théodose, sainte Pulchérie, Charlemagne, saint Louis. »

Fleury souhaite encore que l'on reporte l'esprit des jeunes gens vers les premiers siècles de l'Église, où les mœurs étaient plus pures, les sentiments plus héroïques ; on leur enseignerait ainsi peu à peu, et sans fatigue, la la doctrine chrétienne, on graverait dans leur mémoire tous les principes de la morale. « Et comme cette étude se ferait petit à petit avec les autres études d'humanités et de philosophie, j'aurois soin, en faisant lire les auteurs profanes à mon élève, de l'avertir de toutes les erreurs qui s'y rencontrent et de l'imperfection de leur morale la plus pure, en comparaison de la morale chrétienne, afin qu'il n'estimât ces auteurs que ce qu'ils valent. »

Dans ses Réflexions sur la poétique (1), Fleury ne se prononce pas avec une moindre vigueur. Pour trouver une poésie pure, établie sur un fondement solide, où l'on puisse goûter sans crainte les plaisirs délicats de l'imagination, il faut, suivant lui, remonter jusqu'aux cantiques de Moïse, de David et des autres prophètes. C'est là seulement qu'on rencontre la véritable poésie. Pourquoi? Les raisons qu'allègue le laborieux auteur sont trop exclusives, sentent trop la prédication. Dans son zèle chrétien, il réduit l'art à une méthode d'enseignement moral : les belles-lettres, d'après son opinion, devraient uniquement s'occuper de rendre

---

(1) Chapit. XXXIV.

agréables les vérités nécessaires au salut et au bonheur des hommes, employer pour une fin si noble tout ce que l'esprit humain a de plus fort, de plus sublime, de plus brillant, tout ce que la parole a de plus expressif, la voix de plus passionné. « Ce n'est donc pas, dit-il, un jeu d'enfants, et c'est abuser misérablement de ces dons, quand Dieu nous les accorde, que de ne les employer qu'à des sujets mauvais ou inutiles. »

Trois ans après la première édition du Traité de Fleury sur le choix et la méthode des études (1), Fénelon publia le livre intitulé : *De l'Education des Filles*. Malgré l'admiration de l'auteur pour l'antiquité, son livre est tout chrétien ; il ne parle même pas d'enseigner aux jeunes personnes la mythologie, ne fût-ce que pour leur expliquer les noms des divinités païennes ; l'instruction qu'elles reçoivent doit être uniquement religieuse. « Il faut tâcher de leur donner plus de goût pour les histoires saintes que pour les autres, non en leur disant qu'elles sont plus belles, ce qu'elles ne croiroient peut-être pas, mais en le leur faisant sentir. Faites-leur remarquer combien elles sont importantes, singulières, merveilleuses, pleines de peintures naturelles et d'une noble vivacité. En leur découvrant l'origine de la religion, elles en posent les fondements dans leur esprit. » Et il développe cette idée jusqu'à la fin du chapitre. La seule manière dont il veut qu'on les occupe des Grecs et des Romains, c'est en leur rappelant les vertus qu'ils ont montrées pendant les belles époques de leur histoire. « Ils nourrissaient leurs enfants dans le mépris du faste et de la mol-

(1) Une seconde édition parut dès l'année 1686.

lesse ; ils leur apprenoient à n'estimer que la gloire, à vouloir, non pas posséder les richesses, mais vaincre les rois qui les possédoient ; à croire qu'on ne peut se rendre heureux que par la vertu. Cet esprit s'était si fortement établi dans ces républiques, qu'elles ont fait des choses incroyables. » L'exemple des martyrs, des premiers chrétiens de toute condition et de tout âge, prouve que la grâce du baptême, soutenue par l'éducation, peut fortifier encore davantage les âmes, peut leur faire mépriser tout ce qui appartient au corps. Quand il aborde la question des lectures d'agrément qu'on doit permettre aux jeunes filles, il se prononce d'une manière analogue. « Donnez-leur les histoires grecques et romaines, elles y verront des prodiges de courage et de désintéressement ; ne leur laissez pas ignorer l'histoire de France, qui a aussi ses beautés ; mêlez celle des peuples voisins et les relations des pays éloignés judicieusement écrites. Tout cela sert à agrandir l'esprit et à élever l'âme à de grands sentiments, pourvu qu'on évite la vanité et l'affectation. » Quant aux ouvrages de poésie, une réserve extrême lui paraît nécessaire ; il craint qu'ils n'enflamment les imaginations vives et ne portent à l'amour. « Une musique et une poésie chrétienne, ajoute-t-il, seraient le plus grand de tous les secours pour dégoûter des plaisirs profanes : mais dans les faux préjugés où est notre nation, le goût de ces arts n'est guère sans dangers. »

Il est curieux d'entendre Fénelon blâmer cette imitation des anciens, cet engouement classique dont il ne s'est pas défendu lui-même et qu'il a contribué à répandre. Dans un autre ouvrage, ses *Dialogues sur l'élo-*

quence, il se plaint de ce qu'on apprend aux écoliers toutes les sciences profanes, et qu'on ne leur enseigne pas la religion chrétienne, ou du moins qu'on la leur enseigne d'une manière incomplète et insuffisante. « Il n'y a, dit-il, ni art, ni science dans le monde que les maîtres n'enseignent de suite par principes et par méthode ; il n'y a que la religion qu'on n'enseigne point de cette manière aux fidèles. On leur donne dans l'enfance un petit catéchisme sec qu'ils apprennent par cœur, sans en comprendre le sens ; après quoi ils n'ont plus pour instruction que des sermons vagues et détachés. Je voudrais qu'on enseignât aux chrétiens les premiers éléments de leur religion, et qu'on les menât avec ordre jusqu'aux plus hauts mystères. » Ainsi le dédain de tout ce qui était français et moderne avait amené cette étrange conséquence, que les prêtres ne donnaient plus d'instruction religieuse. Dans leurs écoles, les élèves apprenaient seulement la mythologie et l'histoire ancienne. De là vient qu'en son troisième Dialogue, Fénelon croit nécessaire d'expliquer toute la force, toute la grâce, toute la magnificence du style des livres saints, comme Châteaubriand fut obligé de le faire après les railleries du dix-huitième siècle.

Les ouvrages de Fénelon et de Fleury sur l'enseignement les destinaient, en quelque sorte, à faire une éducation illustre. Le pronostic se réalisa. Le Dauphin, élève de Bossuet, eut un fils au mois d'août 1682. La naissance d'un nouvel héritier causa une joie si vive à Louis XIV, qu'il se laissa embrasser familièrement par tous ceux qui l'approchaient. Quand vint l'âge où le duc de Bourgogne devait sortir d'entre les mains des femmes, le choix de ses instituteurs fut littéralement une affaire d'État. Le prince annonçait des dispositions encore plus terribles que son père, qui avait un jour demandé des pistolets pour se battre avec son gouverneur. Saint-Simon le peint de couleurs vraiment tragiques. Le roi commit ce jeune lion à la garde du duc de Beauvilliers : Fénelon fut chargé de l'instruire, avec l'aide de Fleury, nommé sous-précepteur. Ils entrèrent en fonctions au mois de septembre 1689. Cette grande entreprise d'élever un enfant redoutable, de préparer à la France un maître que la nature avait fait cruel, hautain, railleur, opiniâtre, farouche et capricieux, ne pouvait que ranimer l'attention éveillée par le problème de l'enseignement. Fénelon écrivit pour le duc de Bourgogne ses *Dialogues des Morts*, son *Traité de l'existence de Dieu* et le *Télémaque* (1), comme Bossuet avait écrit pour le Dauphin non-seulement le Discours sur l'histoire universelle, mais son *Traité de la connaissance de Dieu et de soi-même*, son *Traité de libre-arbitre* et sa *Politique des livres saints*. Fléchier lui avait offert Théodose comme le modèle d'un bon prince.

Fénelon et Fleury donnaient, depuis trois ans, des leçons, au duc de Bourgogne, lorsqu'un jésuite français, le père Jouvency (2), publia un nouveau livre sur l'éducation : *De ratione discendi et docendi*, pendant que le père Thomassin rédigeait sa Méthode chrétienne d'étudier et d'enseigner l'histoire. Ce livre eut un succès que le temps a confirmé, puisqu'il a été non-seulement réimprimé plusieurs fois, mais encore traduit au

(1) Composé en 1693 ou 1604, publiée en 1690.
(2) Né à Paris, le 14 septembre 1643, mort en 1719.

commencement de notre siècle (1), mais il n'avait aucune importance relativement à la question qui agitait alors les esprits. Ce n'est réellement qu'un manuel du professeur, adressé, suivant les termes de la préface, *magistris scholarum inferiorum*. On y trouve des conseils pratiques fort nombreux pour les thèmes et les versions, pour la tenue des classes; on y chercherait vainement des considérations théoriques sur l'esprit général de l'enseignement. Si le père Jouvency recommande d'inspirer aux élèves des sentiments pieux, c'est qu'un ecclésiastique ne pouvait oublier cette exhortation. Un seul passage rappelle les débats contemporains : l'auteur y émet le vœu qu'on étudie d'abord et principalement la langue grecque, sans laquelle on ne peut bien connaître les sources historiques du christianisme, répondre aux arguments des Luthériens, qui expliquent d'une façon nouvelle les anciens textes de l'Évangile et des Pères de l'Église. Nous ne parlons, en conséquence, de cet ouvrage que pour montrer à quel point le problème de l'enseignement préoccupait alors la nation, dans ses détails comme dans son ensemble.

Ni le *Traité du choix des études*, cependant, ni les livres de Thomassin, ni l'ouvrage de Fénelon, ni le *Discours sur l'Histoire universelle* ne changèrent l'enseignement ecclésiastique ou laïque. La routine fut la plus forte. Dès l'année 1681, le père de Sainte-Marthe, général de l'Oratoire, avait néanmoins adressé une lettre à tous les professeurs de la congrégation, pour leur recommander de suivre dans leurs études et leurs leçons

---

(1) Par Lefortier, Paris, 1803, in-12.

la méthode du père Thomassin (1). Baillet constate que l'ouvrage n'eut pas de succès. « La corruption de notre temps et de nos mœurs, dit-il, n'a pas peu contribué à gâter les fruits que toute la France et l'Europe même devaient recueillir d'un ouvrage si laborieux pour son auteur et si utile pour le public. » Le savant religieux était cependant fort bien traité par Bayle; Nicolle, Arnauld, François de Harlay, archevêque de Paris, Mabillon, Ruinart, le célèbre Ducange, le président Lamoignon, le cardinal Noris, et Letellier, chancelier de France, ne parlaient de lui que dans les termes de la plus profonde estime et avaient tous voulu être de ses amis. Le pape Innocent XI l'avait consulté plusieurs fois par l'intermédiaire de ses nonces apostoliques, et lui eut fait quitter la France, pour lui donner la place de sous-bibliothécaire au Vatican, si Louis XIV ne s'y fût opposé. Tant de moyens d'influence échouèrent contre les habitudes et l'obstination des professeurs. Les oratoriens eux-mêmes n'adoptèrent pas sa méthode. L'abbé Gaume rapporte que le dernier général de l'ordre, couché sur son lit de mort, se faisait lire l'ode d'Horace : *Eheu! fugaces, Posthume, Posthume, labuntur anni,* au lieu des prières qui soutiennent le courage des agonisants. Quelle dévotion et quelle foi chrétienne!

Neuf ans après le décès du laborieux auteur, en 1705, parut un livre singulier, que l'on croirait écrit pour montrer à quel point les arguments sont inutiles contre certaines préventions opiniâtres. Ce qui devrait les détruire les fortifie ; elles tournent à leur avantage, par un habile

---

(1) *Vie du père Thomassin,* par le père Bougerel.

stratagème, les opérations hostiles de leurs adversaires. L'ouvrage dont nous parlons : *Remarques sur Virgile et sur Homère, et sur le style poétique de l'Ecriture-Sainte*, a pour auteur l'abbé Faydit, le même qui, cinq ans auparavant, publiait une volumineuse critique de Télémaque, où il reprochait à Fénelon d'avoir composé un livre païen et immoral. Nous en avons parlé plus haut, mais il est nécessaire d'y revenir. L'auteur semble aussi prendre en main la cause de la religion. « Je me suis proposé, dit-il, en étudiant et relisant avec application, le même glorieux dessein qu'ont eu l'incomparable M. de Tillemont et le savant M. Huet, évêque d'Avranches, et le vertueux père Thomassin, en se remplissant l'esprit comme ils ont fait de la plus profonde érudition qui fut jamais, de toute la littérature séculière et de tous les auteurs profanes, pour composer ensuite des livres très édifiants et très avantageux à la religion. »

Bref, il a voulu imiter les pères de l'Église, qui ont cherché dans les poètes, surtout dans Homère et dans Virgile, des armes pour combattre l'idolâtrie des païens, les erreurs des hérétiques : il a cru que Spinosa, Le Clerc et Grotius pouvaient être percés du même glaive, terrassés par le même genre d'attaque. Dès les premières lignes, on le voit, il dépasse de beaucoup le père Thomassin : le digne prêtre de l'Oratoire cherchait à concilier la lecture des auteurs profanes avec la susceptibilité de la foi chrétienne ; il montrait quels sentiers il fallait prendre pour traverser sans accident les bois périlleux, où les divinités païennes ont établi leur demeure. Faydit va plus loin : les œuvres littéraires du polythéisme lui semblent un arsenal plein de lances, d'épées et de javelots qui doivent occire les hérétiques. Virgile, à l'entendre, est plus chrétien que les protestants. Aussi doivent-ils rougir qu'un idolâtre « soit plus éclairé qu'eux et plus conforme aux catholiques. » — « Si ce que je viens de dire ne suffit pas, ajoute-t-il, en voici de nouvelles preuves. Il admet clairement l'eau bénite ou lustrale, et, non content de faire asperger ceux qui avaient assisté à l'enterrement de Misène d'Éolie, écuyer d'Énée, pour les purifier des taches qu'ils avaient contractées en touchant à un mort, il en fait prendre aux soldats avant que d'aller au combat. Il en fait mettre aussi à la porte des Champs-Élyséens, sans comparaison, comme nous en mettons à l'entrée de nos églises dans un bénitier. » Virgile, selon Faydit, est même un casuiste fort remarquable. — « Moins superstitieux et scrupuleux que les Juifs, qui trouvaient mauvais que Jésus-Christ guérît un malade le jour du sabbat, Virgile décide qu'il y a certaines œuvres innocentes et nécessaires qu'on peut faire les jours de fêtes; mais, plus sage et plus éclairé qu'une infinité de nos casuistes chrétiens, qui permettent le bal, la chasse, les danses et les œuvres serviles, purement pour gagner de l'argent, il restreint les choses auxquelles il croit qu'il est permis de travailler, à lâcher les écluses, à déboucher les conduits d'eau dans les prés, lorsque cela est nécessaire, à relever une haie tombée autour d'un jardin, pour empêcher le bétail d'y entrer, à tendre des filets aux oiseaux, à brûler le chaume et la paille des blés coupés, à faire boire et baigner le bétail. » Si Virgile et Homère sont plus chrétiens que les Réformés, s'ils entendent mieux que les casuistes toutes les finesses de la morale, s'ils connaissaient même les cérémonies de l'Église, la lecture de leurs ouvrages ne demande pas tant de précaution. Les fidèles peuvent s'abreuver sans crainte à ces fleuves de sagesse, qui roulent dans leurs eaux des paillettes d'or en guise de limon. Leurs concordances avec l'Évangile ne tournent donc plus au profit de la religion chrétienne et des auteurs chrétiens : c'est la loi nouvelle, au contraire, qui devient le piédestal de la poésie antique. On ne saurait trop admirer cette dernière, puisqu'à tous ses mérites intrinsèques elle joint une similitude prodigieuse avec les dogmes, la morale catholique, et a même décrit le rituel de l'Église. Honneur donc aux anciens, honte à ceux qui les critiquent! Voilà comment se trouva falsifiée l'œuvre du père Thomassin, comment les pages qu'il avait écrites pour glorifier le christianisme servirent à prôner la littérature païenne.

Le Dauphin et le duc de Bourgogne, devenus rois successivement, auraient peut-être exercé sur l'instruction publique et particulière une influence conforme aux leçons de leurs précepteurs; mais le premier mourut de la petite vérole, le 14 avril 1711, à l'âge de cinquante ans; le second, atteint de la rougeole, expirait le 18 février 1712, âgé de vingt-neuf ans. Il laissait un jeune héritier, qui fut Louis XV. Tant de préparatifs sérieux et honnêtes, tant de sollicitude pour la gloire de la famille, pour le bonheur de la nation, devaient aboutir à un règne infâme!

Mais si les livres du savant oratorien tombèrent promptement dans l'obscurité, si sa pieuse méthode ne triompha point de l'usage établi, elle fut remise en lumière par un auteur plus heureux, qui jouit encore d'une certaine réputation. De 1726 à 1728, Rollin publia ses quatre volumes intitulés : *De la manière d'étudier et d'enseigner les belles-lettres, par rapport à l'esprit et au cœur.* La ressemblance de ce titre avec les titres du père Thomassin n'est pas plus grande que celle de l'ouvrage même avec l'encyclopédie littéraire du pieux cénobite. Aussi, quoique le recteur de l'Université annonce, à la fin de son *Discours préliminaire,* avoir emprunté *tout ce qu'il y a de meilleur dans son ouvrage,* il est étrange qu'il ne mentionne pas en cet endroit, où la mention viendrait si à propos, le moine laborieux qui lui sert de guide. Je ne l'ai vu cité par lui que plus loin, une seule fois et d'une manière incidente : c'est trop peu pour les obligations de Rollin envers son prédécesseur (1). Comme lui, en effet, il veut rendre utile au christianisme l'étude des poètes, de l'histoire, de la philosophie et des langues : il n'ajoute à son plan qu'une rhétorique et une pédagogique. Quoique les détails de son œuvre ne soient pas les mêmes, il suit une marche analogue et côtoie le sentier du digne oratorien. Il faut, dans son opinion, que tout serve à mettre en lumière la vérité, la beauté du christianisme, à remplir de pieux sentiments le cœur des

(1) On peut s'étonner que Gilbert n'ait pas signalé ces emprunts dans ses *Observations adressées à M. Rollin sur son Traité de la manière d'étudier et d'enseigner les belles-lettres* (Paris, 1727, un volume in-12). Il critique une foule de passages, conteste à son ancien ami un grand nombre de principes et de raisonnements, surtout parmi ceux qui concernent la rhétorique, parce qu'il en avait lui-même publié un traité, mais il ne l'accuse pas de s'être approprié le bien d'autrui. Cette accusation eût été cependant une bonne fortune pour un rival. J'en conclus que Gilbert ne connaissait pas les œuvres de Thomassin, déjà vouées à l'oubli.

élèves. L'histoire, la fable, les poèmes, les doctrines philosophiques des Grecs et des Romains ne sont pour lui qu'une morale en action, ou des faits de la Bible, des principes de l'ancienne loi modifiés, altérés par la tradition verbale, ou de confus pressentiments des dogmes catholiques. Souvent il ne fait qu'abréger le volumineux travail du père Thomassin, comme dans son explication de la mythologie. On ne peut l'accuser de plagiat, puisque les termes, les développements ne sont pas identiques ; mais son ouvrage atteste une lecture suivie et attentive des *Traités dogmatiques*. Après avoir fermé le dernier volume, il a écrit dans le même but et dans le même esprit, sans copier les phrases, mais en se rappelant les idées principales. S'il n'empruntait pas à son devancier la forme de son livre, il lui empruntait le plan, certaines appréciations, une partie du contenu. Le père Jouvency lui a encore été d'un grand secours, mais il avoue ce qu'il lui doit, bien qu'il lui doive beaucoup moins qu'au prêtre de l'Oratoire.

Le seul point où le recteur diffère de son devancier, concerne l'emploi des divinités païennes dans les œuvres des poètes chrétiens. Le religieux avait montré, sous ce rapport, une tolérance trop grande ; il avait permis l'usage de ces vieilles machines, parce que certains auteurs pieux, comme Grégoire de Nazianze, Synésius, Fortunat, Juvencus et Arator, s'en étaient servis. Rollin ne montre pas la même indulgence ; il blâme, il proscrit cet abus avec un sentiment de colère, qui donne de la vie à son style, ordinairement un peu lymphatique (1). Les dix-huit pages où il traite cette ques-

(1) Tome Ier. pages 303 et suiv.

tion forment un morceau remarquable : l'auteur y groupe ses arguments avec une logique pressante et victorieuse. Il demande d'abord pardon aux poètes de troubler leurs habitudes ; ils font depuis longtemps comparaître dans leurs vers toutes les déités de l'Olympe. Mais cette mauvaise coutume, pour être fort ancienne, n'en choque pas moins le bon sens : *on ne prescrit point contre la vérité, dont les droits sont éternels*. Les premiers poètes chrétiens avaient formé leur style d'après les auteurs du paganisme ; ils ont adopté leurs dieux en même temps que leur manière d'écrire, et la routine a continué de siècle en siècle. Mais les plus simples lumières de la raison prouvent qu'en parlant on doit avoir une idée nette de ce que l'on veut dire. Si l'on emploie des mots vides de sens, on ne mérite pas d'être écouté. Or, que se passe-t-il dans l'esprit d'un poète moderne, lorsque, faisant la description d'un orage, il invoque Éole et Neptune ? Un païen, battu par la tempête, qui s'adressait à eux, croyait implorer des êtres véritables, doués de perfections surhumaines, assez puissants pour calmer l'abîme, imposer silence aux vents et dissiper les nuages. Mais, quand un auteur chrétien les apostrophe d'un ton inspiré, quelle signification lui présentent ces mots d'Éole et de Neptune ? Il sait bien que les faux dieux n'existent pas, n'ont jamais existé : le lecteur le sait aussi et ne s'abuse pas plus que l'écrivain. Alors pourquoi prononcer des paroles inutiles ? pourquoi évoquer de vains spectres ? Rien n'est pitoyable comme d'entendre un poète appeler à son secours Apollon et les Muses, dont il ne peut obtenir aucune aide.

Rollin n'a garde de croire que les auteurs modernes

donnent à ces noms et en général aux noms de divinités païennes le même sens que les anciens. Ce serait une impiété. Car, suivant saint Paul, tous les dieux païens étaient des démons : *Omnes dii gentium dœmona*. Nos poètes voudraient-ils ramener les hommes à l'idolâtrie, leur faire adorer les mauvais anges au lieu du Créateur ? Ce qu'ils peuvent répondre de plus raisonnable, c'est que pour eux ces termes surannés désignent les différents attributs du Dieu suprême, du Dieu véritable. Mais est-ce l'honorer que de lui donner le nom de ses adversaires, des esprits rebelles foudroyés par son juste ressentiment ? Ne craint-on pas que cette profanation ne l'irrite, lui qui se fait appeler, dans l'Écriture, le Dieu terrible et jaloux ? La même Écriture ne nous apprend-elle pas que les Syriens furent punis d'une sanglante défaite, pour avoir dit qu'il était le Dieu des montagnes, et non le Dieu des vallées ?

Prononcer des mots vides ou des paroles impies, voilà dans quelle alternative se place le poète qui fait usage des fictions païennes. « Cet usage, dit Rollin, paraît encore plus absurde et devient plus insupportable, quand on les emploie dans des matières saintes, où l'on parle du vrai Dieu, où l'on prétend le remercier des biens qu'il accorde aux hommes, où même l'on traite quelquefois ce que la religion a de plus grave et de plus respectable. Peut-on pardonner à Sannazar d'avoir mêlé, comme il le fait, le sacré et le profane, dans un poème où il s'agit du plus auguste de nos mystères, je veux dire l'Incarnation du Fils de Dieu ? »

Mais, répondront quelques opiniâtres, si l'on proscrit entièrement les noms des divinités païennes, que deviendra la poésie? A quoi se réduira le poème épique, le plus beau de tous les poèmes? Il lui restera le plan, l'invention dans les bornes de l'histoire et dans celles de la nature; à l'exception de la Fable, il lui restera tout ce que possédaient les Anciens : récits curieux, descriptions vives, comparaisons nobles, discours touchants, passions bien peintes, incidents nouveaux, rencontres inopinées. Le poète aura toujours mille moyens de plaire et d'instruire, sans avoir recours à des fictions vaines; qu'il trace bien ses caractères, ordonne bien ses événements, écrive d'une manière pure et brillante, il plaira, sans le moindre doute, et l'on ne « regrettera ni les intrigues de Vénus, ni les serpents ou le venin d'Alecto. »

Rollin déclare, d'ailleurs, qu'il ne veut pas prohiber certaines figures, par lesquelles on attribue du sentiment, de la voix, des actions même aux choses inanimées. « Il sera toujours permis, dit-il, d'apostropher les cieux et la terre, d'inviter la nature à louer son auteur, de donner des ailes aux vents pour en faire les messagers de Dieu, de prêter une voix au tonnerre et aux cieux pour publier sa gloire, de personnifier les vertus et les vices. » Ce sont là des ressources littéraires, non des actes d'idolâtrie (1).

Voilà comment l'auteur du *Traité des Études* reprenait la thèse de Desmarests de Saint-Sorlin. Mais ce nouvel effort n'eut pas plus de résultat que les précédents; le recteur de l'Université ne changea pas plus les habitudes des poètes, que le prêtre de l'Oratoire celle des profes-

---

(1) Il est singulier que Rollin n'ose pas permettre d'employer les anges, les saints, tout le merveilleux du christianisme dans les poèmes. A cet égard il demeure en arrière de Desmarests de Saint-Sorlin et de Perrault.

seurs. Jupiter et Junon, Neptune et Cypris continuèrent à régner dans la littérature française (1).

Une si prodigieuse obstination augmente l'intérêt de l'historien pour tous les efforts tentés dans le but de détruire l'engouement général. Thomassin, Fleury, Bossuet, Saint-Sorlin, Perrault, La Motte et Rollin firent, en l'essayant, un acte honorable et montrèrent une intelligence supérieure. Le débat sur l'enseignement mérite d'autant plus de fixer l'attention, qu'il est contemporain de la querelle des Anciens et des Modernes. C'est en 1670 que Desmarests publia la *Comparaison de la langue et de la poésie françoise, avec la langue et la poésie grecque et latine*; en 1687, Perrault lut à l'Académie son poème intitulé : *le Siècle de Louis le Grand* ; le premier volume de son *Parallèle des Anciens et des Modernes* fut imprimé l'année suivante; la guerre continua jusqu'en 1717, où parurent les derniers factums. Les deux controverses se poursuivaient donc simultanément; d'une part comme de l'autre, on luttait contre l'invasion de l'esprit païen, contre le débordement de l'érudition classique.

Pour l'homme qui réfléchit, c'est un spectacle curieux assurément de voir la civilisation gréco-romaine, frappée à mort et ensevelie par le christianisme, sortir lentement de son tombeau, pleine de rancune et altérée de vengeance, fondre à son tour sur son ennemi, le harceler, le

---

(1) J'ai eu connaissance trop tard d'un livre bien antérieur à ceux du père Thomassin, où l'auteur aborde résolument les mêmes questions. Le titre seul de l'ouvrage suffirait pour en indiquer les tendances : *Le Triomphe de l'Académie chrestienne sur la prophane, par le R. P. Félix Dumas, religieux recollet*. Ce volume in-4°, fut imprimé en 1640.

combattre sans relâche, le pousser devant elle la pointe de l'épée contre la gorge, et le précipiter enfin dans l'abîme du voltairianisme. Quel singulier retour de fortune! quel bizarre effet de cette grande loi d'équilibre que l'on retrouve partout!

Il n'est pas moins curieux de voir la France employer d'abord le fer, la flamme, la roue et le gibet, organiser même un grand massacre pour comprimer chez elle la Réforme, puis accueillir cette même Réforme sous un costume d'emprunt, laisser les philologues, les antiquaires, les poètes, les moralistes, les conteurs, les dramaturges répandre dans les esprits le doute, l'amour de la licence, les principes anti-chrétiens des penseurs grecs! Choyer ainsi son adversaire, partager avec lui l'eau et le feu, sa table et sa couche, parce qu'il a pris un autre nom, revêtu un autre habit, voilà ce qui s'appelle montrer du discernement! Et ce qui doit paraître plus extraordinaire encore, c'est que le clergé, maître de tout l'enseignement, lui ait ouvert la porte, offert un siége près du foyer, remis les clefs du logis! Pouvait-on s'attendre à ce que les chefs de la religion la livreraient sans défense au polythéisme, au scepticisme déguisés?

Ne tombons point dans l'exagération toutefois. Une partie considérable du corps ecclésiastique lutta, durant deux siècles et demi, contre cette tendance. Les Bénédictins, les Jésuites, les Oratoriens même, publièrent un nombre prodigieux de livres qui, sans avoir trait à la réforme de l'enseignement, auraient dû y conduire, puisqu'ils fondaient toute une science chrétienne, toute une érudition nouvelle. Le catalogue seul en formerait un gros volume. Ces pieux travaux accomplis dans la solitude allaient, au milieu du monde, chercher les hommes studieux, pour les arracher à l'influence de la mode, aux préoccupations des affaires et des plaisirs. C'étaient comme autant de messagers, qui leur rappelaient que l'Église aussi avait eu ses combats, ses chefs glorieux et ses beaux siècles, qu'il était injuste d'oublier ses luttes, ses bienfaits, ses actes sublimes, son génie et ses merveilleux ouvrages. Ils ne visitaient pas seulement les hôtels et les grandes villes : les monastères, les châteaux épars dans les provinces, les humbles cures, les fermes opulentes, les recevaient avec joie. Ils combattaient, sans les nommer, sans paraître même soupçonner leur existence, les redoutables systèmes qni préparaient un nouvel ordre de choses.

Malheureusement un certain nombre d'ecclésiastiques, parmi lesquels Bossuet figure en première ligne, poussèrent trop loin l'esprit de réaction. Ils ne voulaient pas seulement opposer une digue à l'inondation classique, changer le cours des idées littéraires, mais supprimer tous les genres de littérature, qui n'ont pas une utilité directe pour l'instruction religieuse et la propagation de la foi. En 1678, Bernard Lamy (1), prêtre de l'Oratoire, lança contre la poésie un véritable factum. Elle lui semblait pernicieuse aux mœurs, à l'intelligence même, digne par ses fautes d'une solennelle exécution. Le principal méfait qu'il lui reproche, c'est de peindre les créatures sous des traits si charmants qu'elles font

---

(1) Né au Mans en 1645, mort à Rouen en 1715. Son livre est intitulé : *Nouvelles réflexions sur l'art poétique.*

oublier le Créateur. Tout dans l'homme doit tendre vers Dieu : c'est là seulement qu'il trouve le repos et la satisfaction. Mais la faiblesse de sa nature l'entraîne vers les objets sensibles, vers les êtres périssables ; les poètes secondent cette malheureuse propension, en déguisant les vices sous un simulacre de grandeur, en voilant les imperfections de toutes les choses passagères. Ces agréables peintures du monde ravissent et abusent les cœurs tendres, les imaginations vives ; les lecteurs, les spectateurs ne pensent, dès lors, qu'à jouir des créatures ; la terre ne leur paraît plus un lieu d'exil, un séjour d'épreuve : ils décorent, ils admirent avec passion cette demeure transitoire ; ils s'y établissent comme si c'était leur patrie et qu'ils ne dussent point en être chassés par la mort. Telle est la donnée que le rigide cartésien développe dans une vingtaine de chapitres. Les poètes, suivant lui, corrompent même les bons sentiments dont ils animent leurs personnages : ils leur donnent pour principe l'amour de la gloire, qui est un mobile coupable. Jamais d'ailleurs ils ne parlent des vertus chrétiennes, la pauvreté, la pénitence, l'humilité, la représentation de ces vertus n'étant pas propre à divertir les gens du monde. Que faire en conséquence, sinon brûler les livres des poètes, interdire pour toujours des œuvres si pernicieuses ?

Il y avait alors en France un prêtre italien, le père Caffaro, qui ne pensait pas sur la littérature comme le père Lamy. Elle le charmait, bien mieux elle l'édifiait : le théâtre ne lui paraissait point un antre de Bélial ; au contraire, il le jugeait sans péril pour les mœurs. Préoccupé de ces opinions, il en forma un petit traité latin, qu'il ne destinait pas à la publicité. Mais Boursault, ayant obtenu communication de l'ouvrage par une tierce personne, fut ravi de mettre le théâtre sous la protection d'un religieux. Il traduisit, arrangea l'opuscule et le plaça, comme une porte triomphale, devant une édition de ses pièces, en 1694, avec le nom du premier auteur. Cette apologie d'un plaisir mondain excita dans le clergé une vive indignation. Qu'un prêtre osât faire l'éloge des spectacles, c'était un crime ! Bossuet ne put contenir son saint dépit. Quoique le père Caffaro fût étranger à son diocèse, qu'il n'eût sur lui aucune juridiction, il lui adressa une lettre foudroyante, que terminaient les plus dures menaces : « Je commence par vous reprendre entre vous et moi ; si vous ne m'écoutez pas, j'appellerai des témoins, et j'avertirai vos supérieurs ; à la fin, après avoir épuisé toutes les voies de la charité, je le dirai à l'Église, et je parlerai en évêque contre votre perverse doctrine. »

Le clerc régulier, pris de frayeur, s'humilia sous la main puissante du dernier père de l'Église. Non-seulement il ne soutint pas son opinion, mais il déclara que le hasard seul avait fait tomber son opuscule entre les mains de Boursault, qu'il désapprouvait hautement la manière dont l'auteur comique en avait abusé. Peut-être cependant était-ce l'amour-propre du religieux, qui le lui avait adressé par une voie indirecte ; mais il n'avait garde d'en convenir (1). Ce désaveu ne suffit point à

---

(1) Le révérend père semble avoir été en effet de connivence avec Boursault : la préface porte ce titre, qui donne à penser : « Lettre d'un théologien, illustre par sa qualité et son mérite, consulté par l'auteur pour sçavoir si la comédie peut être permise, ou doit être absolument défendue. » Elle est d'un bout à l'autre en forme de missive.

Bossuet. Il développa sa lettre au père Caffaro, étaya sa réprimande d'observations nouvelles et en composa un traité spécial, intitulé : *Maximes et réflexions sur la Comédie*. C'est une œuvre singulière de critique sacerdotale.

Suivant le père Caffaro, la comédie, telle qu'on la voyait alors en France, n'avait rien de contraire aux bonnes mœurs; elle était même si épurée que toute oreille chaste pouvait l'entendre. Cette assertion exaspère Bossuet. « Il faudra donc, s'écrie-t-il, que nous passions pour honnêtes les impiétés et les infamies dont sont pleines les comédies de Molière, ou qu'on ne veuille pas ranger parmi les pièces d'aujourd'hui celles d'un auteur, qui a expiré, pour ainsi dire, à nos yeux, et qui remplit encore à présent tous les théâtres des équivoques les plus grossières dont on ait jamais infecté les oreilles des chrétiens.

« Songez seulement si vous oserez soutenir, à la face du ciel, des pièces où la vertu et la piété sont toujours ridicules, la corruption toujours excusée et toujours plaisante, et la pudeur toujours offensée, ou toujours en crainte d'être violée par les derniers attentats, je veux dire par les expressions les plus impudentes, à qui l'on ne donne que les enveloppes les plus minces. »

On voit que le génie de Molière ne touche point Bossuet : il l'attaque, il l'exorcise avec un emportement auquel *Tartufe* pourrait bien n'être pas étranger. L'anathème que nous venons de transcrire a dû paraître énergique ; nous allons en citer un second, plus terrible et plus farouche. Le clerc italien avait dit que, pour prévenir le péché, le théâtre purifiait l'amour, que la scène, toujours honnête de son temps, le dépouillait de sa partie grossière et illicite, que c'était dès lors un goût innocent pour la beauté, qui se terminait au nœud conjugal. Bossuet réplique dans un transport de colère : « Du moins donc, selon ces principes, il faudra bannir du milieu des chrétiens les prostitutions dont les comédies italiennes sont remplies, même de nos jours, et qu'on voit encore toutes crues dans les pièces de Molière ; on réprouvera les discours, où ce rigoureux censeur des grands canons, ce grave réformateur des mines et des expressions de nos précieuses, étale cependant au plus grand jour les avantages d'une infâme tolérance dans les maris et sollicite les femmes à de honteuses vengeances contre leurs jaloux. Il a fait voir à notre siècle le fruit qu'on peut espérer de la morale du théâtre, qui n'attaque que le ridicule du monde, en lui laissant cependant toute sa corruption. La postérité saura peut-être la fin de ce poète comédien, qui, en jouant son *Malade imaginaire* ou son *Médecin par force*, reçut la dernière atteinte de la maladie dont il mourut peu d'heures après, et passa des plaisanteries du théâtre, parmi lesquelles il rendit presque le dernier soupir, au tribunal de celui qui dit : *Malheur à vous qui riez, car vous pleurerez !* Ceux qui ont laissé sur la terre les plus riches monuments, n'en sont pas plus à couvert de la justice de Dieu : ni les beaux vers, ni les beaux chants ne servent de rien devant lui, et il n'épargnera pas ceux qui, en quelque manière que ce soit, auront entretenu la convoitise. »

On ne saurait damner plus clairement son prochain. Bossuet triomphe de la mort du poète, il triomphe de l'idée que Molière n'aura pas obtenu son pardon, qu'il subit dans un lieu d'horreur des tourments éternels. C'est peu charitable et peu littéraire. Quinault ne serait pas mieux traité, s'il n'avait expié par ses remords les maximes corrompues qui souillent ses ouvrages. « Pour moi, dit Bossuet, je l'ai vu cent fois déplorer ses égarements ; aujourd'hui on autorise ce qui a fait la matière de sa pénitence et de ses justes regrets. »

Corneille, Racine même n'échappent point aux malédictions du prêtre courroucé. Il blâme ouvertement le *Cid* comme une pièce immorale. « Si vous dites que la seule représentation des passions agréables, dans les tragédies d'un Corneille et d'un Racine, n'est pas pernirieuse à la pudeur, vous démentez ce dernier, qui a renoncé publiquement aux tendresses de sa Bérénice, que je nomme parce qu'elle vient la première à mon esprit ; et vous, un prêtre, un théatin, vous le ramenez à ses premières erreurs ! »

Lulli ne révolte pas moins le fougueux sermonnaire : ayant adapté sa musique aux vers des poètes, ses mélodies inspirent la mollesse et la volupté. C'est précisément parce qu'elles flattent des inclinations dangereuses qu'on les a si bien accueillies et si bien retenues. On ne doit point prêter l'oreille à ces notes efféminées. La peinture a aussi besoin d'une rigoureuse surveillance ; ses œuvres, généralement immodestes, font envier, comme la poésie, « le sort des oiseaux et des bêtes, que rien ne trouble dans leurs passions. » C'est tout au plus si la colère de Bossuet épargne le Créateur : il va jusqu'à regretter *les malheureux attraits dont il a orné les femmes.* Tant l'ascétisme chrétien finissait par se trouver en opposition avec la nature !

Qu'on se représente maintenant l'effet d'une pareille doctrine, d'une si violente proscription. Les poètes, les artistes furent effrayés de voir qu'on désirait, non point changer leur style, leurs sujets ou leurs plans, mais abolir leur profession même. Ils s'éloignèrent de l'Église comme d'un lieu sombre et plein d'embûches, se tournèrent plus que jamais vers la Fable, aux riantes perspectives, aux gracieuses chimères. Toute la littérature exécuta le même mouvement de conversion ; la routine n'avait besoin que d'un prétexte, on saisit avidement celui-là. Historiens, philosophes, critiques, professeurs, romanciers, archéologues, savants de toute nature, écrivains de tout genre, montèrent en foule sur la trirème antique, firent force de rames vers l'Italie et vers la Grèce, déployèrent impatiemment leurs tentes au bord du Tibre et de la mer Egée.

Que devenait cependant la civilisation, la littérature modernes, tenues en échec par l'exaltation religieuse, par l'engouement classique ? Elles filtraient dans l'ombre, à travers ce double gisement de substances rebelles, formaient un lac souterrain, où devaient s'engloutir les couches réfractaires, avec le bruit d'un prodigieux éboulement. Il n'en est pas moins regrettable qu'elles n'aient pu travailler au grand jour, se montrer sous leur vraie forme, cheminer directement vers leur but.

CHAPITRE IX.

Tentative pour réformer la Critique.

Traité du Sublime, adressé à Boileau, par Silvain, avocat au parlement. — Silence que garde l'auteur de l'*Art poétique*. — Découragement de Silvain. — Il fait imprimer son manuscrit au bout de vingt-quatre ans. Similitude de cet ouvrage avec la *Critique du Jugement*, de Kant. — Silvain est le premier homme qui ait expliqué le Sublime. — Son livre n'est compris de personne. — L'abbé Terrasson essaie d'introduire la philosophie dans la critique. — L'abbé Du Bos. — *Réflexions sur la poétique*, par Fontenelle.— Le livre *De pulchro et de amore*, par Niphus.

En 1705, Boileau, qui avait alors soixante-neuf ans accomplis, se promenant un jour à Auteuil, dans son jardin, et rêvant à un poème « qu'il voulait faire, dit-il, contre les mauvais critiques de son siècle, » fut arrêté par une équivoque de langue et s'épuisa en efforts inutiles pour la corriger. Pendant ces tentatives infructueuses, sa mauvaise humeur changea de direction : il s'emporta contre l'équivoque même. La pensée lui vint donc de rimer une satire, *qui pût le venger de tous les chagrins* que cette perfide ennemie *lui avait causés* depuis ses débuts. La rédaction première l'occupa onze mois : cette longue gestation ne produisit pas moins de trois cent cinquante vers ! Il les lut à ses amis, et on se récria sur leur beauté. Une vive douleur le saisit alors : il pensa qu'ils ne se trouvaient point dans l'édition générale de ses œuvres, publiée quatre ans auparavant ! Que faire, sinon réimprimer les deux volumes ? C'était un parti violent, mais Boileau ne recula point ; le projet d'une nouvelle édition fut arrêté, le bruit en courut d'un bout à l'autre de la France. La Hollande même, ce nid de contrefacteurs, s'en émut. On disait que, non-seulement Despréaux joindrait à ses poèmes la *Satire sur l'Equivoque*, où il punissait l'infortunée d'une manière si cruelle, mais qu'il augmenterait le nombre de ses remarques sur Longin. C'était un événement littéraire, et le public attendit avec impatience. Le public avait tort d'être si pressé : il fallait que Boileau corrigeât lentement son œuvre, pour ne pas violer sa propre maxime :

> Vingt fois sur le métier remettez votre ouvrage ;
> Polissez-le sans cesse et le repolissez.

Or, cette grande opération de polissage l'occupa trois ans. Les curieux se désolaient.

Pour apaiser sa fougue et changer le cours de ses idées, un avocat au parlement relut le *Traité du Sublime* et les premières observations de Boileau. Il s'appelait Silvain : c'était un noble cœur et un esprit d'élite. Les vagues dissertations du rhéteur grec ne le satisfirent nullement. Il lui parut « qu'il ne donnait pas une idée assez juste du Sublime, ni de ce qui le produit, qu'il le fait même consister en des choses d'une nature contraire ou entièrement différentes. » A son avis, le fameux théoricien battait la campagne autour de son sujet, sans l'aborder une seule fois. Nous pensons comme lui et nous avons déjà eu occasion de le dire. La définition et les remarques de

Boileau ne lui semblèrent pas plus instructives et plus concluantes.

« Qu'est-ce donc que le Sublime ? Pourquoi s'empare-t-il si vite de nos cœurs, nous remplit-il d'émotions à la fois si douces et si profondes ? N'est-il pas ridicule de n'avoir aucune idée nette sur la cause des jouissances les plus vives que nous ressentions, au théâtre, dans nos lectures et dans la vie réelle ? Voilà les questions importantes que s'adressait le jeune orateur. S'étant mis à réfléchir, à creuser, il eut la joie de résoudre le problème et de dissiper un moment tous ses doutes.

Mais les doutes revinrent. Sa solution n'avait aucun rapport avec les paraphrases de Longin et de Boileau. Ne se trompait-il pas, en croyant avoir saisi la vérité ? Qui serait juge entre lui et son système ? qui pourrait lui dire s'il n'avait pas embrassé une nue éclatante au lieu d'une déesse immortelle ? Silvain était inquiet : cette noble inquiétude prouve sa modestie et sa sincérité.

Il lui vint alors en tête un de ces projets, dont les âmes élevées sont seules capables : il résolut d'adresser à Boileau sa réfutation de Longin et de Boileau lui-même. Au commencement de l'année 1708, son livre étant achevé, l'auteur du *Lutrin* reçut le manuscrit. Le jeune avocat lui disait dans la préface : « Je soumets tous mes jugements au vôtre et je vous supplie seulement, pour l'utilité du public et pour la mienne, de vouloir enfin prononcer. — Plusieurs raisons m'ont engagé à approfondir cette matière. Il n'y en a point de plus importante ni en même temps de plus ignorée dans toute la rhétorique. Jusqu'ici personne, que je sache, n'a expliqué nettement ce que c'est que le Sublime ; d'où vient peut-être qu'il est si rare et si peu goûté. Le moyen de pratiquer soi-même ou de remarquer dans les autres ce que l'on ne connaît pas? Il est donc nécessaire d'éclaircir ce point, afin que ceux qui ont ce talent sans s'en apercevoir, puissent le mettre en usage, et que les autres puissent dans leurs lectures remarquer le Sublime, sans le confondre avec une infinité de choses dans lesquelles on l'a fait consister. »

Immédiatement après ce passage, il indique par des traits rapides, mais bien accusés, d'où ce puissant effet tire son origine. « Il n'y a rien qui soit plus capable de faire sentir à l'homme sa grandeur naturelle que le Sublime, non-seulement parce qu'il élève l'âme, parce qu'il la remplit d'une fierté noble, qui vient de la vertu et de la magnanimité, mais encore parce qu'il nous fait reconnaître que ce Sublime si merveilleux a sa principale source dans notre cœur. L'homme se fuit incessamment et semble n'estimer que ce qui est hors de soi. On ne doit donc pas perdre une occasion de le ramener à lui-même, afin de le convaincre que de toutes ces choses qu'il admire et qu'il recherche avec tant d'ardeur, il n'y en aucune qui ne soit infiniment au-dessous de lui ; et qu'après Dieu, il est lui-même le seul objet digne de ses soins. » Cette élévation de pensée est d'un bon augure et devait concilier tout d'abord au jeune théoricien la faveur de Boileau. Lui qui avait rimé tant de préceptes littéraires, ne pouvait d'ailleurs manquer de prendre intérêt à un semblable travail.

Que fit cependant l'auteur de l'*Art poétique*? On l'ignore, et selon toute probabilité on ne le saura jamais. Le poète daigna-t-il ouvrir le traité que lui adressait un inconnu? En lut-il les cinq cent trente pages et ne les comprit-il point? Je serais tenté de le croire. Il vivait alors dans la retraite et pouvait disposer de son temps : il dut être curieux de voir comment un jeune homme résolvait un problème de cette importance, qui l'avait occupé lui-même antérieurement à l'année 1674, époque où sa traduction de Longin parut pour la première fois.

Ce qu'il y a de positif, c'est qu'il renvoya le manuscrit à Silvain sans lui donner aucune approbation. Il ne dit pas un mot de son travail dans l'édition de ses ouvrages qu'il préparait : les doutes, les objections de l'avocat furent pour lui comme non avenus. L'auteur novice se découragea si bien, qu'il enterra son manuscrit au fond d'une armoire, et, abandonnant toute prétention littéraire, n'essaya plus de franchir le seuil d'un domaine où on l'avait si durement accueilli.

Or, le volume dont il détournait ses regards humiliés, qu'il paraissait vouer à la mort, comme les Lacédémoniens précipitaient dans le Barathrum les enfants débiles, c'était le premier livre d'esthétique composé en notre langue, le premier ouvrage où la plus haute des questions littéraires se trouvât enfin résolue. Si on l'avait apprécié comme il le méritait, l'esprit humain aurait dès lors pris possession d'une idée fondamentale. Mais avant de pénétrer dans les intelligences, elle devait encore subir de nombreuses aventures. La plus importante fut son émigration en Allemagne. Chose curieuse sans le moindre doute! le traité de Silvain a les mêmes bases que la théorie de Kant, publiée longtemps après dans la *Critique du Jugement.* Nous mettrons tout à l'heure les deux systèmes en présence et leur identité frappera les esprits les plus rebelles.

Mais, pour que cette comparaison pût avoir lieu, il fallait que le traité de Silvain reçût les honneurs de l'impression. Il était menacé d'une mort presque inévitable et n'y échappa que d'une manière toute fortuite. Le manuscrit dormait depuis vingt-quatre ans au fond de l'armoire où l'avait jeté l'auteur, lorsque celui-ci, ayant fait une longue absence, eut besoin à son retour de quelques papiers qui tenaient généreusement compagnie au *Traité du Sublime*. Pendant qu'il cherchait, son œuvre proscrite et dédaignée lui tomba sous la main. La vue de cet enfant abandonné lui causa une émotion paternelle : il l'examina, le trouva digne d'intérêt et eut comme un remords de l'avoir délaissé durant un quart de siècle. Il fit donc imprimer l'ouvrage et le publia. Mais une sorte de malédiction pesait sur ce livre : il n'eut point de lecteurs ; personne n'en souffla mot ; il aurait produit presque autant d'effet s'il était resté au fond de son armoire. Silvain mourut avec la persuasion qu'il avait écrit une œuvre insignifiante ou absurde : c'était un travail de premier ordre !

On doit ranger le Sublime parmi ces grands faits de la nature ou de l'esprit humain, qui restent obscurs tant qu'un homme supérieur ne les a point analysés, mais qui deviennent ensuite clairs et faciles à comprendre. Les intelligences médiocres embrouillent les questions ; les vigoureux penseurs les inondent de lumière. Il suffit alors d'ouvrir les yeux pour voir. Quelque profond et vaste que soit le sujet, le regard en traverse toute l'étendue, de même qu'il traverse, par un beau jour, le limpide éther au milieu duquel se balance notre globe.

Lorsqu'un voyageur atteint, après une longue marche, le sommet du Righi et que la chaîne des Alpes se déroule à sa vue, comme les ruines colossales d'une planète, ce spectacle magnifique lui cause une joie extraordinaire. Des montagnes sans nombre, de toute grandeur et de toute forme, se dressent autour de lui. Jamais ses regards ne se sont promenés sur un aussi vaste horizon. Ils courent de hauteur en hauteur, plongent dans l'étendue et font d'inutiles efforts pour apercevoir la fin de ce prodigieux entassement. A dix lieues, à vingt lieues pyramident de nouvelles cimes, et plus le spectateur prolonge son examen, plus il en découvre. Les dernières forment au loin comme un banc de nuages : il ne sait s'il voit des pics neigeux ou de blanches vapeurs. Son imagination franchit ce dernier cercle et rêve encore au-delà des espaces sans bornes, couverts d'autres montagnes. Il éprouve dans toute sa force l'émotion du Sublime.

L'aspect du ciel étoilé, par une nuit limpide, produit un effet semblable. L'esprit s'élance de globe en globe à travers l'immensité : il songe que derrière les astres les plus lointains roulent des astres inconnus. Rien ne limite cette pérégrination intellectuelle, comme rien ne borne le lieu où elle s'accomplit. La vue de la mer est encore un spectacle sublime. Cette nappe d'eau dont l'extrémité visible se confond avec le ciel, entraîne la pensée au-delà de l'horizon : l'intelligence chemine sur les flots spacieux, qui font le tour de notre planète, en baignent toutes les grèves et nous présentent une image de l'infini.

Le temps est, comme l'espace, une des sources du Sublime. Les vieux monuments abandonnés, où l'ortie et le gramen poussent dans les salles découvertes, où le tarin fait son nid dans le lierre qui drape les murailles, où les rayons de la lune glissent par les crevasses et les fenêtres vides, causent au spectateur un plaisir profond, mêlé d'une douce tristesse. Leur décrépitude est plus éloquente et plus majestueuse que n'était leur ancien éclat. Devant ces débris, on remonte le cours des siècles, on pense à tous les événements qui se sont accomplis entre leurs murailles, sous leurs voûtes maintenant écroulées, à toutes les générations défuntes, dont elles abritaient les vaines espérances, les joies et les chagrins. D'âge en âge on arrive à des époques si lointaines que le regard y plonge dans un vague crépuscule. Ne fut-il pas une période où cet édifice même n'existait point? Sur le lieu qu'il a plus tard occupé, régnaient la solitude et le silence : les chênes, les pins, les érables seuls y dressaient leurs étages verdoyants, habités par la linotte et le bouvreuil. L'esprit, continuant son exploration, atteint peu à peu le gouffre sans limites de l'éternité. Or, tout ce qui nous rappelle l'éternité, produit en nous le sentiment du Sublime. Qu'il s'agisse du passé ou de l'avenir, ou de tous deux à la fois, cela n'importe guère ; dans chacun de ces cas différents, nous nous trouvons en présence de l'infini. La joie et la terreur s'emparent simultanément de nous ; la durée sans bornes confond notre faiblesse et transporte de plaisir notre intelligence, naturellement éprise de toutes les grandes idées, de toutes les nobles conceptions.

Nous venons de voir l'émotion du Sublime se produire

en face de tranquilles tableaux ; le mouvement et le bruit peuvent aussi la faire naître. Que du haut d'un promontoire nous apercevions la mer bouleversée par l'orage, les flots se livrant une lutte effroyable au-dessous des vents déchaînés, au-dessous des nuages en tumulte, que le fracas des lames se mêle au sifflement de la bise et au roulement du tonnerre, nous nous sentons agités comme l'abîme lui-même. Ce n'est pas de la crainte que nous éprouvons, puisque nous sommes en sûreté, mais une admiration secrète pour la force imposante qui remue avec tant d'énergie le gouffre amer. Plus nous avons conscience de notre faiblesse devant ce spectacle majestueux, plus la puissance de la nature nous paraît colossale. N'en voyant point les limites et ne lui en supposant même pas, elle éveille immédiatement dans notre esprit l'idée de l'infini. Un pouvoir sans bornes ne frappe pas moins l'imagination, que l'incommensurable espace et l'éternelle durée. Les volcans, les trombes, les vastes chutes d'eau, comme celles du Niagara, tous les phénomènes extraordinaires de la nature, qui rappellent sa force incalculable, provoquent en nous le sentiment du Sublime.

Comme la notion de Dieu, surtout depuis l'ère chrétienne, réunit celles d'éternité, d'immensité, d'omnipotence, elle contient ces trois genres de sublime et plonge les âmes pieuses ou philosophiques dans une sorte d'extase. Elle les entraîne hors du temps, les égare à travers l'espace et leur montre un pouvoir que rien ne limite. C'est plus qu'il n'en faut pour notre intelligence : elle est à la fois ravie et accablée. De là l'extrême violence des passions religieuses, de là les grands effets produits par les orateurs, les poètes chrétiens. Ils puisent aux sources mêmes du Sublime et élèvent constamment l'esprit dans la région des merveilles.

L'homme porte en lui le principe d'une dernière espèce de Sublime. L'exemple qui suit la fera immédiatement comprendre. Un vaisseau, à bord duquel se trouvait un missionnaire très robuste, ayant sombré devant les côtes du Sénégal, chacun s'efforça d'atteindre la grève. Nul n'y serait parvenu plus facilement que l'apôtre, car il était très habile nageur. Au lieu de fuir les vagues néanmoins, il ne pensa qu'au danger qui menaçait, non pas l'enveloppe périssable, mais l'esprit immortel de ses compagnons. Beaucoup se trouvaient sans doute dans cet état de faute, devant lequel la clémence divine reste inexorable. Il fallait leur ouvrir les portes du ciel, détourner d'eux un châtiment horrible. Plein de cette conviction, le prêtre généreux alla de l'un à l'autre, leur demandant un signe de repentir, puis élevant sa main droite pour leur donner l'absolution. Parvenu au dernier, ses forces le trahirent : il n'eut que le temps d'exécuter une dernière fois son saint projet, et s'engloutit dans les flots, pendant qu'il bénissait le frère commis à sa garde par les préceptes de l'Évangile. La mer se referma sur cette noble victime, qui expira peut-être sans avoir pu recommander son âme à Dieu. Mais son sacrifice intercédait pour l'homme héroïque, et il est probable qu'il mourut satisfait d'avoir accompli son charitable dessein.

Ou je me trompe fort, ou cet acte de pieux dévouement remuera l'âme du lecteur. Il est effectivement sublime, dans la quatrième acception du mot. Chaque fois qu'un homme, en vue d'un grand principe moral, sacrifie ou son existence, ou ses affections et ses plus chers intérêts, c'est-à-dire son bonheur, il fait une action sublime. Maîtrisant ses instincts, bravant l'affliction et la mort, oubliant, supprimant les bornes de sa frêle existence, il l'agrandit sans mesure et l'identifie avec les lois éternelles qui gouvernent le monde. Son individualité disparaît à ses propres yeux : il n'est plus que le ministre, et, en quelque sorte, le représentant de l'infini. Se laisse-t-il conduire par les motifs d'action ordinaires, l'amour des jouissances, la haine de la douleur et le désir de la conservation, il n'est qu'une créature faible et limitée. Dédaigne-t-il les plus simples précautions, agit-il comme si la mort et la souffrance ne pouvaient l'atteindre, s'élève-t-il assez haut pour ne plus les apercevoir, pour rester perdu dans la contemplation des principes universels et impérissables, on dirait que leur universalité, que leur éternité se communiquent à lui ; sa noblesse lui donne une grandeur absolue et incomparable. La vertu, l'honneur, le patriotisme, qui envisagent sans frémir, sans balancer, les sacrifices les plus douloureux, produisent un effet de même nature que l'espace, le temps et le pouvoir sans bornes. Ils éveillent en nous l'idée de l'infini moral, lequel embrasse toute l'étendue et toute la durée, puisque ses lois conservent partout leur empire et le conservent toujours.

Voilà les quatre formes du Sublime : je ne crois point qu'il en existe d'autres. Leur similitude est manifeste. Toutes produisent un ravissement soudain, parce qu'elles mettent l'homme en présence des idées les plus vastes qu'il puisse concevoir, des objets les plus imposants qui puissent occuper son esprit. L'émotion est proportionnée à la cause d'une part, de l'autre à la grandeur de l'âme humaine, laquelle peut embrasser un monde ou lui faire équilibre, comme l'a dit Pascal. Cette âme voit s'ouvrir devant elle des horizons infinis, qu'elle contemple avec une sorte d'ivresse. On conçoit aisément que nul autre spectacle ne détermine des effets pareils, car il n'en est point d'égal.

Si l'on veut prendre la peine de confronter avec cette théorie les cas particuliers de Sublime, que présentent le monde physique et le monde social, l'histoire, les divers genres de littérature et les beaux-arts, on verra qu'elle les explique parfaitement. C'est une idée simple comme l'infini, mais vaste et puissante comme son objet même. Rien ne démontre mieux la faiblesse de notre esprit que les divagations auxquelles ce problème important a donné lieu. La plus forte de nos émotions intellectuelles a dû toujours faire naître une curiosité aussi grande que son énergie, provoquer des recherches, des analyses : nous connaissons le résultat de ces travaux depuis deux mille ans. Eh bien, ils ont produit les plus étranges bévues, les systèmes les plus faux et les plus puérils. Le premier homme qui ait eu des idées justes sur cette question, n'a lui-même été compris de personne. Il y a cent vingt ans que son livre traîne chez les bouquinistes, sans avoir trouvé un appréciateur. Ce livre renfermait cependant une conquête précieuse pour l'humanité, qui pouvait dès lors comprendre toute une série de faits demeurés obscurs. Mais la lumière les a frappés en vain : les critiques de notre pays se sont montrés clairvoyants comme des aveugles-nés.

Exposons les idées de Silvain, nous résumerons ensuite la théorie de Kant, et la comparaison se fera d'elle-même : un petit nombre de remarques suffiront pour la compléter.

« Le Sublime, dit Silvain, est ce qui élève l'âme au-dessus de ses idées ordinaires de grandeur, et, la portant tout à coup avec admiration à ce qu'il y a de plus élevé dans la nature, la ravit et lui donne une haute idée d'elle-même. » — « Le Sublime des mœurs est tout entier dans les vertus, dans les actions héroïques et dans les plus nobles mouvements du cœur considérés en eux-mêmes. De quelque manière qu'ils soient décrits ou racontés, le Sublime des mœurs subsiste. » — « Le Sublime dans le discours dépend du discours ; de sorte que si vous le changez, et que vous y donniez un tour différent de celui qui est propre au Sublime, le Sublime se perd, bien que les choses se voient encore dans l'expression nouvelle. Ce n'est pas que le Sublime soit dans les paroles seules. Comment cela pourrait-il être, puisque les paroles n'étant que les images des pensées et des sentiments, la vraie élévation du discours ne peut venir que des choses qui y sont exprimées? Mais le Sublime littéraire se trouve tout à la fois et dans les choses, et dans les paroles choisies et tournées d'une certaine manière. »

Voilà comment notre auteur inaugure sa difficile exploration : il a d'abord de la peine à se mettre en route et semble éprouver l'embarras d'un homme qui visite une région inconnue : mais son pas se raffermit peu à peu : il s'accoutume au pays dont il foule le sol vierge. Faute d'avoir assez divisé son sujet, il ne compte que deux espèces de Sublime, celui des images et celui des sentiments. Mais comme le Sublime des images renferme nos trois premiers genres, cette classification trop simple n'est pas erronée : elle montre seulement que l'auteur n'avait pas porté assez loin l'analyse dans le domaine du monde extérieur. Il s'est contenté d'en saisir l'ensemble à son point de vue. Malgré cette erreur de méthode, il a très bien distingué d'où naît le Sublime, dont les actions humaines ne sont pas la source. Les considérants sur lesquels il appuie sa division le prouvent déjà : « Le Sublime est l'effet d'une grandeur extraordinaire. Or, cette grandeur ne se peut trouver que dans les sentiments du cœur de l'homme, ou dans les objets animés ou inanimés de la nature. Cela étant, il ne peut y avoir que deux sortes de Sublime : l'une qui regarde les sentiments et l'autre qui regarde les choses. J'appellerai l'une de ces espèces *le Sublime des sentiments,* et l'autre *le Sublime des images,* parce que ce sublime n'est autre chose que de certaines images des plus grands objets. » Il n'a pas vu que le Sublime des choses demandait une seconde analyse et devait y gagner en clarté. Aussi son ouvrage manque-t-il à cet égard de précision dans le détail. Il mêle aussi constamment le Sublime moral au Sublime extérieur.

Mais il sait très bien en quoi ils consistent l'un et l'autre. — « Le Sublime des images naît de l'admiration excitée par l'extrême grandeur des choses. » — « Les sentiments sublimes sont ceux qui marquent, dans l'âme de celui qui parle, une grandeur extraordinaire, et la plus haute dont l'homme soit naturellement capable. Or, il me semble que cette grandeur consiste à être élevé, par la noblesse de ses sentiments et par la magnanimité, au-dessus de la crainte de la mort, au-dessus des passions et des vertus communes. »

Silvain n'emploie pas le mot d'*infini*, parce que de son temps on s'en servait peu, si ce n'est dans la philosophie pure ; mais il fait usage d'expressions équivalentes. Il a compris que la grandeur devait nécessairement arriver jusque-là pour enfanter le Sublime. « Selon la nature, dans le grand, il y a divers degrés : mais dans le Sublime, il paraît qu'il n'y a qu'un seul degré, qui consiste en ce qu'il y a plus élevé dans les plus grands objets. Il serait facile de faire sentir ces vérités par rapport au discours, soit à l'égard du Sublime des images, soit à l'égard du Sublime des sentiments. Ce qui fait le grand dans le discours a plusieurs degrés ; mais ce qui fait le Sublime n'en a qu'un. — On peut dire que le grand disparaît à la vue du Sublime, comme les astres disparaissent à la vue du soleil. » Or ce qui est grand d'une manière absolue et incomparable, c'est l'infini. Silvain désigne la chose sans employer le mot.

Je dois dire toutefois que dans le Sublime des images, il n'a réellement bien compris que la troisième forme, celle de la puissance illimitée. Son regard ne s'est point porté sur les formes tranquilles, l'espace et le temps. Né en France, chez un peuple éminemment sociable et actif, il a aimé surtout ce qui rappelle l'activité de l'homme et l'activité de la nature. Il n'a pas même songé à ces vastes forêts, qui par leur grandeur, par les ténèbres qui flottent sous leurs rameaux, par leurs accidents imprévus, nous enivrent du sentiment de l'infini. Les exemples qu'il cite donnent tous l'idée d'une force supérieure. Il mentionne d'abord ce trait de la Bible, que Longin lui-même a déclaré sublime : « Dieu dit : Lumière soit ! la lumière fut. » Cette locution rapide exprime en effet admirablement la toute-puissance du maître souverain. « On croit voir la lumière naître dans l'instant même que la parole sort de la bouche de Dieu. » Un passage du cantique de Moïse renferme une beauté du même genre. Après avoir annoncé qu'il exterminerait les impies et détruirait leur mémoire, le Seigneur ajoute: *Dixi; ubinam sunt ?* J'ai parlé ; où sont-ils ? » Cette brève tournure, ce soudain mouvement de phrase et de pensée rendent très bien la force irrésistible du Créateur. On trouve dans Racine quatre vers qui produisent un effet analogue et que Silvain loue sans restriction; Aman, résolu à faire massacrer tous les Hébreux en un seul jour, annonce de quelle manière on décrira plus tard sa vengeance :

> Il fut des Juifs, il fut une insolente race ;
> Répandus sur la terre, ils en couvraient la face.
> Un seul osa d'Aman attirer le courroux,
> Aussitôt de la terre ils disparurent tous.

Ce peuple entier, qui disparaît devant la colère d'un seul homme, inspire l'idée de la plus haute puissance à laquelle un individu soit susceptible de parvenir. Comme elle semble n'avoir point de limite, elle produit réellement un effet sublime.

Notre auteur avait débuté par lire le faux système, où Longin oublie constamment son programme pour débiter des maximes de rhétorique ; il s'est donc, malgré lui, beaucoup préoccupé de la forme que prend le sublime dans les compositions littéraires. Son ouvrage renferme, à cet égard, des observations d'une justesse et d'une finesse étonnantes. Il constate que dans la poésie lyrique, dans les harangues, un homme atteindra au sublime en traitant les mêmes matières qui suggéreront à un autre les idées les plus communes et les plus froides. — « Mais sur ce pied là, dira-t-on, le sublime des images vient donc autant de l'impression des objets dans l'esprit de l'orateur que des objets mêmes, ce qui est contraire à la définition de cette sorte de sublime qui n'élève l'âme que par de grandes images, tournées d'une certaine manière? A cela je réponds que c'est toujours dans les choses et dans les images que consiste le sublime, mais par le moyen de cette impression et de ce mouvement de l'orateur, peints dans ses paroles; car enfin, dans le discours, pour être enlevé par la grandeur d'un objet, il faut la voir. Or, on ne la voit bien ici que dans l'impression qu'elle a faite en l'orateur, et qui est marquée par le tour extraordinaire de son expression ; sans cela les auditeurs n'auraient point aperçu cette grandeur dans toute son étendue, et par conséquent ils ne s'y seraient point élevés. Mais l'orateur, qui est vivement touché à l'aspect d'un objet dont il a conçu toute l'excellence et la hauteur, imprimant dans ses paroles et l'image de cette excellence, et l'image de cette émotion, les porte toutes deux dans l'esprit de ceux qui l'entendent, et les frappe par l'une et par l'autre. Un trait doit contenir et présenter ces deux sortes d'images pour être parfaitement sublime. »

Il applique la même idée au Sublime des sentiments : « Comme dans celui des images, l'extrême grandeur de la chose ne frappe point assez, si on n'aperçoit en même temps l'impression qu'elle a faite en l'orateur, et si on ne voit, pour ainsi dire, l'objet peint dans cette impression; de même, pour que les plus héroïques dispositions d'un cœur puissent toucher et enlever, il faut que le tour même de l'expression fasse sentir le mouvement actuel et sublime du cœur de celui qui parle ; en un mot, il faut que l'on voie la magnanimité en action. Alors l'âme s'élève tout à coup avec admiration, et elle conçoit en même temps une haute opinion d'elle-même, peut-être plus avantageusement que dans le Sublime des images où l'objet est étranger, au lieu que dans le Sublime des sentiments, non-seulement on voit un très grand objet, mais ce grand objet c'est l'homme même ; car enfin, ce qui ravit ici, ce qui transporte, c'est la vue d'une âme actuellement agissante par la vertu et qui par des mouvements magnanimes, par des transports soudains, s'élève au-dessus de la crainte de la mort, au-dessus des passions et des vertus communes, c'est-à-dire au plus haut degré de dignité et de gloire où l'homme puisse naturellement atteindre. »

L'antagoniste de Longin est sans cesse préoccupé des vives tournures qu'exige le Sublime du discours : il faut, jusqu'à un certain point, que l'on n'ait pas le temps de se reconnaître. « L'impression en est toujours aussi prompte que celle d'un éclair et du tonnerre ; l'âme se porte tout à coup avec ravissement à un objet extraordinairement élevé, qui lui est présenté dans l'âme de l'homme ou dans la nature. — Ces moments sont rares et courts, parce que l'esprit, lassé de ces grands efforts et entraîné par l'accoutumance, retombe bientôt et perd son activité ; mais tant que ces moments durent, l'âme se déploie dans toute son étendue et marche d'un pas plus noble, plus sûr et plus réglé. » Sous ce rapport, comme sous presque tous les autres, Silvain, l'auteur sans public et sans renommée, s'accorde avec deux chefs glorieux de l'Allemagne intellectuelle, Kant et Schiller, qu'il a précédés de quatre-vingts ans (1).

Il est dans leur théorie un point d'une extrême importance, une idée obtenue par une délicate et profonde analyse. Kant a fait voir que le sublime n'est pas, comme le beau, une qualité des objets, n'a point d'existence réelle en dehors de nous. Il naît de la grandeur de l'âme humaine, qui, se mesurant avec les choses extérieures dont l'étendue accable nos organes matériels, ou dont la force désordonnée menace notre vie, a la joie de ne se sentir inférieure ni aux premières, qu'elle embrasse par la pensée, ni aux secondes, qu'elle domine par son courage et par une volonté inébranlable.

> Si fractus illabatur orbis,
> Impavidum ferient ruinæ.

Pour employer les termes de l'école, ce phénomène d'une si haute valeur, d'une si grande portée, est complétement subjectif, les objets externes ne lui servant que de cause occasionnelle. Eh bien ! le plus dédaigné, le plus ignoré des auteurs, a entrevu cette solution philosophique et originale : « On dirait que le Sublime des images est dans l'âme de l'orateur; et il semble que, comme nous ne sommes grands que par notre union avec

---

(1) Voyez la *Théorie du Sublime,* par Schiller, traduite et abrégée dans mes *Études sur l'Allemagne,* t. II.

Dieu, de qui seul nous tirons tout notre mérite, ainsi l'homme donne du prix et communique son excellence aux choses auxquelles il s'unit, et que les plus grandes ne frappent comme telles dans les discours que par l'effet qu'elles produisent en lui. » Remarquez, en passant, la noblesse et la fierté de ces considérations.

Mais là où Silvain montre toute la force de son esprit, toute la dignité de son caractère, c'est dans son examen du Sublime des sentiments, et cet examen occupe trois cents pages. Ni Bossuet, ni Pascal, ni Rousseau n'ont pris un vol plus majestueux, ne se sont élevés plus haut dans ces régions supérieures qu'atteignent seules les intelligences de premier ordre. Personne, depuis lors, n'a rien fait d'aussi étendu, rien d'aussi complet et d'aussi profond ; l'Allemagne elle-même n'a pas creusé davantage. L'auteur français a considéré le problème sous toutes ses faces ; maintenant encore, cent cinquante ans après l'époque où le livre fut écrit, j'ose dire que cette analyse satisfera pleinement les esprits sérieux.

Nous savons déjà comment Silvain définit le Sublime moral : il consiste à être élevé par son courage, par sa magnanimité, au-dessus de la crainte de la mort, au-dessus des passions et des vertus communes. Après avoir posé ce principe général, l'auteur examine chacun des éléments qu'il renferme. Il étudie en premier lieu le Sublime qui réside dans le mépris de la mort. « Je ne m'amuserai point à prouver, dit-il, que le mépris de la mort est une partie essentielle de la grandeur de l'homme, que les actions et les mouvements qui marquent ce mépris sont véritablement héroïques et sublimes. Le sentiment commun de tous les peuples sur ce point, la gloire de ceux qui généreusement savent affronter la mort, l'horreur qu'on a pour tous les lâches, la secrète honte que les lâches ont d'eux-mêmes, cette considération si naturelle que l'homme étant fait pour l'immortalité, pour la vertu et pour une gloire éternelle, il doit préférer cette gloire et cette vertu à sa vie ; les secrets mouvements des femmes, à qui la faiblesse semble être naturelle, et qui cependant ne sauraient souffrir un homme sans cœur ; tout cela justifie assez ma proposition. Ainsi, sans m'arrêter davantage à montrer cette vérité par des raisons, je me contenterai de la faire sentir par des exemples capables d'encourager, d'animer la lâcheté même, car peut-on entendre, sans une certaine émotion généreuse, le discours d'Horace qui, étant sur le point d'aller combattre pour Rome, répond à ceux qui se plaignent qu'ils vont être réduits à pleurer sa mort ou la perte de Rome :

« Quoi ! vous me pleureriez, mourant pour mon pays ! »

Silvain étudie ensuite chacune des passions humaines, et prouve qu'il est sublime de les dominer par la grandeur de son esprit et la force de son caractère. L'ambition est la première qu'il envisage, qu'il fait descendre du piédestal où on la place, pour la mettre au-dessous de l'abnégation, de l'honneur et de la vertu ; elle n'est que la forme la plus prétentieuse de l'égoïsme ou de la vanité. Si l'on en croit l'opinion générale, bien loin de vaincre les désirs dont elle remplit notre cœur, on doit s'efforcer de les satisfaire, parce qu'il est toujours très-glorieux de s'élever. Les âmes communes ne voient rien de plus grand que les couronnes, la puissance et les honneurs ; mais l'homme, par sa nature, est infiniment plus grand que ces honneurs, ce pouvoir et ces couronnes. S'il ne veut ni les acquérir, ni les garder en violant quelqu'une des lois morales, en démentant ses principes, en sacrifiant ou sa dignité, ou les intérêts des nations, il les abaisse par cet effort au-dessous de lui-même. Rien ne saurait être mis en parallèle avec sa magnanimité, puisqu'elle dédaigne ce que la terre offre de plus précieux ; une telle noblesse, un tel courage transportent le spectateur d'admiration. Sacrifier son amour à sa patrie, comme Curiace; à son devoir, comme Julie ou Chimène, c'est faire également un acte sublime. Il faut encore un véritable héroïsme pour étouffer en soi le désir de la vengeance et dominer les sentiments de fausse honte que nous inspire une société contre nature ; bref, on entre dans les régions du Sublime dès qu'on maîtrise ses passions. La victoire cependant doit être remportée d'une certaine manière, comme le remarque Silvain. « Les actions héroïques ne se doivent pas faire lâchement, et ce n'est pas être vertueux que de l'être à regret. Je veux que la passion sacrifiée fasse souffrir, mais non point qu'elle abatte ; je veux qu'un homme paraisse rempli d'une si grande passion, qu'un autre moins magnanime ne pourrait la dompter, ne pourrait accomplir son sacrifice, et je veux pourtant qu'il le fasse d'une volonté aussi pleine que s'il n'avait point de passion. » Silvain montre encore que le respect de sa conscience, mis au-dessus de l'opinion publique et des jugements d'autrui, que le plein exercice de sa volonté, chose si rare en ce monde, et une noble confiance dans soi-même ou dans les autres, sont des sources du Sublime

Après l'avoir si bien défini, notre auteur procède à

une opération contraire, et fait voir en quoi il ne consiste pas. On désigne souvent par le même nom des choses toutes différentes, quoique très-voisines. Le grand, pour offrir un premier exemple, ne doit pas être confondu avec le Sublime; leurs effets ne sont pas identiques; le premier ne ravit, ne transporte point d'admiration comme le dernier. La vigueur du raisonnement, la perfection du discours et le pathétique s'en distinguent plus profondément encore. Cette partie négative n'est pas moins intéressante, pas moins importante que l'autre : elle la corrobore et l'éclaircit. Une troisième discussion termine l'ouvrage : elle réduit à sa juste valeur le traité de Longin, c'est-à-dire à si peu de chose, que ce n'est plus la peine d'en parler. Tous ceux qui liront ces arguments les trouveront péremptoires. Silvain ne peut s'expliquer la faiblesse, pour ne pas dire la nullité, de cette œuvre célèbre, que par une hypothèse ingénieuse qui a l'air d'une épigramme. Il suppose que Longin n'a pas même voulu étudier la matière à laquelle semble consacré son livre, mais qu'ayant fait une simple rhétorique, il l'a désignée sous un autre nom, pour ne point paraître s'occuper d'un sujet trivial, marcher dans une route poudreuse où abondaient les voyageurs. Et Boileau, qui a été justement se mettre en adoration, la tête nue, le regard noyé d'extase, devant cette insignifiante composition !

Dans son dernier chapitre : *Des causes de la rareté du Sublime*, Silvain cherche quelle est la forme de gouvernement la plus propre à faire naître, à entretenir les généreux sentiments, qui produisent d'une part les actions magnanimes, de l'autre les plus grands effets de l'éloquence et de la poésie, comme ils fournissent aux historiens leurs plus beaux passages. Ces considérations politiques sont très-originales et excitent un vif intérêt. L'auteur méconnu l'emporte de beaucoup sur le philosophe allemand par toutes les idées d'application immédiate, dont il fortifie et éclaire son système.

Une allocution vraiment touchante, adressée à Boileau, termine son livre : « C'est à vous, Monsieur, d'apprendre à la France si j'ai bien ou mal traité ce sujet. Je suis persuadé que l'estime que vous avez pour Longin ne vous séduira pas en sa faveur, s'il a tort. — Et ne croyez pas que quand je vous prie de prononcer, je parle contre ma pensée ou que je craigne ce que je vous demande. Si j'avais pu trouver un juge plus éclairé et plus juste que vous, je l'aurais été chercher pour m'éclaircir; parce que je ne crains pas tant d'être condamné que d'être dans l'erreur et d'y jeter les autres. N'appréhendez donc pas de me faire aucune peine. Dans toutes mes disputes, je ne manque jamais de remporter l'avantage : ou je vaincs mon adversaire, ou je me vaincs moi-même en cédant à la raison. Voilà le fruit que je tirerai infailliblement de votre décision. Mais ce n'est pas le seul ni celui que j'estime davantage. Il y a longtemps que je souhaitais d'avoir l'honneur d'être connu de vous, et j'espère que cet ouvrage me mènera encore plus loin et me procurera un peu de part dans votre amitié. Il n'y a rien que je désire avec plus de passion, et vous ne sauriez me donner rien de plus précieux. Il est rare de voir tant d'esprit et un si grand talent pour la poésie, avec tant de probité et de vertu. — Croyez, Monsieur, que je pense ce que je vous dis et plût à Dieu que je pusse le dire comme je le pense ! Je voudrais bien avoir un peu de place dans un si bon cœur. Le mien y répondra assurément. C'est tout ce que j'ai à vous offrir et heureusement c'est aussi tout ce que vous voulez. »

Mais ces éloquentes prières, ce témoignage d'admiration et d'estime, ce noble désir d'avoir une place dans son amitié ne trouvèrent pas Boileau moins sec, moins indifférent, que la haute raison du penseur ne l'avait trouvé inattentif ou aveugle. Dans l'insolence de sa renommée, le poète fameux dédaigna probablement l'affection comme l'esprit de l'auteur inconnu. Il l'humilia et le découragea pour le reste de sa vie. C'est une sottise et une mauvaise action des plus regrettables. Silvain, qui était sans doute fort jeune, puisqu'il publia son livre vingt-quatre ans plus tard, aurait appris à châtier son style, déjà plein de force, de mouvement et de grandeur : il aurait produit d'autres ouvrages, car les facultés puissantes ont besoin d'exercice, et il serait devenu promptement une des gloires de son pays. Les âmes fières, les talents héroïques sont très-rares. Comment ne point garder rancune à Boileau d'avoir étouffé cette noble et vigoureuse intelligence ?

Deux vers de l'*Art poétique* prouvent du reste combien peu il entendait le sublime :

> On peut être à la fois et sublime et *plaisant*;
> Et je hais un sublime ennuyeux et pesant.

Un sublime qui est *plaisant* ! Un sublime lourd et ennuyeux ! La plus vive, la plus profonde, la plus rapide des émotions humaines qualifiée de cette manière et associée à de pareilles épithètes ! Boileau, évidemment, ne comprenait rien au sublime.

La *Critique du jugement*, qui renferme les mêmes principes que le traité de Silvain, n'embrasse pas toute l'étendue de son objet : elle a ses côtés défectueux aussi bien que l'ouvrage publié antérieurement. Le philosophe moderne n'a examiné que le sublime de l'espace, nommé par lui *Sublime mathématique*, et le sublime de la nature déployant toute sa puissance, nommé par lui *Sublime dynamique*. Il a ignoré le sublime du temps et omis le sublime moral, sous prétexte qu'il ne rentre point dans la sphère du beau et de l'esthétique, mais dans celle du bien et de la conscience. Comme si les actions humaines n'avaient point leur beauté ! Comme si l'héroïsme n'était pas le genre de sublime qui nous cause la plus vive émotion, dans les œuvres plastiques ou littéraires aussi bien que dans la réalité ! Un petit nombre d'extraits suffiront pour prouver la ressemblance des deux systèmes.

« Nous appelons sublime *ce qui est absolument grand*. Dire *simplement* qu'une chose est grande, ce n'est pas dire qu'elle est absolument grande. Dans ce dernier cas, la chose est grande *au-dessus de toute comparaison*. Nous ne permettons pas alors qu'on cherche en dehors d'elle une mesure qui lui convienne ; nous voulons qu'on la trouve en elle seule. C'est une grandeur qui n'est égale qu'à elle-même. Il suit de là qu'il ne faut pas chercher le Sublime dans les choses de la nature, mais seulement dans nos idées ; quant à la question de savoir dans quelles idées il réside, nous devons la réserver pour la déduction.

« La définition que nous avons donnée tout à l'heure peut aussi s'exprimer de cette manière : *Le Sublime est ce en comparaison de quoi toute autre chose est petite.* Or, on ne peut rien trouver dans la nature, si grand que nous le jugions d'ailleurs, qui, examiné sous un autre point de vue, ne puisse descendre jusqu'à l'infiniment petit, et réciproquement il n'y a rien de si petit qui, relativement à des mesures plus petites encore, ne puisse s'élever aux yeux de notre imagination jusqu'à la grandeur d'un monde. Les télescopes ont fourni une riche matière à la première observation; les microscopes, à la seconde. Nul objet sensible, pris en lui-même, ne saurait conséquemment être appelé sublime. Mais précisément parce qu'il y a dans notre imagination un effort vers un progrès à l'infini et dans notre raison une prétension à l'absolue totalité comme à une idée réelle, la disconvenance même qui se manifeste entre notre faculté d'estimer la grandeur des choses du monde sensible et cette idée, éveille en nous la conscience d'une faculté plus haute, dominant l'univers extérieur ; ce sont les idées qu'elle conçoit, la disposition morale que produisent en nous certains objets, et non les objets des sens qui ont une grandeur absolue Nous pouvons donc ajouter encore cette formule aux précédentes définitions du Sublime : *Le Sublime est ce qui ne peut être conçu sans révéler une faculté de l'esprit qui surpasse toute mesure des sens* » (1).

L'étonnante analogie de cette explication avec les idées

---

(1) Nous empruntons quelques phrases à la traduction de M. Barni, publiée en 1846, chez Ladrange.

de Silvain doit avoir frappé le lecteur. Cette analogie se maintient dans le cours de l'ouvrage, sur les principales questions. Un ou deux extraits vont permettre d'en juger, mais nous ne multiplierons point les passages de Kant : son style bizarre, plein de subtilités scolastiques, aurait bientôt effrayé, déconcerté les esprits français.

— « L'infini est grand d'une manière absolue et non pas seulement d'une manière comparative ; toute autre grandeur est petite en comparaison. Mais, point capital, le pouvoir que nous avons de le concevoir, au moins comme *un tout*, révèle une faculté de l'esprit qui dépasse toute mesure des sens. Car on ne peut concevoir une mesure qui aurait un rapport déterminé, exprimable en nombres, avec l'infini. La nature est donc sublime dans ceux de ses phénomènes dont l'intuition entraîne l'idée de son infinité. On voit aussi par là que la véritable sublimité ne doit être cherchée que dans l'esprit de celui qui juge, non dans l'objet de la nature dont l'appréciation occasionne cet état. »

Ni les sens ni l'imagination ne peuvent saisir l'infini : la raison le conçoit, mais il échappe aux autres facultés. C'est donc en nous-mêmes qu'il nous apparaît, et les choses extérieures, si grandes qu'elles soient, ne font qu'en éveiller l'idée dans notre esprit. Cette opinion de Kant ne permet pas, à notre avis, le plus léger doute. Voyons maintenant sa définition du sublime *dynamique*.

« Des rochers audacieux suspendus dans l'air et comme menaçants, les nuages orageux que sillonnent les éclairs et la foudre, la mer immense avec toutes ses fureurs, les volcans qui exercent leur puissance destructive, les tempêtes semant après elles la dévastation ; la cataracte d'un grand fleuve… sont des choses qui réduisent à une insignifiante petitesse notre pouvoir de résistance, comparé avec de telles forces. Mais l'aspect en est d'autant plus attrayant qu'il est plus terrible, pourvu que nous soyons en sûreté ; et nous nommons volontiers ces choses Sublimes, parce qu'elles élèvent l'énergie de l'âme et nous font découvrir en nous-mêmes un pouvoir de résistance d'une autre espèce, qui nous donne le courage de nous mesurer avec la toute-puissance apparente de la nature.

« En effet, de même que l'immensité de la nature nous a révélé notre propre limitation, mais nous a fait découvrir dans notre raison une faculté non sensible, qui comprend en elle l'infini et devant laquelle tout se rapetisse hors de nous, et nous a montré ainsi dans notre intelligence une supériorité incontestable ; de même, l'impossibilité de résister à sa puissance nous fait reconnaître notre faiblesse en tant qu'êtres physiques, mais nous découvre en même temps une faculté par laquelle nous nous jugeons indépendants de la nature : elle nous révèle donc une autre supériorité sur elle. Nous pouvons annuler son empire relativement à nous, à notre personnalité, dès qu'il s'agit de nos principes moraux, de l'accomplissement ou de la violation de ces principes. L'homme physique peut succomber en nous, mais notre volonté reste ferme et inébranlable, notre existence spirituelle demeure intacte. »

Ceci veut dire qu'au milieu des crises les plus violentes de la nature, l'homme sent en lui une force qui peut braver cette nature et la mort dont elle le menace, comme César sur la mer Adriatique ou Guillaume Tell sur le lac des Quatre Cantons. Entre braver la nature et braver les hommes, il y a peu de différence : s'exposer dans les batailles, pour soutenir un principe, pour défendre la liberté d'un peuple, envisager sans crainte le bannissement et l'exil, ne sont pas des actes moins glorieux que de soutenir intrépidement la rage des éléments déchaînés. Le système de Kant lui inspire bientôt l'admiration de la bravoure militaire.

— « Quand la guerre est faite avec ordre et respect pour le droit des gens, elle a quelque chose de sublime, et elle rend l'esprit du peuple, qui la fait ainsi, d'autant plus sublime qu'il y est exposé à plus de dangers et qu'il les soutient courageusement : au contraire une longue paix a ordinairement pour effet d'amener la domination de l'esprit mercantile, des plus bas intérêts personnels, de la mollesse et de la lâcheté ; elle abaisse l'esprit public. »

Kant effleure ainsi la quatrième forme du sublime, le sublime moral, dont il a cru bien mal à propos ne point devoir s'occuper.

Je crois maintenant la ressemblance de sa doctrine avec la théorie de Silvain assez manifeste pour qu'il soit superflu de continuer le parallèle. L'avocat français a compris, en 1708, un phénomène que nul n'avait expliqué avant lui : quatre-vingt-deux ans plus tard, en 1790, le philosophe allemand a exposé le même système. En 1764, c'est-à-dire vingt-six ans auparavan il avait publié des *Observations sur le sentiment du Beau et du Sublime*, où il approche aussi peu de la vérité que Longin et Burke. Ce sont là des faits importants et curieux. Le penseur de Kœnigsberg, ce maître vénéré dans toute l'Allemagne, a-t-il connu le livre de Silvain, lui a-t-il emprunté les bases de sa *Critique du Jugement*? Après en avoir tiré des aperçus originaux, qui lui avaient échappé dans sa jeunesse, a-t-il caché le nom de l'inventeur? Profitant de l'ombre injuste où ses compatriotes l'ont laissé, a-t-il voulu se couvrir de sa dépouille et faire illusion à l'Europe? Je ne le crois pas. Kant a montré toute sa vie un si noble caractère que cet odieux soupçon ne doit pas l'atteindre : il possédait une si riche nature qu'il n'avait pas besoin de guetter les passants, aux détours des routes peu fréquentées du monde littéraire. Je crois donc qu'il s'est purement et simplement rencontré avec Silvain. La rencontre me paraît surtout glorieuse pour le dernier, qui a vu la lumière près d'un siècle avant l'illustre philosophe. La France pourrait revendiquer l'honneur de sa découverte, si les nations avaient le droit de montrer avec orgueil les talents ou le génie qu'elles ont méconnus. Or, jamais homme n'a été moins apprécié que le courtois adversaire de Longin et de Boileau.

Cherchez en effet dans tous les dictionnaires historiques, dans toutes les biographies universelles, depuis Moreri et Feller jusqu'à Michaud : pas un seul de ces grands livre ne renferme le nom de Silvain. Le *Manuel du Libraire*, par Brunet, ne le mentionne pas davantage. M. Barni, le traducteur de la *Critique du Jugement*, qui a publié en outre un habile examen de ce dernier ouvrage, ne souffle mot du précurseur de Kant. Des trois individus qui ont mis en français les *Observations sur le sentiment du Beau et du Sublime*, aucun ne cite l'avocat au parlement. Les hommes les plus versés dans l'histoire de notre littérature n'ont jamais vu son nom. Il a passé comme les vapeurs légères qui se forment le soir au-dessus des sources, et que la moindre brise enlève ou disperse. Le premier en France il abordait les hautes régions de l'esthétique : on le laissa voyager seul loin des sentiers battus.

Que devint cependant la *Satire sur l'Equivoque,* dont la publication retardée avait fait écrire ce volume de cinq cents pages? Elle ne put voir le jour dans l'édition de 1710, non plus que dans celle de 1713 ; après la mort de Louis XIV seulement, lorsque les jésuites, mécontents du morceau, où ils étaient fort maltraités, eurent perdu avec l'appui du monarque presque toute leur influence, l'opuscule sortit de prison et circula d'un bout à l'autre de l'Europe, accueilli sur son passage comme une espèce de verbe sacré. L'œuvre de Longin, qui l'accompagnait, excita de nouveau une niaise admiration : elle a conservé depuis le privilége d'enchanter les critiques. Burke ayant traité plus tard le même sujet d'une manière aussi vaine et aussi ridicule, son livre a obtenu un tel succès qu'on le réimprime dans toutes les collections populaires de la Grande-Bretagne. Silvain, plus fort de beaucoup, Silvain, le prédécesseur de Kant, de Schiller, de Hegel, a été frappé de mort littéraire. N'est-ce point dans le cas de répéter la sentence de Juste-Lipse : « Les uns méritent, les autres obtiennent. »

Une tentative si originale, si vigoureuse ayant échoué, de moindres efforts, des conceptions moins nettes, moins étendues ne pouvaient réussir. Nous avons mentionné plus haut l'abbé Terrasson (1) : il prit part à la querelle

(1) Né à Lyon en 1670, mort à Paris le 15 septembre 1750.

des Anciens et des Modernes, en publiant une *Dissertation critique sur l'Iliade d'Homère*, pendant l'année 1715. Mathématicien et disciple de Descartes, il voulait introduire la philosophie dans l'étude des belles-lettres. « J'entends par philosophie, nous dit-il, une supériorité de raison, qui fait rapporter chaque chose à ses principes propres et naturels, indépendamment de l'opinion qu'en ont eue les autres hommes. » Or, cette liberté intellectuelle, cet examen scientifique de toutes choses, ne permettent pas d'attribuer plus longtemps aux vieilles règles littéraires une autorité infaillible. Les lois véritables de la poésie doivent être cherchées dans l'essence de la poésie même, et non plus dans la tradition, dans l'analyse de quelques volumes grecs ou romains. L'abbé entreprend donc de juger Homère avec cette indépendance d'esprit ; mais, par malheur, il déclare qu'il ne veut pas formuler directement une nouvelle poétiqne ; sa théorie se développera insensiblement, au fur et à mesure qu'il appréciera le chantre de Smyrne. Et sa dissertation grandit, grossit, occupe onze cents pages. Or, les idées générales, s'il y en a, étant confondues avec les observations particulières, on ne les va point chercher au milieu de cet épais taillis : on peut même douter que les résultats de l'exploration valussent la peine qu'elle coûterait. Le louable dessein de l'auteur se trouve ainsi annulé par une méthode vicieuse. Mais eût-il choisi une meilleure voie, exposé un système complet d'esthétique, on est en droit de penser qu'il n'aurait pas obtenu un plus grand succès. La raison n'éclaire, n'influence qu'un auditoire attentif et judicieux.

Fontenelle avait conçu un projet analogue, avait même

tracé une ébauche de l'ouvrage dès la fin du dix-septième siècle. Mais, n'ayant jamais hâte de publier, il n'imprima qu'en 1742 ses *Réflexions sur la Poétique*. L'hostilité qui s'y manifeste partout contre Racine, lui fit garder son manuscrit jusqu'à la mort du poète ; il parut ensuite l'avoir oublié (1). Comme son *Histoire du théâtre françois* lui avait inspiré ces considérations, l'art dramatique en forme le sujet principal. « Pour trouver les règles du théâtre, il faudroit remonter, dit il, jusqu'aux premières sources du beau, découvrir quelles sont les choses dont la vue peut plaire aux hommes, c'est-à-dire leur occuper l'esprit ou leur remuer le cœur agréablement, et cela est déjà d'une vaste étendue et d'une fine discussion. Après avoir découvert les actions qui de leur nature sont propres à plaire, il faudroit examiner quels changements y apporte la forme du théâtre, ou par nécessité, ou pour le seul agrément ; et ces recherches étant faites avec toute l'exactitude et toute la justesse nécessaires, alors on n'auroit pas seulement trouvé les règles du théâtre, mais on seroit sûr de les avoir trouvées toutes ; et si, en descendant dans le détail, il en étoit échappé quelqu'une, on la ramèneroit sans peine aux principes qui auroient été établis.

« Avoir trouvé toutes les règles du théâtre, ne seroit pas encore toute la poétique ; il faudroit comparer ensemble ces différentes règles et juger de leur importance. Telle est, presque toujours, la nature des sujets, qu'ils n'admettent pas toutes sortes de beautés : il faut faire un choix et sacrifier les unes aux autres. — Ce plan

(1) *Mémoires sur Fontenelle*, par l'abbé Trublet, p. 299.

d'une poétique, telle que je l'imagine, est presque immense, et demanderoit une justesse d'esprit infinie. Je n'ai garde de m'engager dans une pareille entreprise. Je veux seulement faire voir que ce plan n'est pas si chimérique qu'il pourra le paroître d'abord à de certaines personnes. »

Voilà, sans le moindre doute, des aperçus excellents. Fontenelle embrasse d'un coup d'œil toute la carrière qu'il devrait parcourir ; mais il n'ose s'y lancer. Il exprime quelques idées générales, qui ne manquent ni de justesse, ni de délicatesse ; l'unité, la simplicité, la diversité lui inspirent des observations pleines de sens, qui n'auraient pas dû être vouées immédiatement à l'oubli. « La simplicité, dit-il, ne plaît point par elle-même, elle ne fait qu'épargner de la peine à l'esprit. La diversité, au contraire, par elle-même est agréable, l'esprit aime à changer d'action et d'objet. Une chose ne plaît point précisément par être simple, et elle ne plaît point davantage à proportion qu'elle est plus simple, mais elle plaît en étant diversifiée sans cesser d'être simple; plus elle est diversifiée sans cesser d'être simple, plus elle plaît. En effet, de deux spectacles, dont ni l'un ni l'autre ne fatigue l'esprit, celui qui l'occupe le plus, lui doit être le plus agréable. » D'autres remarques sur les passions, sur les caractères tragiques, ont une valeur réelle et une importance durable. Mais l'auteur resserre peu à peu l'orbite de sa pensée : à chaque évolution, elle se rapproche de Corneille comme d'un centre ; l'œuvre finit par être une sorte de manifeste contre Racine, en l'honneur de son devancier. Fontenelle exalte son oncle avec une ardeur qu'on ne peut croire impartiale. Son *Histoire du théatre françois* révèle les mêmes sentiments de famille : elle s'étage, elle monte comme une butte, au sommet de laquelle le neveu intronise la statue de son parent. Le poète a soutenu les unités; son panégyriste les soutient aussi, et avec la même rigueur que Voltaire (1). Après avoir cheminé longtemps sous sa conduite, on verse inopinément dans les ténèbres, et l'on s'aperçoit qu'on n'avait point quitté l'ornière de la routine.

Je pourrais étudier ici, apprécier plusieurs autres ouvrages, où se manifestent çà et là quelques tendances novatrices; mais ces parcelles d'or s'y trouvent mêlées à beaucoup de plomb et de métaux inférieurs. Dans les *Réflexions critiques sur la Poésie et la Peinture* (2), l'abbé Du Bos engage les poètes à traiter des sujets nationaux, cherche d'une main novice les causes qui font prospérer la littérature et les arts, qui amènent leur décadence ; le père André, dans son *Essai sur le Beau*, publié en 1741, tâche de définir le plus attrayant de tous les phénomènes, d'en éclairer la nature et les lois; dans son *Traité du Beau* (3), le professeur De Crouzas tente une opération analogue. Mais tous ces livres n'atteignent pas leur but, n'élucident point la matière qui en forme le sujet, n'ouvrent pas à la pensée des perspectives inconnues. Ils manquent de netteté, de force et d'in-

(1) « Si on promenoit le spectateur d'un lieu dans un autre, ou si on lui vouloit persuader qu'il a vu en deux heures ce qui s'est passé qu'en un an, il reconnaîtroit sans peine l'illusion, et le charme se dissiperoit. A prendre l'unité de temps et de lieu dans leur grande perfection, l'action de la tragédie ne doit durer que deux heures, et toutes les scènes se doivent passer récisément dans le même lieu où la première s'est passée. »

(2) Composées vers 1714, au témoignage de Voltaire.

(3) La première édition est de 1714.

vention ; ils ne suffisent même pas comme sentiment. Le théoricien et le critique, à la vérité, ne sont pas des poètes ; mais leur style, leurs idées, leur émotion doivent témoigner qu'ils comprennent la poésie, qu'elle leur inspire même un violent amour. Elle nous offre une image sublime ou charmante du monde, de l'homme, de la société ; quelque chose de sa magnificence, de sa grâce, de sa noblesse, doit se réfléchir dans les œuvres qui l'analysent. Il faut que là aussi rayonne le soleil, s'épanouissent les fleurs, chantent les oiseaux, murmurent les vagues ; que là aussi les jeunes cœurs tressaillent, les héros s'apprêtent au sacrifice, la mère regarde avec joie son enfant, le vieillard contemple d'un air pensif les tombeaux, où il a vu descendre presque toute sa génération. Silvain, Châteaubriand, Hegel, Kant, Schiller, prouvent la possibilité de remplir ce programme.

Mais les ouvrages dont nous parlons eussent-ils réuni toutes les qualités nécessaires, tous les mérites imaginables, leur perfection eût échoué contre l'apathie et la frivolité croissantes. Les problèmes d'art et de littérature allaient rencontrer des juges de plus en plus futiles; on allait trancher toutes les questions par de brèves sentences, qui n'admettaient ni examen ni réplique. Voltaire donna l'exemple, débita le premier des oracles, dans le dictionnaire qui termine son *Siècle de Louis XIV*. Il eut bientôt de nombreux copistes, en tête desquels brillèrent La Harpe, Palissot et l'abbé Sabatier de Castres. Les *Mémoires littéraires* de Palissot constatent l'imitation de la manière la plus flagrante; les *Trois siècles de la littérature françoise*, par le prêtre vagabond, n'attestent pas une moindre docilité, quoique l'auteur fût ennemi de Voltaire et des libres penseurs. La suffisance et l'étourderie générales devaient bientôt faire regretter l'étude même incomplète des lois et des principes.

Un livre remarquable, imprimé au seizième siècle, était déjà demeuré sans effet. En 1549, le médecin Niphus avait publié à Lyon un volume qui porte pour titre : *De Pulchro et de Amore*. Il y expose toutes les doctrines esthétiques des anciens; il y formule lui-même une théorie ingénieuse. Son travail fut comme non avenu : les poètes n'y cherchèrent pas l'instruction qui leur manquait ; il n'approfondit et n'éclaircit point les idées littéraires de l'époque. A la fin du siècle, il était devenu si rare, que Grundlingius et Stollius lui consacrent de maigres et insuffisantes notices, faute d'avoir pu se le procurer. Il fut réimprimé à Leyde, en 1641, avec aussi peu de succès, quoique l'auteur eût joui d'une grande célébrité pendant sa vie, eût même passé pour un second Aristote.

CHAPITRE X.

Réforme du Théâtre.

Lassitude des règles. — Opinion de Jean-Jacques. — Besoin de naturel. — Polémique de La Motte ; son *Discours sur la Tragédie*. — Critique des trois unités. — Voltaire se déclare pour la routine. — Ses variations et ses contradictions. — Principes de Marmontel ; ses incertitudes. — Les tragédies bourgeoises de Lachaussée. — Système de Diderot : ses préfaces et ses pièces. — Beaumarchais : préfaces théoriques de ses drames, comédies et opéras. — Originalité de son talent. — Introduction de l'histoire moderne sur le théâtre — Le drame de *François II*, composé par le président Hénault d'après le système de Shakespeare. — De Bellon Sauvigny, D'Arnaud. — Inutile essai pour réformer la déclamation: le comédien Aufresne.

D'autres principes d'innovation étaient alors en jeu. Une culture maladroite avait à la longue appauvri le sol poétique ; il ne produisait plus ni fleurs charmantes, ni fruits savoureux ; l'ennui seul s'y développait sous la contrainte des règles. Partout se manifestait un besoin violent d'indépendance. La pompe éternelle du langage rebutait aussi les lecteurs ; on soupirait après un art moins cérémonieux. Nos joies les plus douces ne sont pas celles que nous goûtons en public et avec nos habits de fête. La réalité journalière offre des circonstances plus attrayantes, nous remplit d'émotions plus vives que les fastueuses parades où l'on s'étale comme des objets de curiosité. On cherchait vainement dans notre poésie des esquisses familières, des tableaux intimes. L'art de la scène, en particulier, se momifiait sous les bandelettes d'un superstitieux décorum. Jean-Jacques le lui reproche amèrement : « Plus j'y réfléchis, dit-il, et plus je trouve que tout ce qu'on met en représentation au théâtre, on ne l'approche pas de nous, on l'en éloigne. Quand je vois le comte d'Essex, le règne d'Élisabeth se recule à mes yeux de dix siècles ; et si l'on jouait un événement arrivé hier dans Paris, on me le ferait croire du temps de Molière. Le théâtre a ses règles, ses maximes, sa morale à part, ainsi que son langage et ses vêtements. On se dit bien que rien de tout cela ne nous convient et l'on se croirait aussi ridicule d'adopter les vertus de ses héros, que de parler en vers et d'endosser un habit à la romaine » (1).

Cet état de la scène provoqua enfin des tentatives de réforme : La Motte donna le signal. Il pointa d'abord son artillerie contre les unités (2). Il voyait en elles des lois puériles, sans but et sans motif. L'unité de lieu s'oppose fréquemment à la vraisemblance. Il n'est pas naturel que toutes les parties d'une action s'accomplissent dans une seule chambre ou une seule place. Il faut violer cruellement les lois du bon sens, pour réunir au même endroit des personnages qui ne devraient pas s'y trouver; pour y faire dire, selon le besoin de l'intrigue, des paroles qui ne devraient jamais y retentir. Cette règle prétendue n'enfante que des absurdités.

(1) *Lettre à D'Alembert sur les spectacles.*
(2) *Discours sur la tragédie.*

Vainement allèguerait-on que les spectateurs, ne changeant point de place, ne peuvent supposer que les acteurs en changent. Eh! quoi, ces spectateurs, parce qu'ils ont conscience d'être au milieu d'un théâtre, se transportent-ils moins facilement dans Athènes et dans Rome, avec les personnages du drame? Croit-on que leur intelligence ne se prêterait pas à la même illusion d'acte en acte? Ne supporte-t-on point cette diversité de lieu à l'Opéra?

Les auteurs l'évitent à force de patience; mais combien de beautés ils sacrifient au monstre dévorant de l'usage! Ils cachent des parties de l'action que le spectateur aimerait voir, et y substituent de froids récits.

L'unité de temps n'est pas moins folle et moins désastreuse. En la poussant à la rigueur, la durée de l'action ne devrait pas excéder celle de la représentation. Car, si l'on ne veut pas que le spectateur immobile laisse changer de lieu les acteurs, pourquoi lui permettrait-on de supposer que les héros passent cinq ou six heures, ou une nuit entière, hors de sa présence, quand il ne s'écoule réellement que des minutes? Mais comme des intrigues compliquées, telles que nous les voulons, sous peine de ne pas leur accorder le moindre intérêt, ne peuvent se nouer et se dénouer en une ou deux heures, on a donné à l'unité de temps plus d'étendue qu'à celle de lieu. Quel motif empêche de poursuivre et d'accorder aux auteurs une liberté complète? Ne les voit-on pas encore étriquer, défigurer leurs sujets pour observer la loi des vingt-quatre heures? Ne vaudrait-il pas mieux proportionner la durée du temps à la nature de l'action? Ce serait là une vraisemblance réelle et non point fictive comme l'autre; car au théâtre nous sommes dans le domaine de l'esprit, et c'est l'intelligence surtout qu'il ne faut pas choquer. D'ailleurs n'ouvrirait-on pas ainsi une plus vaste carrière au sentiment, à l'imagination? Quelle sottise d'étouffer la poésie sous de vaines ordonnances ! Foulez aux pieds ce code barbare, vous verrez que l'intérêt augmentera. Le cœur n'est point esclave d'habitudes prises sans son aveu; il se crée facilement toutes les illusions qui augmentent ses jouissances.

L'unité de temps force comme l'autre à éloigner des yeux des parties essentielles du drame, et c'est un grand malheur.

L'unité d'action paraît plus fondamentale; on pourrait néanmoins s'en dispenser comme des premières. La seule unité vraiment obligatoire est celle de l'intérêt; aussi les critiques n'en ont-ils jamais rien dit. Elle consiste à bien fixer l'attention, dès le commencement d'une pièce, sur l'objet principal dont on veut occuper l'intelligence et émouvoir le cœur; à n'employer que des personnages qui aient un rapport direct avec la situation du héros; à ne se lancer dans aucune digression, sous prétexte d'ornement; à marcher ainsi jusqu'à la catastrophe, où le péril doit atteindre son comble et la vertu sa plus haute énergie. Toute œuvre disposée de la sorte remuera l'âme; elle ne lui laissera point troubler son illusion par les souvenirs de la réalité.

L'unité d'action peut n'avoir pas les mêmes effets. Si plusieurs personnages sont fortement impliqués dans un événement, s'ils méritent tous qu'on sympathise avec eux, il y aura unité d'action, mais non pas unité d'intérêt. On perdra fréquemment les uns de vue pour suivre les autres; on souhaitera et on craindra de trop de côtés.

A ces observations importantes sur une déplorable contrainte, La Motte en joignait de non moins graves, de non moins péremptoires. Il blâmait, entre autres choses, l'emploi des confidents. Ce sont des personnages inutiles, simples témoins des affections, des regrets, des desseins qui agitent les principaux acteurs. Ils ont pour tâche unique de s'effrayer ou de s'attendrir par contre-coup ; ils n'entrent pas plus dans l'action que le public. Aussi peut-on dire qu'ils suspendent et embarrassent la marche d'une pièce à proportion de leur nombre.

Des idées si justes ne demeurèrent point sans contradicteur. Le plus frivole, le plus tranchant, le plus mobile, le plus vaniteux, le plus étourdi des hommes prit sous sa protection le droit divin de la routine. Voltaire essaya de pendre La Motte au gibet du ridicule. Mais il s'attaquait à un habile adversaire qui le précipita lui-même du haut de l'échelle. Dans sa réponse, en effet, la pauvreté de ses arguments était digne de son enthousiasme fanatique pour des lois saugrenues. Il allait jusqu'à écrire : « Le spectateur n'est que trois heures à la comédie; il ne faut donc pas que l'action dure plus de trois heures. Cinna, Andromaque, Bajazet ne durent pas davantage. Si quelques autres pièces exigent plus de temps, c'est une licence qui n'est pardonnable qu'en faveur des beautés de l'ouvrage; et plus cette licence est grande, plus elle est faute. »

La Motte, appréciant toute la faiblesse d'une pareille logique, raillait l'auteur d'une manière aussi fine que mordante : « Votre précipitation à me répondre, et votre facilité à dire tout ce qui se présente à votre esprit, ont fait que vous ne vous êtes pas donné la peine de m'entendre. Il en arrive que vous réfutez tout ce que je n'ai pas dit et que vous ne répondez presque pas un mot à ce que j'ai dit ; méprise qui vous divertirait vous-même, si vous la pouviez voir d'un œil indifférent. »

C'était en 1729 que Voltaire se déclarait ainsi l'âme damnée de la vieille littérature. Trois ans auparavant, il soutenait des idées entièrement contraires et, selon l'habitude de ces esprits sans lest, sans gouvernail, sans équilibre, que tous les flots emportent, que toutes les rafales inclinent, tantôt d'un côté, tantôt de l'autre, il déployait alors la même énergie en faveur du progrès. Comme dans ce moment il habitait l'Angleterre, pays de liberté poétique, son âme inconsistante obéissait au vent régénérateur qui soufflait sur elle. L'essai (1) où il examine la nature de l'épopée le classe parmi les hommes avides de changements littéraires. Il y attaque, la hache en main, les palissades de la critique régnante ; il veut la débusquer de sa position et lui enlever son pouvoir oppressif. « On a accablé, dit-il, presque tous les arts d'un nombre prodigieux de règles dont la plupart sont inutiles ou fausses. Le monde est plein de critiques, qui, à force de commentaires, de définitions, de distinctions, sont parvenus à obscurcir les connaissances les plus claires et les plus simples. Ils ont laborieusement écrit

---

(1) *Essai sur la poésie épique.* L'auteur se laissait alors tellement dominer par l'influence de la Grande-Bretagne, qu'il rédigea d'abord cet opuscule en anglais. L'abbé Desfontaines le traduisit dans notre langue, et Voltaire mécontent de sa version, en publia une autre qu'il avait faite lui-même. Voyez dans sa *Correspondance* une lettre du 22 novembre 1733, adressée à M. Brossette ; on y lit : « Vous trouverez peut-être assez plaisant que je sois un auteur traduit par mes compatriotes et que je me sois retraduit moi-même. »

des volumes sur quelques lignes que l'imagination des poètes a créées en se jouant. Ce sont des tyrans qui ont voulu asservir à leurs lois une nation libre, dont ils ne connaissent point le caractère : aussi ces prétendus législateurs n'ont fait souvent qu'embrouiller tout dans les États qu'ils ont voulu régler. »

Il prouve ensuite l'indépendance du génie ; quand on embarrasse sa marche, il perd toutes ses forces. Il aime à courir et non point à se traîner avec des béquilles.

La poésie non plus n'est pas stationnaire, ses conditions changent selon les temps, les lieux, les mœurs, les croyances. « Il faut dans tous les arts se donner bien de garde de ces définitions trompeuses, par lesquelles nous osons exclure toutes les beautés qui nous sont inconnues, ou que la coutume ne nous a point encore rendues familières. Il n'en est point des arts, et surtout de ceux qui dépendent de l'imagination, comme des ouvrages de la nature. Nous pouvons définir les métaux, les minéraux, les éléments, les animaux, parce que leur nature est toujours la même ; mais presque tous les ouvrages des hommes changent ainsi que l'imagination qui les produit. Les coutumes, les langues, le goût des peuples les plus voisins diffèrent. Que dis-je ! la même nation n'est plus reconnaissable au bout de trois ou quatre siècles. Dans les arts qui dépendent de l'imagination, il y a autant de révolutions que dans les États ; ils changent en mille manières, tandis qu'on cherche à les fixer. »

Voilà certes une reconnaissance formelle du progrès et de la nécessité du progrès dans l'art. Ce passage renferme implicitement le fameux axiome de M. de Bonald : la littérature est l'expression de la société. Celui qu'on va lire n'est pas moins positif : « Ce serait s'égarer étrangement que de vouloir suivre en tout les anciens à la piste. Nous ne parlons point la même langue. La religion, qui est presque toujours le fondement de la poésie épique, est parmi nous l'opposé de leur mythologie. Nos coutumes sont plus différentes de celles des héros du siége de Troie que de celles des Américains. Nos combats, nos siéges, nos flottes n'ont pas la moindre ressemblance ; notre philosophie est en tout le contraire de la leur. L'invention de la poudre, celle de la boussole, de l'imprimerie, tant d'autres arts qui ont été apportés récemment dans le monde, ont en quelque façon changé la face de l'univers. Il faut peindre avec des couleurs vraies comme les anciens, mais il ne faut pas peindre les mêmes choses. »

A ces phrases pleines de justesse, nous pourrions en opposer de tout à fait contradictoires. Il est permis de douter que l'auteur en saisit réellement la signification. Dans le *Siècle de Louis XIV*, par exemple, à l'article *Godeau*, il écrit cette sentence : « C'est une grande erreur de penser que les sujets chrétiens puissent convenir à la poésie comme ceux du paganisme, dont la mythologie, aussi agréable que fausse, animait toute la nature. » Les ouvrages, où il cherche à sortir de l'ornière classique, ont généralement un air faux et ambigu qui légitime notre méfiance. Ses innovations n'offrent à peu près rien de nouveau. Celles d'entre ses pièces de théâtre notamment, qui, vu la nature des sujets, lui eussent laissé libre carrière, s'il avait eu des idées vraiment originales, sont toutes taillées d'après le modèle commun. S'élance-t-il en Amérique, sur un sol vierge encore, au milieu de populations, d'habitudes, de croyances, de végétaux même différents des nôtres ? il n'en tire aucun effet imprévu : nulle image, nul sentiment, nulle pensée. Il transporte les mœurs de Paris dans les déserts, l'élégance des salons dans de vieilles forêts où serpentent les boas, où rugissent les crocodiles, où le Mandane et le Huron poursuivent le flamant et l'ours noir. Son Alzire est une jeune personne du grand monde. On peut dire la même chose de ses Orientaux. Ils sont vêtus à la mode française, parlent comme nos dandys et viennent de lire le Mercure.

Marmontel, le disciple et l'admirateur de Voltaire, inspire des remarques analogues. Parfois il avance des opinions très hardies, parfois il soutient des maximes rétrogrades. Il est novateur en principe, mais quoiqu'il cherche des sentiers nouveaux, il perd bien rarement de vue la grande route : cette ligne poudreuse se montre toujours derrière ses plus fraîches pensées, au milieu de ses plus brillantes perspectives. Tantôt il réclame pour l'imagination une indépendance sans bornes ; il veut qu'on la laisse cheminer et bondir, l'œil en feu, les crins épars, semblable aux cavales des steppes inhabitées, frappant le sol d'un pied dédaigneux et aspirant à pleins poumons un air libre comme elles (1) ; tantôt il veut la soumettre au joug d'Aristote et proclame l'utilité de ses

---

(1) « Est-ce à la froide raison à guider l'imagination dans son ivresse ? Le goût timide et tranquille viendra-t-il lui présenter le frein ? O vous, qui voulez savoir ce que peut la poésie dans sa chaleur et dans sa force, laissez bondir en liberté ce coursier fougueux : il n'est jamais si beau que dans ses écarts ; le manége ne ferait que ralentir son ardeur et contraindre l'aisance noble de ses mouvements ; livré à lui-même, il se précipitera quelquefois, mais il conservera dans sa chute cette fierté et cette audace qu'il perdrait avec la liberté. » *Eléments de littérature.*

doctrines littéraires (1). Il censure Boileau, le déclare un pauvre homme, lui refuse le droit de juger les questions vraiment poétiques, la nature ne lui ayant accordé ni sentiment, ni fantaisie; jamais il n'a conçu l'idéal autrement que par relation avec les anciens, il ne pensait même pas que l'on pût s'en former un type moins borné. L'auteur de *Bélisaire* ne prend donc point pour guide le fameux *législateur du Parnasse* (2). Mais il ne se préserve pas toujours de son système : l'art antique offre à ses yeux le modèle absolu du beau, l'image exquise de la perfection (3). Quand il arrive à l'exemple, au détail, les génies de la Grèce et de Rome, les Homère, les Virgile, les Horace et les Catulle l'entraînent malgré lui sur leurs pas ; seulement il adopte en même temps qu'eux des hommes jusqu'alors maudits : Lucain et les poètes prétendus impurs ne le font pas tressaillir d'horreur.

Si on examine avec attention ses ouvrages théoriques, on trouvera qu'il était gagné à la cause de l'émancipation littéraire. Manifestant une vive répugnance pour les unités, il conseille aux poètes de s'en affranchir ; ces lois dangereuses ne peuvent que leur être funestes ; une aberration intellectuelle des plus singulières, une espèce de

(1) *Eléments de littérature*, au mot *Critique*.

(2) « Dans tous les arts qui intéressent les sens, la déférence universelle décidera en faveur des Grecs. La nature semble avoir fait de ce peuple le législateur des plaisirs, le grand maître dans l'art de plaire, l'inventeur, l'artisan, le modèle du beau par excellence dans tous les genres. » *Même ouvrage*.

(3) « Corneille eût-il passé si rapidement de Clitandre à Cinna, s'il n'avait pas trouvé sa route comme tracée par Aristote, pour lequel son respect annonce sa reconnaissance ? » *Eléments de littérature*.

maladie morale les a seule fait inventer et observer (1). Les rois, les princes ne lui semblent pas uniquement dignes d'intérêt : il y a dans le monde une autre grandeur que celle de la position sociale (2). La critique ne doit pas toujours se régler sur les œuvres accomplies ; elle doit en mainte occasion perdre de vue ces formes particulières et s'élever jusqu'à des principes qui les dominent, principes généreux et vivifiants ; il est absurde d'incarcérer l'avenir dans les ruines du passé. Laissons le génie construire sans cesse de nouveaux monuments. « La route que les anciens ont suivie n'est bien souvent ni la seule, ni la meilleure qu'on ait à suivre. Mille beautés ont fait passer mille défauts ; mais les défauts qu'elles ont rachetés ne sont pas des beautés eux-mêmes : c'est là ce que les Scaliger, les Dacier n'ont jamais bien compris. » En somme, il faut classer l'auteur des *Eléments* qui nous occupent parmi les intelligences les plus saines et les plus libres du xviiie siècle.

Toutes ces réflexions théoriques ne pouvaient cependant rester sans influence sur la littérature. On se gaussait des unités, des confidents ; La Motte parlait de tragédies en prose. A force de rêver des améliorations, le désir vint de les essayer. Ce désir enfanta le drame. Au sein du trouble où il jeta d'abord la critique, on l'appela *comédie larmoyante*, dénomination absurde. Les pièces de Lachaussée n'étaient pas des comédies ; presque jamais

---

(1) « Que le changement de lieu soit possible d'un acte à l'autre. » — « Faites durer votre action le temps qu'elle a dû naturellement durer. » *Même ouvrage.*

(2) « Fondez la grandeur de vos personnages sur leurs caractères et non sur leurs titres. » *Même ouvrage.*

on n'y trouve le mot pour rire. Seulement, comme on n'y voyait ni princes, ni tyrans, comme les personnages y étaient de simples mortels et que les bourgeois n'avaient encore eu leurs entrées que dans les pièces satiriques, on leur donna le même titre qu'à ces dernières, en ajoutant une épithète pour indiquer l'effet produit par elles. Le terme de *tragédie bourgeoise* valait beaucoup mieux.

Ce n'était pas au surplus un genre tout à fait nouveau. L'Andrienne et l'Hécyre de Térence ne peuvent se classer dans une autre catégorie. L'auteur de Polyeucte lui-même avait dit que « la pitié pourroit être excitée plus fortement en nous par la vue des malheurs arrivés aux personnes de notre condition, que par l'image de ceux qui font trébucher de leurs trônes les plus grands monarques » (1). Mélite, la Place royale, la Veuve furent écrites d'après ce système. Enfin Destouches, dans quelques scènes du Glorieux et du Dissipateur, avait fondé l'intérêt sur l'attendrissement. Lachaussée n'eut d'original que la constance avec laquelle il suivit cette marche : d'un sentier perdu il fit une grande route.

L'auteur de Mélanide mourut en 1754. Peu de temps après, Diderot mit au jour ses drames, accompagnés d'une sorte de théorie. Elle est en quelques points plus novatrice que la pratique de Lachaussée. Il commence par gémir sur la sottise humaine, qui fourvoie et embourbe peu à peu dans les vases de la routine chaque découverte du génie. Un inventeur paraît-il, produit-il quelque œuvre inattendue, on s'étonne d'abord; il partage les esprits. Insensiblement les opinions s'accordent

---

(1) Préface de *Don Sanche.*

en sa faveur. Bientôt on l'imite, on l'exalte, on le déïfie ; on voudrait enchaîner le présent et l'avenir aux pieds de cet homme qu'on outrageait naguère.

Pour bien juger une production, il ne faut donc point la comparer à une production antérieure, mais l'examiner intrinsèquement d'après les lois essentielles de la poésie, plus vieilles que tous les poèmes.

Le théâtre paraît spécialement à Diderot pouvoir admettre des genres encore inexploités. Il dessine alors, à grands coups de crayon, la silhouette de quelques-uns de ces genres. Il y en a dans le nombre de totalement chimériques. La classification est mauvaise. La comédie sérieuse, par exemple, qu'il distingue de la tragédie bourgeoise, n'aurait vraiment point de caractères propres. Mais l'ensemble annonce une grande liberté de spéculation esthétique, chose rare dans un pays de servitude littéraire comme la France. Seulement on retrouve là le désordre accoutumé de l'auteur. Il mêle, il joint des opinions entièrement incompatibles. Vient-il d'insister pour qu'on nous montre les choses mêmes telles qu'elles se passent, de dire que le spectacle en sera plus vrai, plus frappant et plus beau : il écrit deux minutes après ces lignes contradictoires : « Si vous obtenez de l'intérêt et de la rapidité par des incidents multipliés, vous n'aurez plus de discours, vos personnages auront à peine le temps de parler ; ils agiront, au lieu de se développer. — On ne peut mettre trop d'action et de mouvement dans la farce : qu'y dirait-on de supportable ? Il en faut moins dans la comédie gaie, moins encore dans la comédie sérieuse et presque point dans la tragédie. »

Non-seulement Diderot ne voit pas qu'il argumente

ainsi contre lui-même, que le babil et la réalité dramatique ne s'accordent point ensemble, mais il a l'air d'ignorer que cet amour du verbiage est ce qui a perdu notre ancien théâtre. Là, les paroles tenaient lieu de tout. On décrivait les grandes catastrophes au lieu de les mettre en scène, on pérorait au lieu d'agir, on dissertait sur les passions au lieu de s'émouvoir. Le fond de la pièce n'était guère qu'un texte à discours. Les poètes sacrifiaient le drame à la logique et à la rhétorique. Les personnages de Corneille plaident comme des avocats normands.

Qui croirait, en lisant les dernières phrases citées par nous, que les innovations de Diderot ont toutes pour but la vérité de la représentation? Elles ne donnent point lieu de le supposer, et néanmoins son système n'embrasse que quatre objets : les personnages, les habits, les décors, la pantomime.

Il veut qu'on choisisse les personnages plus près de nous ; qu'ils ressemblent à nos père et mère, oncles, tantes, frères et amis ; que ce ne soient point invariablement des créatures fictives, ni des rois, des généraux, des empereurs sans cesse couronnés, armés, parés, comme des marionnettes de carton ne faisant qu'un seul et même tout avec leurs ornements, de sorte que, pour leur ôter leur diadème, il faudrait leur enlever la moitié de la tête.

Les décorations lui semblent pompeuses, monotones et insignifiantes. Ce sont toujours de grands péristyles, de grandes salles nues, de grands palais sans caractère. Il voudrait qu'on songeât un peu plus à la vérité, aussi bien qu'à la variété. Il désirerait qu'on lui montrât l'intérieur des maisons, comme il s'offre aux regards dans les diverses classes. L'aspect du théâtre devrait indiquer sur-le-champ la fortune, les goûts, les occupations, l'état moral des personnages.

Les habits le choquent par leur manque de naturel. Quelle folie que ces mouches, cette poudre, ces étoffes singulières, ces coiffures étranges et ces paniers volumineux ! En aucune circonstance, une actrice ne dépouillait le luxe malentendu de l'époque. Elle descendait tout enrubanée dans un cachot, et l'on n'eût point permis qu'au sein d'une affreuse douleur, elle parût échevelée sur le théâtre. Combien cependant la vérité du costume n'ajoute-t-elle pas à l'effet des scènes !

La pantomime était à peu près nulle. Les acteurs immobiles l'un devant l'autre avaient l'air de statues parlantes. Quand ils remuaient, quelques gestes cérémonieux, graves et froids accompagnaient seuls leur débit. Diderot trouve, non sans raison, qu'un tel jeu glacerait le poème le plus brûlant et le plus passionné. Il maudit cette absurde étiquette ; il voudrait que les acteurs eussent l'air de personnes vivantes, que l'émotion agitât leur figure et leur corps, les enveloppât d'une sorte de fluide magnétique et leur donnât le moyen d'agir fortement sur les spectateurs.

Il eut néanmoins grand tort de croire que le poète doit indiquer tous les gestes de ses héros. Il cite à l'appui de son opinion le bon effet produit par cette peinture dans les romans. Il oublie que le narrateur, ne disposant que du langage, est contraint de tout représenter à l'aide des mots. Le dramaturge a le secours de l'histrion et du machiniste ; il ne doit point envahir leur domaine. Or, c'est là ce que fait Diderot. Loin de songer uniquement aux paroles de ses personnages et de ne compter que sur lui-même pour exprimer leurs agitations, il spécule sur la pantomime, s'arrête à la décrire et néglige le texte. Souvent même il ne prend pas la peine de terminer ses phrases, dans l'idée que le jeu des acteurs en achèvera le sens. Il commet donc une grossière faute. Certains gestes sans doute ont besoin d'être indiqués par le poète : lorsque le More de Venise doit tuer Desdémona, Shakespeare écrit en marge : *Il l'étouffe*. Mais il ne désigne ainsi qu'un acte nécessaire, dont l'omission rendrait la pièce inintelligible ; il laisse l'artiste entièrement libre de l'exécuter comme il veut, il ne s'occupe point de la pantomime. L'auteur du Père de Famille n'a pas compris cette distinction.

Il n'a donc guère eu d'idées justes que sur la mise en scène. D'une part, il veut que les héros développent leur caractère à l'aide de longs discours ; de l'autre, il confond l'action avec la pantomime. Aussi ses pièces sont-elles mal écrites et mal conçues, pleines de verbiage, d'exclamations, de détails inutiles.

Son traité ne renferme peut-être qu'un seul aperçu vraiment littéraire, ou plutôt spécialement relatif à la poésie théâtrale, car dans le drame les circonstances de la représentation influent beaucoup sur l'œuvre même et ne sont point en dehors de la littérature : il condamne l'habitude française de toujours penser aux spectateurs. Les écrivains ne lui paraissent pas vivre assez avec leurs personnages; ils sortent à chaque minute de l'action pour s'adresser indirectement au public ; les plans en deviennent gênés, les discours froids, l'expression peu naturelle. Ces vices passent ensuite de la pièce dans le débit.

« J'ai remarqué, dit-il, que l'acteur jouait mal tout ce que le poëte avait composé pour le spectateur, et que si le parterre eût fait son rôle, il eût dit au personnage : A qui en voulez-vous ? Je n'en suis pas. Est-ce que je me mêle de vos affaires ? Rentrez chez vous. » C'est là un conseil fort judicieux et l'unique moyen de peindre la vie ; presque tous les défauts qui gâtent nos pièces auraient été esquivés, si les poëtes, au lieu de haranguer l'auditoire, n'avaient cherché qu'à reproduire le langage et le mouvement des passions.

Le désir du naturel préoccupa toujours Diderot. Il ne laissa jamais échapper une occasion de le mettre au-dessus de tous les artifices ; il le recommande perpétuellement dans ses Salons. La peinture maniérée de l'époque ne le chagrinait pas moins que les habitudes mensongères du théâtre. Il prône, il exalte l'observation ; il voudrait surtout replonger l'art aux sources vivifiantes de la réalité.

A son appel, bien des hommes se levèrent pour justifier et continuer son entreprise. Avant tous les autres, Beaumarchais se déclara son feudataire ; il soutint le drame par la théorie comme par la pratique. En 1767, il donna au théâtre et publia son *Eugénie*, au-devant de laquelle il plaça une défense du nouveau genre. On y admire toute la vivacité, toute la perspicacité ordinaires de son esprit. Quoiqu'il y fasse un éloge pompeux de Diderot, son essai vaut mieux que celui du philosophe. Il traite la question littéraire et ne s'occupe point uniquement des habits, du jeu, de la mise en scène. Il raille d'abord les personnes qui allèguent aux novateurs les anciens, Aristote, les poétiques, les règles consacrées, les règles surtout, ces vieux pontons où l'on descendait les auteurs, pour miner leurs forces et les détruire lentement. On a renversé l'ordre des choses ; c'est d'après les ouvrages que les codes littéraires ont été faits; on devrait donc en laisser la jouissance aux critiques et ne pas y soumettre les poètes ; ce sont eux les vrais pères des lois, dont les autres ne sont que les nourrisseurs. Qu'ils travaillent donc librement, les juristes du bon goût les en remercieront plus tard. Que deviendraient-ils sans cela? Les poètes tirent de leur sein la matière souple et brillante que doivent façonner les aristarques de l'avenir. Eh! bon Dieu, n'emprisonnez pas le génie! C'est le rendre impuissant, que de le mettre aux fers. Chacun son allure, chacun son rayon de soleil.

Beaumarchais n'a pas tort de traiter ainsi la vieille critique française, critique *a posteriori*, dont les adeptes, ne sachant point s'élever aux idées générales du beau, généralisaient des idées particulières, des goûts individuels, méprise aussi lourde que pernicieuse.

Il soutient ensuite que le drame offre « un intérêt plus pressant, une moralité plus directe que la tragédie héroïque, et plus profonde que la comédie plaisante, toutes choses égales d'ailleurs. »

Dans la tragédie, une sombre fatalité plane sur les personnages. Des dieux cruels les précipitent au hasard vers le bien ou le mal. On ne sait ni pourquoi ils font l'un ou l'autre, ni pourquoi ils sont destinés à le faire. Ces sanglants automates excitent la crainte et non l'intérêt. La pièce entière a d'ailleurs quelque chose de colossal, de fantastique. On y voit des passions toujours furieuses, des crimes toujours atroces ; les idées mêmes surprennent par leur bizarrerie. On se sent au milieu d'un monde factice et le poète, qui veut nous attendrir, a besoin des plus violents efforts.

La distance des époques affaiblit de même l'intérêt. Que nous font à nous les révolutions d'Athènes et de Rome? Que nous importe la mort ou le triomphe d'un tyran du Péloponèse? le sacrifice d'une jeune personne en Aulide? Pas une de ces catastrophes ne saurait émouvoir notre âme; les lieux, les temps, les mœurs et les faits sont trop éloignés de nous. La sympathie prend sa source dans l'intime rapport des objets avec nous-mêmes, avec les douleurs ou les joies que peut nous réserver le destin.

Notre auteur poursuit l'analyse de l'intérêt; après quoi, il examine et discute la moralité du drame. Les autres questions soulevées par ce genre de pièces ont aussi leur tour; il cherche si l'on doit les écrire en vers ou en prose, et donne l'avantage à cette dernière. C'est un morceau qu'il faut lire, sa concision ne permettant pas de l'abréger. La *Lettre sur la critique du Barbier de Séville*, la préface du Mariage de Figaro et celle de la Mère coupable sont aussi dignes d'attention. Les intervalles énormes qui en séparent les dates, prouvent que Beaumarchais a toujours bravement soutenu la cause de la réforme. Chacun de ces ouvrages était un plaidoyer en faveur des jeunes doctrines; les prolégomènes dessinaient la théorie, les pièces l'appuyaient sur l'exemple. Ainsi, dans la préface du Mariage de Figaro, ce spirituel chef-d'œuvre, où il a ressuscité le vieux comique français, il se demande pourquoi il a disparu de la scène. Les raisons suivantes expliquent, selon lui, ce malheur:

« A force de nous montrer délicats et d'affecter l'hypocrisie de la décence auprès du relâchement des mœurs, nous devenons des êtres nuls, incapables de s'amuser et de juger ce qui leur convient : faut-il le dire enfin ? des bégueules rassasiées, qui ne savent plus ce qu'elles veulent, ni ce qu'elles doivent aimer ou rejeter. »

Depuis Beaumarchais, ce sot amour de l'élégance a continué ses ravages, et les mots de *bon ton*, *bonne compagnie*, sans cesse présentés, comme un épouvantail, aux dramaturges qui essayent de rire, ont entretenu l'abattement et la langueur qu'ils avaient fait naître.

Tel était le goût de notre auteur pour les réformes que, se passant la fantaisie d'écrire un opéra (1), il voulut procéder systématiquement. Il rédigea une longue préface, où il condamne la musique à être l'humble vassale des paroles. Mais ce qui est plus important, ce sont les personnages allégoriques introduits dans la pièce. Repoussant les dieux de la mythologie, cherchant des acteurs plus jeunes, il évoque sur la scène les puissances de la nature, le génie du feu, les vents, les orages, la grande créatrice elle-même. Cet effort eut des imitateurs, comme ses autres hardiesses.

La verve dramatique de Beaumarchais fut un grand avantage pour son école. Il avait plus de talent que les hommes du parti contraire ; son mérite fit bien accueillir les novateurs. Comme la multitude ne peut juger les principes, elle ne regarde que les effets et blâme en tout

---

(1) *Tarare*, opéra en cinq actes, représenté pour la première fois le 8 juin 1787. *Eugénie* avait paru sur la scène en 1767, les *Deux Amis* en 1770, le *Barbier de Séville* en 1775, le *Mariage de Figaro* en 1784.

temps ce qui ne réussit point. L'habileté du dramaturge lui donna bonne opinion de son système : un genre moins faux, moins conventionnel que la manière antérieure prit place au foyer de l'art.

Une autre innovation, qui, sans toucher à la forme et sans être spécialement littéraire, annonçait un retour de bon augure vers nos origines et préparait la destruction ultérieure du fétichisme gréco-romain, ce fut l'emploi de l'histoire moderne dans les pièces de théâtre. Zaïre, Adélaïde Du Guesclin, Tancrède, le Siége de Calais, François II, le comte de Comminges, Gabrielle d'Estrées, Richard Cœur-de-Lion placent Voltaire, le président Hénault, De Belloy, Sauvigny, D'Arnaud et Sedaine, parmi les instigateurs du mouvement qui fit pénétrer les poètes sous les voûtes des manoirs féodaux. On sentit dès lors le charme, la grandeur et la beauté des mœurs chevaleresques. L'aube du jour qui allait illuminer le moyen âge éclaira faiblement les esprits.

Dans l'enfance de notre théâtre, quelques grandes catastrophes contemporaines avaient bien suscité des œuvres dramatiques. Coligny, le duc de Guise, Henri IV, le maréchal d'Ancre inspirèrent des pièces qui avaient pour sujet principal leur mort violente. Ainsi François de Chantelouve composa une *Tragédie de feu Gaspard de Coligny*; Pierre Matthieu, la *Guisiade*. Claude Billard, sieur de Courgeney, fit représenter en 1611 la *Mort du roi Henri le Grand*, qui débute par un monologue du diable et continue avec une grande liberté d'imagination. L'italien Concini et sa femme parurent également sur la scène, dans la *Tragédie du marquis d'Ancre* et dans *La magicienne étrangère ou la Tra-*

gédie de la Marquise d'Ancre. Le même Claude Billard, dont nous parlions tout à l'heure, avait traité deux motifs nationaux, en écrivant *Mérovée* d'abord, puis *Gaston de Foix*, drame véritable où l'armée française campe, délibère, manœuvre et combat sous les yeux du spectateur. Il existe une *Jeanne d'Arc* de l'abbé d'Aubignac, et une autre pièce très curieuse, portant le même titre, mais sans nom d'auteur, que l'on attribue à Benserade ou à La Ménardière. Ces essais toutefois n'étaient que des œuvres de circonstance, de passagères tentatives. Elles n'avaient pu empêcher les Grecs et les Romains d'envahir notre théâtre, de s'y installer comme dans un patrimoine. *Le Cid*, *Bajazet*, avec leurs personnages empruntés à l'histoire moderne, n'avaient été que des accidents sans conséquence. Il fallait maintenant licencier toute la vieille troupe dramatique, rapprocher du spectateur les héros de tragédie.

Voltaire, sous l'influence de la littérature anglaise, tenta le premier cette réforme. *Zaïre*, imitation d'Othello, fut jouée en 1732, *Adélaïde Du Guesclin* en 1734. L'auteur n'eut garde de persévérer dans cette heureuse innovation et, pour ne pas démentir son inconséquence habituelle, regagna le chemin poudreux où l'on se traînait depuis si longtemps. Mais l'autre route avait été indiquée : on la voyait au loin serpenter en de mystérieux bocages, illuminée de soleil et baignée de vapeurs. A quelles régions inconnues pouvait-elle aboutir? De nouveaux explorateurs s'y engagèrent. Le président Hénault fut de ce nombre; ses études sur notre histoire l'avaient amené dans le voisinage. En 1747, il publia son drame de *François II* (1). Dès les premières lignes de la préface, il annonce que la lecture de Shakespeare a singulièrement élargi son horizon, lui a inspiré le désir de voir transporter chez nous sa méthode libre et originale. Aussitôt après cette déclaration, il fléchit par habitude le genou devant les règles, comme un dévôt salue l'autel en traversant une église. Il se relève ensuite et reprend l'indépendance de son jugement. Les pièces historiques de Shakespeare n'ont aucune similitude avec les tragédies françaises ; qu'importe ? Ne faut-il rien hasarder ? A-t-on fait de tous les genres un inventaire si étendu et si complet qu'il n'en reste plus à découvrir ? Le succès du poëte britannique dans son pays n'est-il pas un encouragement ? On peut plaire ailleurs par les mêmes moyens, ou par des moyens analogues. « Un historien qui, au lieu de raconter des faits, les mettroit en action, trouveroit en même temps le secret d'instruire mieux que ne le fait ordinairement l'histoire, et d'exciter dans l'âme des spectateurs la terreur et la pitié, ces deux grands mobiles de la tragédie. » On aime les discussions politiques de Sertorius et de Pompée, de Cinna et de Maxime devant Auguste : notre histoire n'offre-t-elle pas d'aussi grandes questions à traiter, d'aussi grandes passions à peindre ? On n'a pas, sans doute, l'habitude de voir sur nos théâtres l'amiral de Coligny, Charles IX, Catherine de Médicis et autres personnages modernes, mais on s'y accoutumerait bientôt. Le cardinal de Lorraine et le duc de Guise, machinant la perte du

---

(1) Les premières pièces de Shakespeare traduites en français avaient vu le jour l'année précédente : elles forment une grande partie du *Théâtre anglais* de Laplace.

prince de Condé, intéresseraient-ils moins les auditeurs que les ministres de Ptolémée complotant la mort du vaincu de Pharsale? Catherine de Médicis ne vaut-elle point la Cléopâtre de *Rodogune*, l'Agrippine de *Britannicus*? Charles-Quint, Elisabeth, François Ier, Henri IV ne sont-ils point des héros comparables à Nicomède, Sertorius, Stilicon et Mithridate? Les actions faites par eux, les événements de leur règne sont-ils dénués d'importance? Le Pont, la Bithynie, l'Attique, le Péloponèse doivent-ils enfin éclipser à jamais la France?

Le président Hénault avoue que son drame manque d'unité d'action et, par conséquent, d'intérêt général. C'est là, poursuit-il, un défaut des œuvres de Shakespeare, à moins qu'on ne veuille embrasser dans ce genre d'intérêt la totalité d'un règne et considérer celui-ci comme un personnage qui serait heureux ou malheureux. « L'intérêt de détail est différent, car il ne tient point du tout à l'unité d'action, et c'est là aussi où le poète anglois est inimitable : je ne parle plus de sa tragédie de Henri VI, qui est une des plus faibles, mais je parle de ses autres tragédies, qui sont pleines de feu, de chaleur et de passions, et qui égalent en cette partie nos meilleures pièces. » Shakespeare déclaré un *poète inimitable*, trente ans après la mort de Boileau, quelle révolution du goût! comme le vieux critique eût frémi d'entendre un pareil blasphème!

Le drame du président est conforme à ces idées subversives, car il fait passer devant nous le règne entier de François II. « La règle des vingt-quatre heures n'y est pas observée, à la vérité, nous dit assez naïvement l'auteur, puisque ce règne a été de 17 mois; mais l'entreprise est moins criante que si j'avois choisi le règne de François Ier, qui a duré 32 ans, ou celui de Henri IV, qui en a duré 21. » L'excuse parut sans doute bien faible aux pédants de l'époque. Vouloir justifier, disculper une telle licence! Opposer un règne de dix-sept mois à des règnes beaucoup plus longs, le bel argument! Comme si une année, qui renferme trois cent soixante-cinq jours, ne mettait pas le poète trois cent soixante-cinq fois en contradiction avec la règle des vingt-quatre heures!

Quant à la pièce elle-même, c'est une étude scrupuleuse, trop scrupuleuse peut-être, car l'auteur cite en marge toutes ses autorités, appuie sur des textes les discours de tous ses personnages. Mais on y trouve une précieuse qualité : les phrases banales, les moyens vulgaires, la pompe officielle du vieux théâtre ont disparu. On voit un homme qui s'inspire des faits mêmes, qui cherche à reproduire la vie et ne s'embarrasse ni des formules décrépites, ni de l'étiquette surannée d'une littérature conventionnelle.

En 1760, Voltaire, par sa tragédie de *Tancrède*, revint à l'histoire moderne, pour retourner bientôt après au personnel classique. Mais un succès d'enthousiasme allait décidément tourner les regards vers d'autres acteurs. Le 13 février 1765, De Belloy fit représenter le *Siège de Calais*. La pièce fut accueillie avec des transports de joie. Il était donc possible d'offrir aux spectateurs d'autres personnages que Clytemnestre et Agamemnon, Ulysse et Achille, Jason et Médée, Alexandre et Porus, Antoine et César! Quoique l'action eût lieu en France, elle éveillait l'intérêt! Quoique les héros fussent nés sur notre sol, ils avaient l'air de créatures humaines ! Le public n'en revenait pas On argumentait pour et contre le drame avec toute la fougue de la nation : la cour et la ville s'agitaient dans une sorte d'ivresse. Le duc d'Ayen, passant pour ne point admirer l'ouvrage, Louis XV lui dit : « Je vous croyais meilleur Français. » — « Sire, lui répliqua spirituellement le duc, je voudrais que les vers de la pièce fussent aussi français que moi. » Toutes les garnisons du royaume la jouèrent avec une exaltation patriotique : elle fut représentée, imprimée à Saint-Domingue, traduite en anglais par Denys, l'année même de son apparition. La ville de Calais envoya des lettres de bourgeoisie au poète, dans une boîte d'or portant cette inscription : *Lauream tulit, civicam recipit* (1).

La préface de l'ouvrage constate le succès qu'il obtint : « Voici peut-être la première tragédie française, où l'on ait procuré à la nation le plaisir de s'intéresser pour elle-même. J'ai dû à cet avantage de mon sujet un succès que je n'aurais pu mériter à d'autres titres. Les étrangers se demandent comment il est possible que, chez un peuple qui est en possession, depuis plus d'un siècle, de l'emporter sur les autres peuples dans l'art dramatique, on ait si peu puisé dans son histoire les sujets dont on a enrichi son théâtre. Cependant la plupart des tragédies anglaises sont tirées de l'histoire d'Angleterre. Les Grecs n'empruntaient guère aux étrangers les

---

(1) Vie de De Belloy, par Gaillard, en tête de l'édition générale de ses œuvres ; Paris, 1779, 6 volumes in-8°.

grandes actions qu'ils célébraient dans leurs drames. Pour nous, on a grand soin dans notre enfance de nous instruire aussi peu de notre histoire que de notre langue. Nous savons exactement tout ce qu'ont fait César, Scipion, Titus : nous ignorons parfaitement les actions les plus fameuses de Charlemagne, de Henri IV, du grand Condé. Demandez à un enfant qui sort du collége quel fut le général vainqueur à Marathon ou à Trébie, il vous répondra sur-le-champ. Demandez lui quel roi ou quel général français gagna la bataille de Bovines, d'Ivri, de Fornoue ou de Ravenne, il restera muet. » De Belloy voudrait voir les poètes dramatiques traiter à l'avenir des sujets nationaux : « Les grâces que le roi a daigné répandre sur moi, les bontés dont le public m'accable, ne doivent être regardées que comme un encouragement qu'ils donnent à ceux qui sont en état de les mériter mieux. J'ai voulu être utile à ma patrie : elle m'a su gré du projet ; que ne doivent pas attendre les génies heureux qui l'exécuteront ?»

Louis XV avait promis une médaille aux auteurs qui remporteraient trois succès dramatiques : il voulut que celui du *Siège de Calais* fût compté double, et Zelmire, également bien accueillie du public en 1667, ayant parfait le nombre sacramentel, De Belloy reçut la médaille, qui ne fut donnée que cette fois.

La pièce était cependant écrite dans un style faux, guindé, verbeux, aussi bourgeoisement traditionnel que les amplifications dramatiques de Voltaire. La décrépitude de la forme contrastait avec la nouveauté du motif. L'auteur, par exemple, n'a point osé une seule fois employer le mot canon et lui substitue invariablement de lourdes périphrases :

> Nos soldats s'avançaient dans un calme terrible ;
> Soudain tonne l'airain, jusqu'alors invisible,
> Et ses bouches de feu vomissent dans nos rangs
> Les instruments de mort qu'il porte dans ses flancs.
> Nos braves chevaliers, et mon père à leur tête,
> De cent globes d'airain ont bravé la tempête.

Il prodigue les métaphores, les expressions alambiquées dans le genre de celle-ci :

> Défenseurs de Calais, chefs d'un peuple fidèle,
> Vous de nos chevaliers l'envie et le modèle,
> Faudra-t-il, pour un temps, voir les fiers léopards
> A nos lys usurpés s'unir sur les remparts ?

Mais dans tout l'ouvrage respirent un amour de la France, une noblesse de sentiments, qui émurent les spectateurs et contribuèrent, pour une grande part, à l'enthousiasme public. La pièce a d'ailleurs plus de mouvement et renferme moins de tirades que les œuvres contemporaines. L'accueil sans exemple fait au *Siège de Calais* fut pour l'auteur, comme il le dit lui-même, un engagement de persévérer dans une route solitaire, que l'on avait ornée à son approche de fleurs et de guirlandes, où l'on avait dressé des arcs-de-triomphe en son honneur. Il écrivit Gaston et Bayard, Gabrielle de Vergy, Pierre le Cruel. Mais il avait pris bientôt le goût, l'habitude des éloges et des acclamations. Pierre le Cruel ayant été reçu avec une extrême indifférence, De Belloy ne put supporter ce revers : il tomba dans la langueur et mourut, le 5 mars 1775, après deux années de tristesse et de découragement. Informé de sa gêne, de son état maladif, le roi lui avait envoyé cinquante louis.

De Belloy ne pouvait manquer d'auxiliaires et d'imitateurs. Au moment même où la foule se pressait aux portes du théâtre pour voir le *Siège de Calais*, D'Arnaud faisait imprimer le *Comte de Comminge ou les Amants malheureux*. Il se contentait, disait-il, « d'annoncer sa pièce sous le titre simple et générique de *drame*. Avec cette sorte de ménagement, il était sûr de ne pas indisposer les partisans superstitieux des règles, qui, ne voulant jamais s'élancer hors du cercle étroit où les enchaîne l'esprit d'imitation, pleurent précisément aux endroits qu'Aristote et d'Aubignac leur ont permis de goûter. » Mettre à profit la terreur mystérieuse que provoquent certains objets, certaines actions, avait été son principal but. C'est ce qu'il nomme le *sombre*. Cette ressource pittoresque et dramatique lui semblait trop négligée en France. La *Divine Comédie*, le *Paradis perdu*, les *Nuits d'Young* prouvent cependant l'effet qu'elle peut produire. Une prairie en fleurs, un jardin somptueux, un palais moderne causent-ils des impressions aussi fortes qu'une perpective sauvage, une forêt silencieuse, une ruine aux murs crevassés par le temps, aux salles obstruées par les ronces? Ces derniers spectacles ne font-ils pas naître une horreur délicieuse? On serait tenté de croire que nous sommes nés pour la solitude, les ténèbres et la douleur. En attendant que la philosophie explique ces émotions, elles offrent à l'art des moyens puissants, énergiques, dont il ne doit point se priver. D'Arnaud cite comme exemple la vision de Job. Il frayait évidemment la route au genre lugubre, qui a, dans notre siècle, abusé de la terreur.

Le prompt débit de son ouvrage lui permit d'agrandir l'introduction et de la métamorphoser peu à peu en véritable manifeste. Shakespeare, Klopstock même, y sont offerts comme des modèles. On trouve là une foule de remarques judicieuses sur l'affranchissement désormais nécessaire de notre théâtre, sur la vérité du costume, sur l'action qu'il faut substituer au récit, sur le nombre et la longueur facultative des actes, sur les passions dramatiques, sur les avantages de la solitude pour fortifier l'intelligence, sur le caractère faux des tirades et l'ennui qu'elles inspirent, sur le besoin flagrant d'observer la nature et de régénérer la poésie. D'Arnaud voulait en outre que le christianisme fût employé comme moyen littéraire. On pouvait lui rendre la majesté dont le dépouillaient les philosophes, les railleurs contemporains. En 1768, notre auteur écrivit dans ce but spécial une pièce intitulée : *Euphémie ou le Triomphe de la Religion*. C'est un véritable mélodrame ; on n'y sort pas des églises, des tombeaux et des souterrains. L'auteur eut encore le singulier caprice de versifier la Passion, mais il ne rima plus de drames historiques (1).

Gabrielle d'Estrées, par Sauvigny, jouée sur le théâtre de Versailles en 1778; plusieurs pièces de Sedaine, comme *Maillard ou Paris sauvé*, *Raymond V ou le Troubadour*, *Richard Cœur-de-lion* exigent encore de nous une mention honorable, comme ayant contribué en mettre en honneur l'histoire moderne, à bannir du théâtre les Grecs et les Latins. *Maillard*, drame en prose,

(1) Né à Paris, le 15 septembre 1718, il mourut dans la même ville en 1805.

était destiné à notre première scène ; Voltaire, ayant appris qu'on allait le jouer, ne put retenir ses gémissements : « Ce dernier coup manquait à nos malheurs, s'écria-t-il. Voilà donc l'abomination et la désolation dans le temple des Muses ! » Lekain, stimulé sans doute par lui, déclara qu'il ne prostituerait jamais son talent à débiter de la prose. On invoqua enfin un ordre de l'autorité, qui défendît la représentation et même l'impression de l'ouvrage. L'auteur n'obtint la grâce de le publier qu'en 1788. Mais ce complot de la routine, sa persévérante opposition, ses manœuvres et ses fureurs, n'ont point empêché la prose de s'établir partout à côté des vers, selon le caprice ou le talent des écrivains.

Du reste, les auteurs ne voulaient pas seuls réformer le théâtre. Le désir d'en corriger les vices pénétra parmi les acteurs eux-mêmes. Au fort de la réputation de Lekain, il lui suscita un habile rival, qui opposait à l'ancienne pompe le charme du naturel. Le célèbre acteur représentait avec une grande dignité les héros de la scène française. L'élévation, la force caractérisaient sa manière, toujours à une certaine distance du vrai. Alors parut un nommé Aufresne, qui suivait une marche complétement différente. Il blâmait le jeu guindé de ses confrères et cherchait surtout l'aisance, la justesse de l'expression. Comme un pareil système choquait l'usage reçu, il ne fit aucun prosélyte. La masse des artistes dramatiques s'attela au char de Lekain. Son rival, inébranlable dans ses idées, quitta sans regret Paris et alla exercer sa profession à Strasbourg. Gœthe l'y vit jouer les rôles d'Auguste, de Mithridate et plusieurs autres du même genre « avec autant de noblesse que de vérité.

C'était, rapporte-t-il (1), un homme d'une grande taille, mais plus élancée que forte. Sans être remarquablement imposant, il avait de la grâce et de la dignité. Son jeu était calme, réfléchi, quoique plein d'ardeur, et ne manquait pas d'énergie dans l'occasion. On reconnaissait en lui un artiste expérimenté, du petit nombre de ceux qui savent unir parfaitement le calcul au naturel. » Aufresne, selon le témoignage de Gœthe lui-même, fut donc un de ces hommes incompris dont se moquent aujourd'hui les sots et qui n'en existent, qui n'en souffrent pas moins dans toutes les périodes. La littérature et la science ont, ainsi que la politique et la religion, leurs victimes expiatoires. Sur cette terre d'épreuve, où toujours l'innocent périt pour le coupable, il faut que plusieurs martyrs payent de leur sang ou de leur bonheur chaque progrès de l'humanité. Comme les justes rachètent par leur mort les crimes des nations, certains hommes sauvent leur gloire par le même sacrifice ou par celui de toutes leurs joies. Ils leur font accomplir malgré elles les salutaires décrets de la Providence : ils les défendent de la barbarie, les entraînent dans la voie des paisibles conquêtes, élèvent, maintiennent la race au-dessus du niveau que ne dépassent point les brutes. Cette tâche exécutée, ils peuvent dormir sur leur manteau de guerre, comme les héros le soir d'une bataille. Il y a autant de mérite à ne point abandonner des convictions pour fuir la douleur, qu'à ne point violer la morale pour la même raison. Quiconque souffre en vue d'un principe est réellement vertueux.

(1) *Poésie et vérité.*

CHAPITRE XI.

Tentative de réforme universelle.

Sébastien Mercier. — Succès populaire de ses drames. — *Essai sur l'art dramatique*. — Nouveauté des aperçus qu'il renferme. — Hardiesse de l'auteur. — Il répudie toutes les vieilles méthodes, tous les vieux principes. — Son admiration pour Shakespeare, Caldéron et Lope de Vega. — Son enthousiasme spiritualiste. — Il traduit plusieurs ouvrages allemands. — Tentative pour renouveler et enrichir notre langue. — *Histoire du poète Iserben*. — Persévérance de Mercier. — On ne lui a pas rendu justice. — Ses défauts.

Un homme plus avancé, en fait de théorie, que La Motte, Diderot et Beaumarchais, et que son audace précoce empêcha même d'obtenir, dans la littérature française, la place dont il était digne, ce fut l'auteur du *Tableau de Paris*. Avant que Ducis composât ses étranges imitations de Shakespeare, Mercier tentait la voie foulée par les dramaturges anglais et espagnols. Il se montrait plus libre que Voltaire, plus réel que Diderot, et la multitude accourait voir ses pièces. La critique régnante, à la vérité, ne sanctionnait aucunement ces triomphes populaires ; elle les regardait comme étant de bas aloi et obtenus par des moyens indignes d'un grand poète ; ils prouvaient cependant que l'auteur avait touché une fibre nationale. En 1778, la Hollande publiait déjà une édition complète de son théâtre avec de pompeuses illustrations. Mais il faut examiner d'abord les principes qui ont guidé son talent ; nous jugerons ensuite ses pièces.

Son *Essai sur l'art dramatique,* imprimé en 1773, est un des ouvrages les plus étonnants qui aient paru dans notre langue. On y admire une liberté d'esprit vraiment extraordinaire. Jamais on n'a poussé plus loin en France le dédain de la routine. Mercier traite les questions poétiques, sans avoir aucun égard pour les préjugés régnants. Tout est bon dans ce livre, depuis la dédicace jusqu'aux notes. L'auteur y montre une intelligence profonde, que la critique a rarement possédée chez nous. Lui seul pouvait alors écrire cet ouvrage. Ni Montesquieu, ni Rousseau, ni Buffon, ni Voltaire, ni Laharpe, ni Marmontel n'avaient assez d'indépendance littéraire pour le mettre au jour. C'est le plus beau travail de critique publié dans le xviii° siècle ; il domine alors tous les autres, comme les dialogues de Perrault dominaient ceux de l'époque antérieure.

La hardiesse et la nouveauté des aperçus qu'il renferme étaient si grandes, que depuis soixante ans on les répète mot pour mot. A l'exception de quelques idées importantes, mais peu connues, le romantisme est là tout entier. On y trouve spécialement les opinions littéraires qui se sont fait jour de 1820 à 1830, et qu'on donnait alors pour de sublimes découvertes. Elles sont beaucoup plus nettes, plus logiquement et plus habilement exposées dans les pages de l'inventeur que dans les écrits de ses copistes. Une analyse succincte et fidèle mettra cette vérité hors de doute. Comme on pourrait croire toutefois que nous développons, mûrissons, précisons quelques vagues sentences, quelques idées embryonnaires mortes avant terme, nous allons transcrire un petit nombre de passages, et, afin qu'on ne nous soupçonne pas de les avoir laborieusement cherchés à travers mille lieux communs, nous les tirerons de l'épître dédicatoire :

« L'art dramatique (quoi qu'on en dise) est peut-être encore dans son enfance, parce que, malgré les efforts de quelques hommes de génie, l'édifice, d'abord timidement conçu, n'a pas été bâti sur le plan le plus général et le plus solide : on a resserré la sphère de la scène, on n'y a fait monter que certains personnages, et ceux-là précisément qu'il semble qu'on aurait dû dédaigner. On n'a point aperçu toute l'étendue, toute la fécondité de cet art important : on a eu pour sa première forme une admiration superstitieuse. L'écrivain, moins audacieux qu'esclave, n'a guère vu que son cabinet au lieu de la société. Même de nos jours, l'assemblée que composent ordinairement les auditeurs de nos pièces ne peut être considérée que comme une compagnie particulière, à laquelle les poètes ont eu le dessein de plaire exclusivement. . Nos spectacles n'ont été que des *chambrées*, parce que les raisonnements de quelques littérateurs trop accrédités ont borné l'art et détruit son essor relativement à leur *faire* et aux règles sacrées de ce prétendu goût dont ils parlent sans cesse, et qui n'est qu'un mot inventé par eux pour voiler d'une manière captieuse la petitesse et la froideur de leurs idées.

« Notre théâtre (il faut le dire), gothiquement conçu

dans un siècle à demi barbare, enfant du hasard et rejeton parasite, a conservé l'empreinte de sa burlesque origine. Notre théâtre n'a jamais appartenu à notre sol : c'est un bel arbre de la Grèce, transplanté et dégénéré dans nos climats. Il a été greffé par des mains grossières et maladroites ; aussi n'a-t-il porté que des fruits équivoques et sans substance. De serviles imitateurs, copiant jusqu'aux *chœurs grecs*, ont dressé nos premiers tréteaux, tréteaux mouvants et qui firent regretter alors les *mystères*, bien plus intéressants pour la nation. Ces défricheurs agrestes ne connaissaient ni les mœurs anciennes, ni les mœurs modernes ; ils n'ont pu deviner ni ce qu'il fallait emprunter des anciens, ni ce qu'il fallait ajouter à leurs emprunts.

« Jodelle, Garnier, Hardi, Mairet, Tristan, Rotrou sont les vrais fondateurs de notre scène : c'est une vérité incontestable. Ils ressuscitèrent les premiers les sujets antiques, et, ne pouvant faire mieux, ils donnèrent *la Cléopâtre captive*, *la Didon qui se tue*, *la Phèdre amoureuse*, *la Troade*, *l'Antigone*, *l'Hercule mourant*, etc. Ils traduisirent le grec et le défigurèrent, ils entraînèrent sur leurs traces ceux qui vinrent après eux. Nos grands maîtres ont suivi le même plan : les ressemblances sont frappantes ; leur génie, leur goût, leur style ne les ont point rendus créateurs : on aperçoit chez eux la même coupe, le même ton de dialogue, la même marche, les mêmes dénoûments, et, à leur exemple, beaucoup plus de paroles que d'action. Ils ont été copistes, comme leurs prédécesseurs. Ils ont su écrire, peindre, intéresser, mais ils n'ont point déployé une verve originale ; ils ont composé avec leurs bibliothèques et non dans le livre ouvert du monde, livre dont le seul Molière a déchiffré quelques pages. Goût bizarre et bien étrange de dénaturer un ancien théâtre au lieu d'en construire un neuf, relatif à la nation devant laquelle on parle! Mais ne cherchant pas même la route de l'invention, ils ont cédé à l'impulsion donnée lors de la renaissance des lettres, aurore pâle et lugubre, plus triste que les ténèbres ; ils n'ont su ni rompre cette impulsion ni en imaginer une nouvelle.

« J'ai donc osé combattre à cet égard les préjugés les plus répandus, démontrer que le fondement de notre scène est tout à la fois vicieux et ridicule; que le système ancien doit nécessairement changer, si le Français veut avoir un théâtre ; que notre superbe tragédie si vantée n'est qu'un fantôme revêtu de pourpre et d'or, mais qui n'a aucune réalité, et qu'il est temps que la vérité soit plus respectée, que le but moral se fasse mieux sentir, et que la représentation de la vie civile succède enfin à cet appareil imposant et menteur qui a décoré jusqu'à présent l'extérieur de nos pièces. Elles sont muettes pour la multitude, elles n'ont pas l'âme, la vie, la simplicité, la morale et le langage qui pourraient servir à les faire goûter comme à les faire entendre. Le poète coupable et dédaigneux a élargi encore ces distances inhumaines que nous avons mises entre les citoyens.

« Que l'on combatte ces idées, je n'en serai point surpris : plus on avance dans la vie, plus on est esclave de l'habitude... Mais quand la vérité a déposé son germe, il peut être foulé aux pieds, il n'en prend pas moins racine, il croit en silence, il s'élève et pousse des branches : si l'action est lente, elle est infaillible. Les lumières qui blessent le plus d'abord ne demeurent pas inutiles ; après les avoir méconnues ou dédaignées, l'homme en fait son profit : il s'éclaire involontairement.

« Les critiques, les commentateurs, les journalistes, les dissertateurs, toute cette tourbe scolastique, qui ne parle que par la bouche des morts, et qui leur fait dire les plus impertinentes sottises ; tous ces gens, amis des tombeaux et des ténèbres, préconisent tout ce qui s'est fait anciennement, et, livrant sagement la guerre à ce qui se fait et à ce qui se fera, ont la prunelle des hibous qui se contracte douloureusement au moindre rayon : ils vous citent ce qu'on a lu mille fois, ils vous parlent de ce qu'on sait, ils crient au blasphémateur dès qu'on se moque d'eux ; ils vous accablent de passages et d'autorités étrangères, sans quoi ils ne parleraient pas longtemps. Il faudrait rire de leur engouement superstitieux, si toutefois cela est possible quand on songe qu'ils ont été dans tous les âges le fléau des arts et les véritables assassins du génie. »

Détournons les yeux du livre ; car nous pourrions continuer à transcrire et surcharger le nôtre d'emprunts. Que de pensées hardies, que de vues originales ne promet pas effectivement une pareille entrée en matière ? Quelle épître dédicatoire offre des considérations aussi larges et aussi intéressantes ? Par un grand bonheur, l'ouvrage ne fait point honte à son début : derrière ce portail s'élève un monument riche et solide. L'analyse qui suit permettra d'en juger.

L'art dramatique ne demande qu'à être perfectionné. Il a une étendue si vaste que nos poètes n'ont pu en mesurer toute la circonférence, ni en découvrir toutes les ressources. La première direction donnée au théâtre n'était peut-être pas la plus heureuse. Il reste à créer un genre nouveau, qui éclipserait la tragédie et la comédie. L'art n'a pas encore atteint son zénith, car il n'émeut qu'un petit nombre de spectateurs et, ne sachant pas reproduire la vie, ne sait point égarer l'âme dans les magiques bosquets de l'illusion.

L'art théâtral a pourtant des droits immenses. Nul autre ne peut exercer une action aussi vive sur la foule, ni ennoblir davantage l'esprit de l'homme. Il entretient, il développe toutes les facultés brillantes et utiles que nous avons reçues de la nature. Il fortifie nos bons sentiments ; la pitié, la bienveillance, l'enthousiasme et l'amour de la vertu grandissent sous ses pluies fécondes. L'âme transportée dans une sphère où ne règnent ni l'or, ni la violence, ni la duplicité, ni la routine, goûte l'intime plaisir de voir les choses jugées selon leur essence et non point selon de niaises conventions. Le spectateur vit quelques instants d'une manière conforme aux lois du bon sens et de la morale ; ses coupables penchants se blottissent au fond de son cœur et laissent triompher les généreuses sympathies.

Mais cet effet si désirable, ce ne sont point des maximes et des amplifications qui peuvent le produire. Éloigne-toi, pâle moraliste ! emporte ton gros livre et ton bonnet doctoral ; tes démonstrations, quelque habilement faites qu'on les suppose, n'obtiendraient ici aucun succès. Il ne s'agit pas pour le moment de convaincre la raison, mais de toucher l'âme. Il faut la lancer, sur un cheval fougueux, dans le monde héroïque, à travers tous les orages de la passion.

Comment le poète remplira-t-il cette glorieuse tâche ? Suivra-t-il le chemin battu ? Fouillera-t-il encore les tombeaux des rois ? Inondera-t-il la scène de ducs, de princes, de marquis ? Assurément non. Il ne bornera pas ainsi son champ de course. Il promènera ses regards sur l'univers et le réfléchira tout entier dans son œuvre. Aucune espèce d'individus n'en sera bannie. Ajoutons qu'il peindra plutôt les mœurs modernes que les mœurs antiques. Il écrira un drame au lieu de composer une tragédie.

Les auteurs de la Grèce puisaient à la source animée de l'histoire contemporaine. L'art dans leurs mains était comme un ordonnateur des fêtes nationales. Leurs dieux, leurs grands hommes, leurs souvenirs, leurs idées, leurs coutumes, servaient de matière aux poèmes. Les ombres des morts ne chassaient pas les vivants du théâtre.

En croyant suivre les Grecs, nous avons réellement perdu leur trace. Nous avons oublié les toits de nos aïeux pour des demeures étrangères. Copier des hommes libres, c'était nous asservir. Outre le manque d'intérêt national et de vérité, notre scène a d'ailleurs de graves défauts. La distinction des pièces en tragiques et comiques n'est pas sans inconvénients. La tragédie cherchant l'émotion et le sérieux perpétuels, dénature, exagère et calomnie l'humanité. Elle donne aux rois une grandeur chimérique, au dialogue un air fastueux ; elle entoure les plus simples actions d'une pompe inopportune. Dans son désir d'exciter la terreur et la compassion, elle invente des forfaits impossibles. Les maximes qu'elle y joint ne s'adaptent pas mieux aux conditions de la réalité ; elles grandissent outre mesure les puissants du monde, elles abaissent le faible au-dessous du niveau où doit le maintenir la justice.

La comédie tombe dans un excès contraire. Se proposant toujours de faire rire le spectateur, elle enlaidit horriblement ses personnages. Elle crée des monstres de sottise, d'ignorance et de bassesse, comme son émule des héros de dévouement et des prodiges d'astuce. Elle s'égare dans un autre sentier, mais n'arrive pas moins que la tragédie au faux et à l'invraisemblable. Entraînée par la pente qu'elle suit, elle bafoue d'ailleurs des hommes et des choses dignes de respect. Sa constitution défectueuse la pousse au mal.

La tragédie et la comédie pèchent de plus par un autre endroit. Elles disposent toute une pièce au profit d'un seul caractère. Il a dès lors une inflexible roideur ; il est posé là comme le Destin. Sa force opère aussi aveuglément, aussi fatalement que celle des machines. Ce violent moteur annule le reste des personnages. Ils ont l'air de ces nuées qui flottent autour du soleil couchant, lui doivent leur existence et ne brillent que de sa lumière.

Le drame évite ces fautes. Il peint les hommes tels qu'ils se montrent, c'est-à-dire, unissant le bien et le mal, l'énergie et la faiblesse, la grandeur et la sottise. Les nuances des vertus et des vices sont infinies. Le même principe, qui enfante le sublime dans une occasion, produit le ridicule dans une autre. Combien d'invidus n'ont-ils pas été tour à tour doux et cruels, lâches et vaillants, plats et hautains, dévoués et injustes? Le vieillard ne se conduit-il point parfois en jeune homme, le jeune homme en vieillard? Singulier mélange que notre nature ! Le bien y germe dans un sol empoisonné; le crime y déploie sa lugubre fleur sur une tige bénie du ciel.

Avec le drame, un caractère unique ne décide pas toute l'action ; elle naît des efforts et du jeu de la vie. Plus de personnage auquel on immole les autres. Chaque individu a sa place et son prix. L'auteur n'exécute point un portrait, mais un tableau d'ensemble. Il n'y a pas là de héros factice, auquel on attribue rigoureusement tous les défauts ou toutes les vertus de l'espèce. On cherche la mesure et la vraisemblance, on retrace l'ordinaire aspect des choses.

Dès qu'on se trouve ainsi placé au juste point de vue, les erreurs de la critique se dissipent d'elles mêmes, comme les hallucinations produites par les brouillards de la nuit, quand le soleil monte à l'orient. Le vieil art dramatique ne s'occupait ni des lieux, ni des mœurs, ni des croyances, ni des traditions ; il taillait tous les hommes sur le même modèle. Le drame ne pourra négliger ces éléments poétiques ; sans leur secours, point de vraisemblance, point de précision ; des tableaux vagues qui ne s'accorderont jamais avec sa nature.

Les liens funestes dont on avait garrotté l'art se brisent aussi, comme à l'approche d'un talisman. Plus de ces lois qui gênent sans raison la marche du poète. Les unités de temps et de lieu cessent d'être obligatoires ; elles n'enfantent presque toujours que des monstruosités. Pour que les événements puissent tenir dans ce coffre étroit, le dramaturge les brise, les tord, les disloque et leur enlève jusqu'à l'apparence de la vie. C'étaient de forts athlètes, qui décidaient par leurs combats le sort des royaumes ; ce ne sont plus que des corps en lambeaux. L'auteur ne gagne cependant rien, absolument rien à les traiter de la sorte. Il ne gagne pas davantage à étirer, marteler, laminer tous ses sujets au point de leur faire remplir cinq actes. S'il se laissait guider par la matière, il en composerait deux, trois, quatre ou six, selon les développements qu'elle exigerait.

L'étude exclusive et l'imitation de l'antiquité lui portent un égal préjudice. L'homme n'est pas chez nous ce qu'il était chez les Grecs et les Romains. Le temps l'a modifié; d'autres principes, d'autres gouvernements, d'autres lois, d'autres coutumes n'ont pu rester sans influence sur lui. Le poète doit donc plutôt observer le monde actuel que rôder parmi les tombes païennes. Le meilleur moyen de nous intéresser est de nous offrir des individus qui nous ressemblent. Les discours d'un paysan élevé sous le même ciel que nous, captivent mieux notre attention qu'un passage d'Euripide.

Le dramaturge abandonnera encore la vaine étiquette de notre ancien théâtre. Une foule d'expressions et de détails qui passent pour vulgaires ne lui répugneront point. Il ne fuira ni la hutte obscure, ni le visage amaigri du pauvre. C'est à ses côtés surtout que marchent la compassion et la terreur. En nul endroit les décrets du sort n'ont des retentissements funèbres, comme dans les vallées indigentes, où l'homme gagne malaisément par son travail le pain de chaque jour. Quand l'arbre meurt, c'est d'ordinaire au pied qu'il souffrait ; de même, les révolutions et les catastrophes partent presque toujours des basses classes. Il faut y descendre, lorsqu'on veut voir la cause des grands faits politiques. Le penseur qui en détourne ses yeux, ne comprendra jamais la vie de l'humanité.

Nous suspendons ici notre analyse avant d'atteindre la moitié du volume. Il était certainement impossible d'avoir, en 1773, des principes plus neufs et un coup d'œil plus libre. Mercier, comme on l'a vu, traitait dès lors les questions périlleuses qui ont agité les esprits sous la restauration. Il brille dans son époque ainsi qu'une haute montagne frappée avant les autres des rayons du soleil. On aurait peut-être mieux fait de lire et de réimprimer son ouvrage que de publier tant d'écrits insignifiants. Ceux qui n'extravaguaient pas se bornaient à répéter les mêmes discours, à énoncer moins bien les mêmes théories. En effet, son bagage ne se compose point uniquement des réflexions que j'abrégeais tout à l'heure. Il a précédé les chefs de l'école nouvelle sur tous les points où ils se sont portés. Pour en offrir un exemple, il parle de Shakespeare, de Calderon et de Lope de Véga comme des princes du théâtre moderne. Il pense qu'ils doivent nous conduire au vrai dans la nuit où nous a plongés l'imitation grecque. Il a lancé les premières flèches contre Boileau et Racine; non-seulement il les attaque, pour ainsi dire, à chaque page de son *Essai sur le drame*, mais il les raille encore dans les notes de son théâtre, dans son *Tableau de Paris*, dans ses autres ouvrages et dans une satire spéciale mise au jour en 1808. La préférence donnée à Corneille date de lui. La fougue, la rudesse, le sublime et les naïvetés qui distinguent l'auteur de *Cinna*, lui plaisent mieux que l'art soutenu, l'élégance et la force discrète de son rival.

Intrépide éclaireur, il met la hardiesse bien au-dessus de la sagesse. Il regrette que Corneille se soit embarrassé dans les liens de la critique aristotélicienne et ait augmenté leur funeste puissance par son propre aveuglement. Il blâme les Français de mettre toujours le raisonnement à la place de l'action ; leurs pièces ont plutôt l'air de dialogues des morts que de poèmes dramatiques. La gloire de Malherbe ne lui donne point le change ; il montre sa sottise, son étroitesse. Il accuse Jean-Baptiste d'avoir desséché l'ode. Que vous dirai-je? Passez en revue les idées littéraires qui se sont fait jour depuis soixante ans et cherchez-les ensuite dans les ouvrages de notre auteur; soyez certains que vous les y trouverez.

Il se rattache encore à notre siècle par son opposition au voltairianisme. Il a en horreur l'impiété, l'impudicité, la frivolité. Son âme est pleine du sentiment des nobles choses ; il aspire au divin, à l'éternel. Ce passage le prouvera suffisamment : « Tout ce qui porte, dit-il, un caractère de grandeur, de force, d'harmonie, je suis décidé à le croire. Je crois en Dieu, à sa sagesse, à sa bonté, au système qui dit que tout est pour le mieux, parce qu'outre que la raison ne répugne point à ce système, il n'y en a point de plus vaste, de plus satisfaisant et qui donne de plus belles idées. Tout ce qui honore, élève, agrandit la nature humaine, je le crois ; tout ce qui l'avilit, l'abaisse, me trouve incrédule. Et que d'avantages attachés à la croyance de l'immortalité de l'âme? Je conserverai mes pensées, mes affections qui me sont si chères, mes facultés acquises; je ne les verrai pas s'éteindre dans la nuit du tombeau. Cette vie n'est qu'une portion de l'existence qui doit se développer en moi. Je verrai la mort sans terreur. Je serai consolé de la nécessité de ce moment; mes yeux se porteront au delà. Comme ces idées peuvent produire des actions héroïques! Comme elles peuvent dans une grande âme fructifier pour le bien de l'univers! Froid matérialiste, avec ton analyse et ta triste discussion, ton système desséchant, tu enlèves au monde sa parure et sa beauté, tu en fais une prison ténébreuse où ne règnent plus que la destruction et la douleur. »

Ce n'est pas tout. En 1773, Mercier parlait avec complaisance de la littérature allemande ; il devinait sa gloire prochaine, sa fécondité, son originalité. En 1802, il publiait dans notre langue la *Jeanne d'Arc* de Schiller, et plusieurs créations germaniques. Il est donc, sous ce rapport, le précurseur de Mme de Staël (1). En 1801, le premier peut-être chez nous, il témoignait une vive admiration pour Kant. La Harpe, associant le nom de ce grand philosophe à celui du mystique Swedenborg, les nommait alors conjointement l'*opprobre de l'esprit humain*. Plus sagace et plus penseur que lui, Mercier réfute Locke, maltraite Condillac, puis vante la *Critique de la raison pure*. Il met à nu la faiblesse du sensualisme et l'accuse de ne pouvoir rien expliquer. C'est une autre direction qu'il faut prendre. Mercier, comme Kant, s'attache aux principes innés. Descartes, Leibnitz, Wollaston, le philosophe de Kœnigsberg, lui paraissent plus clairs, plus satisfaisants que les matérialistes. On doit donc le regarder aussi comme l'annonciateur de M. Cousin.

(1) Il faut lui adjoindre sous ce rapport les hommes que nous citons plus bas, dans le chapitre treizième de ce premier livre.

Ce n'est pas tout encore. Il a prévu, prédit, préparé les changements qui se sont accomplis dans notre langue. Elle lui semblait avoir été saignée à blanc. Les puristes, en quête de l'élégance, ne virent point qu'ils appauvrissaient et minaient sa constitution. Elle perdit de la sorte beaucoup de son ancienne vigueur et presque toutes ses franchises. « On parle de l'importance d'un bon dictionnaire : la première chose serait de ne pas le confier à une race d'étouffeurs, qui se mettent à genoux devant quatre ou cinq hommes du siècle de Louis XIV, pour se dispenser, je crois, de connaître et d'étudier tous les autres, et qui, criblés des plus misérables préjugés, fermant le petit temple de leur idolâtrique admiration, ne savent point qu'il n'y a pas de perfection fixe dans les langues. »

C'était en 1801 que Mercier publiait ces lignes; elles font partie de l'introduction qui précède sa *Néologie ou Vocabulaire de mots nouveaux, à renouveler, ou pris dans des acceptions nouvelles*. Le titre même de l'ouvrage indique son but; mais ce qu'il n'indique point, c'est la sagacité des choix faits par l'auteur. Un grand nombre, que dis-je ! le plus grand nombre des termes qu'il proposait alors d'employer, et que les hommes sages repoussaient avec dédain, ont aujourd'hui leur place à côté des mots illustres. Nous avons marché si vite depuis ce temps, qu'on est surpris à chaque page de lui voir annoncer comme une hardiesse telle ou telle façon de dire maintenant consacrée. On mesure ainsi tout l'espace que nous avons franchi, sans en garder le souvenir. Une foule de vieux mots, entre autres, que Mercier déclare bons à reprendre, ont actuellement droit de bourgeoisie et semblent toujours l'avoir eu. La plupart datent du seizième siècle. L'auteur de la *Néologie* avait effectivement pour cette époque une prédilection marquée ; il en trouvait la langue plus riche, plus hardie, plus gracieuse et plus maniable. Il soutenait même « qu'il y avait eu plus de génie en France dans le seizième siècle que du temps de Louis XIV. » Cette opinion a aussi trouvé des échos, seulement on l'a amplifiée jusqu'à l'absurde.

N'omettons pas un dernier trait. Dans un petit roman intitulé : *Histoire du poète Iserben*, notre auteur a peint avec un enthousiasme et une finesse surprenante la grandeur, la misère et les ridicules du génie. C'est un excellent tableau. On passe de l'admiration à la pitié, de la pitié au sourire. Nul homme n'avait peut-être alors de l'artiste une idée plus haute et plus juste à la fois. *La Métromanie*, pièce fausse, glaciale, ennuyeuse, sans action et complétement indigne de sa renommée, ne soutiendrait pas une minute le parallèle avec ce petit chef-d'œuvre. Là se trouvent les premières plaintes contre l'injustice du sort, contre la démence et la cruauté des hommes, qui infligent à la supériorité de l'esprit des châtiments plus durs qu'au crime et à la bassesse. Des voix éloquentes ont depuis soutenu cette noble cause ; il faudra la plaider bien longtemps pour que le mal s'affaiblisse ; mais, dans tous les cas, l'honneur de l'initiative appartient encore ici au brave et intelligent Mercier.

Ces deux titres que je lui donne, il ne les a pas moins mérités l'un que l'autre. On ne l'a jamais vu, pour aucun motif, renier ses principes. La haine de la critique, la malveillance des auteurs, les distractions de la foule ne l'ont pas empêché de suivre sa route. Il a eu la persévérance du génie et la bravoure des âmes fortes. Sûr d'avoir raison, il a maintenu ses théories jusqu'au dernier soupir. « La nation entière, s'écriait-il, la nation entière sera mon juge, mais dans le temps ; je prêterai peu l'oreille à la génération actuelle des littérateurs, parce qu'elle n'est pour moi qu'un parterre qui doit se renouveler demain. L'homme qui pense et qui sent ses forces n'écrit pas pour un seul parterre. »

Déplorable sort des écrivains ! la nation ne l'a pas jugé, elle l'a oublié. De son vivant, il passait pour un esprit bizarre et sans justesse ; après sa mort, nul ne garda son souvenir. La tombe dévora ses glorieuses espérances comme sa frêle dépouille. Maintenant une nuit profonde l'environne, et pas un regard ne se tourne vers son œuvre. Ses idées ont cependant fait leur chemin ; elles ont pris possession du monde littéraire ; bien des auteurs sont devenus fameux, rien que pour les avoir épousées. Mais tandis que ces nobles filles conquéraient les hommages, on ne pensait point à leur père, et ses gendres même le reniaient. Chacun de leurs triomphes était pour lui une défaite. Plus ils s'environnaient de lumière, plus ils jetaient d'ombre sur son front.

C'est qu'il a eu le malheur d'apercevoir et de proclamer trop tôt la vérité. Deux sortes d'hommes concourent incessamment à changer la face de la terre. Les uns, venus dans une heure propice, énoncent tout haut ce que la majorité se dit tout bas. Ils sont le clairon d'appel qui fait sortir, à mesure qu'il passe, un combattant de chaque logis. Leurs discours ébranlent le monde ;

un sinistre éclat les environne, pareil à ces lueurs sanglantes dont le jour, près de finir, colore les nuées orageuses. Ils forment la classe des révolutionnaires. Ayant au plus sur la foule quelques pas d'avance, ils lui servent naturellement de chefs. Mais il en est d'autres moins fortunés, quoique plus originaux, qui précèdent l'humanité à une si grande distance, que la multitude ne les voit point. Quelques songeurs perspicaces les suivent seuls du regard dans le crépuscule de l'orient. Peu à peu, ils s'acheminent sur leurs pas, indiquant la route à de nouveaux adeptes. Ces génies hâtifs sont les précurseurs. La plupart vivent et périssent lamentablement. Ils défrichent au milieu des larmes le terrain où moissonnent leurs héritiers. Luther fonde l'Église protestante, mais Abeilard et Wiclef traînent leur existence de malheur en malheur; Savonarole et Jean Huss rendent dans les flammes leur esprit audacieux. Les hautes intelligences ressemblent à ces écueils surmontés d'un phare, qui reçoivent le premier choc des vagues et luttent contre les premiers efforts de la tempête ; ils brillent au loin comme de hardies sentinelles, mais des flots ténébreux les séparent du continent, et leur situation même en éloigne les hommes.

Mercier ne fut pourtant pas un génie dans toute la force du terme. Il lui manquait une chose essentielle pour avoir droit à ce titre. Comme penseur, il ne sut point se créer une forme philosophique ; comme écrivain, une forme littéraire. Il expose clairement ses opinions, mais ne leur donne pas cette profondeur, cet enchaînement, qui doublent l'importance d'un système quelconque et immortalisent l'ouvrage où il s'épanouit.

Son style n'a point de caractère : il associe maladroitement les mots et interrompt une métaphore par une métaphore qui ne s'accorde point avec la première. Dans ses drames, dont le plan est en général bien conçu et la matière bien choisie, son expression flotte toujours entre les vieilles routines et une assez gauche innovation. Il y a aussi trop de morale : une pièce n'est pas un catéchisme. Faute de pouvoir donner à sa pensée le mouvement, la grâce, l'intérêt de la vie, Mercier la prêche et la démontre. En exaltant la justice, la douceur, la vertu, il oublie les lois de l'art. Une vieille ballade rapporte qu'au moment où les esprits criminels se révoltèrent, Dieu s'occupait à mettre au jour une nouvelle classe de pures essences. Indigné de cette folle tentative, il suspendit son labeur. Les anges à demi formés tombèrent dans le vide. Mais l'Éternel ne les avait pas tirés en vain du néant; comme ils possédaient une moitié d'existence, ils vécurent d'une vie incertaine et plus triste que la mort. Quoi qu'ils fissent, ils ne pouvaient préciser leur être et se découvrir une place au milieu de la création : ils flottent donc sans repos à travers l'immensité. Vagues comme les songes de la nuit, ce sont eux qui nous apparaissent dans les nues, qui chantent dans les fontaines, soupirent dans le vent du soir et remplissent les ténèbres de fantômes indécis. Éternellement exilés d'une patrie fictive, ils cherchent un inconnu qu'ils ne sauraient trouver. Tel est un peu, à mon sens, l'auteur dont nous parlons. Il ne sut jamais revêtir une forme déterminée ; son esprit erra toujours sur les confins du style et dans les brumes de l'impuissance plastique.

CHAPITRE XII.

Retour vers la nature.

Influence de Buffon. — Amour de Jean-Jacques Rousseau pour la nature. — Ses analyses intimes ; absurdité de sa haine contre la littérature. — Bernardin de Saint-Pierre ; tendances générales de son esprit. — Ses *Études de la nature* n'obtiennent d'abord aucun succès. — On ne les a pas comprises depuis. — Elles forment, avec les *Harmonies*, une esthétique de la nature et du sentiment. — Nouveauté des aperçus qu'elles renferment. — L'auteur ébranle à son insu tout le vieux système littéraire. — Son influence sur Chateaubriand. — Similitudes de l'auteur des *Martyrs*, de Jean-Jacques et de Bernardin. — Lettres du temps. — Correspondance de Thomas et de Ducis. — Poésie descriptive : Delille, Roucher, Saint-Lambert.

Ce don d'écrire, ce talent de la parole, qui manqua toujours à Mercier, distingua trois hommes supérieurs dont l'action fut bien plus vive que la sienne. Des effets, des sentiments jusqu'alors bannis de l'art, y prirent enfin avec eux la place qu'ils méritaient. Trois sources de poésie jaillirent simultanément du rocher : Buffon intéressait à la nature en elle-même ; Bernardin cherchait les rapports de cette nature avec les besoins, les affections, la destinée de l'homme ; Rousseau montrait dans l'âme des perspectives infinies dont on ne soupçonnait pas l'existence.

Le châtelain de Montbard (1), sans se douter du travail

(1) Demeure de Buffon.

qu'il opérait secrètement, ébranlait la mesure classique; on dédaignait avant lui les simples beautés de la campagne. L'auteur du *Lutrin* n'y voyait qu'un remède contre l'allanguissement de son esprit. Buffon en parla d'une manière éloquente; ses recherches sur le globe et sur l'instinct des animaux l'enchaînaient au milieu de la nature. Perdu sous les voûtes des bois qui ceignaient sa demeure, il prêtait l'oreille aux chansons des tribus aériennes et distinguait dans la symphonie générale la voix de chaque musicien. La feuillée gardait à son approche un religieux silence; quelque cerf grisonnant passait entre les arbres, comme pour appeler son observation; des troupes de canards fendaient les nues en poussant leur cri sonore, et les vapeurs lointaines, enflammées par l'aube, lui rappelaient le temps où notre planète ne formait qu'une masse brûlante. On eût dit que la première époque du monde était revenue, que toutes les créatures paraissaient devant lui pour qu'il leur imposât des noms. Ces sujets enrichirent son style; ses descriptions, à la fois pleines de poésie et de réalité, semblèrent produire la nature qu'elles dépeignaient.

Buffon s'occupait, du reste, assez peu des problèmes littéraires. Son *Discours sur le style* renferme des idées tellement générales qu'elles trouveraient place dans toutes les théories possibles. Elles ne donnent l'avantage à aucune manière; elles se tiennent au-dessus de la région où commence la variété des systèmes (1). L'auteur

---

(1) *L'art d'écrire* de Condillac donne lieu aux mêmes observations; c'est là ce qui nous empêche d'en parler.

ne semble pas désirer qu'on apporte la moindre modification aux lois régnantes, et de fait, il n'en avait nul besoin. Il explorait un sol entièrement libre, où ne s'élevaient point de barrières ; il se montrait poète dans le domaine de la science, et la critique n'avait point poussé jusque-là ses lignes de douanes.

Moins occupé de la nature, Jean-Jacques ne la voyait pourtant pas sans enthousiasme. Il reportait sur les fleurs, sur les bois, sur les collines, une sympathie brûlante que les hommes n'avaient point acceptée. Dans la solitude amère de son génie, dans la profonde tristesse de son cœur, il n'avait d'affectueux rapports qu'avec les muets enfants du Très-Haut. Une branche de thym sauvage, un nid d'écureuil à la cime d'un frêne, la digitale grimpée au bord des roches l'intéressaient plus vivement que les protestations et la fragile amitié de ses semblables. Mais, comme le philosophe dominait en lui, sa pensée le ramenait toujours vers eux. La dégradation générale l'accablait d'une poétique douleur ; la société lui paraissait un gouffre, et il se dévouait aux dieux infernaux dans l'espoir de le combler. Revêtir d'une séduisante lumière les principes éternels, enseigner à la foule les lois du juste et du bon, chercher les bases primitives de l'organisation politique, voilà les caps majestueux sur lesquels il dirigeait son navire. Il peignait les tourments qu'engendre un insatiable amour de l'idéal, la révolte effrénée des passions mécontentes, l'humeur sombre où jette l'aspect du mal universel. Tandis que Buffon et l'auteur des *Harmonies* révélaient le monde externe, il descendait une lampe dans l'abîme du monde intérieur. Il y faisait entrevoir des champs désolés, d'âpres solitudes et aussi, par moments, de frais bocages, de voluptueux et riants tableaux.

Ses idées littéraires n'avaient pas la même importance que ses œuvres plastiques et ses considérations morales. Lancé dans un absurde paradoxe, ennemi des arts, des sciences, du travail intellectuel, il ne pouvait guère analyser d'une manière neuve et pénétrante l'essence de la poésie S'il est rare que l'on comprenne les choses dont on ne s'occupe point avec amour, à plus forte raison n'en découvre-t-on pas les lois intimes, les aspects ignorés. Jean-Jacques, s'emportant contre la littérature, m'a l'air d'un homme placé au milieu d'une barque où l'eau fait irruption de toutes parts. Ne voulant point sombrer, il s'épuise à vider l'esquif. Le plus grand résultat qu'il obtienne, c'est de se maintenir laborieusement sur les flots. Loin d'avancer, il ne peut garder sa position sans de violents efforts; il n'a pas même dans son immobilité la joie du repos, le loisir de l'inaction. Tel est le châtiment de ceux qui défendent une mauvaise cause Toute leur adresse ne leur sert qu'à ne point paraître aliénés. Ils se fatiguent sur place, tandis que les autres labourent une mer propice et gagnent sensément de fertiles rivages. Lorsque notre auteur, par exemple, maudit le théâtre et ses effets, il semble au premier coup d'œil entrer dans une voie originale, où de nombreuses découvertes s'offriront à lui. Mais l'erreur n'est pas la nouveauté ! Il essaye d'anéantir l'art dramatique, sans doute, et nul n'avait encore fait d'entreprise pareille, en dehors du clergé. Au milieu même de ses attaques néanmoins, il reproduit des idées très vulgaires; il juge comme la foule le système alors en vogue et ne soupçonne pas les métamorphoses qu'il doit subir. « Je crois pouvoir avancer, dit-il, comme une vérité facile à prouver, que le théâtre français, avec les défauts qui lui restent, est cependant à peu près aussi parfait qu'il peut l'être, soit pour l'agrément, soit pour l'utilité. »

Bernardin de Saint-Pierre suivait une ligne mitoyenne entre Buffon et Jean-Jacques. Moins morose que l'un, plus libre que l'autre dans ses études, car il ne se proposait pas de constater un ordre de faits spéciaux, il cherchait surtout à découvrir les lois esthétiques d'où naît la perpétuelle magnificence de l'univers. Tantôt sous les pins de la zone glaciale, tantôt sous les bananiers de l'île de France, il poursuivait toujours en toutes choses l'habile pensée de l'artiste suprême. Les secrètes harmonies de la nature, voilà ce qui le charme et l'occupe; il interroge les mers, les continents et les forêts, les montagnes, les oiseaux et les quadrupèdes; il leur demande pourquoi le céleste poète leur a donné leurs attributs divers, assigné telle ou telle place, les a groupés comme nous les voyons et unis par des liens sympathiques. Sa plus vive douleur est de ne pas avoir assisté aux délibérations de l'Éternel, quand sa face radieuse allait illuminer le chaos et son verbe organiser la matière. Toutefois, les splendeurs externes ne le ravissent pas uniquement; il y joint, il y mêle les beautés de l'univers moral, et cette union fertile produit plus tard un chef d'œuvre incomparable.

Les *Etudes de la Nature*, publiées en 1784, eurent le même genre de succès que tous les livres entièrement neufs par les idées ou par le style. Aucun éditeur ne voulut les imprimer; les journaux les déchirèrent, les savants, les hommes de lettres les accueillirent avec dédain; elles semblaient mortes en naissant. Le public seul les trouva de son goût. Elles furent recherchées, admirées, vantées par les lecteurs ordinaires. Ce fait qui s'est reproduit pour Chateaubriand, pour Lamartine, pour Victor Hugo, pour la plupart des talents inventifs, demande explication. La masse des auteurs et *a fortiori* celle des libraires se composent d'esprits sans originalité, disons mieux, sans activité. Ce sont des espèces de cloaques, où séjournent dans une paix profonde tous les lieux communs de l'époque. Nul rayon de lumière inespéré, nulle eau fécondante ne s'y montrent jamais. Ils n'estiment que les œuvres, les principes, l'exécution depuis longtemps consacrés. Ce qui sort de l'usage, demandant pour être compris un effort d'intelligence dont ils sont incapables, n'éveille en eux que des sentiments de répulsion. Vrais sicaires du passé, ils menacent toujours le présent et l'avenir. Le public ne trempe point dans ce complot; il cherche l'émotion, l'intérêt; il les accepte sous toutes les formes. Peu lui importent l'habitude et la règle; il aime ce qui l'occupe agréablement, il déteste ce qui l'ennuie. Or, par un effet bien naturel et bien heureux en même temps, les créations progressives l'amusent, le passionnent plus que les autres. Les idées, les matières qu'on y aborde touchent de plus près aux questions vitales du jour. Chaque mot de l'auteur passe alors sur les âmes comme un coup de vent sur une mer déjà houleuse. Les publications rétrogrades, au contraire, ont pour base des sujets vieillis, des problèmes résolus. Elles s'adressent à la mémoire plutôt qu'au sentiment de l'existence. Les premières enfantent des orages;

celles-ci font trembler avec peine quelques buissons arides sur des dunes escarpées.

Non-seulement les *Etudes* ne furent point comprises par les lettrés au moment de leur naissance, mais nous croyons pouvoir dire qu'elles ne l'ont pas été depuis. Voyez, en effet, comment on les juge. Elles passent pour des rêveries scientifiques d'une valeur très incertaine. On leur accorde le charme du style, mais on borne là leur mérite. Les savants ont mis le système des marées à l'index et tout l'ouvrage a souffert de leur proscription. Ce n'est pourtant pas un livre de physique. Loin de marcher sous la bannière des sciences naturelles et de vouloir étendre leur domaine, Bernardin se montre leur ennemi le plus acharné. Il trouve qu'elles nous déguisent et nous cachent la nature; les méthodes, les systèmes, au lieu d'aider l'intelligence, lui paraissent la conduire tout droit à l'erreur. Dans sa haine pour eux, il ne voit point qu'il s'égare lui-même plus que ne l'ont jamais fait ni les chimistes, ni les botanistes. Il voudrait empêcher l'esprit humain d'établir des distinctions, des classifications, comme si ce n'étaient pas là les instruments nécessaires de la pensée! Il va même jusqu'à exprimer le vœu qu'on abandonne la recherche des causes efficientes! « C'est pour notre bonheur, dit-il, que la nature nous a caché les lois de sa toute-puissance. Comment des êtres aussi faibles que nous en pourraient-ils embrasser l'étendue infinie? Mais elle en a mis à notre portée qu'il était plus facile et plus doux de connaître : ce sont celles qui émanent de sa bonté » (1).

(1) Voici un autre passage non moins explicite : « Nous avons beau faire,

Jugeant donc chimérique l'espoir de découvrir l'essence des objets et les principes dont ils dépendent, il conseille aux hommes sérieux d'attacher exclusivement leurs regards sur les causes finales et les causes esthétiques. Avec elles, selon lui, on peut rendre compte de tous les phénomènes. C'est une erreur palpable. S'il est hors de doute qu'une pensée providentielle, qu'un sentiment divin de l'harmonie et de la beauté se manifestent dans l'ordre général de l'univers et dans la structure des différents êtres, l'on aurait tort d'en conclure que les penseurs doivent s'occuper uniquement de la fin des choses et du goût exquis de leur disposition. Les lois qui les régissent n'ont certes pas moins d'importance. Il est bon de chercher les raisons dernières, mais la nature des agents demande aussi à être observée, connue, expliquée. Voilà le vrai but des sciences physiques ; les autres ne peuvent guère passer que pour des sciences morales.

Il faut donc prendre les *Etudes* et leur complément les *Harmonies de la nature*, comme deux ouvrages de philosophie et de critique. Examinés à ce point de vue, ils gagnent autant qu'ils perdaient de l'autre côté. On y trouve une téléologie et une esthétique de la nature, dignes de la plus grande attention ; des remarques tout à fait neuves sur le cœur humain et sur des sentiments poétiques, dont les lettres françaises avaient jusqu'alors ignoré l'existence et le pouvoir.

Si loin que parvienne le matérialisme d'une époque,

nous ne pouvons saisir dans la nature que des résultats et des harmonies ; partout les premiers principes nous échappent. »

si loin qu'un peuple descende les pentes unies de la corruption, jamais les nobles idées, jamais les grands principes ne restent sans défenseurs. Au milieu des cris de joie, des chants obscènes, du tumulte des banquets, résonnent toujours d'austères avertissements. Aucun spectateur ne prendrait la parole, que la loi morale ne serait point abandonnée à elle-même ; un convive pensif se lèverait pour tancer la débauche. Le xviii° siècle ne fut point privé de ces enseignements. L'irréligion se glissait dans tous les cœurs ; Swift, Gœthe, Voltaire, Diderot citaient la Providence à leur tribunal et lui demandaient compte de l'absurde manière dont elle a organisé le monde. Le vice inondait l'Europe ; piété, bienveillance, gratitude envers le Créateur semblaient disparaître à jamais sous ses flots stériles. Elles ne couraient pas de danger néanmoins. Bolingbroke, Shaftesbury, Pope, Haller, Kant, Schiller, Rousseau, Bernardin de Saint-Pierre, tous optimistes confiants, tous moralistes scrupuleux, tous déistes résolus, prirent le parti du ciel et de l'âme contre la terre et les sens. Ils n'étaient pas chrétiens, mais défendaient les maximes, les tendances sur lesquelles s'appuient les religions. Ils bâtissaient une imprenable tour, afin d'y mettre à l'abri le grand trésor de l'humanité.

Bernardin ne voit en conséquence dans la nature que des témoignages d'amour, de radieux tableaux ou de délicates merveilles. Il analyse cette pompe charitable et en formule le système. Après avoir considéré l'harmonie générale du globe, après avoir fait ressortir les plans de la sagesse et de la bonté divines, sa rare intelligence descend à l'étude des lois spéciales qui produisent ce vaste accord. Il sentait bien qu'il entrait dans une sphère ignorée de ses compatriotes. « J'entreprends, dit-il, d'ouvrir une carrière nouvelle. Je ne me flatte pas d'avoir pénétré fort avant ; mais les matériaux imparfaits que j'en ai tirés pourront servir un jour, à des hommes plus habiles et plus heureux, à élever à la nature un temple plus digne d'elle. » Il expose alors ce qu'il entend par les lois de convenance, d'ordre et d'harmonie ; les règles esthétiques des couleurs, des formes, des mouvements appellent ensuite ses regards ; de là, il passe aux consonnances, à la progression, aux contrastes, aux concerts, et applique ses remarques à la figure humaine ; les principes de l'attraction, de la compensation, l'occupent en dernier lieu. Une foule de remarques très justes et souvent plus profondes qu'elles n'en ont l'air, se déroulent dans ces chapitres. L'œuvre de Silvain exceptée, ce sont les premières pages importantes écrites chez nous sur la théorie du beau.

Quand il a terminé ses indications abstraites, l'auteur prend les végétaux pour exemple et vérifie son système par l'examen de leur structure, de leurs sympathies, de leurs nuances et de leurs formes. Mille observations pleines de grâce nous révèlent dans les champs, les lacs et les bois des séductions peu connues. Les fleurs, à l'approche du magicien, rayonnent d'un éclat insolite.

Mais l'univers extérieur ne lui fait pas négliger le monde spirituel. Comme Kant, il appuie sur le sentiment et la morale la croyance nécessaire à un Dieu et à l'immortalité de l'âme. Il compte, il analyse ensuite les instincts de cette âme. Les idées qu'il émet alors sont la partie de son livre qui a le plus de portée littéraire. Sans doute une esthétique de la nature, chez un peuple depuis longtemps dénué d'imagination et de goût pittoresque, avait à la fois une extrême importance et une grande nouveauté. Mais ni l'erreur ni l'oubli ne viennent à l'homme du dehors. La réalité possède toujours les mêmes attributs; son aspect et ses forces ne changent point. C'est donc en nous que s'opèrent les variations : tantôt nous voyons les choses, tantôt notre aveuglement nous les cache. La source de nos méprises, surtout dans le domaine poétique, gît au fond de notre cœur et de notre pensée. Lorsque le vrai sentiment de l'idéal, de l'infini, de la destinée humaine existe quelque part, la nature ne reste pas muette devant lui. Chacune de ses formes, chacun de ses soupirs trouve un miroir et un écho. On recherche, on aime d'autant plus ses suaves beautés, que l'âme où elles se réfléchissent brille intérieuremen. d'une plus vive lumière.

Bernardin faisait donc, sans le savoir, trembler sur ses pilotis vermoulus toute notre ancienne littérature, quand il discourait avec chaleur des sentiments qu'éveillent en nous l'innocence, la patrie, le merveilleux et le mystère ; du plaisir engendré par l'admiration, l'ignorance, la mélancolie, les ruines et les tombeaux ; enfin, du charme de la solitude. L'art classique avait rejeté ces causes d'émotion. Il possédait peu de naïveté, peu de nationalité ; le monde invisible et surhumain ne l'attirait pas en ses ténébreuses profondeurs ; il était tranchant, caustique, fuyait les lieux qui portent aux graves méditations, cherchait la société, ne manifestait aucun goût pour la rêverie. Or, Bernardin soutenait qu'il aurait dû prendre une direction contraire. Les sentiments naïfs nous ramènent à Dieu. C'est sa pensée qui vit dans l'enfant, dans l'oiseau, dans les cœurs ingénus, dans tout ce que nous voyons se développer innocemment et spontanément. La droiture, la simplicité nous élèvent donc. Une poésie factice est habituellement frivole et mesquine.

L'amour du pays natal ouvre aux arts une autre source d'opulence et de vérité. Comment ne peindrions-nous pas bien les montagnes, les bois, les prairies où s'est écoulé notre jeune âge, les arbres touffus où nous grimpions, les clairières où tombait sur nos cheveux l'humidité du soir, l'étang magique où nous allions cueillir les fleurs dorées du nélumbo, la vieille église, la maison chérie, le banc devant la porte, où l'on causait avec nonchalance aux dernières lueurs de l'occident, aux premières clartés de la lune? Les littératures sont inépuisables, quand leurs racines plongent dans le sol de la patrie.

Mais pourquoi m'évertuerais-je à faire ressortir la tendance novatrice des considérations de Bernardin de Saint-Pierre sur les sentiments poétiques et moraux, dont notre âme est susceptible? Elles ont une évidente originalité. Un homme qui analysait comme lui la jouissance intime qu'on éprouve lorsqu'il pleut à verse, que l'eau ruisselle le long des vieux murs et que les sourds accords des vents se mêlent aux frémissements de la pluie; un homme qui s'égarait si volontiers parmi les ruines des châteaux bâtis au sommet des montagnes, et couronnés de grands arbres dont la tempête bat le feuillage; un homme qui allait rêver dans les cimetières de campagne, dans ces enclos agrestes, où la douleur prend de la sublimité, s'élève avec les pyramides des ifs, s'étend avec les plaines et les collines d'alentour, s'allie avec tous les effets de la nature, le lever de l'aurore, les soupirs de la brise, le coucher du soleil et les ténèbres de la nuit (1) ; un pareil homme, dis-je, quels que fussent ses travaux, théoriques ou pratiques, ne pouvait faire un pas sans ébranler jusqu'en ses fondements notre vieille nécropole littéraire. Son goût, son style, ses idées s'éloignaient tellement des anciennes voies, que, s'il renaissait à l'heure présente, il écrirait absolument comme il a écrit. Nous aurons beau marcher, nous ne laisserons pas derrière nous.

Il a d'ailleurs produit une œuvre vivante, qui a continué la rénovation entreprise par lui. Bernardin de Saint-Pierre unit Rousseau à Chateaubriand : il est le père intellectuel de l'un et le disciple de l'autre. Ses idées les plus générales lui sont venues de Jean-Jacques ; cet accord explique leur amitié, la seule qui ait distrait la pénible vieillesse de l'auteur d'*Emile*. Ainsi que lui, Bernardin de Saint-Pierre était déiste, optimiste ; il croyait l'homme primitivement bon, mais corrompu par la société ; il voulait le ramener à la nature et pensait trouver en elle la source de tous les biens, le remède de tous les maux ; la servitude qui pesait sur la nation le choquait également ; il avait la même soif d'enthousiasme et de grandeur. Ce qui lui appartient en propre, c'est la manière spéciale dont il a compris le monde visible, une forme plus colorée, une émotion plus soutenue ; quelque chose de plus doux, de plus religieux, des principes litté-

(1) Les traits qui composent ces tableaux sont tirés des *Études de la Nature*.

raires plus vrais et plus neufs. Dans Chateaubriand, la théosophie de Bernardin est devenue du catholicisme. L'auteur de Réné applique au Dieu chrétien ce que son maître enseignait de la cause première, de l'intelligence bienveillante qui a pétri le globe. Il met sans cesse la nature en opposition avec les ouvrages de l'homme, la toute-puissance et l'éternité du grand moteur avec notre faiblesse et notre vie passagère. Une exaltation idéale le tourmente. Il s'émeut comme Bernardin à la vue de la moindre larme; il pare son style de nuances encore plus vives, qu'il emprunte aux herbes des champs, aux merveilles des bois ; on ne peut douter qu'il l'ait choisit pour guide. La similitude ne porte pas d'ailleurs uniquement sur des idées, sur des propensions générales. On a fait ressortir, il y a longtemps, l'accord qui existe entre *Atala*, d'une part, *Paul et Virginie*, de l'autre. Le *Génie du Christianisme* et les *Etudes de la Nature* ont une égale ressemblance. Bien des sujets pareils y sont traités d'une manière analogue. Il ne faudrait cependant pas vouloir pousser le rapprochement trop loin. *Atala* n'est point une imitation de *Paul et Virginie*, la défense du christianisme un calque des *Etudes de la Nature*. Ces ouvrages ont seulement un air de famille : ils ont été puisés à des sources d'inspiration identiques, par deux talents fraternels. Jean-Jacques, Bernardin de Saint-Pierre et Chateaubriand sont trois arbres magnifiques grandis sur une même colline; ils ont tiré d'un même sol des fleurs et des beautés diverses.

Cet amour de la nature, cette vive sensibilité, cette conscience d'un Dieu propice réglant tous les phénomènes, se développaient alors si spontanément, après avoir subi le froid d'un rude hiver, que les hommes les plus secs, les plus classiques dans leurs livres se montraient novateurs dans leurs écrits familiers. De 1778 à 1785, deux vieillards, deux auteurs aussi ennuyeux l'un que l'autre eurent une correspondance maintenant publiée en partie. Ces lettres, bien différentes de leurs ouvrages, sont pleines d'une chaleur intime; d'une imagination brillante et d'une verve soutenue, qui les feraient croire produites de nos jours. Nous allons en citer des passages importants pour la cause du romantisme.

« J'ai lu avec bien de l'intérêt, mon cher ami, votre aimable lettre, et j'ai cru causer encore avec vous au coin de notre foyer solitaire, ou dans ces allées profondes de la forêt où nous allions quelquefois nous égarer. Nous ne sommes pas faits l'un et l'autre pour le bruit, ni pour ces belles soirées où l'on va s'ennuyer en cérémonie. Il nous faut la liberté de l'âme et la fière indépendance de la solitude; c'est là que nous nous retrouvons nous-mêmes et que nous sommes quelque chose; c'est là que le génie se fait entendre, s'il daigne parfois nous visiter. Les inspirations heureuses sont dans les profondeurs de l'âme et dans le calme du silence. Nous retrouverons, j'espère, nos promenades, nos arbres pittoresques, nos bois déserts, nos soleils couchants, et ces scènes magnifiques de la nuit qui étend sur l'univers ses grandes ombres, et dont la tranquillité auguste inspire une sorte de respect religieux. J'ai un véritable regret que nos âmes ne se soient pas réunies plus tôt et que le temps ait volé à notre amitié tant d'années qu'il nous devait.

. . . .

« Vous avez passé à travers votre siècle sans qu'il déposât sur vous aucune de ses taches. Conservez ce goût précieux de la nature, qui est aujourd'hui si loin de nous, et continuez à vivre loin des hommes pour être heureux : on ne s'en approche jamais impunément ; et il n'y a point de jour passé dans la solitude dont le soir ne soit calme.

. . . .

« Je vous dirai que je suis à Nice, que je suis logé dans une charmante maison, située à la campagne et sur les bords de la mer, mais à mi-côte et à distance raisonnable. J'ai sous ma fenêtre ce beau et immense bassin que je découvre de tous côtés, jusqu'aux bornes de l'horizon. J'entends la nuit et de mon lit le bruit des vagues; et ce son monotone et sourd m'invite doucement au sommeil. Je n'ai jamais vu de plus beaux jours que ceux dont nous jouissons ici; le soleil y est dans son plus grand éclat; la chaleur, à midi, est comme celle du mois de mai à Paris, lorsqu'il est beau. La campagne est encore riante et couverte de gazon; les petits pois sont en fleurs; on trouve dans les jardins la rose, l'œillet, l'anémone, le jasmin, comme en été. L'orange et le citron sont suspendus à des milliers d'arbres épars dans les campagnes et dans les enclos. Tout offre l'image de la fertilité et du printemps. Joignez à cela des promenades très agréables dans les montagnes, où l'on découvre à chaque pas les points de vue les plus pittoresques ; partout le mélange de la nature sauvage et de la nature cultivée, des montagnes qui sont des jardins et d'autres hérissées de roches, entrecoupées de pins et de cyprès ; et, dans l'éloignement, la cime des Alpes couvertes de neige.

. . . .

« On n'est point tout à fait infortuné sur la terre, quand on peut encore être aimé, quand il nous reste de quoi nous aimer nous-mêmes. Je voudrais que mon amitié pût être de quelque prix pour vous, pût contribuer du moins à soulager vos peines : s'il suffit pour cela de les sentir bien vivement, croyez que personne n'en est plus pénétré que moi, ne vous est et ne vous sera jamais plus attaché. C'est votre heureux et excellent caractère plus encore que vos grands talents, qui a formé cette union et qui la conservera, j'espère, jusqu'au dernier moment de notre vie. Ne vous abandonnez pas trop à votre douleur, je vous prie ; et surtout défendez, s'il est possible, votre imagination de ces idées mélancoliques qui poursuivent aisément les âmes sensibles et fortes : c'est un nouveau poison plus cruel que la douleur même, et qui ajoute encore à l'infortune en la nourrissant sans cesse d'images lugubres et tristes. N'allez pas vous enfoncer dans la solitude que vous devez désirer, mais qui vous serait funeste ; vous y seriez livré tout entier à vos chagrins et à vous-même. C'est de vous surtout, mon cher ami, que vous devez vous défendre dans ces moments. Vivez, restez auprès de ceux que vous aimez et qui vous aiment ; ils entendront le langage de votre cœur et sauront y répondre.

. . . .

« Nous jouissons ici, depuis quelques jours, du plus beau printemps : nos arbres sont en fleurs ; nos campagnes sont couvertes d'une verdure qui semble de l'émeraude aux rayons éclatants du soleil. Le ciel le plus pur se réfléchit dans une mer brillante, qui paraît elle-même un vaste ciel en mouvement. Je vais tous les jours sur des montagnes parsemées d'oliviers, de citronniers et d'orangers, jouir de ce magnifique spectacle, et voir le soleil, comme au temps d'Homère et de Virgile, descendre dans les flots de l'Océan, qui semble lui préparer un lit d'or, de nacre et de pourpre. Mon ami, combien ces tableaux de la nature sont ravissants, et qu'ils tiennent aisément lieu de la société des villes, des plaisirs et des hommes, excepté des amis ! Je vous prends quelquefois avec moi dans ces promenades solitaires : nous gravissons ensemble ces rochers, et, parvenus à leur sommet, je vous montre ces grandes scènes du drame éternel de l'univers. J'aime à croire que je suis aussi quelquefois avec vous dans votre solitude, et que mon souvenir se place quelquefois à côté de mon ami.... Adieu, adieu, je vous embrasse du fond de mon cœur, d'un cœur qui est éternellement à vous, tant qu'il battra et qu'il aura un mouvement. »

Qui écrivait ces lignes pleines de poésie et de tendresse ? Quel homme révélait un si profond amour de la beauté visible, une aussi exquise abondance d'émotions sympathiques ? J'ose à peine le dire, tant le fait va sembler étrange, et cependant on ne peut le révoquer en doute ; l'auteur des pages précédentes est l'immobile, le sourcilleux, le fastidieux Thomas ! Il n'a rien écrit d'officiel qui vaille ces lettres ; quand il songeait à la gloire et se soumettait aux habitudes contemporaines, l'eau froide de la routine glaçait immédiatement sa verve. Il fut le martyr d'un pitoyable code littéraire. Dans son *Traité du style poétique* et dans son *Essai sur les Éloges*, il le prône de toutes ses forces : il en a été cruellement puni ! Les nobles dons qu'il avait reçus de la nature et qui lui eussent permis, à une autre époque, d'unir la hardiesse et la grâce, l'imagination et la sensibilité, se fanèrent au contact des préceptes, comme des fleurs entre les mains brûlantes d'un malade.

Les réponses de Ducis n'avaient probablement pas moins d'éloquence. Les traits de naturel, de passion, d'enthousiasme, qui vivifient çà et là ses épîtres, ses stances, ses poésies diverses, comme de gais rayons une campagne terne et brumeuse, donnent assurément lieu de le croire. Une seule a été livrée au public et elle est insignifiante. Mais on trouve dans celles qu'il adressait à d'autres personnes de remarquables passages. Telles sont les lignes suivantes que lui inspirait la mort de sa mère : « Je rends grâces à la Providence de m'avoir fait naître d'elle, et je lui demande avec larmes de me réunir à elle dans un meilleur séjour. Toute sa maladie a été un exercice de résignation et de patience. L'ange de la paix n'a point quitté son lit! Ah! si j'avais pu recueillir de sa bouche les impressions de religion, de foi, d'amour, d'espérance, qui l'ont soutenue jusqu'à son dernier soupir! Non, la mort n'avait pas détruit la grâce naturelle de sa figure : les signes de la prédestination éternelle étaient sur son front. O ma mère !

« J'ai appris d'elle la grande leçon de l'homme et du chrétien : à souffrir. Je me tairai maintenant sur mes maux, et j'espère que mes douleurs secrètes me seront comptées dans un monde où tout est justice et vérité. Mon cher ami, j'ai mis ma confiance dans le Dieu de ma mère. Je lui demande de mourir comme elle, sous sa bénédiction céleste. Je n'aimerai jamais personne sans lui souhaiter une mort aussi douce et aussi sainte. »

Qui croirait que Ducis a pu trouver cette métaphore pleine de charme et d'éclat : « Hélas ! mon cher ami, vous avez bien raison : sur ce grand fleuve de la vie, parmi tant de barques qui le descendent rapidement pour ne le remonter jamais, c'est encore un bonheur que d'avoir trouvé dans son batelet quelques bonnes âmes qui mêlent leurs provisions avec les vôtres et mettent leur cœur en commun avec vous. On entend le bruit de la vague qui nous dit que nous passons, et l'on jette un regard sur la scène variée du rivage qui s'enfuit. »

Dans une époque où l'on aimait peu l'isolement et la contemplation, Ducis écrivait des phrases que les plus grands poètes lyriques seraient fiers de signer : « La solitude est pour mon âme ce que les cheveux de Samson étaient pour sa force corporelle. Oui, mon ami, j'ai épousé le désert, comme le doge de Venise épousait la mer Adriatique : j'ai jeté mon anneau dans les forêts. »

En général, les lettres du temps sont, sous le rapport du style, plus vraies, plus fortes, plus jeunes que la masse des écrits. Un auteur célèbre a constaté ce fait pour le père de Mirabeau, dont la correspondance surpasse de beaucoup les ouvrages. Celle de La Harpe est aussi plus originale que ses livres. Les lettres de Diderot à mademoiselle Voland renferment une multitude d'expressions toutes modernes. Les seules de ses œuvres que l'on pourrait mettre en parallèle sont le *Neveu de Rameau* et les *Salons*. Il y déploie une liberté extraordinaire, il y manie la langue avec une audace prophétique. L'imagination française depuis longtemps soumise à une rude contrainte avait donc ses heures d'indépendance ; sous les yeux de la foule, elle semblait endurer patiemment l'oppression. Loin du monde, au contraire, elle se hâtait de la secouer ; dans le silence des champs ou de la vie domestique, elle reprenait son attitude, ses goûts, sa physionomie native. Elle était comme les esclaves noirs, qui supportent durant le jour la brutalité des planteurs, mais s'échappent la nuit de leurs cases et vont, parmi les bois, danser avec leurs maîtresses au clair de lune, en chantant des airs gais ou monotones, qui leur rappellent les baisers de leur mère et tous les souvenirs de la patrie.

Les Louis Racine, les Delille, les Roucher, les Saint-Lambert et tous les poètes descriptifs préparaient aussi la grande révolution intellectuelle. Comme auteurs didactiques, leurs ouvrages annonçaient la fin d'une période littéraire ; mais leurs sujets les forçant à peindre les choses extérieures et les sentiments qu'elles éveillent, ils ramenaient les yeux vers la nature. Quand Saint-Lambert chantait les saisons, ce n'était pas sans regarder autour de lui ; quand les lecteurs admiraient ses tableaux, ce n'était pas sans songer à leur modèle. On écoutait avec Racine fils le bruit imposant de la mer ; on s'égarait avec Delille sous les fraîches arcades de ses jardins. Seulement, ils ignoraient tous les conséquences prochaines de leurs travaux.

CHAPITRE XIII.

Étude des littératures étrangères.

Répugnance de d'Alembert pour la littérature renouvelée des Grecs. — Toutes les époques savantes se préoccupent des littératures étrangères, mais l'imitation ne doit pas prévaloir sur l'inspiration. — Étude de la poésie anglaise. — De Muralt, Voltaire, l'abbé Leblanc révèlent l'Angleterre à la France. — Le succès de Shakespeare dépasse les intentions de Voltaire : sa fureur. — Ducis accommode au goût français les drames du poète britannique — Letourneur les traduit. Ses intelligentes préfaces. Ce n'est pas un simple traducteur. — Emportements, grossièretés de Voltaire. — Réponses de Lady Montague et de Joseph Baretti. — Étude de la littérature allemande. — On traduit Gessner, Haller, la *Louise* de Voss, le *Werther* de Gœthe. — *Les dernières aventures du jeune d'Olban*, par Ramond. — Bonneville. — *Progrès des Allemands*, par le baron de Bielfeld. — *Idée de la poésie allemande*, par Dorat. — Nouvelle influence de la littérature espagnole : Lesage, Florian, Linguet, Beaumarchais.

La guerre contre les anciens et contre l'imitation de leurs formes se prolongea, comme nous l'avons dit, jusqu'à la fin du siècle dernier, pour renaître avec plus d'acharnement au début du nôtre. On était si las d'une fausse et ennuyeuse littérature, que chacun voulait lui donner le coup de grâce. Des hommes que la poésie intéressait d'une manière très accessoire, cherchaient eux-mêmes à frapper l'usurpatrice. D'Alembert l'attaquait dans trois circonstances différentes (1). « Puisque la poésie est un art d'imagination, il n'y a donc plus de poésie, dit-il, dès qu'on se borne à répéter l'imagination des autres. Nos meilleurs écrivains conviennent que les phrases, et, si on peut parler ainsi, les formules du langage poétique, sont insipides dans la prose. Pourquoi ? Parce que langage est inventé depuis près de trois mille ans, et que le genre d'idées qu'il renferme est devenu fastidieux. »

Mais si une poésie fondée sur l'imitation a le plus grave de tous les défauts, le manque de charme et de vérité, il n'en est pas moins manifeste que dans les périodes où l'art et la littérature ont conscience d'eux-mêmes, une certaine quantité d'emprunts viennent ordinairement se joindre à leurs dons naturels. Aux époques de foi, d'ignorance, les nations mènent une vie solitaire ; elles communiquent peu entre elles et ne savent ni ce que disent, ni ce que font leurs voisines. La puissance des émotions intérieures qui les travaillent est si grande, qu'elle absorbe entièrement leur attention. D'une source unique jaillissent leurs croyances, leurs sentiments, leurs volontés. Il n'en est pas de même dans les siècles raisonneurs : là, l'esprit se livre à une foule de perquisitions et jette les regards de tous côtés ; quelques grands instincts nationaux, quelques idées principales forment un centre, autour duquel se rallient une masse d'éléments hétérogènes. Les peuples ne se contentent plus de leurs propres ressources ; quelques intelligences, du moins, ne s'en

---

(1) Voyez ses *Réflexions sur la poésie*, son Discours de réception et ses *Réflexions sur le goût*.

contentent pas et cherchent ailleurs de nouvelles émotions, de nouvelles formes : la curiosité suffirait pour amener ce résultat. Parcourez l'histoire des littératures, et vous verrez que dans leur période humaine (1), elles se préoccupent infailliblement des littératures étrangères. C'est ainsi que les hommes de notre époque sont allés à la découverte jusqu'au pied du mont Himalaya (2). Il faut seulement empêcher que ces nues splendides, arrivées des pays lointains et utiles quand elles se bornent à rafraîchir une province poétique, ne submergent tout le royaume. La pluie gréco-latine a détrempé nos champs, abattu nos fleurs, corrompu nos moissons dans leurs germes.

Dès que le culte des anciens menaça ruine, on vit donc une influence nouvelle remplacer la leur ; chancelante d'abord, elle s'affermit bientôt. Par l'Angleterre commença chez nous le triomphe des littératures modernes sur la poésie antique. C'était évidemment un progrès. Les Hellènes nous détournaient de notre nature; les Anglais, les Allemands, les Espagnols nous y ramenèrent. Ils ne s'étaient point laissés, comme nous, égarer par le retentissement trompeur des échos païens ; ils étaient demeurés sous le toit de leurs ancêtres, près du foyer domestique. Les traditions du pays, les légendes nationales, de vieux airs, de vieilles romances précipitaient pour eux la fuite des heures. Nous, durant ce temps, sortis de nos chaudes retraites à l'appel mystérieux des fantômes, nous nous perdions dans l'obscure forêt du passé. La bruine des anciens jours, le froid de la nuit, l'épouvante que pro-

(1) Allusion aux trois époques de Vico.
(2) Gœthe, Southey, Bernardin de Saint-Pierre, Casimir Delavigne, Frédérick Rückert, etc.

duisent les ténèbres, glaçaient notre cœur et nos sens ; nous voulions chanter pour nous donner du courage, mais nos dents, qui se heurtaient, ne nous permettaient de prononcer que des paroles indistinctes, que des lambeaux de poésies. Les voix cependant nous attiraient, nous attiraient toujours, et c'en était fait de nous peut-être, si nous n'avions aperçu, bien loin, à travers les rameaux, la lampe autour de laquelle veillaient des bardes et un auditoire amis. Nous élançant de ce côté, nous frappâmes, les portes s'ouvrirent. Nous nous trouvâmes aussitôt comme en famille ; et depuis lors, chassant la mémoire de nos erreurs, nous avons accordé le luth de nos aïeux pour célébrer notre délivrance.

Le premier ouvrage qui tourna les regards des Français vers l'Angleterre furent des lettres publiées en 1725, mais écrites trente ans avant par un certain De Muralt, gentilhomme suisse (1). Il y juge assez rudement la littérature de nos voisins et affecte la même supériorité dédaigneuse que l'auteur de Zaïre. Quelle que fût sa rigueur, néanmoins, il enseignait l'existence d'un art inconnu ; ses paroles ne furent pas inutiles. Voltaire agrandit bientôt ce nouveau jour percé dans notre édifice littéraire. Ses *Lettres sur les Anglais* (2) ren-

---

(1) *Lettres sur les Anglais et les Français*. Ce livre imprimé à Zurich provoqua en réponse tout un volume, écrit par le père Brumoy et l'abbé Desfontaines : *Apologie du caractère des Anglais et des Français* (Paris, 1726, in-12). L'auteur des *Lettres* avait jugé notre nation avec une grande liberté d'esprit et beaucoup de discernement ; or, les peuples ne veulent pas être jugés, mais flattés.

(2) Elles parurent en 1734, mais furent rédigées avant cette époque. Voltaire y mentionne comme un livre inédit la traduction de l'*Essai* de Pope *sur la critique*, publiée en 1730. Voici au reste de quelle manière il en

ferment des détails bien plus variés, plus précis, plus nombreux. C'est vraiment là que prit naissance l'action de la Grande-Bretagne parmi nous. Il y règne pourtant d'un bout à l'autre moins d'admiration que de stupéfaction ; la liberté morale et politique obtient seule de complets éloges. L'auteur a l'air d'un Chinois racontant ses voyages et peignant comme de singuliers phénomènes des coutumes, des opinions très-sensées; il qualifie de barbare un peuple qui nous était alors bien supérieur. La fatuité nationale se montre à chaque ligne ; quand il loue, c'est avec un étonnement secret que des sauvages puissent mériter son approbation. Telle est la manière dont il traite Shakespeare : sa grandeur le frappe, mais sa bizarrerie l'épouvante. Il ne sait au fond s'il doit l'accueillir obligeamment. On dirait un marmot surpris par une figure hétéroclite, et incertain entre le rire et les larmes. Le grand poète l'avait néanmoins agité plus fortement qu'il ne le croyait ; Zaïre et la Mort de César en sont la preuve : aucun éloge ne vaut une imitation. Le drame unique d'Adisson, qu'il vantait beaucoup, n'obtenait pas de lui cet honneur.

Les circonstances favorisèrent la réussite des *Lettres sur les Anglais* : le parlement les condamna ; elles furent brûlées par la main du bourreau et proscrites par le sou-

parle lui-même dans une lettre à un ami : « Surtout, mon cher Thiriot, ne manquez pas de mettre expressément dans la préface que ces lettres vous ont été écrites pour la plupart en 1728. Vous ne direz que la vérité La plupart furent en effet écrites vers ce temps-là, dans la maison de notre vertueux ami Falkener. Vous ajouterez que le manuscrit ayant couru et ayant été traduit, ayant même été imprimé en anglais et étant près de l'être en français, vous avez été indispensablement obligé de faire réimprimer l'original, dont on avait déjà la copie anglaise. » *Lettre du 24 juillet* 1733.

verain pontife. Elles eurent dès lors un immense succès; leur action fut même plus vive que ne l'eût désiré l'auteur. La sympathie pour l'Angleterre ne se maintint pas dans les bornes où il voulait la circonscrire. Il avait fait de prodigieuses restrictions, le public n'en fit point ; on lut Shakespeare, on l'admira, et cette admiration devint si forte que Voltaire désespéré maudit sa propre influence. Il essaya de refermer l'écluse ouverte par lui-même ; la violence du courant ne le lui permit pas. Les bonnes idées sont plus puissantes que leurs promulgateurs; dès qu'elles ont vu le jour, elles marchent toutes seules, et passent au besoin sur le corps de leur père. La satire contre le théâtre anglais, qu'il écrivit sous le nom de Jérôme Carré, ne produisit donc pas le moindre effet ; il y raille Shakespeare de la manière la plus absurde et la plus triste. On voit dans ce manifeste combien il l'entendait peu; chaque trait qu'il lance abandonne sa direction pour venir le frapper lui-même. Les pensées profondes, les mots éloquents, les scènes touchantes qui placent Hamlet au premier rang parmi les chefs-d'œuvre tragiques, ne lui inspirent que d'ennuyeux sarcasmes ; on dirait un lourdaud, qui manie sans précaution un talisman dont il ignore la mystérieuse efficacité. Il ne s'arrête pas en si bon train : après avoir querellé Shakespeare, il se jette sur Otway, et, dans sa mauvaise humeur, lui applique de violentes gourmades.

Un homme se juge lui-même par les jugements qu'il porte. Telle opinion ou telle série d'opinions manifestées dans un livre, dans un entretien, n'ont d'autre mérite que de dévoiler, de caractériser l'intelligence qui les a conçues. Elles en montrent les vices, la faiblesse, l'ignorance, la trivialité routinière : c'est un miroir où se reflète, non point l'image des choses, mais celle du critique. Peu d'auteurs sont au niveau des questions par la force et l'indépendance de leur esprit, par l'étendue de leur savoir et la lucidité de leur raison. Ils battent la campagne autour des problèmes, tantôt dans une nuit complète, tantôt dans une demi-obscurité. Voltaire appréciant la littérature anglaise inspire naturellement cette remarque ; les *Lettres d'un Français* (1), par l'abbé Leblanc, historiographe des bâtiments du roi, la suggèrent aussi et en confirment la vérité. Elles parurent pendant l'année 1745, et obtinrent aussitôt l'approbation de Voltaire. Le philosophe écrivait au prêtre émancipé : « Je supporte la vie, quand je souffre ; j'en jouis, quand je vous lis. Je voudrais que vous eussiez voyagé par tout le monde et écrit sur toutes les nations. » L'abbé suit la même route tortueuse que l'exilé de Ferney. Il approuve certaines combinaisons, certains effets du théâtre britannique, admire des scènes, des expressions de Shakespeare, mais jure par Boileau et tient avec opiniâtreté aux prétendues règles d'Aristote. Selon lui, nos voisins manquent de goût. « On ne peut guères louer dans leurs écrivains, dit-il, que la justesse du raisonnement ou la force de l'imagination. Ils ont beaucoup d'ouvrages marqués au coin du génie ; ils en ont bien peu qui portent le caractère des grâces. » Le génie, le raisonnement et l'imagination, qu'est-ce que cela, puisque

---

(1) Elles forment trois volumes in-12, furent traduites en anglais et critiquées par William Guttrie, esq., dans un livre intitulé : *An essay upon english tragedy, with remarks upon the abbé Leblanc's Observations on the english stage*.

le goût leur échappe? Mais quelle est la nature de cette qualité mystérieuse, sans cesse prônée par les auteurs français comme le grand arcane de la littérature? L'abbé Leblanc avoue qu'il ne peut en donner aucune définition (1). Alors pourquoi lui attribuer tant de valeur? Pourquoi lui mettre au front la couronne et le sceptre à la main! Bizarre folie que d'exalter comme une loi souveraine un principe tellement obscur, de choisir pour guide un conducteur muet et aveugle! (2). Au reste, ce qui blessait le plus l'abbé Leblanc, comme presque tous les Français de l'époque, c'était le mélange du comique et du sérieux, procédé habituel de Shakespeare. « Quelquefois en lisant ses pièces, je suis surpris de la sublimité de ce vaste génie; mais il ne laisse pas longtemps subsister mon admiration. A des portraits, où je trouve toute la noblesse et toute l'élévation de Raphaël, succèdent de misérables tableaux, dignes des peintres de taverne qui ont copié Teniers. »

Cependant on avait commencé à traduire chez nous les livres britanniques. Le *Paradis perdu*, les ouvrages de Swift, *Tom Jones*, l'*Essai sur la critique*, l'*Essai sur*

---

(1) « Il est bien plus aisé de peindre le goût sous des images sensibles et particulières. que d'en donner une définition générale et métaphysique. On pourrait le communiquer, si on pouvait le définir Mais il est du nombre de ces choses que l'on ne connaît guères que par des qualités négatives, et dont l'essentiel a jusqu'ici échappé aux recherches de l'esprit humain. Aussi les plus grands maîtres de cet art nous ont bien marqué les défauts qui y sont contraires, mais ils ne nous ont pas marqué les qualités qui en sont la source. » Tome Ier, p. 332.

(2) J'ai moi-même esquissé une théorie du goût, non pas du goût français et conventionnel, mais du goût général et humain, dans mes *Études sur l'Allemagne*, article Jean Paul.

l'Homme, de Pope, et sa *Boucle de cheveux enlevée* passèrent dans notre langue. L'abbé Duresnel, interprète des trois derniers poèmes, eut le courage de mettre en vers les deux essais, et le talent de bien exécuter cette tâche difficile. Shakespeare effrayait les traducteurs. L'abbé Leblanc avait déclaré qu'une version plus ou moins fidèle serait mal accueillie en France, ne soutiendrait pas la lecture, nuirait même à la réputation de l'auteur. Malgré cette condamnation anticipée, un certain Laplace voulut tenter le sort et publia en français, pendant l'année 1746, les pièces principales de Shakespeare (1). Elles sont abritées derrière une longue préface apologétique, où l'on avoue les défauts sans nombre, la grossièreté du dramaturge, mais où l'on estime à leur juste prix ses qualités supérieures. Pour l'accommoder au goût français, le traducteur ne craignit point de l'émonder, de le corriger même et de substituer ses phrases à celles du grand homme. En dépit de cette mutilation, les pièces britanniques obtinrent un succès littéraire et un succès de curiosité. Nous avons vu quelle action elles exercèrent sur le président Hénault, qui l'année suivante publia son drame de *François II,* espérant fonder ainsi un nouveau théâtre. Voltaire s'emporta de nouveau, frappa du pied, maudit Shakespeare, ses interprètes et ses partisans.

Mais voici bien autre chose : pendant qu'il blasphémait le dieu du théâtre moderne, un jeune homme se prenait d'admiration pour lui. La pièce la plus décriée par l'auteur de la Pucelle lui causait justement le plus vif en-

---

1) *Théâtre anglais,* 8 vol. in 12.

thousiasme. Ducis allait faire représenter devant l'auditoire de Mérope une imitation de Hamlet ! O comble d'infortune ! les spectateurs applaudirent ! et leur bienveillance ne fut pas momentanée ; l'ouvrage eut cinquante ans de succès. La faveur publique engagea Ducis à continuer : il francisa Roméo et Juliette, le Roi Lear, Macbeth, Jean sans Terre, le More de Venise. Les principales créatures sorties du génie de Shakespeare défilèrent sur notre scène. Voltaire écumait de rage. Il tonnait, priait, menaçait, puis, de guerre lasse, éclatait en sanglots, pleurant la mort, la mort éternelle du bon goût.

C'était justement là le côté faible de Ducis : il manquait de goût, mais non point dans le sens que l'entendait Voltaire. Il sacrifiait à des lois de symétrie, à des conventions extérieures les beautés réelles, les effets les plus magiques. Pour ne point blesser l'usage, il blessait mortellement la raison ; il faussait les caractères, dénaturait les circonstances, affadissait et appauvrissait le style, ne s'effrayait d'aucune impossibilité. Il procédait comme ce Pierre Leberfinck, ancien peintre en bâtiments, dont parle Hoffmann, lequel taillait, vernissait, coloriait et dorait les arbres de son jardin, sous prétexte de les embellir. C'est là certainement le dernier degré de la barbarie. L'on devrait mal augurer d'un critique ou d'un poète qui ne frémirait point à la lecture de Ducis. Ses pièces imitées de l'anglais sont de burlesques prodiges. La Harpe lui-même avait raison contre lui ; ses bouffonnes analyses sont encore moins plaisantes que le texte. Nul ouvrage ne montre mieux combien le prétendu bon goût de la France est un goût détestable !

Quel que fût néanmoins l'égarement de Ducis, les traits

de son modèle se réfléchissaient en partie dans son miroir; il accoutumait la faible vue de la nation à les considérer ; ils lui plaisaient mieux sous ce voile jaloux. L'auteur de Candide ne s'irritait donc point sans motif; les événements, d'ailleurs, paraissaient ligués contre lui. L'année même où Hamlet fit invasion sur notre scène (1769), les Anglais rendirent à la mémoire du vieux Will des honneurs extraordinaires ; pendant plusieurs jours de suite on illumina Stratford, des cavalcades représentant ses divers personnages se déployèrent dans les rues, vingt panégyristes le célébrèrent, un festin réunit ses principaux admirateurs, et des feux d'artifice blasonnèrent sa gloire au milieu des nuages. On appela cette fête le Jubilé de Shakespeare ; la ville promit de le renouveler tous les sept ans.

Comme si ce coup n'était pas assez rude pour l'âme souffrante de Voltaire, un misérable, un impertinent, un faquin (1) s'avisa de traduire l'auteur anglais. La mesure était dès lors comblée. Le châtelain de Ferney en tomba du haut mal. Il écrivit à d'Alembert, à La Harpe, à Marmontel, pour les supplier de dénigrer ces abominables pasquinades. Les mots outrageux, les phrases colériques sortent de sa bouche comme un flot de bile amère. Il voulut témoigner publiquement son indignation. Un factum rédigé par lui contre Shakespeare et Letourneur fut envoyé à d'Alembert pour être lu en pleine académie. Sa rage y éclatait si violemment que le secrétaire perpétuel demanda des corrections (2). L'auteur

(1) Expressions de Voltaire lui-même. Le 1ᵉʳ volume de Letourneur parut en 1776, le 20ᵉ et dernier en 1782 : le privilége est de 1775.
(2) Correspondance de Voltaire avec d'Alembert, année 1776.

les fit de bonne grâce et la solennelle invective fut déclamée. Le poète anglais y est peint comme un Gilles, un Bobèche, un maniaque et un sauvage ivre. Son introducteur n'est point épargné ; Voltaire frappe des deux mains, et lorsqu'il donne un coup au grand homme, il y a toujours un soufflet pour son héraut.

Nous ne prendrons pas la peine de justifier Shakespeare ; son génie veille sur sa gloire. Mais Letourneur, qui n'a point les mêmes motifs de sécurité, nous appelle à son aide; son terrible ennemi l'a noyé dans son ombre. Il a pourtant rendu service à la cause du progrès littéraire ; il avait sur l'art des idées plus justes que l'auteur de *Sémiramis* ; il comprenait son œuvre et le genre d'influence que ses traductions devaient exercer. Hervey, Young, Sterne, Richardson, l'immortel William lui durent leur admission chez nous (1). Ses préfaces et ses notes l'élèvent au-dessus du métier d'interprète. Celles de Shakespeare lui donnent droit à une place dans l'histoire des lettres françaises. Elles le mettent au nombre des théoriciens novateurs.

L'épître au roi contient déjà ces lignes importantes : « Jamais homme de génie ne pénétra plus avant que Shakespeare dans l'abîme du cœur humain et ne fit

---

(1) Nous ne voulons point mentionner ici tous les auteurs qui, dans le XVIIIe siècle, se sont occupés de la littérature anglaise. Nous nous bornons à ceux dont l'influence a été la plus vive. Autrement nous aurions dû parler d'hommes que nous ne citons même point, comme l'abbé Yart. En 1753, il fit paraître huit volumes sous ce titre : *Idée de la poésie anglaise*. C'est un mélange de traductions en prose de différents poèmes, précédés de discours historiques et littéraires sur chaque poète et sur chaque ouvrage. Une véritable revue de l'époque, la *Bibliothèque anglaise*, rendait compte spécialement des productions britanniques.

mieux parler aux passions le langage de la nature. Fécond comme elle-même, il prodigue à tous ses personnages cette étonnante variété de caractères qu'elle dispense aux individus qu'elle crée... Descendant dans la cabane du pauvre, il y a vu l'humanité et n'a point dédaigné de la peindre dans les classes vulgaires. Il a saisi la nature partout où il l'a trouvée, et il a développé tous les replis du cœur humain, sans sortir des scènes ordinaires de la vie. » Ces phrases seules donnent de Shakespeare une idée plus vraie que les babillages contradictoires de Voltaire. Un éloge aussi positif est d'ailleurs très audacieux pour l'époque.

Son admiration continue à s'épancher dans la biographie. Un démon plus merveilleux que celui de Socrate lui semble avoir inspiré l'auteur anglais et lui avoir appris dès sa jeunesse « ce grand secret de l'art dramatique, inconnu alors par tout l'univers et que des nations entières cherchaient aveuglément depuis longtemps. Sans modèles et seul dans le champ des arts, il fut contraint de tirer de lui-même les ressources dont il avait besoin et d'être ce que la nature l'avait fait. Il ne connut, du moins il ne voulut suivre d'autres règles que celles qu'il puisa dans la connaissance profonde du cœur humain, et il s'abandonna sans crainte à son génie. Les circonstances, il est vrai, secondaient ses efforts ; quand il s'élevait à perte de vue, personne alors ne lui criait qu'il s'égarait ; et lorsqu'il était descendu de cette hauteur, la critique ne venait point avec son ciseau fatal lui couper les ailes et lui imposer la loi d'abaisser son vol. »

Letourneur montre ensuite combien les poètes ont d'avantages à s'inspirer directement de la nature, à ne pas chercher dans les livres ce que les objets seuls doivent leur fournir. Son *Discours des préfaces*, où il a rassemblé les meilleures observations des critiques anglais sur Shakespeare, offre des passages non moins importants. Il eut le mérite de révéler à la France une manière libre et saine d'envisager les arts. Ses propres réflexions portent le même caractère. Il bat en brèche la loi des unités, la distinction des genres. Si les pièces du grand William ne sont ni des comédies, ni des tragédies, elles n'en sont pas moins le tableau vivant du monde, où le bien et le mal, la tristesse et la joie se combinent de mille façons, où le bonheur de l'un cause la ruine de l'autre, où l'homme de plaisir embrasse sa maîtresse dans le lit qui a vu mourir son père.

Rien ne légitime d'ailleurs la tyrannie qu'exerce la critique; elle s'arroge mal à propos le droit de gouverner l'empire littéraire, d'admettre un genre, d'en condamner un autre. C'est une superstition que d'obéir à cette chimérique autorité; l'on peut toujours en appeler de son tribunal aux lois mêmes de la nature.

Il est également absurde de croire qu'un peuple a reçu en don tout le talent et tout le génie. Si les Français se distinguent par leurs qualités, le reste du globe n'est point maudit ni sauvage. Dans la littérature, comme dans l'univers physique, nous pouvons échanger utilement nos produits contre ceux des autres portions du monde.

Letourneur a encore eu la gloire d'employer et de définir le premier chez nous le terme de *romantique*. Le passage où il donne cette explication a une telle importance, que, malgré sa longueur, nous n'hésitons pas à le transcrire. « Nous n'avons dans notre langue, dit-il, que deux mots, peut-être qu'un seul, pour exprimer une vue, une scène d'objets, un paysage qui attachent les yeux et captivent l'imagination. Si cette sensation éveille dans l'âme émue des affections tendres et des idées mélancoliques, alors ces deux mots, *romanesque* et *pittoresque*, ne suffisent pas pour la rendre. Le premier, très souvent pris en mauvaise part, est alors synonyme de chimérique et de fabuleux ; il signifie, à la lettre, un objet de roman qui n'existe que dans le pays de la féerie, dans les rêves bizarres de l'imagination. Le second n'exprime que les effets d'un tableau quelconque, où diverses masses rapprochées forment un ensemble qui frappe les yeux et le fait admirer, mais sans que l'âme y participe, sans que le cœur y prenne un tendre intérêt. Le mot anglais est plus heureux et plus énergique : en même temps qu'il renferme l'idée de ces parties groupées d'une manière neuve et variée, propre à étonner les sens, il porte de plus dans l'âme le sentiment doux et tendre qui naît à leur vue, et joint ensemble les effets physiques et moraux de la perspective. Si ce vallon n'est que *pittoresque*, c'est un point de l'étendue qui prête au peintre et qui mérite d'être distingué et saisi par l'art. Mais s'il est romantique, on désire s'y reposer, l'œil se plaît à le regarder, et bientôt l'imagination attendrie le peuple de scènes intéressantes : elle oublie le vallon pour se complaire dans les idées, dans les images qu'il lui a inspirées. Les tableaux de Salvator Rosa, quelques sites des Alpes, plusieurs jardins et campagnes de l'Angleterre ne sont point *romanesques* ; mais on peut dire qu'ils sont plus que *pittoresques*, c'est-à-dire touchants et *romantiques*. »

Cette définition est réellement excellente ; elle ne concerne, à la vérité, que les effets de la nature, mais dans ce cercle restreint elle a une grande précision. De 1820 à 1830, les chefs du mouvement littéraire n'en ont pas donné une seule qui la vaille.

Cependant les invectives continuelles de Voltaire contre Shakespare avaient fini par blesser les Anglais. Maltraiter ainsi un homme dont on s'était fait l'imitateur ! Qualifier ses partisans de barbares, de Vandales et d'Ostrogoths, après les avoir jadis exaltés ! L'inconséquent railleur osait écrire que le grand dramaturge était un *énorme fumier*.— « Avouons, répliqua une dame, qu'il a fertilisé un sol bien ingrat. » — Mais nos voisins voulurent répondre plus sérieusement à de furibondes injures, qui ne laissaient pas de produire leur effet, même en Angleterre (1). Lady Montague s'avança d'abord, l'arc à la main, comme une Diane chasseresse, et aux traits émoussés du vieux sagittaire riposta par des flèches plus pénétrantes. Elle ne se contenta point de justifier Shakespeare, mais tourna en ridicule le théâtre français et les pièces de Voltaire. Son mémoire fut presque aussitôt traduit (2). Un de ses moindres arguments consiste à soutenir que l'auteur de la *Henriade* ne sait pas l'anglais, ou

---

(1) « Les critiques superficielles frappent les esprits superficiels, qui se trouvent à leur niveau : à leurs yeux, un bon mot passe pour une raison et une épigramme pour un argument ; en sorte que quelques-uns de nos compatriotes ont embrassé avec avidité l'opinion de ce séduisant écrivain, qui ne voit qu'extravagance et un manque absolu de composition dans les pièces de Shakespeare. » *Apologie de Shakespeare*, par lady Montague.

(2) *Apologie de Shakespeare, en réponse à la critique de M. de Voltaire, traduite de l'anglais de Madame de Montagu*, 1777, Londres. 1 vol. in-8.

du moins ne peut lire les ouvrages écrits dans cet idiome qu'à grands coups de dictionnaire. Elle rapporte effectivement de curieuses bévues. Mais si Voltaire savait la langue de Shakespare, en serait-il plus avancé? Comprendrait-il mieux un génie indépendant et primitif? La routine française n'étendrait-elle point un voile noir entre ses yeux et les beautés les plus flagrantes du poète? Habitué au jargon artificiel, aux marionnettes héroïques de la tragédie, peut-il apprécier le langage de la nature, les héros vivants du théâtre anglais? Ses commentaires sur Corneille permettent de suspecter son jugement. Il n'a pas vu que les subtilités emphatiques, les arguties interminables de l'écrivain français choquent toutes les lois de l'art et du drame, ont un caractère bien plus barbare que l'énergie et l'indépendance de Shakespeare; il n'a pas vu que l'auteur d'*Agésilas* défigurait autant que La Calprenède et Scudéri les mœurs, les personnages de l'antiquité. Voltaire a pour les règles une superstitieuse vénération et fait songer à cet homme naïf, qui paya très cher la lampe d'un célèbre philosophe, dans l'espérance que ses ouvrages en deviendraient excellents et lui feraient obtenir la même renommée. Comme la lampe, les règles françaises n'ont aucun rapport avec le mérite des productions. Il n'est pas difficile de renfermer en un lieu, en un temps limité, une suite de conversations, car les pièces que les Parisiens applaudissent ne sont pas autre chose; mais qu'en résulte-t-il? Quelle importance, quel charme peut avoir cette difficulté vaincue? Autant vaudrait se préoccuper de la grandeur des théâtres et affirmer qu'une œuvre dramatique ne saurait être bonne, si la scène où on la joue n'a pas tant de pieds carrés.

Le grand malheur des poètes nés en France, et même des critiques de ce pays, c'est qu'Aristote n'a pu connaître Shakespeare. La force, l'étendue et la variété d'un pareil génie eussent frappé, sans le moindre doute, le clairvoyant observateur, et les drames joués à Londres lui auraient fourni les éléments d'un système, comme les tragédies de Sophocle et d'Euripide. Ces principes plus libres, plus généraux, eussent été adoptés servilement par les Français, car il faut toujours qu'ils obéissent ; on n'aurait pas vu un théâtre consacré aux amplifications, où l'auteur ne semble éprouver aucun intérêt pour ses personnages, ne les fait point parler directement ni exprimer ce qu'ils sentent, mais pérore à leur place, cause avec les spectateurs, explique les caractères et décrit les actions comme un montreur d'images. Les drames historiques de Shakespeare eussent indubitablement excité l'admiration du philosophe : il aurait vu là un genre spécial, d'autant plus capable de charmer et d'instruire, qu'il pose en plein sur la réalité, qu'on n'y rencontre point de héros imaginaires, de dieux et de déesses évidemment fictifs. L'illusion se produit sans efforts, les enseignements ont une double éloquence.

Lady Montague révèle une prédilection marquée pour le drame historique. Les nombreuses pages, où elle en étudie les conditions et les formes, annonçaient de loin le succès définitif qu'il devait obtenir. Dans les productions de cette nature écrites par le grand poète, elle exalte surtout son habileté profonde à tracer les caractères, et le naturel qui distingue les sentiments, les actions, les discours de ses personnages. Il a observé, il a peint les hommes de toutes les classes avec un égal bonheur.

Un genre bien différent occupe ensuite lady Montague. Elle trouve que nul n'a mieux réussi que Shakespeare dans le drame fantastique. La manière dont il anime les êtres surnaturels, magiciens, fées, sorcières, lutins et fantômes, doués d'une existence presque positive par la crédulité moderne, les circonstances dont il les environne, l'adresse avec laquelle il sait les rendre vraisemblables, provoquent aussi son enthousiasme. Lady Montague analyse *Macbeth* comme une pièce modèle, où Shakespeare a montré tous les aspects de son talent, puis elle compare une pièce française et une pièce anglaise, *Cinna* et *Jules César*, afin de prouver combien la dernière l'emporte sur l'autre.

Joseph Baretti, dont le livre parut en même temps que le manifeste de la noble panégyriste (1), n'examine point les questions de si haut. Il raille plus qu'il n'argumente. Comme lady Montague, il affirme d'abord que Voltaire ne sait pas l'anglais, et il cite une foule de contre-sens, de graves erreurs commises par le satirique. Tout le monologue de Hamlet, il l'a faussé, dénaturé, pris à rebours. Comment donc se fait-il qu'il a publié dans sa jeunesse deux traités en anglais, l'un sur *la Poésie épique*, l'autre sur *les Guerres civiles de France*, et qu'on n'y remarque pas le moindre gallicisme, nul terme impropre, aucun verbe mal employé, aucune phrase qui pèche contre la grammaire? D'après son aveu, il n'étudiait alors que depuis un an l'idiome

---

(1) *Discours sur Shakespeare et sur Monsieur de Voltaire*, par Joseph Baretti, secrétaire pour la correspondance étrangère de l'Académie royale britannique; Londres, 1777, 1 vol. in-8.

britannique. Or, on n'a jamais appris, on n'apprendra jamais en si peu de temps une langue étrangère, au point de l'écrire avec cette pureté, cette élégance, cet air naturel. Si le fait avait eu lieu pour Voltaire, ce serait un miracle, et le chef des incrédules ne peut prétendre que le ciel lui soit venu en aide. Il est donc manifeste, pour tout homme clairvoyant, que l'exilé employa un traducteur indigène, et publia ensuite les textes originaux comme des traductions, qu'il avait eu la condescendance d'exécuter lui-même. Aussi, dans un espace de cinquante ans, eut-il soin de ne rédiger aucune lettre, aucune phrase en anglais, se bornant à semer sa correspondance d'expressions banales, qu'il pouvait copier dans sa grammaire : *how do you do, I am very glad, I love you much*, et autres locutions de même farine. Tout prouve qu'il perdit l'art d'écrire l'anglais, quand il perdit la plume de ses traducteurs.

Baretti joue un autre tour au censeur malavisé : il le met en contradiction avec lui-même. Voltaire effectivement avait imprimé autrefois ce passage : « Quand je commençai à apprendre l'anglais, je ne pouvais comprendre comment une nation aussi éclairée que l'anglaise, pût admirer un auteur aussi extravagant que Shakespeare : mais dès que j'eus une connaissance plus grande de la langue, je m'aperçus que les Anglais avaient raison, qu'il était impossible que toute une nation se trompât en fait de sentiment et eût tort d'avoir du plaisir. » La déclaration est explicite et ne permet guère de revenir sur ses pas. Le secrétaire de l'Académie britannique en rapporte quelques autres, puis il réfute Voltaire pas à pas et critique le théâtre français avec une vivacité goguenarde, qui ne manque ni de justesse ni de pénétration. Mais l'ouvrage ayant été directement écrit dans notre langue, le style n'en est pas très pur.

Les trois royaumes cependant n'absorbaient pas toute l'attention publique. L'Allemagne fixait déjà les regards. Nous avons mentionné plus haut la sympathie que Mercier témoignait pour elle. D'autres que lui marchaient dans cette voie. On traduisait Gessner, qui obtint une faveur immense ; Haller le suivait parmi nous ; Friedel publiait en dix volumes les chefs-d'œuvre du théâtre allemand, le baron d'Holbach revêtait *Louise* du costume français, un nommé Huber livrait aux lecteurs un choix de poésies germaniques ; dans la *Gazette littéraire de l'Europe* et dans le *Journal étranger*, l'abbé Arnaud s'occupait assidûment des productions publiées au-delà du Rhin. Werther, paru dès l'année 1775 et presque immédiatement naturalisé sur notre sol, y causait la plus vive sensation. L'état moral et poétique, où se trouvaient alors les âmes, s'accordait parfaitement avec celui du héros. Un sourd malaise le travaille, les distinctions de famille et de races, qui lui sont désavantageuses, le remplissent de colère ; en même temps une passion violente agite son cœur : ce douloureux amour lui fait chercher des consolations au milieu de la nature ; il s'extasie devant ses beautés joyeuses, devant ses grâces mélancoliques. Nous avons vu que des sentiments pareils tendaient alors à transformer la poésie. Le succès de Werther fut prodigieux ; non-seulement on le lut avec délices, mais on en publia des imitations pendant trente années (1). Le *Saint-Alme* de Gorgy, le *Nouveau Werther* du marquis de Langle, et une foule d'autres ne se distinguèrent que par leur insignifiance ou leur exagération. Les *Dernières aventures du jeune d'Olban*, écrites en 1777, ne rentrent point dans cette classe. Elles possèdent plusieurs qualités de l'original et n'ont point tous ses défauts. On n'y trouve pas les interminables digressions de l'auteur allemand. Le sujet est plus condensé, la marche de l'action plus rapide ; le dialogue contient des traits sublimes. Parmi tant de scènes lugubres, le caractère de Birck forme une heureuse diversion. Ce personnage brusque et naïf, sensible et emporté, jouant l'égoïsme et ne pouvant réussir à être égoïste, voyant avec terreur se déchaîner autour de lui des passions furieuses, qui ont jusqu'alors épargné son âme et qui empoisonnent maintenant sa vieillesse, n'aurait certes point fait honte au génie de Gœthe. Le maître de musique me semble encore une bonne figure. La situation respective des amants est en outre bien changée.

Cette œuvre laisse dans le cœur une impression charmante ; il y règne une force juvénile, un enthousiasme idéal, qui annoncent un vrai poète. On remonte avec lui à ces heures d'émotions profondes que dore le crépuscule du souvenir ; temps de douleur et de joie, où l'on plaignait la feuille mourante, l'oiseau battu par la grêle, le pommier battu par les vents ; où l'on jouissait des moindres souffrances, où tout éveillait au fond de nous-mêmes un sentiment énergique de la vie ! Une fois en-

(1) Depuis 1775 jusqu'en 1803, où parut le *Peintre de Salzbourg*.

core, on éprouve cette aspiration vers l'inconnu, cette soif de bonheur que les désenchantements répriment si tôt ! Une ombre à la fois douce et mélancolique sort pour nous apparaître de l'éternité des jours accomplis. Elle nous regarde avec un triste sourire, elle considère notre pâle visage, notre air maladif, notre œil caverneux ; nous la remplissons d'une immortelle pitié. Cette ombre hélas ! c'est le fantôme de notre jeunesse. Il ne nous reconnaît plus, en nous voyant si différents de nous-mêmes ; il s'éloigne à pas lents, se retourne bien des fois, puis soudain nous le perdons de vue, et l'abîme résonne de ses sanglots.

Il est fâcheux que le jeune Alsacien, auquel notre littérature doit ce petit drame, ait ensuite abandonné la carrière. Son talent eût hâté la victoire des principes modernes. Le peu de succès qu'obtint l'ouvrage le lança dans une autre direction. Il quitta la poésie pour l'étude et mourut, le 14 mai 1827, membre de l'Académie des sciences. Promu au conseil d'État, il jouissait d'une égale estime comme savant et comme personnage politique. Il se nommait Louis-François-Élisabeth Ramond; né à Strasbourg, en 1755, il était âgé de vingt-deux ans lorsqu'il publia son livre (1). Singulier exemple des

---

(1) Voyez la notice de Charles Nodier. L'auteur de la *Fée aux miettes* n'y parle point d'un ouvrage que Ramond publia en 1782, et qui ne manque pas d'intérêt. C'est une traduction des *Lettres de William Coxe sur la Suisse* Le traducteur, ayant parcouru le pays, ne se borne pas à interpréter son original. Il grossit le livre de ses remarques personnelles et décrit les lieux, les mœurs, les coutumes oubliés ou trop légèrement touchés dans le texte. Ses observations annoncent un sentiment délicat et un amour de la nature, qui rappellent le jeune d'Olban. Le style est neuf, harmonieux, pittoresque : un ouvrage pareil ne pouvait que hâter le triomphe du romantisme.

revirements que peut occasionner un premier échec ! Le limpide rayon, qui éclairait au matin le parterre fleuri de sa jeunesse, s'en éloigna vers la deuxième heure du jour et alla mûrir des fruits sur une colline prochaine.

Bonneville, qu'on lui a dernièrement associé, n'avait pas les mêmes dons naturels. Pauvre jeune homme, doué d'une aptitude fort médiocre, il vivait en exécutant des traductions pour les libraires, c'est-à-dire qu'il mourait perpétuellement de faim. Un recueil de pièces détachées (1) lui fournit l'occasion d'exprimer son désespoir. Il raconte les souffrances de Chatterton et peint la bassesse d'Horace Walpole, auquel le malheureux s'était adressé. Il aurait voulu, par son entremise, sortir de l'étude de procureur où il languissait. Walpole lui répondit *de faire d'abord fortune et qu'il pourrait ensuite se livrer à ses inclinations.* Bonneville trace le tableau du despotisme affreux qu'exercent sur lui les éditeurs. Il ne peut même avoir de conscience littéraire ; on ne lui laisse ni choisir ses sujets, ni soigner son travail. Le besoin le force d'endurer cette honte. « S'avilir ou mourir, » s'écrie-t-il avec une profonde angoisse. Il avait d'ailleurs des compagnons d'infortune ; il cite un de ses amis logé dans un galetas ouvert à l'eau du ciel, et nous le montre lisant aux rayons de la lune, pendant les longues nuits d'hiver, sans cesse interrompu par les nuages qui viennent obscurcir le mélancolique flambeau.

Les protestants émigrés au-delà du Rhin contribuèrent aussi à établir des relations entre la France et leur nouvelle patrie, à faire connaître une littérature adolescente,

---

(1) Choix de petits romans imités de l'allemand, 1786.

mais bien éloignée encore de sa vigueur actuelle. En 1720, ayant formé à Berlin une société d'hommes studieux, présidée par M. Lenfant, auquel on doit de très bons ouvrages (1), ils fondèrent une revue intitulée : *Bibliothèque germanique*, et, sauf le format, toute semblable à nos recueils littéraires. Après la mort du rédacteur en chef, survenue le 7 août 1728, le journal passa entre les mains de MM. de Beausobre et de Mauclerc, puis entre celles de M. Formey. Ils ne publièrent pas moins de 79 volumes, où furent analysées toutes les productions importantes de l'Allemagne, où l'on trouve encore des renseignements utiles sur l'histoire, la philosophie, les œuvres d'imagination et les beaux-arts. La *Bibliothèque* cessa de paraître en 1759, après avoir stimulé pendant quarante ans, au profit de l'Allemagne, l'attention de l'Europe.

Le baron de Bielfeld entreprit à son tour une œuvre de propagande. Son énorme volume de sept cents pages : *Progrès des Allemands*, eut trois éditions coup sur coup (2). C'est un éloge détaillé de ses compatriotes, une grande exposition de leurs titres intellectuels. Les railleries de Bouhours, de l'abbé Du Bos et du cardinal de Bernis avaient piqué l'auteur. Il fait en conséquence passer devant nous les érudits, les philosophes, les inventeurs, les historiens, les critiques, les poètes, les dramaturges, les artistes, dont l'Allemagne pouvait alors se glorifier. Mais la littérature proprement dite occupe la plus grande place dans son manifeste. Il y remonte jusqu'à la chute de l'empire romain, parcourt les âges intermédiaires et donne ensuite une idée des auteurs contemporains. Son

(1) L'Histoire du Concile de Constance et l'Histoire du Concile de Bâle.
(2) La troisième parut à Leyde et à Leipsick en 1768.

ouvrage forme donc une histoire littéraire de l'Allemagne, la plus ancienne peut-être que l'on ait écrite. Il mêle à ses remarques de nombreuses traductions et offre, comme spécimens, plusieurs pièces de théâtre. Malgré quelques termes impropres, quelques tournures maladroites, ce livre ne sent pas trop son origine teutonique. Une carte littéraire de l'Allemagne termine le volume. On y voit marquées toutes les villes qui ont produit des hommes illustres. En haut de la feuille, Apollon joue de la lyre; en bas, l'Hippocrène jaillit du Pinde et forme un lac où nagent des cygnes. Au-dessous on lit cette inscription latine : *Alunt cycnos et flumina nostra.*

Tandis que le baron de Bielfeld argumentait ainsi en faveur de l'Allemagne, Dorat l'exaltait dans une sorte de dithyrambe, avec les formes lyriques de Jean-Jacques. Ayant traduit ou imité un poème de Wieland, *Sélim et Sélima,* il mit au devant une préface qu'il intitule : *Idée de la poésie allemande,* et qui a pour but de sacrifier la littérature anglaise aux productions germaniques. Dès cette époque (1769), l'auteur déclare que l'on manifeste une sympathie trop vive pour la Grande-Bretagne. Sa plainte prématurée est certainement curieuse. « Lorsqu'on nous eut ouvert les sources de la littérature anglaise, il se fit bientôt une révolution dans la nôtre, dit-il. Le Français, qui s'échauffe aisément et se refroidit de même, n'accueillit, n'estima plus que ce qui se rapprochait du goût britannique. Tragédie, romans, systèmes, modes, tout devint anglais. Nos dames mêmes se familiarisèrent avec les beautés fortes. Les atrocités se multiplièrent sur nos théâtres, la licence des opinions s'accrut. Notre génie s'altéra par le mélange monstrueux d'un génie qui lui était étranger. » La mauvaise humeur de Dorat prouve l'influence que nous étudions en ce moment, la participation des littératures étrangères à la réforme qui s'accomplissait chez nous.

La poésie allemande ne lui paraît point avoir les mêmes inconvénients. Il lui reproche une observation trop minutieuse de la nature, mais loue éperdument la naïveté, la sensibilité profonde des écrivains germaniques. « La plupart de leurs ouvrages, sans la ressource des grands mouvements, vous touchent, vous attendrissent par degrés, et amènent enfin ces larmes délicieuses qui partent du cœur et que l'esprit n'arrache jamais : c'est qu'ils sont simples et vrais, c'est qu'ils peignent une âme pure, honnête, amie de l'humanité. Un poète, sur les bords du Rhin, est en quelque sorte l'homme de la nature ; il ne respire que pour l'étudier, il n'étudie que pour la peindre. Il ne connaît ni le fiel de la haine, ni les manéges de l'ambition, ni les fureurs de la jalousie ; il n'écrit point seulement pour exister dans le souvenir des hommes ; il écrit pour les rendre meilleurs, pour leur présenter sans cesse l'image de la vertu, serrer les liens qui les unissent, changer leurs devoirs en plaisirs. »

Mme De Stael, quarante ans après, n'a pas témoigné une plus vive admiration pour la poésie et les poètes d'outre-Rhin. Son précurseur monte peu à peu jusqu'au ton de l'ode : « O Germanie ! nos beaux jours sont évanouis, les tiens commencent. Tu renfermes dans ton sein tout ce qui élève un peuple au-dessus des autres, des mœurs, des talents et des vertus : ta simplicité te défend encore contre l'invasion du luxe ; et notre frivolité dédaigneuse est forcée de rendre hommage aux grands hommes que tu produis ! » Voilà comment la moindre évolution intellectuelle se prépare longtemps d'avance. Lorsqu'on cherche l'origine d'une idée, d'une œuvre ou d'un style, on remonte pour la trouver beaucoup plus loin qu'on ne présumait : la source première coule dans l'ombre, loin de tous les sentiers battus, au fond de quelque gorge solitaire. Personne n'aurait cru Dorat capable de s'enthousiasmer ainsi pour la littérature allemande.

L'Espagne, qui avait exercé sur notre littérature, au moment où elle atteignait l'âge de puberté, une influence pernicieuse d'abord, puis utile; qui avait inspiré *le Cid, Héraclius, Don Sanche d'Arragon, le Menteur*, fourni par conséquent les premières assises de notre théâtre sérieux et comique; l'Espagne, à laquelle Molière avait emprunté des motifs si heureux et si nombreux, après Thomas Corneille, Rotrou, Quinault, Bois-Robert, Montfleury, Scarron et une foule d'autres; qui animait de son vif dialogue, de son imagination ardente, de ses souples et aventureuses intrigues notre art pompeux, froid, prolixe et déclamatoire, nous rendit encore des services importants au dix-huitième siècle. Elle fut pour Lesage une abondante mine dramatique, elle lui prêta sur parole, le mit en état de fonder le roman de mœurs. Florian avait sans cesse le regard tourné vers la Castille et l'Andalousie. Une pièce arrangée, *Inès de Castro*, faisait obtenir à La Motte des applaudissements insolites, grâce à la verve de Bermudez. L'affinité de Beaumarchais avec les dramaturges espagnols, son goût pour les comédies de cape et d'épée, se trahissaient par le choix de la scène où il faisait mouvoir ses personnages, par la prestesse de la phrase, la marche rapide de l'action, la variété des incidents. Un nommé Linguet enfin publiait quatre volumes intitulés : *Théâtre espagnol*, qui non-seulement étaient bien accueillis en France, mais passaient presque aussitôt de notre langue dans l'idiome germanique (1770). Le traducteur avait supprimé les recherches de style, les expressions ampoulées des auteurs originaux, donnant ainsi, sans le vouloir, plus de force aux discours, plus de célérité aux événements. Ces pièces concises devenaient pour nos amplificateurs d'utiles modèles, semblaient une critique indirecte de leur manière. Quand une réforme doit s'accomplir, tout y pousse, tout la favorise : les astres, les vents et les flots travaillent à la conduire au port.

CHAPITRE XIV.

Étude du Moyen Age.

Goût naissant pour notre vieille littérature. — Premières recherches sur nos origines. — Pasquier, Fauchet, Hotman. — Développement des études françaises au XVIIe siècle. — Duchesne, Jean d'Achery, Du Cange, Mabillon, Sauval, Favyn, Baluze, Ruinart, etc. — Livres historiques de l'abbé Fleury. — Publications des ordres religieux : la *Gallia christiana*, les *Acta sanctorum*. — Nouvel accroissement des études nationales au XVIIIe siècle. — Œuvres collectives des Bénédictins, des Oratiens et des Jésuites : *Art de vérifier les dates*, *Histoire littéraire de la France*. — Boulainvilliers, Jacques Lelong, Bouquet, Félibien, Lebeuf, sainte Palaye. — Travaux de la noblesse et de la magistrature. — Manuscrits non publiés. — Les souvenirs, les chartes, les documents du moyen âge ont été sauvés de la destruction par le clergé, comme la littérature grecque et romaine. — Diversité des courants intellectuels à toutes les époques. — Entêtement des académies.

Mais ce n'était pas seulement d'une façon indirecte et par l'étude des littératures modernes que la France remontait à ses origines. Elle tournait les yeux vers son histoire, elle en cherchait les fragments dans l'ombre poétique du passé. La religion, les lois, les mœurs, les chants, les récits du moyen âge préoccupaient un grand nombre d'hommes sérieux, de travailleurs solitaires. Ils erraient avec plaisir au milieu de ces temps caractéristiques, dont les formes pâlissaient déjà sous le regard.

Ils en appréciaient le charme austère, ils y retrouvaient, parmi les débris, les causes du présent, et la magie du souvenir augmentait encore leur attrait.

Dès le xvi° siècle, pendant que Ronsard, Desportes, Joachim Du Bellay, Jean De la Taille, Remi Belleau et une foule de savants, comme Budé, Muret, Toussaint, Grollier, Turnèbe, les deux Estienne prosternaient la France aux pieds des anciens, d'autres savants défendaient la gloire de leur patrie. Laissant leurs confrères s'enthousiasmer pour Rome et pour la Grèce, ils n'avaient d'attention que pour les faits et les monuments nationaux, ou du moins les splendeurs païennes n'effaçaient point à leurs yeux celles de l'époque intermédiaire. Pasquier, dans ses *Recherches de la France*, Fauchet, dans ses livres de tout genre, fouillaient avec ardeur nos propres antiquités. Dans sa *Franco-Gallia*, Hotman réunissait les passages des anciens historiens, qui prouvent la participation du peuple au gouvernement et spécialement son droit à l'élection des monarques, sous les deux premières races. Les romans de chevalerie étaient d'ailleurs si fort en vogue, surtout celui d'Amadis, que, selon l'expression de La Noue (1), *on aurait craché au visage* de quiconque eût osé en dire du mal. Un phénomène, que nous avons déjà vu s'accomplir, se renouvela donc ici; à l'instant même où triomphait la littérature classique, des éléments hostiles préparaient sa chute, comme les débris du monde latin préparaient celle de la littérature chrétienne pendant le moyen âge. Il y avait cette différence toutefois, que les anciens avaient laissé un petit

---

(1) Discours politiques et militaires.

nombre de monuments derrière eux, tandis que l'œuvre entière du catholicisme était debout pour lutter contre la poésie romaine. L'empire de celle-ci devait conséquemment avoir une bien moindre durée. Elle n'était pas chez elle d'ailleurs ; elle s'était glissée par surprise dans une habitation étrangère et ne pouvait y demeurer longtemps. L'art indigène n'avait pas renié ses droits.

Aussi, plus l'imitation devenait exclusive, plus les études françaises prenaient de développement. Au XVII° siècle, où le règne de l'idéal grec était mieux établi qu'au siècle antérieur, les livres d'érudition moderne se multiplièrent. Ce ne fut pas seulement des écrivains épars, ce furent des ordres entiers qui exhumèrent nos vieilles chartes. On eût dit une croisade nationale contre les ennemis de nos souvenirs. Duchesne publiait ses *Antiquités et recherches des villes, châteaux, abbayes, etc., de toute la France*, son livre sur la grandeur et la majesté de nos rois, les œuvres d'Abeilard et d'Héloïse, celles d'Alain Chartier, le plan d'une description générale du royaume, un catalogue de tous les auteurs qui se sont occupés de son histoire et de sa topographie, une *Histoire des rois, ducs et comtes de Bourgogne*, enfin une bibliothèque de tous les écrits relatifs à notre passé (1). Jean d'Achéry mettait au jour un semblable recueil, son fameux Spicilége (2), en treize volumes in-4°, où l'on trouve une foule de pièces rares et curieuses, actes des conciles,

---

(1) Series auctorum omnium, qui de Francorum historiâ et de rebus francicis, cum ecclesiasticis, tum secularibus, ab exordio regni ad nostra usque tempora, 1633.

(2) Veterum aliquot scriptorum, qui in Galliæ bibliothecis, maximè Benedictorum, latuerant, Spicilegium, 1653-1677.

chroniques, histoires particulières, biographies de saints, lettres, diplômes, chartes et poèmes, extraits de différents cloîtres. Chaque volume commence par une préface pleine de renseignements sur les morceaux qu'il contient, et les notes révèlent une science peu ordinaire. Le célèbre Du Cange livrait au public son *Histoire de l'empire de Constantinople sous les empereurs français*, une édition de Joinville, ses glossaires de la latinité et de la *grécité* basses et moyennes (1), le premier en trois, le second en deux volumes in-folio. Un petit nombre d'hommes ont été aussi érudits; il savait presque toutes les langues, connaissait à fond les littératures, l'histoire, la géographie, le droit, le blason, la numismatique; la lecture d'une foule de manuscrits et de pièces originales lui avait enseigné les mœurs, les coutumes des âges les plus oubliés. Ses dictionnaires sont une mine de faits; il n'y a point d'archéologue qui puisse en dédaigner le secours. Mabillon, cet autre guide nécessaire à quiconque s'engage au milieu des ruines chrétiennes et féodales, travaillait dans le même temps. Il rédigeait ses *Acta sanctorum ordinis sancti Benedicti* (2), ouvrage fondamental, enrichi de notes, de dissertations, de préfaces, qui éclaircissent une multitude de points historiques et se distinguent par la méthode, par la clarté. Il y joignait ses *Vetera analecta*, ses *Annales ordinis sancti Benedicti*, livre qu'il faut se garder de confondre avec les Actes des saints du même ordre, et son *Traité de diplomatique*, base première de la paléographie. Ce moine laborieux inspire à

---

(1) Glossarium ad scriptores mediæ et infimæ latinatis, 1677. — Glossarium ad scriptores mediæ et infimæ græcitatis, 1688.

(2) Neuf volumes in-folio, 1668-1702.

tous les antiquaires une vénération profonde. Que de renseignements ne lui doivent-ils point? Quels efforts, quelles recherches, quelle perte de temps il leur épargne! Comme il les guide avec fermeté dans les salles mystérieuses, dans les obscurs passages, dans les avenues souterraines et les nombreux détours de la science archéologique! Il est pour eux un ami dévoué, un maître infatigable. Sauval composait son *Histoire et recherches des antiquités de la ville de Paris;* il y consacrait vingt ans et mourait sans avoir pu la mettre au jour. Les neuf volumes in-folio de manuscrits qu'il laissa ne furent imprimés qu'en 1724. Favyn dépeignait les mœurs, les prouesses des chevaliers, la cour des anciens rois de France et les événements qui ont agité la Navarre (1). Chantereau-Lefèvre étudiait l'organisation politique du monde féodal (2). Jean le Laboureur publiait quatre volumes in-folio sur nos antiquités et une histoire manuscrite de *la Pairie de France,* conservée à la bibliothèque royale; Menestrier, sa *Nouvelle méthode du blason,* ses recherches sur la chevalerie, son *Traité des tournois, joutes et autres spectacles,* orné de figures, et beaucoup de productions analogues. Le père Labbe faisait paraître soixante et quinze ouvrages et opuscules, entre autres une *Nova bibliotheca manuscriptorum* et plusieurs livres sur les antiquités ecclésiastiques : son recueil des conciles forme à lui seul dix-huit volumes in-folio (3). Etienne Baluze, chargé par Colbert du soin

---

(1) Théâtre d'honneur et de chevalerie. — Traité des premiers offices de la couronne de France. — Histoire de Navarre.

(2) Traité des fiefs et de leur origine, avec les preuves.

(3) 1671-72.

de sa bibliothèque, s'offre à nous avec quarante-cinq ouvrages, dont quelques-uns ont plusieurs tomes : ses *Capitulaires des rois de France*, sa nouvelle collection des conciles, ses *Vies des papes d'Avignon* et ses *Miscellanées* en forment la portion la plus intéressante. On chercherait vainement un juriste qui ne le connût pas et l'on ignorerait sans lui les lois féodales. Ruinart, que Mabillon s'associa dans presque tous ses travaux et qui doit en partager la gloire, faisait imprimer sous son nom les *Actes des premiers martyrs*, une édition de Grégoire de Tours, un *Voyage littéraire* en Alsace et en Lorraine. N'omettons pas la *Nouvelle bibliothèque des auteurs ecclésiastiques*, colligée par Dupin et formant une histoire complète de la littérature théologique, depuis la naissance de l'Eglise jusqu'à la fin du xvii° siècle. On y remarque beaucoup de justesse d'esprit et une saine critique. Mentionnons pour finir les travaux énormes du comte de Boulainvilliers, qui regardait le système féodal comme « le chef-d'œuvre de l'esprit humain. »

A ces hommes, à ces livres ignorés de la masse des lecteurs, il faut joindre des écrivains, des productions plus littéraires, dont la célébrité n'est pas restreinte au conciliabule des érudits. Fénelon, par ses œuvres dogmatiques, fort nombreuses d'ailleurs, soutenait cette même croyance que ses œuvres d'imagination battaient en brèche. L'impérieux Bossuet défendait l'Eglise et le moyen âge contre tous leurs ennemis; il employait pour les soutenir le raisonnement, la science, l'autorité, la menace, l'ironie, la colère et le dédain. Sa majestueuse éloquence ne devait rien à l'art antique. Du Sinaï de l'Ecriture, il ne semblait pas avoir seulement rapporté, comme Moïse, un nimbe lumineux; la foudre et les éclairs de la montagne sainte brillaient et grondaient dans ses paroles. Quoique moins violent et moins artiste, Fleury protégeait d'une manière aussi efficace les temps modernes et la cause nationale. Son *Histoire du droit français*, son livre sur les *Mœurs des Chrétiens* et les vingt volumes de son *Histoire ecclésiastique* forment, pour ainsi dire, autant de châsses précieuses, où il mettait en dépôt les souvenirs du moyen âge.

Voilà les entreprises qui furent exécutées par des individus, soit clercs, soit laïques. Les ouvrages collectifs ne pouvaient être aussi abondants, mais leur étendue compense leur rareté. Le siècle n'en produisit que deux : la *Gallia christiana*, les *Acta sanctorum* des Bollandistes.

La *France chrétienne* est une histoire religieuse de la monarchie, dans laquelle on trouve les faits les plus importants, comme les moindres détails. Le royaume y est divisé en provinces ecclésiastiques régies par des archevêques, les provinces en diocèses régis par des évêques, les diocèses en prieurés, domaines d'abbayes, etc. Les auteurs font d'abord connaître l'époque où fut établi le siége métropolitain; ils racontent ensuite l'histoire des divers pasteurs qui l'ont occupé, les principaux événements qui se sont accomplis sous leur ministère, la fondation des églises, couvents, séminaires, la réforme des ordres monastiques, les accidents graves qui ont endommagé les cathédrales. Viennent en dernière ligne les suffragants et leurs districts, puis les cloîtres, et si l'occasion s'en présente, les paroisses et les ermitages. Tous les prêtres français, dont la mémoire n'a point péri, ont leur place dans ce colossal obituaire. On trouve leurs noms et leurs biographies rangés selon l'ordre des temps et des lieux. C'est un cadre immense qu'une seule personne ne pouvait remplir : il fallut quatre ou cinq générations d'auteurs pour exécuter un pareil plan. Celui qui le traça était un nommé Jean Chenu de Bourges. En 1621, il publia un livre intitulé : *Archiepiscoporum et Episcopornm Galliæ chronologica historia;* il servit de base à la *France chrétienne.* Claude Robert, prêtre de Langres, y remarquant force erreurs, indépendamment des oublis, voulut le corriger et le compléter ; il en donna une nouvelle édition cinq ans plus tard. Mais ne le jugeant point encore parfait, il détermina les frères Scévole et Louis de Sainte-Marthe à le refondre. Ils y consacrèrent trente ans de labeur, et, en 1654, le lancèrent dans le monde sous le titre qu'il devait garder. Après leur mort, trois personnes de la même famille continuèrent l'ouvrage, sans pouvoir le finir. Le père Maximilien de Sainte-Marthe, qui en hérita, le transmit bientôt à Denis de Sainte-Marthe, lequel, ne se sentant point capable de l'achever seul, pria plusieurs Bénédictins de l'aider. Cette louable union eut un heureux succès : de 1715 à 1728, la *Gallia christiana* fut livrée au public, revêtue de sa forme dernière. Ainsi donc cent sept ans de travail, dix ou onze auteurs et quatre éditions avaient été nécessaires pour la mener à terme.

Le recueil des Bollandistes, les *Acta sanctorum,* occupèrent vingt-six auteurs(1), dans l'espace de cent

---

(1) On les appela Bollandistes, en leur donnant le nom du chef de l'entreprise.

soixante-quatre ans, se composent de cinquante-trois volumes in-folio et ne sont pas terminés. Jean Bollandus les commença en 1630 ; le dernier tome parut en 1794. Avec la collection analogue de Mabillon, c'est peut-être la source de renseignements la plus abondante qui existe sur les mœurs, l'agriculture, l'industrie, les rapports sociaux, l'état des villes et des campagnes durant le moyen âge. Les saints, dont on y raconte la biographie, étaient issus de différentes classes : les uns avaient vu le jour dans les salles obscures des forteresses, dans les manoirs des comtes ou les bastilles des rois ; les autres dans la cabane du tisserand, dans la hutte du mineur ou la boutique de l'orfèvre. Il était impossible d'écrire leur histoire, sans y mêler une foule de détails vulgaires : nous apprenons ainsi quelles formes spéciales caractérisaient la vie domestique aux époques les plus lointaines. Des faits moins restreints nous sont dévoilés par la même occasion. Ici l'on voit un ermite en prière au fond de ces bois immenses qui couvraient alors le sol ; un hôte troublé frappe à la porte : c'est un pèlerin s'acheminant vers des reliques fameuses et que l'ombre a surpris dans le désert, un pauvre ménestrel sans gîte, ou un seigneur perdu à la chasse. L'homme de Dieu leur offre des provisions secrètes qu'il garde pour les voyageurs ; il leur prépare une couche plus molle que la sienne, et bénit leur repos, quand ils s'endorment au bruit du vent, au murmure de la forêt solitaire. Ailleurs, des moines effrayés abandonnent leur cloître ; les Normands ont fait une descente sur les côtes et ravagent le pays ; on se hâte de transporter bien loin les châsses d'argent, les ciboires de vermeil, toute l'orfévrerie, tout le trésor. Quelques pages plus bas, ce sont des marchands qui longent une rivière, l'œil et l'oreille au guet : craignant l'avidité des barons pillards, ils pensent toujours entendre un cliquetis d'armures, et ne peuvent regarder sans frémir les châteaux qui se dressent à l'horizon.

Voilà certes une masse d'ouvrages chrétiens entrepris pour conserver la mémoire de l'époque intermédiaire, qui auraient pu balancer les effets de la littérature païenne alors à la mode, si, au lieu d'être uniquement nourris de science, ils avaient eu la forme attrayante de la poésie. Mais deux systèmes d'art ne sauraient briller en même temps chez une nation. Des travaux de ce genre ne faisaient donc que préparer dans l'ombre une métamorphose encore éloignée.

Leur nombre augmenta au dix-huitième siècle. Au dix-septième, on était encore religieux : les auteurs accomplissaient les lois de l'Église. Ils suivaient les offices, recevaient les sacrements, jeûnaient, priaient et admiraient la Bible. Leur goût les entraînait seul loin du moyen âge. Sous Louis XV, les mœurs, les idées changèrent ; le scepticisme ébranla le dogme chrétien, pendant que la littérature continuait à renier la poésie chrétienne. Il fallut donc proportionner la défense aux attaques. Ce fut justement ce qui eut lieu, et voilà pourquoi les études modernes allèrent se développant de jour en jour. Toutes les hautes classes y prirent part : le sacerdoce, la noblesse et la magistrature.

Les œuvres collectives des Bénédictins et des Jésuites furent continuées, cela va sans dire. La plus grande portion en parut même dans ce siècle. On commença deux autres ouvrages : l'*Art de vérifier les dates* et l'*Histoire littéraire de la France*. Pendant qu'il préparait une nouvelle édition du glossaire latin de Du Cange, publiée de 1733 à 1736, en six volumes in-folio, dom Maur Dantine conçut le plan d'une méthode à l'aide de laquelle on apprécierait l'exactitude des dates. Trois années avant sa mort, il dressa pour son usage une table chronologique, suivie d'un calendrier perpétuel. Il voulait d'abord s'en tenir là. Mais bientôt il résolut de développer ce travail; il y employa tous ses efforts jusqu'à l'an 1740, où une apoplexie termina ses jours. L'entreprise fut alors confiée à dom Clément, qui s'associa dom Durand. Ils publièrent, en 1750, la première édition. Elle était loin d'offrir un ensemble complet. Aussi dom Clément jugea-t-il nécessaire de la refondre et d'en doubler au moins l'étendue. Vingt ans après, le nouvel *Art de vérifier les dates depuis la naissance de Notre-Seigneur* prenait place dans les grandes bibliothèques. Mais l'auteur, n'en étant pas encore satisfait, le remit sur le métier; ce fut seulement treize années plus tard qu'une dernière édition réalisa enfin ses vues. Les tables ne parurent qu'en 1792 (1).

En 1728, dom Rivet fit paraître le prospectus d'une *Histoire littéraire de la France*, avec quelques articles qui devaient être insérés dans l'ouvrage. Le père Roussel

---

(1) *Histoire littéraire de la congrégation de Saint-Maur*, par dom Tassin. — *Histoire critique des auteurs de la congrégation de Saint-Maur*, par dom Philippe Lecerf, membre de cette congrégation, avec un catalogue des ouvrages; 1726, un vol. in-12.

avait conçu le dessein d'une entreprise analogue ; La Croix du Maine et Verdier en avaient publié de faibles esquisses; plusieurs hommes réunis pouvaient seuls l'exécuter. Rivet s'associa trois religieux de son ordre ; ils donnèrent le premier volume en 1733 et parvinrent ensemble jusqu'au neuvième ; Taillandier, Clémencet et Clément leur succédèrent alors, En 1763, celui-ci, chargé seul du travail, l'ayant abandonné pour le recueil des historiens de France et l'Art de vérifier les dates, les moines renoncèrent à l'ouvrage. On eût dit un de ces monuments énormes, dont la guerre ou d'autres malheurs publics ont interrompu la construction ; des assises colossales, des fondations prodigieuses, des arrachements sans nombre étonnent le regard et prouvent l'audacieux génie de l'architecte. Ce fut seulement plus de cinquante années après que l'Académie des inscriptions se sentit assez vaillante pour continuer l'édifice. Personne n'ignore que ce livre forme un précieux dépôt de renseignements : outre la biographie des auteurs, l'analyse et l'examen de leurs écrits, il contient de nombreux détails sur l'origine, le progrès, la décadence et le rétablissement des sciences, des écoles, des universités, des académies, des bibliothèques, des imprimeries les plus célèbres et en général de toutes les fondations qui ont un rapport particulier avec la littérature. Le dénombrement des éditions n'est pas oublié.

Les fruits du labeur individuel ne sont pas moins remarquables. Certaines explorations commencées dans l'autre siècle ne furent terminées que dans celui-ci. Boulainvilliers, mort en 1722, continuait ses immenses recherches, dont il laissa imprimer des parties, sans jamais vouloir rien publier de son chef. Jacques Lelong, prêtre de l'Oratoire, dressait vers le même temps un catalogue des ouvrages imprimés ou manuscrits relatifs à l'histoire de France et le livrait au public; mais il expirait avant d'avoir pu donner le premier tome d'une collection des historiens de France, dont il avait rassemblé tous les matériaux et qui aurait été bien plus vaste que celle de Duchesne. En 1738, dom Bouquet mettait au jour un semblable recueil. On vit paraître ensuite de distance en distance : le *Voyage littéraire de deux Bénédictins* par Martène et Durand, qui avaient fouillé presque toutes les bibliothèques du royaume, outre celles de l'Allemagne et des Pays-Bas; un ouvrage des mêmes auteurs, où se trouvent réunies un grand nombre de pièces dogmatiques, morales et historiques (1), neuf volumes in-folio; un autre sur les anciens rites de l'Église (2), trois volumes in-4°; une nouvelle *Histoire de Paris*, de Félibien, cinq volumes in-folio; les *Monuments de la monarchie française*, par Montfaucon, cinq volumes in-folio; cent soixante ouvrages au moins de Lebeuf (3) cet archéologue universel, dont l'intelligence lumineuse a éclairé tant de problèmes; les *Essais historiques sur Paris*, de Saint-Foix; les *Fabliaux et contes des douzième, treizième, quatorzième et quinzième siècles*, publiés par Barbazan; les *Mémoires sur l'ancienne chevalerie*, par Sainte-Palaye; la *Bibliothèque universelle des romans*,

---

(1) Veterum scriptorum et monumentorum historicum, dogmaticorum et moralium amplissima collectio.

(2) De antiquæ Ecclesiæ ritibus.

(3) Il les portait lui-même à ce nombre, dix-huit années avant sa mort, survenue en 1760.

par M. de Paulmy, quarante volumes, dans laquelle fut insérée une bonne portion des œuvres de Tressan ; les *Mélanges d'une grande bibliothèque*, du même auteur, soixante-cinq volumes ; les *Fabliaux ou contes des douzième et treizième siècles*, par Le Grand d'Aussy ; l'*Histoire de la vie privée des Français*, par le même ; un livre analogue, du chanoine Legendre ; quelques nouveaux récits du comte de Tressan ; l'*Histoire de l'art par les monuments*, de Séroux d'Agincourt, histoire sans profondeur, sans idées nouvelles, mais où l'auteur daigne jeter les yeux sur l'époque intermédiaire ; les *Antiquités nationales*, de Millin, et une foule de livres moins importants que je passe sous silence (1), pour abréger cette nomenclature fastidieuse.

L'*Histoire de la Poésie française* jusqu'à François I*er*, par l'abbé Massieu, publiée en 1739, l'*Histoire littéraire des Troubadours*, par l'abbé Millot (1774), la volumineuse *Histoire du théâtre français*, qui a illustré deux frères, les ouvrages de Beauchamps, La Vallière ; les *Essais historiques sur l'origine et les progrès de l'art dramatique en France*, imprimés sans nom d'auteur, de 1784 à 1786 ; l'*Histoire littéraire du moyen âge*, par Jacques Harris, traduite de l'anglais en 1785, prouvent que nos débuts poétiques étaient alors un objet de sérieuse préoccupation, que les auteurs grecs et romains

(1) Tels sont des histoires gigantesques de nos provinces, comme celle de la Bourgogne par dom Plancher, en 4 vol. in-fol.; celle du Languedoc, par dom Joseph Vaissette, en 5 vol. in-fol., l'une et l'autre enrichies de nombreuses figures; tel est encore le *Monasticon gallicanum*, ou description de tous les monastères de la France, dont le texte a péri dans un incendie de Saint-Germain-des-Prés, et dont il reste deux volumes de très-belles planches.

n'avaient plus seuls le droit d'intéresser. L'époque féodale devait bientôt inspirer autre chose que du mépris.

Cette revue bibliographique serait plus longue encore, si on voulait y ajouter les énormes travaux manuscrits que nous ont laissés plusieurs savants, les uns n'ayant pu les finir, les autres n'ayant pu trouver d'éditeurs. Le Grand d'Aussy composait une histoire de notre littérature depuis son origine, quand la mort vint arrêter sa plume : son ouvrage n'a point eu les honneurs de l'impression. Barbazan avait rédigé un glossaire de l'ancienne langue française; aucun libraire n'osa se charger de ses six volumes in-folio : ils ne virent donc point le jour, et la bibliothèque de l'Arsenal les possède encore. Il ne manque que la première partie, où l'auteur enseignait comment on peut fixer l'âge des manuscrits d'après les vignettes, les caractères et autres détails d'exécution; elle renfermait aussi des notices sur les écrivains français du moyen âge. Sainte-Palaye, pour citer un remarquable et dernier exemple, transmit à ses héritiers plus de cent volumes in-folio, dont quarante devaient former un dictionnaire des antiquités françaises (1).

De tous ces faits ressortent deux vérités curieuses. La première, c'est que les moines ont doublement droit à la reconnaissance des hommes : quand l'empire romain s'écroula, ils mirent en sûreté dans les cloîtres les produits de l'imagination et de la science païennes; ils conservèrent les richesses intellectuelles d'un monde expi-

---

(1) Pendant qu'on tirait ainsi de la poussière toute la science du moyen âge, Voltaire écrivait : « Il eût autant valu parler l'ancien celte, que le français du temps de Charles VIII et de Louis XII, et la langue était inintelligible avant François Ier.

rant : lorsque la vieille société française menaça ruine, leur prévoyance nous rendit un second service ; ils mirent en sûreté dans de gros volumes l'histoire, les chartes, les légendes, les poèmes, les lois civiles et ecclésiastiques du moyen âge. L'heure approchait où la révolution allait détruire les abbayes qui renfermaient ces documents ; on devait se hâter de les soustraire aux fureurs du peuple. Sans doute, il ne les a point tous anéantis : une bonne portion a été absorbée par les grandes bibliothèques ; mais quand même il n'eût pas déchiré un seul diplôme, les travaux des cénobites n'en auraient pas moins d'utilité. Il fallait prendre connaissance de ces titres, les réunir, les publier ; il fallait s'en servir comme d'une base pour des ouvrages historiques de toute espèce. L'opulence des monastères, la vie tranquille des religieux, la facilité du labeur en commun dans les édifices où ils passaient leurs jours ensemble, étaient d'heureuses circonstances qui leur rendaient la tâche plus légère ; elle les occupa néanmoins deux cents ans. Comment donc les hommes de notre époque eussent-ils pu la remplir, au milieu du fracas et des tempêtes, sans avoir les prodigieuses ressources des ordres ? Supposons qu'ils l'eussent essayé : ils ne seraient point sortis d'embarras avant la fin du xxe siècle, car ils n'eussent pas été plus vite que les solitaires des cloîtres. Or, ces renseignements auraient offert beaucoup moins d'intérêt aux générations du xxie siècle, qu'ils n'en offrent aux générations présentes. Nos descendants auront de bien autres soucis ; nous-mêmes, nous ne sommes déjà plus en état de nous livrer à de simples recherches. le passé nous préoccupe moins que l'avenir. La noblesse et la magistrature ayant, comme nous l'avons dit, secondé les efforts des moines, doivent participer aux éloges qu'ils méritent.

La seconde vérité est que, sauf exception, les périodes littéraires ne sont pas homogènes. Un courant principal y domine, la foule le suit du regard et le croit unique. Mais, près de lui, des contre-courants se meuvent dans une autre direction. La mort d'un principe commence avec son triomphe : dès qu'il règne sans obstacle, il penche vers son déclin, et le principe nouveau, qui doit le supplanter, acquiert des forces menaçantes. Nous avons déjà vu, à deux reprises, les faits constater cette loi ; nous la verrons encore se réaliser par la suite.

Ce que nous venons de dire montre du reste combien l'on a tort de penser que le goût et la connaissance du moyen âge datent de notre époque. On en rédigeait l'inventaire depuis deux cent cinquante années, lorsque le siècle actuel inaugura sa marche à travers le temps. On procédait néanmoins d'une façon un peu trop naïve. Il y a dans tous ces ouvrages une absence presque totale de réflexions et de théorie. Les auteurs s'enquièrent avec soin des détails : le monde catholique est minutieusement scruté ; mais on ne dit mot de l'organisation qui le vivifiait, on ne le compare point au monde antique pour lui donner la préférence. A peine trouve-t-on de loin en loin quelque insinuation. Dans l'avertissement des *Mémoires de Sainte-Palaye sur la chevalerie,* lequel est dû à la plume d'un nommé Bougainville, on remarque ces phrases : « Les mœurs de nos ancêtres sont aussi dignes d'être étudiées, surtout par un Français, que celles des Grecs et des Orientaux, comparables en bien des points et même supérieures en quelques-uns à celles des temps héroïques chantés par Homère. C'est un parallèle qu'il nous suffira d'indiquer ici, que nous espérons faire un jour et dont nous devons l'idée à l'ouvrage de M. Sainte-Palaye.» Ces lignes relèvent l'influence que les travaux d'archéologie nationale exerçaient sur le lecteur.

Barbazan regrettait sans détour notre vieil idiome; aucune langue ne lui semblait plus opulente que la nôtre : « Le nombre des mots en est, pour ainsi dire, infini. Pour s'en convaincre, il ne faut que lire nos anciens auteurs jusqu'au XVII° siècle; mais il s'en faut beaucoup aujourd'hui qu'elle soit aussi riche, par la suppression et proscription d'un nombre très considérable de mots très expressifs et très énergiques, qui ne sont point remplacés et qu'il serait très difficile de remplacer; une fausse délicatesse, un caprice ont été cause de ces suppressions. » Telles sont les remarques les plus audacieuses que se permettaient Barbazan et ses confrères.

Ce manque de vues générales est le trait qui distingue les publications relatives au moyen âge, faites pendant les XVI°, XVII° et XVIII° siècles, des publications analogues faites de notre temps. Nous n'avons pas étudié l'ère chrétienne d'une manière aussi ingénue que les Bénédictins; des idées systématiques ont accru la valeur de nos recherches. Nous avons d'ailleurs mis à profit le courage de nos devanciers; grâce aux luminaires placés par eux de distance en distance, nous avons pu aborder sans crainte une époque ténébreuse; nous avons ensuite réparé leurs oublis et leurs fautes. Ils comprenaient, ils admiraient peu l'art moderne : nous nous en sommes occupés avec une prédilection toute particulière. D'habiles poètes ont chanté les merveilles de nos origines; la nation a fait cercle pour les entendre, et les apôtres de cette réforme ont eu, par delà le tombeau, la joie de voir des mains glorieuses terminer leur entreprise.

Dès le xviiie siècle, de curieux pastiches prouvèrent l'influence que l'étude du moyen âge commençait à exercer sur les imaginations La gracieuse romance de Chérubin : *Mon coursier hors d'haleine*, charma les auditeurs par le prestige de l'illusion qui s'attache au passé, qui nous le montre comme un temps plus noble et plus heureux. Les mots vieillis nous aident à rêver ces époques lointaines, où nous n'avons pu souffrir. L'*Histoire amoureuse de Pierre Lelong et de Blanche Bazu* (1774), par Sauvigny, obtint un succès du même genre. L'auteur avait cherché la grâce du style naïf, grâce qui naît de sentiments moins compliqués que les nôtres. Une seconde édition, publiée quatre ans après la première, lui permit de joindre à son récit un manifeste en l'honneur du naturel et de la simplicité (1). Sedaine transportait sur le théâtre le fabliau d'Aucassin et Nicolette. D'autres menues imitations de nos anciennes formes littéraires trahissaient la même tendance. Vers 1782 enfin, M. de Surville ébauchait cette contrefaçon qu'il donnait comme l'œuvre d'une de ses aïeules, rimée au xve siècle.

Pendant qu'un travail si prodigieux ramenait l'attention de la France vers elle-même, préparait une nouvelle époque littéraire, quelle influence exerçaient

---

(1) Cette préface a pour titre : *Essai sur les progrès de la langue française.*

les Académies? De quelles matières s'occupaient-elles ? Les sujets de prix désignés par l'Académie des inscriptions et belles-lettres, de 1736 à 1789, montrent que leur engouement classique tombait de fièvre en chaud mal. « Combien de fois le temple de Janus a-t-il été fermé? — Quels étaient les attributs de Jupiter Ammon? — Quels étaient les attributs d'Harpocrate et d'Anubis? — Quel était l'habillement des deux sexes chez les Egyptiens, avant le règne des Ptolémées? — Quels furent l'origine, les progrès et les effets de la pantomime chez les Romains? — L'ostracisme et le pétalisme ont-ils contribué au maintien ou à la décadence des républiques de la Grèce? » Voilà les graves questions, les problèmes nationaux que l'Institut donnait à résoudre aux candidats. Rien ne pouvait l'attendrir en faveur des peuples modernes, éveiller son intérêt pour nos mœurs, nos lois, nos souvenirs, nos dogmes, notre littérature. L'Opéra, les autres théâtres se livraient à un emportement analogue : tous les dieux et toutes les déesses de l'Olympe, tous les hommes illustres de l'antiquité y dansaient, y chantaient, y déclamaient (1). Ainsi, pendant qu'une foule d'érudits et de littérateurs s'acheminaient péniblement vers l'avenir, la majorité s'enfonçait de plus en plus dans les marécages du passé ; comme Marius à Minturnes, ils semblaient craindre qu'on ne vînt les tirer du limon où ils cherchaient leur salut.

(1) *Le Voltairianisme*, par l'abbé Gaumé, ch. XXIV.

CHAPITRE XV.

Effets littéraires de la Révolution.

Chute de la noblesse et du système classique. — Aversion du peuple et des bourgeois pour la mythologie. — Intime accord de la liberté politique et de l'indépendance littéraire. — Lenteur des révolutions poétiques. — Réminiscences gréco-latines qui surchargent le style des conventionnels. — Les idées nouvelles devaient peu à peu produire une nouvelle forme. — Symptômes de régénération. — L'*Hymne à l'Être suprême*, par Marie-Joseph Chénier. — Strophes de Delille. — Exemples oratoires : St-Just, Robespierre, Danton, Isnard, Hébert, Legendre, Camille Desmoulins. — Préjudice causé à la Révolution française par l'amour excessif de l'antiquité.

Enfin eut lieu ce tremblement de terre qui renversa la monarchie de Louis XVI et fit chanceler sous le dais tous les rois absolus. La cour avait été le berceau de la poésie classique ; les mœurs factices de la noblesse avaient seules pu maintenir vivante cette littérature guindée ; il lui fallait de beaux salons, un auditoire moqueur et des âmes peu sensibles. Quand la guillotine mit en fuite les élégants marquis, les lascives duchesses, les abbés frivoles, les dieux de l'Olympe émigrèrent avec eux. Une autre classe monta sur la scène politique : d'autres goûts durent se manifester. Cérès, Junon, Pallas, Neptune accablaient d'ennui le peuple et les bourgeois.

On ne pouvait d'ailleurs faire sauter le gouvernement et la religion sans toucher aux vieilles ordonnances poétiques. Des hommes qui jetaient dans la poussière tout un édifice social auraient malaisément épargné ce code frivole. L'intelligence applique sans restrictions les principes qui la dominent. Quand elle se laisse diriger par la foi, elle trahit une crédulité universelle ; quand le doute la tourmente, nulle borne n'arrête son scepticisme. On devait donc tôt ou tard ambitionner pour les paroles la liberté conquise pour les actions.

Ce désir ne se révéla pas d'abord d'une manière complète. On ne dépouille jamais sur-le-champ d'anciennes habitudes. Les révolutions littéraires ne s'effectuent d'ailleurs qu'après toutes les autres. Les âmes commencent par se rajeunir, la poésie cherche ensuite des formes nouvelles, pour peindre une nouvelle classe d'idées. Les livres, les journaux, les discours révolutionnaires offrent donc une multitude de souvenirs classiques, de traits surannés, d'allusions gréco-romaines. On voit avec un étonnement infini les principes les plus audacieux enveloppés dans des haillons métaphoriques, dans une langue poudreuse et avariée. Camille Desmoulins, par exemple, est un vrai cuistre de collége. Il ne peut rien dire sans appeler à son aide toute l'antiquité. Mais il en devait être ainsi. L'admiration de Sparte, d'Athènes et de Rome, que l'on inculquait depuis longtemps à la jeunesse, avait été une des causes principales qui avaient déterminé l'explosion de 89. En s'occupant toujours des lois, des mœurs, des vertus républicaines, on se pénétrait de sentiments républicains. Voltaire, Mably, Montesquieu, Jean-Jacques prônaient sans relâche les institutions démocratiques. On aspirait à jouir de la même liberté que les anciens et, lorsque les circonstances permirent de faire un essai, on les prit infatigablement pour modèles. Ainsi, par un merveilleux retour, cette poésie païenne, que la noblesse et la royauté avaient soutenue de toutes leurs forces, contribua énormément à leur chute. Elle mina dans les cœurs la foi et la soumission, les deux bases de leur pouvoir.

Mais sous ce détritus classique, des germes nouveaux fendaient le sol. Les idées qui troublaient alors les têtes et qui différaient essentiellement des idées gréco-latines, la frénésie des passions politiques, la vivacité des espérances, les malheurs qu'enfantent les bouleversements généraux, devaient produire des cris, des apostrophes, des images et des harangues pleines d'éloquence. La poésie rallumait sa torche fumeuse au cratère des révolutions. Le goût futile de l'époque antérieure ne pouvait plus comprimer les âmes. Tandis que la France tournoyait sur l'abîme qui paraissait devoir l'engloutir, il s'en exhalait des cris sublimes, comme ceux que poussèrent les matelots du *Vengeur*.

Ainsi la littérature de cette période offre deux caractères dominants. D'une part, elle s'élance avec une affection redoublée vers les anciens; de l'autre, elle explore des pays inconnus. Parmi les poètes, les chefs du premier mouvement, ceux qui en résument le mieux les caractères, furent André Chénier, Lebrun et Lemercier. Comme les démagogues du temps, ces hommes ne cherchaient à innover qu'en s'appuyant sur les Grecs et les Romains. Ils étudiaient l'art antique avec plus de liberté morale et d'intelligence que leurs devanciers. Homère, Eschyle, Platon, Aristophanes, Pindare avaient été peu compris chez nous. Ils n'inspiraient à Voltaire que des sentiments de répulsion; il leur préférait les écrivains du xvii° siècle. Lebrun, Népomucène, André Chénier abandonnèrent les imitateurs pour les modèles. Ils croyaient ressusciter l'art païen dans sa force ingénue, dans sa hardiesse plastique. Notre littérature leur semblait avec justice plus pâle et plus craintive. Ils disaient que les procédés matériels n'y avaient pas moins perdu que la forme et le fond poétique. Chénier, comme Delille, essayait de donner au vers français la liberté du vers latin. Sa réforme était moins incomplète, mais portait sur les mêmes bases (1). David communiquait à l'art une tendance analogue.

L'innovation pure n'était pas si bien représentée : elle n'engendrait aucune œuvre spéciale. Il ne lui naissait pas de nouveaux guides au soleil de fructidor ; ses anciens partisans la défendaient et l'activaient seuls. Les hommes qui allaient bientôt la couronner de leur gloire, recevaient alors les austères leçons du malheur. Chateaubriand, Mme de Staël, Nodier, Senancour, les frères de Maistre écoutaient parler la justice divine dans le drame sanglant qui se déployait sous leurs yeux. Ils devaient d'abord, comme nous l'avons dit, créer des formes vierges, ce que n'étaient nullement contraints de faire les sectateurs de la Grèce. Leur génie se leva donc

---

(1) Voyez les preuves de ce jugement collectif : pour Lemercier, dans le chapitre IX du deuxième livre ; pour Lebrun et Chénier, dans le chap. Ier et dans le chap. VIII du troisième livre.

un peu plus tard, mais, en récompense, avec bien plus de charme et d'éclat.

Parmi toutes les poésies, toutes les harangues, toutes les brochures que nous a laissées la révolution, il n'y a peut-être pas une seule œuvre entièrement originale. On trouve des détails précieux, mais aucun morceau bien franc. La matière qui devait composer la littérature à venir flottait en dissolution dans un liquide étranger. Nous ne pourrons donc citer que des mots, des passages; plusieurs sont fort connus, mais nous n'avons pas ici l'ambition de découvrir des joyaux ignorés; nous voulons seulement indiquer le rapport de ces traits avec la question littéraire qui nous occupe. Tous n'ont point d'ailleurs une renommée banale.

La plus belle œuvre née de l'inspiration démocratique est certainement l'*Hymne à l'Être suprême*, composé par Joseph Chénier. C'est une ode de Lamartine, écrite trente ans avant ce poète. Les stances qu'on va lire permettront d'en juger : comme peu de personnes la connaissent, nous en reproduisons une grande partie :

> Source de vérité, qu'outrage l'imposture,
> De tout ce qui respire éternel protecteur,
> Dieu de la liberté, père de la nature,
>   Créateur et conservateur !
>
> O toi ! seul incréé, seul grand, seul nécessaire,
> Auteur de la vertu, principe de la loi,
> Du pouvoir despotique immuable adversaire,
>   La France est debout devant toi.
>
> Tu posas sur les mers les fondements du monde,
> Ta main lance la foudre et déchaîne les vents;
> Tu luis dans ce soleil, dont la flamme féconde
>   Nourrit tous les êtres vivants.

La courrière des nuits, perçant de sombres voiles,
Traîne, à pas inégaux, son cours silencieux :
Tu lui marquas sa route, et d'un peuple d'étoiles
    Tu semas la plaine des cieux.

Tes autels sont épars dans le sein des campagnes,
Dans les riches cités, dans les antres déserts,
Aux angles des vallons, au sommet des montagnes,
    Au haut du ciel, au fond des mers.

Mais il est, pour ta gloire, un sanctuaire auguste,
Plus grand que l'empirée et ses palais d'azur :
Dieu lui-même, habitant le cœur de l'homme juste,
    Y goûte un encens libre et pur.

Dans l'œil étincelant du guerrier intrépide,
En traits majestueux, tu gravas ta splendeur ;
Dans les regards baissés de la vierge timide
    Tu plaças l'aimable pudeur.

Sur le front du vieillard, la sagesse immobile
Semble rendre avec toi les décrets éternels :
Sans parents, sans appui, l'enfant trouve un asile
    Devant tes regards paternels.

C'est toi, qui fais germer dans la terre embrasée
Ces fruits délicieux qu'avaient promis les fleurs ;
Tu verses dans son sein la féconde rosée
    Et les frimas réparateurs.

Et lorsque du printemps la voix enchanteresse
Dans l'âme épanouie éveille le désir,
Tout ce que tu créas, respirant la tendresse,
    Se reproduit par le plaisir.

Des rives de la Seine à l'onde hyperborée
Tes enfants dispersés t'adressent leurs concerts :
Par tes prodigues mains la nature parée
    Bénit le Dieu de l'univers.

Les sphères, parcourant leur carrière infinie,
Les mondes, les soleils devant toi prosternés,
Publiant tes bienfaits, d'une immense harmonie
    Remplissent les cieux étonnés.

Grand Dieu, qui, sous le dais, fais pâlir la puissance,
Qui, sous le chaume obscur, visites la douleur,
Tourment du crime heureux, besoin de l'innocence
    Et dernier ami du malheur;

L'esclave et le tyran ne t'offrent point d'hommage :
Ton culte est la vertu, ta loi l'égalité ;
Sur l'homme libre et bon, ton œuvre et ton image,
    Tu soufflas l'immortalité (1).

Les six dernières strophes méritent autant de dédain que celles-ci d'admiration.

La même solennité inspira huit vers magnifiques à Delille. Ce sont les plus beaux qu'il ait faits. Il y peint avec une sublime énergie l'effrayante immortalité du coupable et l'heureuse immortalité du juste.

Oui, vous qui, de l'Olympe usurpant le tonnerre,
Des éternelles lois renversez les autels,
    Lâches oppresseurs de la terre,
    Tremblez, vous êtes immortels !

Et vous, vous, du malheur victimes passagères,
Sur qui veillent de Dieu les regards paternels,
Voyageurs d'un moment aux rives étrangères,
    Consolez-vous, vous êtes immortels !

Les poésies républicaines, toutefois, sont en général

---

(1) M. Charles Labitte a cité après moi, dans la *Revue des Deux Mondes*, cette belle pièce de vers, en l'accompagnant de réflexions identiques.

d'une misère et d'une trivialité sans nom, y compris les chants de Lebrun (1).

La prose était alors bien supérieure. Comme elle vit dans une sphère plus réelle, les passions de l'époque la modifiaient immédiatement. Lorsque l'orateur s'animait, l'éloquence venait d'elle-même se poser sur ses lèvres. Tout le monde a lu les discours de Mirabeau : nous n'en parlerons pas. Mais des hommes moins estimés peuvent fournir des extraits aussi brillants. Les *Institutions* de Saint-Just renferment ces lignes surprenantes : « Postérité ! tu béniras tes pères, tu sauras ce qu'il leur en aura coûté pour être libres ! leur sang coule aujourd'hui sur la poussière que doivent animer tes générations affranchies. Tout ce qui porte un cœur sensible sur la terre respectera notre courage.

« Dieu protecteur de la vérité, puisque tu m'as conduit parmi quelques pervers, c'était sans doute pour les démasquer ! La politique avait compté beaucoup sur cette idée, que personne n'oserait attaquer des hommes célèbres, environnés d'une grande illusion. J'ai laissé derrière moi toutes ces faiblesses : je n'ai vu que la vérité dans l'univers et je l'ai dite.

« Les circonstances ne sont difficiles que pour ceux qui reculent devant le tombeau. Je l'implore, le tombeau, comme un bienfait de la Providence, pour n'être plus témoin de l'impunité des forfaits ourdis contre ma patrie et l'humanité. Certes, c'est quitter peu de chose qu'une vie malheureuse, dans laquelle on est condamné à vivre le complice ou le témoin impuissant du crime.

(1) Voyez le recueil des *Poésies nationales de la Révolution française*.

« Je méprise la poussière qui me compose et qui vous parle. On pourra la persécuter et la faire mourir, cette poussière ! mais je défie qu'on m'arrache la vie indépendante que je me suis assurée dans le temps et dans les cieux. »

Le même Saint-Just disait à un parlementaire autrichien : « La république française ne reçoit de ses ennemis et ne leur envoie que du plomb. »

Robespierre, accusé de vouloir agir en dictateur, s'écriait, dans la séance du 8 thermidor : « Qu'il me soit permis de renvoyer au duc d'York et à tous les écrivains royaux les patentes de cette dignité ridicule qu'ils m'ont expédiées les premiers : il y a trop d'insolence à des rois qui ne sont pas sûrs de conserver leurs couronnes, de s'arroger le droit d'en distribuer à d'autres.

« Ils m'appellent tyran !... si je l'étais, ils ramperaient à mes pieds ; je les gorgerais d'or, je leur assurerais le droit de commettre tous les crimes, et ils seraient reconnaissants... Mais qui suis-je, moi qu'on accuse ? Un esclave de la liberté, un martyr de la république, la victime autant que l'ennemi du crime. Tous les fripons m'outragent ; les actions les plus indifférentes, les plus légitimes de la part des autres sont des crimes pour moi... Otez-moi ma conscience, et je serai le plus malheureux des hommes.

« Mon existence paraît aux ennemis de mon pays un obstacle à leurs projets odieux. Ah ! je la leur abandonnerai sans regret ! J'ai l'expérience du passé et je prévois l'avenir ! J'ai vu dans l'histoire tous les défenseurs de la liberté accablés par la calomnie ; mais leurs oppresseurs sont morts aussi! Les bons et les méchants disparaissent de la terre, mais à des conditions différentes. Français, ne souffrez pas que vos ennemis abaissent vos âmes et énervent vos vertus par leur désolante doctrine! Non, Chamette, non, Fauchet, la mort n'est pas un sommeil éternel... la mort c'est le commencement de l'immortalité! »

Danton, à qui l'on conseillait de fuir, répondait : « Fuir! Est-ce qu'on emporte la patrie à la semelle de ses souliers? »

« Si vous n'avez pas d'armes, eh bien! disait Isnard, déterrez les ossements de vos pères, et servez-vous-en pour exterminer vos ennemis. »

« Ma pipe, écrivait dans son journal le fameux Hébert, ma pipe est comme la trompette de Jéricho ; quand j'ai fumé trois fois autour d'une réputation, elle tombe d'elle-même. »

Legendre stigmatisait ainsi le farouche Carrier : « C'est cet homme qui a rendu l'Océan témoin de ses crimes, qui a rougi la mer par le reflux de la Loire. Le navigateur, qui recevait le baptême en passant sous le tropique, ne voudra plus marquer ainsi cette époque de son voyage, dans la crainte d'être inondé de sang humain.

« Saint-Just, disait Camille Desmoulins, prend sa tête pour la pierre angulaire de la république ; il la porte avec respect, comme un Saint-Sacrement.

— Je lui ferai porter la sienne comme un saint Denis, » répliqua le jeune enthousiaste.

Mentionnons en dernier lieu un passage du même Camille, où une de ses allusions classiques est employée

TOME I 24

avec bonheur : « Sublime effet de la philosophie, de la liberté et du patriotisme ! Nous sommes devenus invincibles. Moi-même, j'en fais l'aveu sincère, moi qui étais timide, je me sens maintenant un autre homme. A l'exemple de ce Lacédémonien, Otriades, qui, resté seul sur le champ de bataille et blessé à mort, se relève, de ses mains défaillantes dresse un trophée et écrit de son sang : *Sparte a vaincu!* je sens que je mourrais avec joie pour une si belle cause, et, percé de coups, j'écrirais aussi de mon sang : *La France est libre !* »

C'est ainsi que la passion, mère de toute poésie, de toute éloquence, brisait à l'improviste les chaînes sous lesquelles languissait depuis longtemps l'imagination, et, comme l'ange qui délivra saint Pierre, faisait silencieusement tourner devant elle les portes de son cachot.

Mais, on doit le dire, l'engouement excessif des révolutionnaires pour les anciens a nui à la Révolution. Trop préoccupés d'une forme politique anéantie, hors d'usage, ils ne pouvaient chercher sans trouble et sans illusion les vraies formes de la liberté moderne. Ce n'était pas au loin qu'ils les auraient trouvées, mais près de nous : la Suisse, la Hollande, les États-Unis, leur en eussent offert d'excellents modèles. Les conditions de la vie publique et privée changent incessamment, et l'étude de l'histoire n'est un guide utile que si on ne remonte point trop haut dans le passé.

CHAPITRE XVI.

Influence du génie celtique.

Caractère et esprit des Celtes ou Gaëls. — Leur opiniâtre amour de l'indépendance. — Pays qu'habitent leurs descendants. — Intérêt nouveau excité par cette race. — Bizarrerie poétique, destination mystérieuse de ses monuments. — Son amour pour la nature et pour les plages maritimes. — Sites admirables que choisissaient les Gaëls. — Leurs goûts solitaires. — Affinité du christianisme et de leur génie. — Influence de la cour et des bourgeois. — Réveil de l'esprit celtique. — Il produit la révolution française et l'école moderne.

Pour quiconque a un peu étudié l'histoire des nations modernes, la révolution française porte évidemment un caractère celtique. L'amour illimité de l'indépendance, l'aventureuse audace, le fanatisme et l'ardeur guerrière qui signalent cette période, sont autant de traits particuliers à la race des Gaëls. Ce ne sont pas les Romains de l'empire qui nous ont transmis avec leur sang corrompu ces fougueux et juvéniles penchants. Voyez en Italie ce qu'est devenue leur postérité. Ce n'est pas des Germains que nous les tenons : voyez leur prudence, leur tranquille assujétissement, leur amour du foyer domestique, leur terreur du jeûne et des privations qu'en durent les armées. Quand on songe que, pendant la guerre de Trente Ans, les princes luthériens semblaient faire assaut de lâcheté, que Wallenstein les poussa, l'oreille basse, jusqu'au milieu du Danemark, et allait leur imposer la tyrannie du catholique Ferdinand II, quand on songe que la Réforme eût couru de vrais dangers en Allemagne, si Gustave-Adolphe n'était venu opposer sa poitrine aux coups de ses ennemis, on renonce à établir aucun parallèle entre ces nations pusillanimes et la race gallique, toujours brave dans ses actions, dans ses paroles, et atteignant les dernières limites de l'intrépidité, lorsque les circonstances demandent de grands sacrifices. Jamais elle n'a pu souffrir aucune domination; tant que rien ne modifia, ne contraria ses penchants primitifs, elle ne subit d'autre autorité que celle du père de famille; le clan était assis sur cette base. Partout elle a repoussé la conquête avec l'obstination du désespoir. Les Kimris du Galloway se sont maintenus libres jusqu'à la fin du treizième siècle, ceux de l'Écosse jusqu'à la fin du dix-huitième. Les Celtibériens, cantonnés dans les montagnes des Asturies, échappèrent seuls au joug mahométan. La Bretagne, celle de nos provinces où la race était demeurée la plus pure, fut aussi la plus longue à centraliser. Que l'on regarde donc, si l'on veut, comme illusoire le système de Mably; peut-être en effet l'élite des Gaulois se mêla-t-elle assez aux vainqueurs pour contribuer par portion égale à former la noblesse. La question est, après tout, peu intéressante. Quand même la lutte de 89 n'eût pas été une révolte de la population primitive contre les fils des Germains envahisseurs, il n'en resterait pas moins vrai qu'elle a une physionsmie toute celtique. J'en dirai autant de la révolution d'Angleterre. Les pays de l'Europe où le sentiment de l'indépendance est le plus énergique et le plus vivace sont ceux qu'habitent les descendants des Kimris, c'est-à-dire la France, la Belgique, la Suisse, l'Angleterre, les provinces septentrionales de l'Espagne.

Notre révolution littéraire offre les mêmes traits. On a contesté dernièrement la nationalité du romantisme; on a prétendu qu'il brisait avec la tradition. Il est impossible de commettre une erreur plus grossière. Non-seulement il se rattache au moyen âge, à nos croyances, à notre histoire, à nos sentiments actuels, mais il se rattache encore aux goûts et à la constitution morale des peuplades aborigènes, qui ont les premières possédé notre sol. Nous allons le démontrer en esquissant le tableau des propensions esthétiques de cette race, prenant surtout pour point de départ, entre les monuments qu'elle a laissés derrière elle, ceux dont on ne conteste ni l'antiquité, ni l'origine : nous voulons dire les pierres druidiques. Leur aspect, leurs formes, les sites qu'elles occupent donnent lieu à des inductions qui, je l'espère, ne sembleront point gratuites. Nous débarrasserons ainsi une des sources obstruées de notre histoire littéraire. Cette opération a été faite pour l'histoire politique : MM. Amédée Thierry et Michelet l'ont habilement exécutée. Leurs précédesseurs n'avaient point compris l'élément gaulois dans le nombre des causes générales, qui ont déterminé le sort de la nation; M. Guizot lui-même l'avait omis; ses deux compétiteurs lui ont rendu sa place et son importance. Nous croyons urgent de mettre à son tour la critique sur cette voie : elle a manqué assez longtemps de patriotisme. D'ailleurs, un vif intérêt accueille, depuis le commencement de notre siècle, toutes les recherches concernant le caractère, les habitudes et les monuments des peuples celtiques. Une académie spéciale s'est formée dans le but de favoriser ces travaux. De grands poètes ont tourné l'attention publique de ce côté. Thomas Moore, Walter Scott et Macpherson réveillaient la harpe kimrique ; le monde civilisé prêta l'oreille. Napoléon lui-même écouta, entre deux canonnades, *la voix des temps qui ne sont plus*. Cette poésie, rêveuse comme les grandes âmes, lui allait au cœur. Ossian fut dès lors adopté par la nation ; Jedediah Cleishbotham eut aussi son tour, et maintenant un mot de la langue erse nous tombe à peine sous les yeux, qu'aussitôt les pâles sommets des Highlands se dessinent dans notre imagination ; la cornemuse retentit derrière les brouillards des lacs ; l'autour glapit, les mélèzes frissonnent et les robustes montagnards défilent au son du pibroch sur les landes émerveillées.

Avec leur puissante organisation, les Celtes devaient imprimer à leurs plus grossiers essais d'architecture un caractère complétement original. On aurait tort d'y chercher la beauté, la proportion, un système ingénieux : l'art ne commence pas ainsi. Les peuples enfants n'admirent que le bizarre et l'extraordinaire : il faut qu'ils s'étonnent pour s'émouvoir. Ce qui subit une loi constante et découle d'un principe régulier les touche faiblement. Que leur importe la perfection intrinsèque des choses ? Ils ne la comprennent pas. Aussi les arts, dans l'Inde, dans l'Égypte, dans l'Amérique septentrionale, se fatiguèrent-ils d'abord à construire des montagnes de granit, à ébaucher des statues monstrueuses. C'est pour le même motif que nous voyons les littératures naissantes errer sans cesse au milieu d'un monde fantastique, visiter les dieux, et, comme l'hirondelle, raser seulement par intervalles le sol que nous foulons.

La singularité des monuments celtiques prouve donc en faveur des tribus qui les ont érigés. Sous ce rapport, ils ne reconnaissent pas d'égaux. Quand le jour s'éteint derrière les alignements de Carnac, égarez-vous dans cette forêt merveilleuse : la tête vous tournera. Quatre mille pierres, rangées sur onze lignes parallèles, couvrent un espace de deux lieues ; quelques-unes comptent jusqu'à vingt pieds de hauteur. Bravant les lois de la nature, elles se tiennent debout, la pointe en bas. La vue plonge, plonge entre leurs masses, cherche la fin de ces allées étranges et n'aperçoit que leur immensité. Le soleil couchant, décoré par la brume, semble un fantôme qui sort la tête des eaux, pour contempler d'autres fantômes. Rien ne gémit, rien ne chante le long des grèves. Pas une fleur n'égaye la plaine sablonneuse ; l'herbe des funérailles, le romarin lui-même y dépérit, et, comme la plante sinistre, on dirait que tout est mort ou prêt à mourir. Cependant un courlis silencieux voltige de cime en cime ; il écoute la tempête qui bouleverse un autre horizon, il prépare ses ailes pour le combat. Effectivement, les galets râlent bientôt sous la vague, le tonnerre gronde et contrefait un roulement de tambours lointains. Une épilepsie terrible saisit l'Océan. L'éclair, qui bondit du nord au sud, de l'est à l'ouest, projette dans tous les sens l'ombre des colosses ; on croirait qu'ils s'agitent et vont quitter ces rivages lugubres. Mais le vent tire de leurs fûts une sourde plainte, des clartés plus vives les inondent : le clan miraculeux reprend son immobilité.

Si l'on demande aux pâtres du Morbihan quelle destination avaient ces pierres, dont beaucoup pèsent 200,000 livres, ils répondent que l'une d'elles couvre un trésor inestimable, ou bien qu'elles servaient à compter les années. Quand arrivait le mois de juin, les druides élevaient en grande pompe un nouveau menhir près des anciens. La veille, une aigrette lumineuse flamboyait sur chaque vétéran. L'illumination magique se débattait contre les ténèbres, pendant que les prêtres, vêtus de robes blanches, accomplissaient leurs mystérieuses cérémonies. La tradition la plus commune suppose néanmoins que des crions, petits génies doués d'une force surprenante, ont mis ces roches en équilibre (1). Lorsque la lune éclaire le ciel, ils viennent admirer leur ouvrage et commencent alentour une danse joyeuse. N'approchez pas alors : entraîné dans le tourbillon, il vous faudrait suivre leur valse effrénée. Le jour seul vous délivrerait, et si vous tombiez de fatigue avant l'aurore, des éclats de rire accueilleraient votre chute.

Le monument de Carnac réclame à la vérité la première place entre toutes les constructions gaëliques : nul autre n'occupe un aussi vaste espace et ne présente un aspect aussi frappant. Mais quelles que soient leurs dimensions, les barrows, dolmens et cromlechs impres-

---

(1) Cambry, *Monuments celtiques.*

sionnent généralement le spectateur. Ils réveillent et satisfont l'amour inné de l'homme pour le merveilleux. Leur rude apparence, les masses énormes dont ils se composent, leur usage ignoré, les inscriptions runiques gravées à leur superficie, mille circonstances particulières semblent justifier l'origine surnaturelle qu'on leur attribue. Olaüs Magnus (1) les regarde comme l'œuvre des géants; on serait en effet tenté d'y voir les jouets d'une race antédiluvienne, respectés par les flots insurgés. La science ne les étudie qu'en tremblant.

Wormius (2) décrit un ouvrage de l'île Seeland, qui ressemblerait à un cromlech sans son plan quadrilatéral. Une suite de pierres brutes, médiocrement grosses, dessinent une enceinte oblongue, dans laquelle s'arrondissent trois tumuli. Un cordon de rochers environne chaque tertre. Le plus considérable, assis entre les deux autres, porte à son sommet une espèce d'autel que forment trois blocs monstrueux, placés sous un quatrième plus monstrueux encore. Vainement s'est-on efforcé de découvrir l'intention secrète qui fit dresser cette table sans art. Comme le serpent de la fable, les érudits, en voulant mordre à l'énigme, y ont perdu leurs dents. Faut-il admettre que des holocaustes ensanglantaient jadis le monticule et le trépied? Plusieurs silex, une fosse creusée entre les appuis d'autres monuments identiques, ainsi qu'une vaste patère, rendent la conjecture assez vraisemblable.

Mais quoi! si c'était là tout simplement une façon

---

(1) *De Gentibus septentrionalibus.*
(2) *Monumenta danica.*

d'honorer les morts ? Les poésies écossaises mentionnent fréquemment une semblable coutume. Ainsi dans Ossian : « Élevez quatre pierres sur le tombeau de Câthba, dit le chef. Ces mains t'ont caché sous la terre, ô Câthba, fils de Torman ! Tu étais un rayon de soleil qui éclairait l'Irlande... » Décidez, choisissez, mais quand vous aurez tranché la question, soyez prêts à choisir une seconde fois, car de nouvelles hypothèses accourront vers vous et solliciteront un nouveau jugement.

Telle est la perplexité qui tourmente la science, lorsqu'elle aborde ces restes d'une civilisation ébauchée. Que penser, que dire ? Elle garde prudemment le silence, ou bien s'endort et parle en rêvant. Mais la ruse ne sert à rien ; le problème l'inquiète d'autant plus, que partout il la provoque. Elle ne peut se tourner vers un point de l'Europe sans que des traces celtiques lui apparaissent : on en retrouve jusque sur les écueils et jusqu'à deux ou trois lieues des côtes.

Pendant un voyage aux Hébrides, M. Faujas aperçut à distance une île peu étendue qu'on appelle Niort. Eternellement battue par les flots orageux qui l'environnent, l'absence de terre végétale la rend inhabitable. D'une couleur presque noire, ne formant qu'une seule masse, on la prendrait pour une baleine endormie sur les vagues. Quelques rudes cochléarias, quelques lichens blottis au fond d'une crevasse, partagent mélancoliquement son exil. Les mouettes y déposent leurs œufs, et secouent leurs blanches ailes le long de ses flancs sombres. Rien d'aussi triste ; au-dessus un ciel toujours en deuil ; alentour une mer toujours plaintive ; dans l'intervalle une atmosphère toujours irritée. Voilà le récif que les Celtes des Hébrides ont choisi pour introniser un de leurs cairns. Deux bornes, granitiques comme le pilier lui-même, affermissent celui-ci contre les tempêtes. On l'a transporté là d'un lieu voisin, car sa base est une roche calcaire. Les matelots affirment qu'Ossian le plaça lui-même de ses mains poétiques. Lorsqu'ils distinguent, à l'horizon, l'immobile vigie, le souvenir des anciens jours précipite sur leurs lèvres un chant doux et sombre. Depuis vingt siècles peut-être, ce morne témoin voit l'océan Atlantique tantôt se jouer de leurs nacelles, tantôt de leurs cadavres.

Les exemples, que nous venons de citer, nous révèlent un artifice constamment employé par les Gaëls, artifice bien légitime sans aucun doute. Lorsqu'ils voulaient exécuter leurs travaux cyclopéens, la fée rêveuse, dont les conseils gouvernaient toutes leurs actions, ne manquait jamais de les entraîner vers un site pittoresque; ils savaient combien la nature ajoute à l'effet des œuvres humaines. Trop ignorants encore pour rivaliser avec elle, ils lui empruntaient ses plus belles décorations. Les galgals ne sont pas des tombeaux splendides, mais un torrent gémit, se désole à côté; mais la valériane y secoue son panache rose, le muguet ses clochettes odorantes; mais une armée de chênes campe sur les deux pentes du vallon, et la mer chante au loin, parmi les brisants, une éternelle messe des morts. Cette inculte magnificence ne se déroulait nulle part aussi avantageusement qu'autour des constructions religieuses. Quand les prêtresses venaient, durant la nuit, célébrer leurs sacrifices, implorant Dianaff, le pouvoir suprême, le pouvoir inconnu, leurs formes gracieuses vivifiaient le paysage, et le paysage donnait à leurs rites un caractère imposant. Les montagnes embrumées répétaient tout bas les invocations que chantaient les druidesses. Un bruit d'ailes courait dans le feuillage, les étangs lointains entre-choquaient leurs roseaux, puis le croissant, dirigé par une invisible main et semblable à la serpe d'or qui tranchait le gui symbolique, passait sur les étoiles, comme pour faucher ces divines fleurs.

Du reste, quelques beautés que les monts et les plaines offrissent aux Kimris, ils leur préféraient toujours l'Océan. Leurs métropoles religieuses étaient les îles de Sein et de Mona. La Bretagne française tira son premier nom des flots qui la baignent (Ar-mor, la mer). Aussi, lorsqu'il leur fallut fuir devant les Teutons et les Romains, ils se réfugièrent auprès de leur vieille amie. La Cornouaille, le Galloway, l'Irlande, l'Ecosse et la Gaule occidentale les virent sécher leurs larmes, en écoutant son murmure consolateur. Une similitude cachée les attirait l'un vers l'autre. Le Celte ne possédait pas, ainsi que les Italiotes et les Grecs, le génie synthétique. Isolé dans son clan, comme son clan dans la nation, comme sa nation dans la race, comme sa race dans le monde, les rapports sociaux ne disséminaient ni son attention, ni sa pensée. Il regardait en lui-même et s'inquiétait peu du voisin. Mais c'est là qu'il rencontrait l'abîme des abîmes, l'infini spirituel. Comment n'aurait-il pas choisi pour séjour les bords de l'Océan ? L'infini matériel, qui s'y déployait à ses yeux, lui présentait une fidèle image de son âme. Cherchez quelque chose de plus grand que ce songe entre deux immensités.

On comprendra sans peine que les Gaëls aient toujours

abhorré les villes. Quel est en effet le poète, le philosophe, qui ne maudisse la vie tracassière, bavarde, ambitieuse, étourdissante, des masses d'hommes pressés derrière une muraille? Le citadin ne peut faire un pas sans qu'un bruit l'inquiète ; il oublie la nature dont ses occupations l'éloignent, il finit par ne plus voir que ses concitoyens et leurs actes. La création cesse d'exister pour lui ; l'univers intellectuel s'anéantit également. Un monde de formation humaine prend leur place, monde étroit et misérable comme son inventeur. Adieu les rêves de l'âme, adieu ces vagues désirs qui lui révèlent sa grandeur et sa destinée, adieu la sainte curiosité des sciences morales, adieu la contemplation, l'amour pur, les promenades sur la colline! Le pavé succède à l'herbe verte, le calcul aux méditations, l'étiquette à la cordialité. Le fils de Dieu méconnaît son père, le fracas des voitures étouffe le cri de son cœur.

L'histoire des littératures méridionales et celle de la nôtre pendant trois siècles, sont tout entières dans ce peu de mots. Esclaves des faits, elles racontent beaucoup, mais ne décrivent point. Elles n'oseraient livrer passage à leur fantaisie prisonnière, aux émotions intérieures, par lesquelles surtout les individus privilégiés dépassent la foule. La superstition des convenances les tient serrées entre ses bras et leur ôte la respiration. Un spectre impuissant et railleur les éloigne de l'art véritable, comme cette fiancée d'une ballade anglaise qui ne put jamais consommer son mariage.

La solitude protégea les Gaëls contre le positivisme et les idées casanières. Ils surent toujours qu'un esprit immortel veillait en eux, que chaque heure du jour voit éclore une nouvelle fleur, que chaque heure de la nuit allume une nouvelle gerbe d'étoiles. Aussi, quand le dogme chrétien vint décapiter les dieux antiques et rendre aux bois, aux montagnes, aux rivières leur physionomie véritable, les Celtes coururent à lui, s'agenouillèrent devant sa croix et lui jurèrent de mourir pour la défendre. Quinze cents ans se sont écoulés, mais ils n'oublient pas leur serment. L'Irlande expire de faim sur ses bruyères : elle aime mieux le martyre que l'apostasie.

Une telle affinité prédisposait le christianisme et la race bretonne à s'unir intimement, que presque tout l'art chrétien fut l'ouvrage de cette dernière. Je ne nie pas l'influence exercée par les traditions, par le caractère allemand. Sérieux et pensifs, les Germains devaient sympathiser avec une doctrine austère, avec une religion mystique. Leur omniprésence leur permettait d'agir fortement sur l'Europe. Les grandes épopées des temps intermédiaires ne leur appartiennent cependant en aucune façon. Arthur, le Saint-Graal et même Charlemagne, quoique Teuton d'origine, furent chantés par les Gaëls. Dietrich de Berne et les Niebelungen n'ayant vu le jour qu'au douzième siècle, peuvent à peine compter parmi les cycles du moyen âge. D'ailleurs ils ne franchirent point les *marches* incertaines qui limitaient leur patrie. Les trouvères, les ménestrels et les troubadours revendiquent aussi pour les Celtes la résurrection de la poésie lyrique chez les modernes : ses formes sont leur progéniture immédiate. Les minnesænger ne firent que les imiter et les continuer. L'architecture enfin, la statuaire, la peinture sur vitraux semèrent de leurs chefs-d'œuvre le sol kimrique ; elles grandirent où elles étaient nées.

L'Eglise nomma les Gaëls ses fils chéris. Quand elle vit les mahométans s'avancer à l'horizon comme une nue pleine d'éclairs et d'orages, elle s'émut, elle cria ; les Celtes partirent, ils allèrent joncher de leurs os les sables du désert.

Maintenant laissez venir le quinzième siècle, laissez-le pencher vers sa fin. Le plus vaste pays celtique, la France, bien loin de guider l'Europe, comme elle l'a fait jusqu'alors, va se laisser traîner par les cheveux dans la route du progrès. D'autres inventent l'imprimerie, la boussole, la poudre, la gravure, la peinture à l'huile, les lunettes, découvrent l'Amérique et la conquièrent, rendent au soleil le centre du monde, composent l'itinéraire des sciences naturelles. Cependant elle imite les Grecs, elle imite les Romains, elle imite l'Espagne, elle imite l'Italie, elle imite l'Angleterre, elle se copie elle-même et revêtirait définitivement la toge, si la canaille ne poursuivait Talma de ses huées. Otez-lui le profond Descartes et Montesquieu, elle ne possède plus rien d'original. Une sécheresse algébrique flétrit et décolore tout ce qu'elle produit. L'unique gloire qui lui reste est celle de la comédie et de l'épigramme ; ironique célébrité. L'automne pèse sur elle ; sa couronne a jauni, perdu ses feuilles. Une seule tremble encore dans ses cheveux ; elle provoque les sifflements de la bise et raille ses compagnes déchues.

Comment la nation enthousiaste, guerrière, poétique, sublime, est-elle devenue ce peuple mesquin et frivole, qui déifie les chausses de ses rois, plaisante sans comprendre et laisse après lui une odeur de courtisanes ? Nous avons indiqué dans notre premier chapitre le plus grand nombre des causes qui l'ont ainsi transformée. Il en est deux toutefois, dont l'action ne fut pas moins grande et que nous avons négligées pour les mentionner ici. Ce furent d'une part la domesticité de la noblesse, de l'autre l'influence des bourgeois qui s'enrichissaient et pullulaient. Lorsque le *gros garçon* eut ramassé, pour meubler ses châteaux, les comtes, ducs et barons épars au milieu de la monarchie, la cour élégante et riche se chargea naturellement de protéger les beaux-arts. George d'Amboise avait déjà donné l'exemple. Il fallait se modeler sur le maître. La littérature et ses sœurs reflétèrent l'esprit des nobles jusqu'à l'avénement de la guillotine. Or, la situation périlleuse, dépendante, qu'ils occupaient, la réserve nécessaire au monarque, leur chef légitime, introduisaient dans les rapports communs une froideur, une contrainte glaciales. Les sentiments autorisés par la coutume, les manières à la mode, le langage officiel et banal devaient, sous peine de disgrâce ou de ridicule, supplanter les émotions, les expressions, les opinions personnelles. Tout élan passionné, toute image vive aurait excité un rire général. La prostitution avait seule ses coudées franches. Un sot et pâle bon sens épiait d'un air moqueur vos gestes, votre conduite, vos idées. On avait peur du sarcasme, on se contenait, on se déguisait, on s'effaçait. La caste et l'individu ne reconnaissaient que des principes négatifs.

La vie bourgeoise pousse aux mêmes résultats par un autre sentier. L'homme du comptoir mesure tout avec son aune. Ses frères en Dieu sont pour lui des pratiques. Lorsqu'il voit la moisson dorer les champs, il réfléchit aux sacs de blé qu'elle rapportera. Son esprit, ses rêves, ses espérances tiennent à l'aise dans un tiroir. Ne lui parlez point de vérités éternelles, de spéculations philosophiques, de beautés idéales, il vous ferait arrêter. Son manque d'intelligence le rend sec comme le courtisan ; du reste, il ne hait pas l'art. Quand vient le dessert, il fredonne avec plaisir une chanson grivoise : la digestion ne s'en fait que mieux. Il fréquente volontiers le théâtre, surtout quand les banquettes sont bien rembourrées et les pièces bien drôles ; mais les émotions violentes le mettent en fuite. Pourquoi courir après la tristesse ? Vive la joie ! la boutique est fermée ; vivent les gais couplets, vive la musique égrillarde ! Le marchand, comme l'homme de la cour, donne la préférence à la littérature plaisante et bouffonne. Leurs goûts se ressemblent, quoique leurs habitudes diffèrent. Or, durant la période qui nous occupe, ils formaient à eux seuls la société. Les nobles se pavanaient, les George Dandin et les bourgeois gentilshommes préludaient par leur faste à leur règne actuel.

Telle époque, tels auteurs. Nos ouvrages classiques furent comme des vitres, derrière lesquelles on apercevait les anciens, les courtisans et les parvenus.

Mais l'inspiration gaëlique, plongée dans une léthargie passagère, allait se réveiller sous son linceul. Lorsqu'elle ouvrit les yeux, elle trouva son Roméo dormant d'un sommeil terrible : le monde chrétien et kimrique était mort. Plus heureuse que la vierge italienne, elle le rendit à la vie en déposant un baiser sur ses lèvres. Son amour et son génie lui servirent de talisman. Ce fut son génie exalté, ce fut son héroïque amour de l'indépendance, qui lui mirent la hache à la main pour briser la monarchie ;

ce furent eux qui lancèrent la nation au-devant de l'Europe et lui firent dompter l'orgueilleux taureau ; ce furent eux qui la ramenèrent vers les sources de poésie, où s'était baignée son enfance et désaltérée sa jeunesse. Pour qu'on ne disputât pas aux Gaëls l'honneur d'avoir rallumé l'art moderne, presque tous les chefs de la nouvelle école arrivèrent, torche en main, des forêts bretonnes. Nulle part, effectivement, la race n'a mieux conservé ses souvenirs et sa pureté. Ils tendirent les bras à l'Allemagne, leur compagne d'autrefois, entrèrent avec elle sous les voûtes de l'église, accordèrent la rotte celtique, puis célébrèrent la chevalerie, la religion et la liberté.

On le voit donc, au lieu de briser la tradition, l'école moderne l'a renouée. La France poétique avait, deux siècles durant, oublié ses origines. Les citadins, les pédants, la noblesse lui avaient fait renier ses goûts, son caractère et ses souvenirs. Elle imitait les anciens qu'elle ne comprenait pas ; elle blasphémait le Dieu de l'Évangile ; elle étouffait sa sensibilité, détournait les yeux de la nature, s'imposait une contrainte mortelle et rejetait avec mépris les découvertes de ses pères dans le royaume illimité de l'art. Nous avons montré comment elle est revenue à elle-même : chacun de ses efforts, pour terrasser les mauvais génies qui l'opprimaient, a éveillé notre attention ; aucun drame n'aurait pu exciter en nous le même intérêt. La lutte n'est pas finie cependant, nous allons la voir recommencer avec fureur ; mais les principes modernes remporteront chaque jour des victoires plus éclatantes.

LIVRE DEUXIÈME.

CHAPITRE Ier.

Premières opinions de Mme de Staël.

Influences diverses qu'elle a subies. — Ses idées participent à la fois du XVIIIe siècle et du XIXe. — *Essai sur les fictions.* — L'empirisme dans la critique. — Aversion pour le merveilleux, pour l'allégorie, la fable, les similitudes et les tropes. — Le roman historique et tous les autres genres littéraires sacrifiés au roman de mœurs. — La mythologie défigure les passions au lieu de les peindre. — Enthousiasme de Mme de Staël. — *De la littérature considérée dans ses rapports avec les institutions sociales.* — Analogies de ce livre avec la situation politique. — Beauté du sujet. — L'auteur a fait fausse route. — Ses perpétuelles contradictions. — Elle nie le progrès des lettres, la valeur esthétique du moyen âge et sacrifie les Grecs aux Romains. — L'imitation des anciens posée comme un principe éternel. — Faiblesse générale de l'œuvre : heureux aperçus de détail.

C'était madame de Staël qui devait avoir, dans le domaine critique, l'honneur de fermer le dix-huitième siècle et la gloire d'ouvrir le nôtre. Elle était essentiellement propre à jouer ce rôle. Quoique la nature libérale lui eût donné une âme forte et des talents supérieurs, elle se laissa dominer toute sa vie par des influences secondaires. Les opinions accréditées eurent généralement sur elle une très grande action, et elle se montra femme à cet égard; elle suivit la marche de son époque, mais ne la devança presque pas; elle ne combattit franchement pour le progrès littéraire que sous la conduite de chefs plus anciennement voués à la même cause. Elle ne s'enferma donc pas dans une originalité inaccessible et, après avoir soutenu des opinions caduques, put admettre et soutenir des théories contraires. Ce n'est pas à dire qu'elle se laissa gouverner comme un instrument passif; non, elle tira d'elle-même autant qu'elle reçut du dehors, mais son invention se tourna moins vers les idées génératrices que vers les aperçus de détail. Elle fit preuve, sous ce dernier rapport, d'une fertilité remarquable; on sent, à la lecture de ses œuvres, que son esprit demeurait toujours en mouvement. Les nuances, les coups de pinceau abondent sur ses toiles, et l'ensemble y perd quelquefois. C'était cependant une grande nature; ses idées s'élevèrent, se purifièrent sans interruption; au rebours de tant d'hommes qui se dégradent avec l'âge et ne descendent dans la tombe qu'après avoir franchi les dernières limites de la turpitude, elle traversa l'existence comme un de ces fleuves sacrés dont l'eau dissipe toutes les souillures, et remonta vers Dieu plus parfaite qu'elle n'était sortie de ses mains.

Son premier ouvrage de critique générale, publié en 1795, tient du moment douteux où il vit le jour. La poétique admise avant la révolution, et conforme aux idées de ce temps, y brille ainsi qu'une feuille tardive produite par un arbre vigoureux, qui doit bientôt porter une plus opulente verdure, quand le soleil de mai réchauffera les airs. La doctrine de la sensation faisant sortir des objets externes et leur ramenant toutes les pensées de l'homme, a dû, pour être conséquente, bannir de la littérature, ou plutôt de la critique, l'élément idéal. Comme elle ne voulait point admettre l'âme, c'est-à-dire une essence spirituelle distincte de l'organisme physique, elle serait tombée dans une contradiction palpable, si elle avait reconnu au poète le droit de transfigurer l'univers. Un tel droit suppose un principe indépendant du monde matériel, qui confronte ce monde avec ses idées de perfection, et le modifie, l'améliore ensuite pour l'élever jusqu'à lui. Or, comment une pareille métamorphose aurait-elle lieu, si tout nous vient du dehors, si l'esprit n'est qu'une machine mise en mouvement par les sensations? L'unique tâche de l'écrivain ne sera-t-elle pas alors de reproduire les images que lui apportent ses organes? Que chanterait-il d'ailleurs, puisque les objets matériels sont les seules réalités connues? L'imitation devient donc la loi fondamentale et exclusive de l'art. Lebatteux rédige sa théorie; le naturalisme de Diderot prend naissance. Madame de Staël s'engage dans la même voie: « L'on attache le mot d'invention au génie, dit-elle, et ce n'est cependant qu'en retraçant, en réunissant, en découvrant ce qui est, qu'il a mérité la gloire de créateur.»

Lorsqu'on part de cette base, le merveilleux, la poésie surnaturelle ne tarde point à sembler puérile et dépourvue de charme. D'un côté, elle montre au lecteur les pouvoirs secrets qui ordonnent l'univers; de l'autre, elle peint sous des formes précises la portion vague et douteuse de notre destinée. Elle s'occupe donc toujours de choses que n'atteignent point nos sens, et la philosophie empirique ne lui reconnaît d'autre valeur que celle d'un jeu d'esprit plus ou moins subtil, plus ou moins fantasque. Aussi madame de Staël nous dit-elle avec le calme de la persuasion : « Il faut que les hommes se fassent enfants pour aimer ces tableaux hors de la nature, pour se laisser émouvoir par les sentiments de terreur ou de pitié dont le vrai n'est pas l'origine. »

Ce système, uniquement appuyé sur l'expérience, devait tôt ou tard, comme les hommes positifs, vouloir tout conduire à son but par le chemin le plus court. L'allégorie lui est donc odieuse : elle entoure une pensée de langes superflus. La proscription de l'allégorie ne serait pas un malheur, si, avec elle, la fable ne se trouvait excommuniée. On lui appliqua, en effet, le même raisonnement : pourquoi envelopper dans une narration un trait moral qui n'a pas besoin de ce costume ? Les métaphores, les comparaisons ne furent pas jugées avec plus de bienveillance ; on leur reprocha d'allonger inutilement les périodes. Fontenelle, La Motte, Trublet, Marivaux et Duclos les traitèrent comme des branches gourmandes, qui se développent au préjudice des fruits nourriciers. Ils ne voyaient pas, les pauvres gens, qu'ils ne visaient à rien moins qu'à détruire la poésie. « La fiction, dit La Motte, est un détour qu'on pourrait croire inutile ; car pourquoi ne pas dire à la lettre ce qu'on veut dire, au lieu de ne présenter une chose que pour servir d'occasion à en faire penser une autre ? » — « Ceux qui ne cherchent que la vérité, dit-il plus loin, relativement aux figures, ne leur sont pas favorables, et il les regardent comme des pièges qu'on tend à leur esprit pour le séduire » (1). Eh bien, qui le croirait ! madame de Staël prend sous sa responsabilité cette opinion barbare ; elle aussi, elle veut décolorer la littérature. Laissons-la trahir elle-même ses erreurs : « Ces comparaisons qui, jusqu'à un certain point, dérivent de l'allégorie, étant moins prolongées, distraient moins l'attention; et, presque toujours précédées par la pensée même, elles n'en sont qu'un nouveau développement; mais il est rare encore qu'un sentiment ou une idée soient dans toute leur force, quand on peut les exprimer par une image. »

Poursuivant ses déductions, elle arrive à blâmer, à proscrire le roman historique, parce qu'il mêle le faux et le vrai, et qu'au lieu de nous apprendre simplement l'histoire, il nous occupe d'une foule de circonstances imaginaires. Ne semble-t-elle point parler d'une œuvre didactique? Vouloir affubler le poète d'un bonnet de pédagogue, c'est pousser un peu loin la plaisanterie.

De proche en proche et de restrictions en restrictions, madame de Staël élimine tous les genres de littérature, sauf le roman de mœurs. Il peint la vie réelle, il a pour base l'observation ; une parfaite harmonie subsiste entre sa nature et le sensualisme exclusif du dix-huitième siècle. Notre époque n'a point, à son égard, les mêmes causes de préférence; nous ne voulons ni le décrier, ni le maudire ; mais nous ne saurions lui donner la première place. Il a des frères aînés, comme le poème

---

(1) La Motte ayant, d'après son système, retranché de l'*Iliade* tout ce qui lui semblait inutile, a changé Homère, le vigoureux Homère, en un squelette. Sa traduction, puisqu'il la nomme ainsi, est la meilleure critique de ses fausses idées.

épique et le drame, que nous ne pouvons chasser du trône.

Tels sont les principes qui rattachent l'*Essai sur les fictions* au dix-huitième siècle ; il se rattache au nôtre par quelques points importants. L'idée la plus neuve et la plus étendue qu'y exprime l'auteur est une observation concernant les dieux de l'Olympe et leur effet poétique, lorsqu'ils interviennent dans un récit comme emblèmes de nos passions. Madame de Staël leur trouve, en cette circonstance, le même défaut qu'un grand écrivain leur reprocha plus tard, relativement à la nature ; elle les accuse de défigurer les objets. « Quand Didon aime Énée, parce qu'elle a serré dans ses bras l'Amour que Vénus avait caché sous les traits d'Ascagne, on regrette le talent qui aurait expliqué la naissance de cette passion par la seule peinture des mouvements du cœur. Lorsque les dieux commandent et la colère, et la douleur, et les victoires d'Achille, l'admiration ne s'arrête ni sur Jupiter ni sur le héros ; l'un est un être abstrait, l'autre un homme asservi par le destin ; la toute-puissance du caractère échappe à travers le merveilleux qui l'environne. » D'ailleurs, la mythologie substituant aux volontés mobiles de l'homme, au hasard des conjonctures, une fatalité aveugle ou les décrets des immortels, les événements n'offrent plus d'incertitude, n'engendrent plus tour à tour la crainte et l'espérance. Le héros ne lutte pas contre les obstacles ; de puissantes déités les font disparaître ou les rendent insurmontables ; les principales sources d'émotion et de grandeur se trouvent de la sorte anéanties. Comme il est plus noble et plus touchant, l'homme abandonné sur une terre odieuse, combattant seul les infortunes de la vie, n'opposant que son courage à la haine, à la ruse, à la méchanceté! Comme on s'attendrit, lorsqu'il verse des pleurs amers loin d'une foule égoïste, et que, sous un ciel impitoyable, il n'entend que le bruit de ses sanglots! S'il se jette après dans la mêlée, comme nous le suivons des yeux, comme nous maudissons les périls qui l'entourent, comme nous partageons fraternellement sa douleur! N'est-il pas en effet le plus malheureux des êtres? Dieu se repose dans sa toute-puissance; lui ne goûte ni paix ni satisfaction; créature d'un jour, qui doit si vite tomber en poussière, il emploie sa courte existence à louvoyer sans répit sur une mer bouleversée par d'éternels orages!

Un vif enthousiasme, peu d'accord avec le sens général de l'œuvre, un penchant à demander aux arts des joies pures et désintéressées, des consolations morales, distinguent encore cet essai des livres critiques publiés précédemment. L'auteur y plaide la cause de l'imagination; elle trouve absurde de la faire passer pour une puissance inutile et pernicieuse. Jamais un noble cœur, un esprit distingué, n'admettront une semblable doctrine. Quand la fantaisie se bornerait à promener de riantes apparitions sur les neiges fastidieuses de la vie journalière, nous lui devrions encore des remercîments. C'est ainsi que madame de Staël, enchaînée dans les liens d'un faux système, retrouve par moments sa liberté, son aspiration vers un monde meilleur, et, se détournant de la terre, s'élance fièrement à la poursuite de l'idéal.

Son second ouvrage trahit aussi de diverses manières la date de sa naissance. Il est non-seulement en harmonie avec les opinions vulgaires qui régnaient alors parmi les littérateurs, mais sa tendance générale a plus d'un rapport avec la direction nouvelle que prenait le monde social. On était en 1800. Bonaparte avait anéanti le Directoire; aux débats de la tribune et de la place publique succédait la voix impérieuse d'un chef militaire. Le siècle présent débutait par une tentative d'organisation, comme le siècle antérieur avait fini par la ruine d'un système vermoulu, par le trouble momentané que produit toute réforme. Ce besoin d'unité, de coordination, qui animait la politique, ne tarda point à se communiquer aux arts. Le livre « De la littérature, considérée dans ses rapports avec les institutions sociales », annonce, entre autres, le désir de régulariser l'étude et la marche des lettres. Il devait montrer quelles lois président à la génération des formes esthétiques. La Motte, Beaumarchais, Mercier, Diderot, suivaient un instinct diamétralement opposé ; las du joug rigoureux des anciennes conventions, ils s'efforçaient de briser les liens dont il se sentaient garrottés. Depuis 89, l'amour universel de l'indépendance avait rendu la contrainte plus odieuse ; on obéissait même difficilement aux lois de la raison. Madame de Staël s'en plaint avec énergie ; elle se propose, dit-elle, de mettre en lumière « les détestables effets, littéraires et politiques, de l'audace sans mesure, de la gaieté sans grâce et de la vulgarité avilissante qu'on a voulu introduire dans quelques époques de la révolution. » Aussi, quoiqu'elle ait toujours en vue la république, et, croyant à sa durée, tâche de découvrir quelle sera son action sur les intelligences, son œuvre a pour base des principes anti-révolutionnaires.

Du reste, il était impossible de choisir un plus beau thème. Il ne s'agissait de rien moins que de poser les fondements d'une science nouvelle. Jusqu'alors on avait étudié au hasard les formes successives que le sentiment du beau a produites chez les différents peuples. On ne s'était point demandé leur raison d'être ; on ignorait pourquoi elles se suivent dans un ordre fixe et régulier. Évidemment, tous les arts qui débutent présentent, avec certaines dissemblances, une foule d'analogies ; comme ils ont à vaincre les mêmes obstacles, comme il faut d'abord savoir rendre tel genre d'effets et de détails, avant de passer à des moyens plus compliqués, la nature même des choses leur trace un itinéraire obligatoire. D'ailleurs, l'esprit humain a aussi ses lois ; certaines idées le frappent naturellement dès qu'il pense ; d'autres idées moins manifestes viennent ensuite ; quelques-unes se font attendre encore davantage. Pour arriver aux dernières, l'intelligence doit avoir franchi les premières ; elles se lient comme les membres d'un syllogisme ; on ne peut atteindre la conséquence, si l'on n'a traversé les prémisses. Dans sa chute, l'art observe des règles non moins fixes ; il s'éloigne de la perfection comme il s'en était approché, lentement, doucement et à petits pas ; il descend une marche, puis une seconde, puis une troisième, oubliant et perdant de vue le ciel qu'il admirait d'abord. Quoique affligeante au premier regard, cette décadence ne laisse pas de donner à l'esprit une noble satisfaction, en lui montrant que tout dans l'univers s'accomplit selon des lois inaltérables ; les pouvoirs destructifs eux-mêmes respectent l'ordre qui leur est imposé.

Mais les différents arts qui se succèdent à travers les

siècles ne commencent pas tous au même point, ne refont pas tous la même tâche. Ils ont, il est vrai, plusieurs périodes semblables ; chacun d'eux parcourt les divers âges dont se compose toute existence. Leurs débuts trahissent une gaucherie enfantine, que remplacent peu à peu l'élan de la jeunesse, la force de la virilité, les premiers signes de langueur et enfin la décrépitude. Il n'y a eu néanmoins qu'une poésie primitive ; l'enfance de toutes les autres a succédé à la vieillesse d'une poésie antérieure; elle lui a emprunté certains éléments, elle a gardé quelques-uns de ses caractères, elle n'a point rebâti de fond en comble un édifice déjà commencé. On trouve donc là une étude nouvelle à faire ; il est indispensable de chercher quelles lois spéciales président aux transformations de l'art, comment la vie naît de la mort, la lumière des ténèbres, une origine d'une décadence.

Supposons maintenant qu'un habile écrivain forme le projet d'observer la marche de la littérature, depuis les époques les plus lointaines jusqu'à l'époque la plus récente, et note soigneusement chacune de ses conquêtes pendant une aussi longue expédition. Il verra d'abord apparaître les éléments essentiels ; l'art au berceau remplit les premières conditions de son existence ; tous ses efforts aboutissent à se constituer. Mais l'indispensable cesse bientôt de lui suffire ; il cherche des perfectionnements, il accroît ses ressources. Devenu difficile avec l'âge, il s'impose une multitude d'obligations, qui rendent sa tâche plus pénible, mais augmentent sa puissance. Il arrive de la sorte au point culminant de son vol. Enfin, lorsqu'au bout d'une longue période de gloire survient une période ténébreuse, lorsque la chute remplace le triomphe et la dissolution le travail organisateur, un système chargé de recueillir les matériaux élaborés par le système caduc sort lentement du palais enchanté de l'invention humaine. Il agrandit, il améliore ce précieux héritage, puis le lègue à un nouveau système, qui procède d'une manière identique. La littérature et l'art vont ainsi toujours multipliant leurs acquisitions, toujours agrandissant leurs domaines.

Voilà, sans le moindre doute, à quels résultats serait arrivée madame de Staël, pour peu qu'elle eût suivi une méthode régulière. En effet, ou bien les intitutions n'exercent aucune influence sur l'art, et alors elle n'aurait pas dû écrire son livre; ou bien la littérature est l'expression de la société, et alors elle se modifie nécessairement avec elle. Or, ces modifications ayant lieu dans le sens du progrès, selon madame de Staël elle-même, les lettres doivent se perfectionner de jour en jour. Si donc elle avait bien traité son sujet, nous aurions une théorie de l'histoire des arts et une solution de tous les problèmes qui s'y rattachent ; nous possèderions une philosophie des événements littéraires, comme nous possédons une philosophie des événements sociaux. Elle serait encore pleine d'imperfections sans doute, mais cette première esquisse aurait déjà une valeur immense. Qui donc aurait pensé qu'avec un talent comme le sien, madame de Staël négligerait la bonne voie et se perdrait au milieu des rocs stériles? Elle a cependant fait fausse route, et nous n'aurons point de peine à le démontrer.

Comme elle nous l'annonce elle-même, elle se proposait d'examiner quelle est l'influence de la religion, des mœurs et des lois sur la littérature, et quelle est l'influence de la littérature sur la religion, les mœurs et les lois. « Il existe, dit-elle, dans la langue française, sur l'art d'écrire et sur les principes du goût, des traités qui ne laissent rien à désirer (les ouvrages de Voltaire, ceux de Marmontel et de La Harpe); mais il me semble que l'on n'a pas suffisamment analysé les causes morales et politiques qui modifient l'esprit de la littérature. Il me semble que l'on n'a pas encore considéré comment les facultés humaines se sont graduellement développées par les ouvrages illustres en tout genre, qui ont été composés depuis Homère jusqu'à nos jours. »

On ne peut certes révéler de meilleures intentions ; ce passage annonce un travail de la plus haute importance. Seulement une phrase de mauvaise augure s'y trouve déjà mêlée : Voltaire, La Harpe et Marmontel, reconnus pour de grands théoriciens, ne permettent pas d'attendre des idées bien neuves. L'auteur s'enferme évidemment dans les principes les plus étroits, ses regards ne franchissent point l'horizon borné des critiques antérieurs; elle s'en tient aux remarques banales sur la poésie, aux lois grossières vantées sans discernement par une littérature expirante. Elle reconnaît cependant avec justice que les arts suivent la marche de la société, participent à ses altérations et se nourrissent des mêmes éléments. Or, voici quelle direction lui semble imprimée à l'histoire :

« En parcourant les révolutions du monde et la succession des siècles, il est, dit-elle, une idée première dont je ne détourne jamais mon attention : c'est la perfectibilité de la race humaine. Je ne pense pas que ce grand œuvre de la nature morale ait jamais été abandonné ; dans les périodes lumineuses, comme dans les siècles de ténèbres, la marche graduelle de l'esprit humain n'a point été interrompue. »

Ainsi, madame de Staël croit à la perfectibilité de la race humaine ; elle ne l'enferme pas dans un étroit manége, en lui criant : « Tourne et meurs sur ce sable aride. » Elle fut même un des premiers apôtres de cette doctrine ; comme tous les initiateurs, elle dut braver la raillerie des gens frivoles, la colère des hommes rétrogrades et la malveillance des sots pour défendre ses principes. Eh bien ! elle leur porte elle-même de plus rudes coups que ses adversaires ; elle met le système en danger par ses contradictions. Après avoir reconnu à la société une influence évidente sur la poésie, constaté le progrès perpétuel de cette société, elle soutient que la poésie est irrévocablement stationnaire ! « Les beaux-arts, dit-elle, ne sont pas perfectibles à l'infini ; aussi l'imagination qui leur donne naissance est-elle beaucoup plus brillante dans ses premières impressions que dans ses souvenirs même les plus heureux. »

Ce qu'il y a d'étrange, c'est qu'elle ne remarque jamais l'incompatibilité de ces deux opinions. Dans tout le cours de son ouvrage, elle reste fidèle à sa devise, lorsqu'elle parle de la religion, des mœurs et des lois ; mais aussitôt qu'elle aborde la littérature, la même faute de logique se reproduit sous sa plume. Examine-t-elle le sort des nations, les causes de leur grandeur et celles de leur chute, l'impulsion providentielle qui les guide, elle abonde en aperçus nouveaux, elle plane sur les faits avec une noble indépendance, elle saisit des rapports que nul n'avait discernés. Quitte-t-elle le monde politique et moral, se hasarde-t-elle à débattre des questions littéraires, son génie paraît l'abandonner : elle n'a plus ni hardiesse ni vigueur. Loin de fuir les maximes banales, les vues surannées et incomplètes, elle les admet sans répugnance; elle néglige son rôle d'initiatrice pour le mince avantage de ne contredire personne; elle était grande, fière, inspirée : elle devient commune, prosaïque et stérile, ou ne s'affranchit des erreurs vulgaires que pour tomber dans des erreurs non moins manifestes.

Selon elle, par exemple, à ne considérer l'époque de la Renaissance que « sous le seul rapport des ouvrages de goût et d'imagination, l'on trouvera que seize cents ans ont été perdus, et que, depuis Virgile jusqu'aux mystères catholiques représentés sur le théâtre de Paris, l'esprit humain, dans la carrière des arts, n'a fait que reculer devant la plus absurde des barbaries. » — « Ce ne fut pas l'imagination, ce fut la pensée qui dut acquérir de nouveaux trésors pendant le moyen âge. Le principe des beaux-arts, l'imitation, ne permet pas, comme je l'ai dit, la perfectibilité indéfinie, et les modernes, à cet égard, ne font et ne feront jamais que recommencer les anciens. »

Alors, pourquoi écrire un ouvrage sur la littérature considérée dans ses rapports avec les institutions? pourquoi nous parler de ces dernières? pourquoi nous occuper de la poésie? Sa destinée est bien simple; elle échappe à toutes les révolutions, à toutes les influences; jamais route ne fut plus invariablement tracée : *Les modernes ne peuvent que recommencer les anciens.* Dès lors la critique est superflue ; la liberté humaine, chassée de la littérature, s'en éloigne avec terreur ; la vie elle-même la délaisse comme une nécropole ; l'archéologie, ou la science de la mort, devient la science du beau absolu.

Je ne m'appesantirai pas sur la phrase où madame de Staël déclare l'imitation l'unique source de l'art. C'est un emprunt dont nous avons indiqué l'origine. Mais nous ne pouvons nous dispenser de remarquer ici qu'une pareille idée est en contradiction avec la doctrine du progrès. Le progrès suppose une activité incessante, qui ajoute une conquête à l'autre et ne revient jamais sur ses traces ; l'imitation suppose un aveugle amour du réel ou du passé, une haine profonde du changement. Admettre une semblable théorie, c'était d'ailleurs, pour madame de Staël, renier sa propre nature. Quelle âme fut jamais plus enivrée d'idéal ? Quelle bouche a flétri plus énergiquement le vice, la ruse, la cupidité, la sottise prétentieuse et l'ignorance cruelle ? Fervente admiratrice de Jean-Jacques, elle avait pris de sa main, elle avait bu comme lui le poison sublime ! Il circulait, il fermentait dans ses veines, il portait à son cerveau des émanations brûlantes. Elle n'était point comme tant d'autres, elle n'avait point oublié sa céleste origine et son immortelle patrie ; dégoûtée des misères du monde, elle tournait vers le ciel un regard plein d'espérance et cherchait dans ses rêves magiques une compensation aux bassesses des hommes.

C'est ce qui rend plus choquante sa docilité enfantine à reconnaître les principes menteurs admis par ses devanciers. Comment sa vigoureuse intelligence ne l'a-t-elle point empêchée d'émettre des assertions de ce genre :

« L'on s'est persuadé pendant quelque temps en France qu'il fallait faire aussi une révolution dans les lettres et donner aux règles du goût en tout genre la plus grande latitude. Rien n'est plus contraire *aux progrès* de la littérature, à ces progrès qui servent si efficacement à la propagation des lumières philosophiques, et par conséquent au maintien de la liberté. »

N'est-ce pas une cause d'étonnement sans bornes que de voir madame de Staël, après avoir nié péremptoirement le progrès des lettres, invoquer ce même progrès pour leur défendre toute amélioration, pour leur enlever toute indépendance? Jamais certes on n'a porté plus loin le manque de logique. Aussi, quoique le livre *De la Littérature* annonce un talent du premier ordre, il n'a point exercé d'action sur les intelligences. La critique n'y a trouvé aucun principe vivifiant; elle est restée dans sa hutte chancelante, dormant d'un sommeil bien voisin de la mort. La poésie, qui ne saurait vivre sans espoir et sans liberté, ne lui a pas plus d'obligations.

Mais, quel que soit l'aveuglement habituel de madame de Staël, il était impossible qu'elle se trompât toujours. Des facultés brillantes comme les siennes ne peuvent rester perpétuellement ensevelies sous la brume; leur éclat dissipe au moins de temps en temps les vapeurs. Toutefois, comme elle s'était prononcée pour les anciennes doctrines et l'éternelle imitation des œuvres classiques, elle ne rentre dans le vrai que par des contradictions nouvelles. Ainsi, après avoir nié le mouvement de la littérature, après avoir nié qu'il fallût lui ouvrir une large carrière, elle laisse tomber de ses lèvres des phrases comme les suivantes :

« L'esprit humain ne serait qu'une inutile faculté, ou les hommes doivent tendre toujours vers de nouveaux progrès, qui puissent devancer l'époque dans laquelle ils vivent. Il est impossible de condamner la pensée à revenir sur ses pas, avec l'espérance de moins et les regrets de plus ; l'esprit humain, privé d'avenir, tomberait dans la dégradation la plus misérable. Cherchons-le donc, cet avenir, dans *les productions littéraires* et les idées philosophiques. » Je crois que l'antagonisme de ces diverses opinions ressort assez de lui-même ; on ne peut réunir des termes plus incompatibles.

Non-seulement une telle absence de logique ne permettait pas d'arriver à des conclusions bien nettes, mais elle devait relâcher tout le tissu de l'œuvre. C'est là justement ce qui a eu lieu. Dans la première partie, dans cette histoire succincte des lettres depuis Homère, l'enchaînement des siècles n'est pas bien exposé. L'auteur suit l'ordre matériel des faits ; elle les juge tour à tour à mesure qu'ils passent devant ses yeux. Mais leurs liens secrets lui échappent, leur filiation morale n'est point indiquée. On voudrait savoir ce que chaque période, ce que chaque homme a joint au domaine littéraire, moins en augmentant le nombre des œuvres produites qu'en reculant les bornes de la poésie, en lui fournissant de nouveaux moyens, en découvrant à l'intelligence des perspectives inattendues. On verrait ainsi l'art multiplier journellement ses ressources et agrandir son contour, pareil à ces bois immenses qu'engendre un premier massif d'arbres.

Un autre défaut gâte la deuxième partie de l'ouvrage. Madame de Staël y raisonne toujours dans l'hypothèse

que la France conservera ses institutions républicaines;
elle cherche quels mérites spéciaux doivent distinguer
une littérature démocratique. L'indépendance nationale
lui paraît devoir modifier sensiblement la poésie. Ces
considérations n'ont plus d'intérêt pour nous; la liberté
qui préoccupait tant Delphine dura moins que ses nobles
songes.

Nous ne voulons point indiquer l'une après l'autre
toutes les erreurs commises par madame de Staël, soit
qu'elle trouve la philosophie des Grecs fort au-dessous
de celle de leurs imitateurs, les Romains, soit qu'elle définisse la méthode l'*art de résumer*, soit qu'elle parle de
la poésie comme devant être plus brillante lorsqu'elle
vient à la suite d'une période analytique. Ce serait une
tâche désagréable et infructueuse; nous serions d'ailleurs
contraint, pour être juste, de mentionner tous les heureux aperçus dont elle a semé son livre, et nous ne savons alors où nous pourrions nous arrêter. Nous nous
bornerons donc à citer deux ou trois passages, dans lesquels certaines acquisitions de l'art moderne se trouvent
reconnues.

« Le langage vrai d'une sensibilité profonde et passionnée est extrêmement rare, même chez les écrivains
du siècle d'Auguste. Le système d'Épicure, le dogme du
fatalisme, les mœurs de l'antiquité avant l'établissement
de la religion chrétienne, dénaturaient presque entièrement ce qui tient aux affections du cœur. »

« Les écrivains de la troisième époque de la littérature latine n'avaient pas encore atteint à la connaissance
parfaite, à l'observation philosophique des caractères,
telle qu'on la voit dans Montaigne et Labruyère; mais

ils en avaient déjà plus eux-mêmes : l'oppression avait renfermé leur génie dans leur propre sein. »

« La littérature doit beaucoup au christianisme dans tous les effets qui tiennent à la puissance de la mélancolie. La religion des peuples du Nord leur inspirait de tout temps, il est vrai, une disposition, à quelques égards, semblable ; mais c'est au christianisme que les orateurs français sont redevables des idées fortes et sombres, qui ont agrandi leur éloquence. ».

Ces phrases sont bien explicites; elles constatent, chez les modernes, un triple avantage sur les anciens. Nous représentons mieux qu'eux les agitations de l'âme, nous peignons mieux les caractères, nous avons dans la mélancolie une source nouvelle d'effets poétiques. L'art n'est donc pas demeuré stationnaire, il a donc augmenté ses richesses ; lui aussi peut nourrir des espérances sans bornes, car il est infini comme ses deux éléments générateurs, le monde et la pensée.

D'aussi vifs rayons de lumière, perçant la nuit où errait Delphine, étaient les indices certains d'une prochaine aurore. Elle se leva, cette aurore, splendide et féconde ; le livre *De l'Allemagne* annonça que l'auteur avait brisé le charme désastreux de la routine, et que son génie, libre enfin d'hallucinations mensongères, prenait hautement le parti de la vérité. Mais n'anticipons point sur l'avenir.

CHAPITRE II.

Restauration catholique.

Analogies entre l'ouvrage *De la littérature considérée dans ses rapports avec les institutions sociales* et le *Génie du Christianisme*. — Chateaubriand et Napoléon. — Coïncidence de leur double tentative. — Opinions religieuses du premier consul. — Hardiesse de Chateaubriand. — Causes qui préparent sa réussite. — Dégoût des hommes, amour de la nature favorables au sentiment religieux. — Caractères du livre de Chateaubriand. — C'est surtout un ouvrage d'esthétique chrétienne. — Son originalité, son influence. — Analyse. — Supériorité poétique du christianisme sur le paganisme. — Concessions de Chateaubriand au vieux système littéraire. — Son point de vue exclusif. — Omissions involontaires et omissions calculées. — Aveuglement, fureurs de la critique.

La première année de notre siècle avait vu paraître le grand ouvrage de madame de Staël sur la littérature considérée dans ses rapports avec les institutions; le *Génie du Christianisme* illustra la seconde. Les deux auteurs abordaient les mêmes difficultés et débarquaient, pour ainsi dire, aux mêmes plages; seulement ils débarquaient sur des points contraires. Pendant que madame de Staël prêchait la théorie de la perfectibilité humaine, sans vouloir l'étendre jusqu'aux arts, Chateaubriand émettait des principes opposés. Il niait cette amélioration indéfinie que rêvait la brillante élève du dix-huitième siècle. Il reconnaissait bien la supériorité des modernes sur les anciens : son livre avait pour but la démonstration de cette préexcellence. Mais tous leurs avantages lui paraissaient tirer leur source de la religion chrétienne; des dogmes plus vrais, plus profonds, plus grandioses, avaient selon lui, poussé l'intelligence au-delà de l'étroite méditerranée où voguait la conception antique. Ses arguments n'avaient pas toutefois la portée restreinte qu'il leur croyait; sincère champion du catholicisme, il le jugeait le dernier terme du développement humain, et fermait la barrière de l'histoire après son entrée dans la lice. Or, comme il était le dernier venu, soutenir sa prééminence, c'était au bout du compte soutenir le progrès, et les partisans de la perfectibilité continue pouvaient accepter la démonstration de l'auteur, sans accepter sa limitation ; il justifiait le passé le plus voisin de nous en se défendant de l'espérance : on pouvait admettre ses conclusions sans renoncer aux promesses de l'avenir. Chateaubriand a donc rendu des services positifs à la doctrine de l'avancement : il mérite d'autant plus d'être compté parmi ses apôtres, que, le premier dans notre siècle, il s'est déclaré pour le progrès littéraire (1). Ce système, dont nous avons indiqué l'origine et la nature, dont nous avons raconté l'histoire pendant une longue période, avait encore besoin de défenseurs. Il n'était pas hors d'affaire et devait soutenir des luttes de plus en plus violentes. Chateaubriand eut la gloire de ranimer le débat : il envisageait la question d'une manière toute

(1) Il a, par la suite, admis le progrès sans restriction.

nouvelle et semblait découvrir une seconde fois la théorie précédemment formulée par Perrault.

Mais la portée de ce livre dépassait beaucoup le domaine littéraire et celui des spéculations historiques : il allait exercer une influence religieuse, politique et sociale. Par une coïncidence frappante, il voyait le jour l'année même où Napoléon signait le concordat : l'œuvre de Chateaubriand venait à point pour seconder les intentions du dictateur. Le premier décret de celui-ci, après le 18 brumaire, avait rendu au culte catholique les églises que lui avait enlevées la révolution. Prolongeant, poussant à bout le mouvement de reflux, auquel s'abandonnait la société française, depuis la chute de Robespierre, Bonaparte voulait reconstituer du passé tout ce qui pouvait lui être utile. La religion, exerçant une influence considérable sur les masses, avait d'abord fixé son attention. Il se rappelait peut-être ces phrases de Voltaire : « Quand une vieille erreur est établie, la politique s'en sert comme d'un mors, que le vulgaire lui-même s'est mis dans la bouche, jusqu'à ce qu'une autre superstition viennent la détruire, et que la politique profite de cette seconde erreur, comme elle a profité de la première » (1). S'il n'avait point en vue ce passage, il était guidé par des sentiments analogues, que ses discours attestent de la manière la plus flagrante. On lit dans le *Mémorial de Sainte-Hélène* : « C'est en vivant au milieu des Grecs et des Romains, et de leurs myriades de divinités que j'ai perdu la foi, et cela m'est arrivé d'assez bonne heure, à treize ans. » Sous la répu-

(1) *Essai sur les mœurs et l'esprit des nations*, t. Ier, p. 230.

blique, il appelait les nobles des *brigands à parchemins* et les évêques des *despotes mitrés* (1). En Egypte, il répétait aux populations indigènes : « Nous aussi, nous sommes de vrais mulsumans. N'est-ce pas nous qui avons détruit le pape, toujours prêt à conseiller la guerre contre les Turcs? Trois fois heureux ceux qui seront avec nous! » Dans une allocution aux troupes françaises, il disait encore: « Les peuples avec lesquels nous allons vivre sont mahométans ; leur premier article de foi est celui-ci : — Il n'y a pas d'autre Dieu que Dieu, et Mahomet est son prophète. — Ne les contrariez point : agissez avec eux comme nous avons agi avec les juifs, avec les Italiens. » Toutes ses paroles, tous ses actes témoignent la même indifférence secrète pour la religion. En 1801, il provoque et signe le concordat, mais stipule qu'il ne sera point tenu de pratiquer la doctrine vantée publiquement par lui. A l'installation de l'Empire, il se rend en grande pompe sous les voûtes de Notre-Dame, il se fait sacrer par le chef de l'Eglise ; mais quand ce roi des prêtres l'excommunie, le 10 juin 1808, il ordonne de l'arrêter dans sa capitale, de le traîner en France et l'y tient six ans prisonnier. Plus tard, il disait avec franchise : « Toutes nos religions sont évidemment filles des hommes. Les prêtres ont toujours glissé partout la fraude et le mensonge. Je me servais de la religion comme de base et de racine, mais je ne puis croire ce qu'elle enseigne, en dépit de ma raison, sous peine d'être faux et hypocrite. Comment pouvoir être convaincu par la bouche absurde, les actes iniques de la plupart de

(2) Lettre de Bonaparte au commissaire des guerres, le 27 juillet 1792.

ceux qui nous prêchent? J'étais entouré de prêtres qui répètent sans cesse que leur royaume n'est pas de ce monde, et ils se saisissent de ce qu'ils peuvent. Le pape est le chef de cette religion du ciel, et il ne s'occupe que de la terre » (1). Bizarre amalgame que ce passage ! Comment peut-on faire une *base* et une *racine* d'un dogme faux, d'une religion à laquelle on ne croit pas soi-même? Comment fonder une politique durable sur une doctrine qu'on déclare mensongère, sur une caste que l'on juge avide et hypocrite? L'illustre général ne se rendait pas bien compte de ses idées ou de ses paroles. Mais ses actions et ses discours prouvent indubitablement que la religion était pour lui une affaire politique. Dans le fond, la théologie ne l'intéressait guère, le fracas des batailles lui plaisait mieux que les chants d'église. Le clergé, sous sa protection, n'en ressaisit pas moins un puissant empire sur les âmes. Pour Chateaubriand, il se serait concerté avec le premier consul qu'il n'aurait pas écrit différemment et publié son livre plus à propos.

Dans le *Génie du Christianisme*, il avait le dessein de montrer, comme il nous le dit lui-même : « que de toutes les religions qui ont jamais existé, la religion chrétienne est la plus poétique, la plus humaine, la plus favorable à la liberté, aux arts et aux lettres ; que le monde moderne lui doit tout, depuis l'agriculture jusqu'aux sciences abstraites, depuis les hospices bâtis pour les malheureux jusqu'aux temples bâtis par Michel-Ange et décorés par Raphaël ; qu'il n'y a rien de plus divin que sa morale,

(1) *Mémorial de Sainte-Hélène*, t. IV, p. 160, 161 et 162.

rien de plus aimable, de plus pompeux que ses dogmes, sa doctrine et son culte ; qu'elle favorise le génie, épure le goût, développe les passions vertueuses, donne de la vigueur à la pensée, offre des formes nobles à l'écrivain et des moules parfaits à l'artiste. » Certes, au sortir d'un siècle railleur, après toutes les tempêtes qu'avait essuyées le christianisme, et lorsque l'auteur foulait encore les grêlons qui en attestaient la violence, lorsque les derniers échos de leurs tonnerres ne s'étaient pas encore perdus dans l'éloignement, il y avait du courage à chanter ainsi la grandeur du Christ, à célébrer les miracles d'une foi pure et à dresser une théorie nouvelle en face de l'ancienne poétique.

Cette résolution n'était cependant pas si téméraire qu'elle le semble au premier abord, même en laissant de côté les intentions de Bonaparte. Une foule d'hommes étaient las de l'irréligion et de la sécheresse qui avaient longtemps fané, rongé, comme une sorte de nielle, toutes les productions de l'esprit. On ne voyait point alors les heureuses conséquences des idées, de la lutte révolutionnaires ; les terribles moyens dont on s'était servi, les infortunes causées par un bouleversement général, frappaient seuls les regards ; on connaissait le débordement et les ravages du fleuve, on ignorait la fécondité de ses limons. L'espérance et la joie ayant abandonné la terre, l'âme cherchait des consolations autre part ; elle s'éloignait d'un monde turbulent, où ne résonnaient que des voix discordantes et des bruits de sinistre augure. Elle se réfugiait dans les cloîtres délaissés, dans les églises solitaires : là régnait encore la paix bannie de tous lieux ; l'idéal et ses visions magiques flottaient sous les longues arcades, les esprits froissés en adoraient le silence et le mystère.

Un autre asile leur ouvrait ses profondeurs ; la nature les conviait aux pompes sereines qu'entretient l'immortelle pensée. Plus, en effet, le tumulte est grand parmi les hommes, plus le monde extérieur semble tranquille. On s'égare avec délices au milieu de ces bois dont tous nos chagrins ne font pas tomber une feuille, dont tous nos crimes ne ternissent pas l'éblouissante verdure. Ailleurs, chaque objet se montre à nous comme un signe funèbre ; la douleur, la crainte, la mort, le désespoir, se traînent en pleurant sur les bords de notre route. Mais là, parmi les fleurs des landes ou des montagnes, nous ne trouvons que grâce et que jeunesse ; une vie splendide rayonne sous nos yeux et nous donne dans sa sécurité un gage de son éternité. Cette vue chasse loin de nous les spectres désolants ; nous sentons la joie se ranimer au fond de notre cœur.

L'action de la nature et celle des doctrines religieuses se combinent donc pour réveiller en nous la conscience de notre force, que les misères, l'ineptie et la perversité générale avaient un moment suspendue. Nous nous disons que l'homme serait bien grand, s'il ne viciait pas ses tendances originelles, s'il se conformait aux lois de la raison et se laissait gouverner par la justice. Nous admirons, en scrutant son essence, le divin auteur qui l'a produite, comme nous avions déploré sa bassesse, quand il se roulait à nos yeux dans la honte. Comparant sa destination avec ses actes, la pauvreté des uns fait ressortir la majesté de l'autre. On touche ainsi les deux limites de sa nature, on voit d'un même coup d'œil sa noblesse intime, la grandeur du but qu'il lui est permis d'atteindre, et le degré d'avilissement où il tombe, quand il s'éloigne de sa fin. Peu à peu la haute idée que l'on se forme de sa constitution morale, prise en elle-même, vous remplit de dégoût pour les individus, car la plupart ne nous offrent qu'une image altérée de leur vrai type. On regarde alors la foule comme un *vaste désert*, et on ne lui prodigue pas une sympathie dont on la juge indigne. Mais la tendresse innée du cœur humain, se trouvant sans objet, s'accumule et s'enflamme intérieurement, pareille à ces feux subits qui prennent dans les houillères. Un secret besoin d'émotion, une sentimentalité indécise remplace les transports de l'amour et les joies de l'amitié; l'ardeur, qui se serait exhalée en jets brillants, couve au sein de la mine; elle la ronge, elle l'inonde de sinistres vapeurs. La solitude a ses tourments comme ses plaisirs; René, qui goûte les uns, ne peut éviter les autres. La fleur qu'il aime est belle et douce, mais elle cause une ivresse terrible, et la mort s'échappe de son sein.

Complète supériorité des modernes, religion, nature, grandeur et misère de l'homme, vague des passions inoccupées, tristes rêveries d'une âme sans attachements, voilà dans quelles sources profondes le barde a puisé l'enivrante boisson qu'il nous offre. Toutes ses idées particulières, tous ses effets poétiques, dérivent de ces principes généraux, de ces sentiments créateurs. Il a poursuivi la réforme dont Jean-Jacques, Diderot, Buffon et Bernardin de Saint-Pierre avaient jeté les bases. C'était une rivière importante, il en a fait un grand fleuve dès qu'il y a joint ses ondes.

Outre l'avantage d'un goût plus décidé, il a eu sur eux

celui de comprendre nettement sa position. Ces hommes d'élite innovaient un peu à leur insu ; il a innové en connaissance de cause, et a formulé la théorie des changements que l'art devait subir dans ses mains. Il a été de l'ensemble jusqu'aux détails, il a fait tout ce qu'il pouvait faire de son point de vue. Tâchons d'exposer méthodiquement ses idées essentielles.

Le *Génie du Christianisme* se divise, comme on sait, en quatre parties : la première traite du dogme et de la doctrine ; la seconde, de la poésie ; la troisième, des beaux-arts et de la littérature ; la quatrième, du culte et des services rendus à la société par les croyances de nos pères. La seconde et la troisième sembleraient donc appeler seules notre attention ; elles renferment les principes de l'auteur sur la littérature et les arts. Mais l'ouvrage entier ne forme réellement qu'une poétique. Lorsque Chateaubriand met la faiblesse des conceptions religieuses de l'antiquité, les vices de ses mythes, les ridicules de ses dieux en opposition avec la profondeur, l'éclat et la majesté des enseignements chrétiens, il plaide pour nos poètes, car l'idée de l'Être suprême revient sans cesse dans l'art et lui fournit une multitude de ressources, lui permet d'obtenir une multitude d'effets auxquels nulle autre ne donne lieu. Plus cette notion s'épure et s'élève, plus elle élève et purifie l'âme des bardes. Elle la soutient, elle l'aide conséquemment davantage ; elle lui dévoile maint horizon que l'on n'apercevait pas du haut des systèmes antérieurs. L'œuvre acquiert dès lors certains mérites précédemment inconnus. Par la pente de son génie, Chateaubriand se trouve porté à mettre en lumière toute la valeur de ces bénéfices ; le côté pittoresque des choses est celui qui l'impressionne le plus vivement. De là une foule de remarques littéraires dans la partie où l'on ne croyait trouver que des abstractions théologiques. Le début du premier livre même n'annonce-t-il pas un homme ravi des *beautés* de sa foi, épris pour elle d'une admiration plastique, et la jugeant au milieu d'une sorte d'ivresse causée par sa magnificence ?

Ces préoccupations d'artiste, en augmentant la valeur critique du livre, assurent à jamais sa durée. Si l'auteur avait voulu défendre le dogme et convaincre les âmes, sa publication serait allée rejoindre au sein de l'obscurité mille volumes de doctrine sans intérêt et sans influence. Mais il a expliqué les rapports du christianisme avec la poésie, la nature, l'essence de l'homme et les besoins de la société ; on peut admettre ses vues et ne point partager ses convictions. Il porte un flambeau dans les ruines d'un âge à demi écroulé, nous nous servons de sa lumière pour en juger le plan et le style, pour en découvrir la grandeur ; mais nous conservons nos habitudes d'esprit, et nous sortons de là comme d'un rêve magique, où nous aurions, pendant quelques heures, senti revivre au fond de nous-mêmes les illusions du passé.

Chateaubriand s'occupe d'abord des mystères. Il trouve que ceux des religions antiques ne concernaient pas l'homme, « ne formaient tout au plus qu'un sujet de réflexions pour le philosophe, et de chants pour le poète. Nos mystères, au contraire, s'adressent à nous ; ils contiennent les secrets de notre nature. Il ne s'agit plus d'un frivole arrangement de nombres, mais du salut et du bonheur du genre humain. » Les sacrements lui paraissent aussi adaptés à notre condition avec une justesse merveilleuse. Ils nous prennent au début de notre pèlerinage, soutiennent notre fermeté pendant la route, et, lorsque nous atteignons le bout de la carrière, nous reçoivent dans leurs bras pour nous rendre la mort plus douce. Si les cultes païens ont de même sanctifié les principales actions de la vie, le christianisme seul a pensé aux douleurs de l'agonisant et veillé près de sa couche.

La morale apostolique n'éclipse pas moins celle qui l'a devancée. Les sages de la Grèce ne recommandaient que la force, la tempérance et la prudence ; les vertus les plus grossières, les plus utiles pour le bonheur matériel, les plus proches de l'égoïsme, avaient absorbé toute leur attention. Jamais, dans sa nuit spirituelle, un ancien n'aurait vu descendre à lui du firmament, comme trois messagers lumineux, la foi, l'espérance et la charité : la foi qui donne à l'âme l'inébranlable pouvoir de la conviction ; l'espérance qui fait de nos désirs mêmes un de nos plus grands mérites, en sorte que l'on est récompensé pour avoir mis sur son front cette joyeuse couronne ; la charité, fille de Jésus, qui s'en va par le monde, tarissant les pleurs, calmant les blessures, prêchant l'union, l'amour et le sacrifice. Et les dix commandements du Seigneur, ne laissent-ils pas bien loin derrière eux tous les préceptes si vantés que nous ont transmis les anciens ? Au lieu de maximes vagues, incohérentes, superflues ou vulgaires, la loi chrétienne nous offre une suite de règles morales, sans contradictions, sans erreurs ; elle nous enseigne comment nous devons traiter nos semblables. Les livres saints nous donnent une explication plus majestueuse, plus nette et plus satisfaisante de l'origine du monde, de la naissance et des misères de l'homme, que toutes les cosmogonies païennes. Enfin, cette âme prisonnière dans les liens du corps, cette reine déchue qui gémit loin de son trône et espère de meilleurs destins, le Christ seul nous a nettement révélé son existence, sa grandeur et son immortalité. Voilà les observations fondamentales sur lesquelles repose la première partie de l'ouvrage.

Or, il est manifeste que tant d'améliorations ne peuvent être perdues pour l'art. Une doctrine qui établit entre le ciel et la terre des rapports plus intimes, plus suivis, plus directs, ne peut manquer d'ennoblir les créatures et de donner au créateur une indulgence touchante, un amour, une compassion sublimes. L'humanité s'idéalise en se rapprochant d'un Dieu sans bornes et sans souillures ; Dieu intéresse plus vivement le cœur de l'homme en se rapprochant de lui ; double effet dont la poésie a dû se servir pour atteindre à des beautés nouvelles. Quelles ressources offraient ces dieux païens, souvent plus lâches, plus grossiers, plus corrompus que leurs adorateurs ? Quand ils descendaient de l'Olympe, ils ne se proposaient pas d'éclairer les intelligences, de détruire les haines, d'apaiser les chagrins, mais de séduire les jeunes garçons et les jeunes filles. La destinée de l'homme ayant été mieux comprise dans l'ère actuelle, a dû être mieux peinte avec ses tourments, ses luttes, ses joies, ses espérances. Le drame intérieur, le combat silencieux de la volonté contre les passions, guerre où se heurtent, s'étreignent, s'abattent tour à tour nos divers penchants, ne pouvait être décrit que par une poésie spiritualiste. Et, à mesure que la morale atteint de plus hautes régions, comme l'idée du sage, du héros, celles de l'amant, de la vierge, du monarque et du père, suivent fidèlement ses progrès ! Des vertus jusqu'alors ignorées paraissent sur le théâtre de l'art ; le principe de l'immortalité agrandit encore son domaine, l'emporte, quand il veut, loin des préoccupations journalières, et lui ouvre les trois mondes qu'a parcourus le génie du Dante.

Examinons en détail, avec l'auteur de *René*, les perfectionnements littéraires produits par le christianisme. Ici, nous nous voyons forcés d'établir une distinction. Les idées principales de Chateaubriand sont toujours neuves et bonnes ; mais quelquefois la manière dont il les expose, les observations qu'il y joint, leur ôtent de leur prix. Quoique réformateur dans l'ensemble, il n'a pu secouer certaines habitudes morales communes à son époque, ni se défendre de certains préjugés qui régnaient alors (1). Il suit trop souvent la marche empirique ; au lieu de débattre les questions en elles-mêmes et de se placer au point de vue général, il se laisse par moments aller tout d'abord à l'exemple ; il néglige la poésie pour les œuvres poétiques, les considérations

(1) En voici quelques exemples. « Les modernes, dit-il, sont en général plus savants, plus délicats, plus déliés, souvent même plus intéressants dans leurs compositions que les anciens ; mais ceux-ci sont plus simples, *plus augustes, plus tragiques, plus abondants*, et surtout *plus vrais* que les modernes. Ils ont *un goût plus sûr et une imagination plus noble*, etc. » C'est une contradiction évidente « Il est certain, dit-il ailleurs qu'on ne doit élever sur le cothurne que des personnages pris dans les hauts rangs de la société. » — « *Divertir* afin d'*enseigner*, dit-il encore, est la première qualité requise en poésie. »

abstraites et fondamentales pour des remarques sur tel ou tel écrit, dont il eût mieux expliqué la nature, s'il avait fait usage de l'autre méthode. Ces deux circonstances ont probablement nui au résultat critique de l'ouvrage. Bien des personnes n'ont point démêlé, ou suffisamment apprécié les tendances novatrices obscurcies par des concessions traditionnelles, bien des lecteurs n'ont pas aperçu les idées théoriques sous la luxuriante végétation de détails, qui les enveloppe et les dérobe accidentellement aux regards, comme un fruit savoureux noyé dans un épais feuillage. Ces idées ne manquent pourtant point d'étendue ; il n'est même pas rare que l'auteur les formule avec une grande justesse.

Le livre premier est le moins beau de tous. L'admiration que depuis longtemps on épanche aux pieds d'Homère et de Virgile, ainsi qu'un parfum banal, exerçait trop d'empire sur Chateaubriand ; il n'osait considérer le poème épique avec une entière indépendance, rejeter hardiment les absurdes théories promulguées par la critique française. A travers tous ses discours percent des souvenirs grecs et latins. Il débute par une maxime que lui suggèrent les trois grandes créations païennes, et qui, une fois admise, condamnerait, annulerait sans retour *la Divine comédie*, *le Paradis perdu* et *la Messiade* ; en sorte que les rangs des épopées modernes se trouveraient déjà bien éclaircis. Dans toutes les œuvres de ce genre, « les hommes et leurs passions sont faits, selon lui, pour occuper la première et la plus grande place. Ainsi, tout poème où une religion est employée comme *sujet* et non comme *accessoire*, où le *merveilleux* est le *fond* et non l'*acci-*

dent du tableau, pèche essentiellement par la base » (1).
Il tire de là ce corollaire étrange, que les temps modernes ne fournissent pas plus de deux beaux sujets épiques, l'un étant les *Croisades*, et l'autre la *Découverte du nouveau monde*. Or, ce dernier n'ayant pas eu l'honneur d'occuper une main habile, la *Jérusalem* du Tasse devient la seule production héroïque dont puisse s'enorgueillir l'ère chrétienne. Bien mieux, comme l'entreprise du navigateur génois, accomplie en 1492, marque, pour ainsi dire, la fin du moyen âge, il se trouverait que les temps intermédiaires n'ont engendré qu'un seul fait d'une haute valeur. C'est une sentence inadmissible.

Une foule d'actions conviennent à l'épopée ; il suffit qu'elles permettent au barde de tracer une peinture générale de l'univers contemporain, et tous les éléments dont se forment les périodes organiques sont unis par des liens si étroits, qu'on aurait peine à les diviser ; ils se réclament mutuellement, et l'on n'ébranle pas plus tôt l'un que tous les autres remuent. L'homme ne saurait être séparé du monde et de Dieu, le monde de Dieu et de l'homme, ni Dieu de son œuvre, c'est-à-dire de l'homme et du monde. Voilà pourquoi *la Divine comédie*, le poème de Milton et celui de Klopstock nous intéressent aussi vivement que les luttes d'Achille et d'Hector. L'enfer, le purgatoire, le paradis, n'offrent-ils pas au chrétien l'image anticipée de son existence à venir ? Ne le remplissent-ils pas successivement de crainte, d'espoir et de joie ? Qu'y voit-il, d'ailleurs ? des individus de

---

(1) Desmarests de Saint-Sorlin avait soutenu le contraire avec bien plus de raison.

son espèce. Dans ces régions surnaturelles, l'homme se montre partout. La terre n'y figure pas moins ; car les souffrances des damnés, le bonheur des élus, nous ramènent sans cesse à la vie actuelle, où ces châtiments et ces récompenses ont été mérités. De quoi parle le poète avec son guide, de quoi parlent les morts qu'il interroge, sinon de ce qui a déterminé leur condition présente? L'auteur ne nous raconte-t-il pas l'histoire de son temps? Et si les choses d'ici-bas ont leur place dans le pays des ombres, comment Dieu n'y aurait-il point la sienne ? N'est-ce pas lui qui a creusé cet abîme, élevé cette montagne, suspendu dans l'infini ce ciel immense où rayonnent, comme autant de constellations, des phalanges d'âmes glorieuses ? N'est-ce point sa justice qui a envoyé l'un au gouffre éternel, placé l'autre sur la colline des expiations, ouvert aux bienheureux les paisibles retraites du firmament? Et le poème de Milton, celui de Klopstock, ne nous entretiennent-ils pas de nos intérêts les plus chers? *Le Paradis perdu* nous fait assister à la création du monde et à la chute de l'homme, cette chute qui, selon les livres saints, lui a donné pour compagnes la tristesse, la douleur et la mort ; *la Messiade* nous peint les angoisses du Christ, sa charité, son dévouement, et nous expose la sublime histoire du Golgotha, qui nous a tous sauvés.

Chez les anciens, l'univers fantastique avait des proportions tellement restreintes, les idées de la vie future nageaient tellement dans le vague, elles séduisaient si peu l'intelligence, qu'un poète n'aurait pu transporter au-delà du globe le drame de la destinée ; mais depuis le triomphe du dogme chrétien, le monde surnaturel a pris une si grande extension, l'immortalité de l'âme a rendu si intéressantes pour nous les sombres plages de l'avenir, elles réduisent si bien l'existence actuelle à un point de notre durée, que l'art a dû franchir en mainte occasion les bornes du réel et placer au milieu de l'éther la scène tragique où se débat notre sort. Rien dans ce triste séjour ne nous révèle en effet ni le principe de notre existence, ni le but vers lequel nous marchons, et tout y dépend de la sphère invisible. M. de Chateaubriand a donc eu tort d'appliquer à la poésie moderne une loi observée par la poésie antique, le fond sur lequel travaillaient l'une et l'autre n'ayant aucune ressemblance.

A part cette erreur générale, et quand il examine, en elles-mêmes ou dans leurs relations avec le dogme chrétien, les épopées modernes, l'auteur des *Natchez* montre un sentiment de l'art plus juste et plus exercé que tous les critiques d'alors, sans excepter madame de Staël, souvent égarée par l'étroite philosophie du siècle antérieur et par les principes d'utilité littéraire dont elle n'était pas encore revenue.

Mais c'est surtout lorsqu'on étudie le second livre, c'est surtout depuis ce livre jusqu'à la fin de l'ouvrage, qu'on voit les idées de Chateaubriand se purifier et s'éclaircir. Envisageant d'abord les caractères, il en distingue deux espèces : les caractères naturels, comme ceux de l'époux, du père, de la mère, de la fille, et les caractères sociaux, comme ceux du prêtre et du guerrier ; il cherche quelles améliorations le vrai culte a dû apporter dans leur peinture. Ici, nous ne pouvons mieux faire que de transcrire ses paroles :

« La plus belle moitié de la poésie, dit-il, la moitié dramatique, ne recevait aucun secours du polythéisme : la morale était séparée de la mythologie. Un dieu montait sur son char, un prêtre offrait un sacrifice ; mais ni le dieu, ni le prêtre n'enseignaient ce que c'est que l'homme, d'où il vient, où il va, quels sont ses penchants, ses vices, ses fins dans cette vie, ses fins dans l'autre. Dans le christianisme, au contraire, la religion et la morale sont une seule et même chose. L'Écriture nous apprend notre origine, nous instruit de notre nature ; les mystères chrétiens nous regardent. c'est nous qu'on voit de toutes parts, c'est pour nous que le fils de Dieu s'est immolé. Depuis Moïse jusqu'à Jésus-Christ, depuis les apôtres jusqu'aux derniers Pères de l'Église, tout offre le tableau de l'homme intérieur, tout tend à dissiper la nuit qui le couvre ; et c'est un des caractères distinctifs du christianisme d'avoir toujours mêlé l'homme à Dieu, tandis que les fausses religions ont séparé le créateur de la créature.

« Voilà donc un avantage incalculable que les poètes auraient dû remarquer dans la religion chrétienne, au lieu de s'obstiner à la décrier. Car, si elle est aussi belle que le polythéisme dans le *merveilleux*, ou dans les rapports des *choses surnaturelles*, — elle a de plus une partie dramatique et morale que le polythéisme n'avait pas. »

Après cette belle entrée en matière, Chateaubriand compare l'idéal de l'époux chez les anciens et chez les modernes. Il trouve dans les époux chrétiens plus d'élévation, de tendresse et de grâce. Si Ulysse, si Pénélope ont une certaine ingénuité rustique, Adam est à la fois plein de noblesse et d'innocence, Ève pleine d'abandon et de charme. Une doctrine religieuse qui a fait un sacrement de l'union des sexes, qui a rendu le mariage indissoluble et environné sa célébration d'une pompe auguste, devait nécessairement avoir cette conséquence. Elle en a cultivé la partie morale, sur laquelle les instincts l'emportaient de beaucoup au temps du paganisme.

Le père a aussi dû prendre une physionomie plus douce et plus majestueuse, sous un dogme plus pur et qui intéresse davantage le cœur. Son autorité n'est pas un despotisme sévère, qui lui donne droit de vie et de mort; c'est un pouvoir légitime fondé sur l'expérience et l'amour. Elle se trahit moins par des ordres que par une sollicitude continuelle. Dans l'antiquité, le père avait uniquement souci de la destinée terrestre de ses fils. Il les préservait des dangers, il formait leur adresse, il leur montrait et leur décrivait de loin les routes de l'existence. Le père chrétien a d'autres obligations; le salut de ses enfants lui paraît aussi précieux, plus précieux même que leur bonheur actuel; il leur doit une discipline morale, et, quand viendra la fin du monde, il répondra de leur jeune âme au souverain ordonnateur. Priam baise les mains d'Achille pour qu'il lui rende le corps de son fils; s'il était seulement captif, il ne chercherait de même que sa délivrance matérielle. Lusignan ne pleure point l'esclavage de sa fille : il pleure l'idolâtrie qui en est la suite; il ne songe point à ses fers : il songe à éclairer son esprit, à lui ouvrir les cieux, dont une fausse religion lui interdirait les portes. Le christianisme a, comme on le voit, doublé les ressources de l'art en doublant les liens de la paternité.

Et la mère, quelle influence a eue sur elle une religion sympathique, dont le fondateur accueillait avec tant de bonté les petits enfants! Une sensibilité plus vive, un amour plus héroïque l'attache au fruit de ses entrailles. Chez les anciens, la tendresse conjugale dominait la tendresse maternelle, car elle apporte des joies et ne demande pas de sacrifices. Le dévouement de cette dernière a pris de nouvelles forces sous un culte ascétique, où l'abnégation était le fondement de toutes les vertus. Combien aussi cette délicatesse morale, engendrée par lui, a rendu plus intimes, plus profondes, les jouissances de la mère qui élève son fils! Il lui appartient davantage; elle est libre, elle peut le suivre en tous lieux, elle possède dans leur plénitude les droits maternels, et n'a pas l'air, comme autrefois, d'une simple nourrice.

En adoucissant les traits du père, en augmentant son affection ainsi que l'affection et la dignité de la mère, le christianisme a nécessairement accru le respect, la tendresse du fils et de la fille. Le décalogue y portait par une exhortation spéciale. Le fils ne voyait plus dans son père un juge terrible, mais un protecteur et un guide bienveillant. Sa mère n'était plus pour lui une créature inférieure, mais une gardienne angélique et une sainte admonitrice. Quant à la fille, ces sentiments prenaient chez elle une délicatesse, une grâce particulières. D'autres liens que ceux de la simple nature venaient corroborer l'union, qui associe l'enfant à l'auteur de ses jours. Dans la pièce d'Euripide, Iphigénie ne cache point sa terreur de la mort et son désir d'y échapper : c'est la fille *naturelle* qui obéit à l'autorité de son père comme à une force, mais qui, sollicitée par une autre force, l'instinct de la conservation, ne demanderait pas mieux que d'annuler la première. Dans Racine, Iphigénie attend l'heure solennelle avec une résignation sublime. Son père et les dieux ont parlé ; elle leur abandonne sa vie sans murmure. C'est la fille *chrétienne*. L'auteur ne lui a prêté ce courage « que par l'impulsion secrète d'une institution religieuse, qui a changé le fond des idées et de la morale. »

De ces progrès manifestes, Chateaubriand tire une conséquence non moins évidente : « Le christianisme, dit-il, n'enlève rien aux poètes des caractères *naturels*, tels que pouvait les représenter l'antiquité, et il lui offre de plus son *influence* sur ces mêmes caractères. Il augmente donc nécessairement la *puissance*, puisqu'il augmente le *moyen*, et multiplie les *beautés* dramatiques en multipliant les *sources* dont elles émanent. »

Passons maintenant aux caractères sociaux ; il les réduit à deux pour l'écrivain, ceux du prêtre et du guerrier.

Qu'était le ministre des autels, chez les Grecs ? un maître des cérémonies nationales, et rien de plus. Il guidait le cortége des fêtes, accomplissait les rites ordonnés, puis disparaissait dans le mystère de sa demeure. Et quelles étaient habituellement ses fonctions ? Égorger des bœufs, des chevaux, des moutons et des génisses, consulter leurs entrailles fumantes, se rougir de leur sang et dépecer leurs membres, voilà les nobles travaux dont il s'acquittait ! L'encens, la myrrhe et l'aloès devaient lui être bien utiles. Nous ne pourrions endurer la vue de pareils sacrifices, nous n'assisterions point sans dégoût à ces pompes d'abattoir. Comme les soins du prêtre moderne sont différents! Il ne souille point ses bras, il ne contracte pas son visage, il ne frappe pas des bêtes innocentes. Le calme est sur son front, la bonté dans ses regards; il conserve une attitude majestueuse et n'immole d'autre victime que l'agneau symbolique. Au lieu des cris de douleur qui ébranlaient autrefois le sanctuaire, on n'entend que les soupirs de l'orgue et la lente mélodie du plain-chant. Si nous suivons hors de l'église cet homme pieux, ce serviteur de Jésus, combien son active charité l'emporte sur l'indolence du pontife romain! Il visite le malade, il instruit l'ignorant, il console l'affligé. Le vieillard qu'il exhorte au lit de mort, lève vers le ciel des yeux pleins d'espérance et abandonne sans regret le terrestre exil.

Le caractère du guerrier n'a pas subi des modifications moins importantes. « La barbarie et le polythéisme ont produit les héros; la barbarie et le christianisme ont enfanté les chevaliers du Tasse. Or, quelle différence entre des chevaliers si francs, si désintéressés, si humains, et des guerriers perfides, avares, cruels. insultant aux cadavres de leurs ennemis; poétiques enfin par leurs vices, comme les premiers le sont par leurs vertus! » En effet, les religions païennes, n'ayant que des principes de conduite fort vagues, n'ont pu mettre au jour ce *beau idéal moral* dont le christianisme a été la source et que les chevaliers aspiraient à réaliser en eux-mêmes. « La foi ou la fidélité était leur première vertu; la fidélité est pareillement la première vertu du christianisme.

« Le chevalier ne mentait jamais. — Voilà le chrétien.

« Le chevalier était pauvre et le plus désintéressé des hommes. — Voilà le disciple de l'Evangile.

« Le chevalier était tendre et délicat. Qui lui aurait donné cette douceur, si ce n'était une religion humaine, qui porte toujours au respect pour la faiblesse ? »

Ces qualités que nos pères associaient au génie des batailles, nous ne les en avons point séparées. Le lecteur moderne ne s'intéresserait nullement à un capitaine avide, fourbe et cruel. La bravoure ne lui est pas uniquement nécessaire, on ne lui pardonnerait point son mauvais naturel en considération de ses exploits (1).

Le christianisme a aussi exercé une vive influence sur les passions. Cherchant toujours à les restreindre, il augmente les luttes intérieures, il les complique d'éléments nouveaux et accroît leur énergie en mainte circonstance. Dans son atmosphère, la sensibilité se développe comme dans un milieu singulièrement propice. Ne nous ordonne-t-il pas d'entretenir, de développer nos tendances affectueuses? Ne nous prêche-t-il point l'amour de Dieu, la bonté, la charité, la fraternité? Sous son mélancolique ascendant, la rêverie se joint aux effets naturels des inclinations pour augmenter leur puissance. La mort elle-même ne brise pas les liens qui nous attachent l'un à l'autre. Après la vie actuelle commence une vie sans fin; nous retrouvons au-delà du tombeau les créatures que nous avons chéries. Les affections malheureuses se nourissent de cette espérance, l'amour déjoué se console par l'attente d'une réunion certaine avec

(1) Cette énumération des caractères sociaux n'est pas complète : le magistrat, le cultivateur, l'artisan, le médecin, d'autres personnages encore remplissent des fonctions sociales, et le poète lui-même joue dans le monde un rôle que l'on ne doit point oublier.

l'objet de ses vœux. L'amour prospère compte sur l'éternelle durée de son bonheur.

Ce sentiment, tel qu'il se montre parmi nous, fut même entièrement ignoré des anciens. Il a fallu toute la vigueur morale du christianisme pour former ce mélange des sens et de l'âme, où un idéalisme enthousiaste se joint à l'ardeur d'un penchant involontaire. C'est lui qui, s'efforçant toujours d'épurer le cœur, a trouvé moyen de spiritualiser les propensions les moins spiritualistes. Voilà donc une nouvelle ressource offerte aux auteurs modernes; ils peuvent se servir des plus nobles images, des traits les plus délicats et des touches les plus fières, lorsqu'ils veulent peindre une passion désormais aussi élevée que brûlante. Sous cette forme, elle constitue la base de presque tous nos romans et d'une foule de drames; notre littérature lui doit mille beautés que les anciens n'eussent jamais obtenues.

Chateaubriand distingue deux espèces d'amour : l'amour passionné, l'amour champêtre. Le premier n'a été peint avec tous ses orages, toutes ses fluctuations, toutes ses ivresses, que depuis l'établissement du catholicisme. Avant cette époque, il lui manquait l'exaltation qui le rend si doux et si dangereux pour les peuples modernes. La Phèdre antique n'aurait point éprouvé les inquiétudes, les souffrances, les regrets, les violents transports qui déchirent la Phèdre française. Julie d'Etange et Saint-Preux, Clémentine, Héloïse et Abeilard, n'ont point leurs analogues dans la littérature païenne.

L'amour champêtre avait besoin que les faunes, les dryades, les oréades, fussent bannis des monts et des vallées qu'ils défiguraient. Tant que l'homme ne s'est point trouvé seul au milieu de la nature, il n'a compris ni ses secrets, ni sa grâce, ni son immensité. Une foule d'impressions mystérieuses n'arrivaient point jusqu'à son âme. Les Grecs d'ailleurs ne possédaient pas le sentiment exquis des modernes, cette merveilleuse délicatesse qui s'ébranle au moindre souffle, et nous permet de sympathiser avec les objets extérieurs, comme avec des créatures de notre espèce. Quel homme des anciens temps se serait abîmé à notre manière dans la contemplation du monde, se serait pris de tendresse pour un oiseau, pour une fleur, et eût admiré, en toutes choses, les raffinements de l'intelligence divine? N'y a-t-il point d'ailleurs une harmonie parfaite entre l'innocence ou la résignation chrétienne et les chastes beautés de la nature? Aucune églogue antique n'approche de *Paul et Virginie*.

A ces passions agrandies, purifiées, le christianisme a joint une passion nouvelle. Les anciens ont ignoré la dévotion enthousiaste, si fréquente parmi les disciples de Jésus. L'ardente foi qu'exige et qu'inspire son austère doctrine a produit des effets miraculeux. Ces moines qui de l'aube jusqu'au soir défrichaient des landes inhabitées et passaient la nuit en prières, ces anachorètes établis dans la solitude pour y dompter leurs appétits et s'humilier sans relâche devant l'Éternel; ces martyrs qui défiaient les bourreaux, ces croisés qui allaient saintement chercher la mort sous le ciel de Jérusalem, obéissaient tous à une impulsion héroïque, à un zèle extraordinaire, dont aucune autre époque n'a fourni d'exemple. Polyeucte idolâtre eût-il sacrifié ses jours au maintien de sa conviction? Se serait-il dévoué pour une déesse impudique? Aurait-il souffert la torture et la mort pour un dieu abominable ? « La religion chrétienne est donc une sorte de passion qui a ses transports, ses ardeurs, ses soupirs, ses joies, ses larmes, ses amours du monde et du désert. »

Chateaubriand découvre aussi dans la foi de nos aïeux la source de ces vagues émotions, de ces douces et profondes rêveries, auxquelles les modernes s'abandonnent avec une poétique nonchalance.

Voilà comment procède le noble auteur ; il examine successivement chacune des parties intégrantes de l'art ; il observe la forme qu'elle avait prise chez les anciens, la forme qu'elle a revêtue chez les modernes. Il les compare l'une à l'autre ; et fait ressortir la supériorité des éléments actuels. Çà et là, il trouve des matériaux que ne possédaient pas les nations antiques. Une vive joie le pénètre alors et augmente la limpidité, la fraîcheur, l'éclat de son style. Nous voudrions suivre pas à pas le progrès de sa pensée ; on a rarement la satisfaction de cheminer sous les auspices d'un tel voyageur. Mais nous ne pouvons comme lui marcher sans inquiétude ; l'espace, qui ne lui a point manqué, nous manquerait bientôt. Nous nous contenterons donc de l'avoir escorté jusqu'à la grève d'un important promontoire ; nous le laisserons s'embarquer pour les îles lointaines, et nous l'accompagnerons de tous nos vœux Cependant, nous décrirons en peu de mots le reste de son expédition. Ce bref itinéraire suffira, puisqu'on est libre de recourir au texte original ; nous désirons seulement faire voir combien d'idées neuves et mal appréciées, offre au lecteur le *Génie du Chistianisme*.

Après avoir considéré l'homme et ses passions, Chateaubriand s'élance dans le monde extérieur et y porte la lumière qui l'environne. Il montre que le paganisme rapetissait la nature, que les allégories antiques sont froides et même absurdes, que la poésie descriptive n'a plus de place avant le triomphe du dogme chrétien.

Mais l'univers ne subsiste point par lui-même ; des pouvoirs immortels le régissent. L'auteur compare donc, relativement à l'effet poétique, les dieux de l'Olympe et le Dieu de l'Écriture. Les premiers ayant toutes les faiblesses, toutes les agitations humaines, sauf la peur de la mort, ne lui paraissent que des hommes plus solidement constitués. Leur vain éclat se dissipe à l'approche de l'Être infini dont le verbe a débrouillé le chaos, lancé les globes dans l'espace et appuyé la raison sur d'inébranlables fondements.

Les divinités inférieures du polythéisme ont été remplacées d'une manière non moins avantageuse par les anges, les démons, les saints et les vierges. Ce système théologique est plus beau, plus gracieux, plus varié « que la doctrine fabuleuse, qui confondait hommes, dieux et démons. Le poète trouve dans notre ciel des êtres parfaits, mais sensibles et disposés dans une brillante hiérarchie de pouvoir et d'amour. » Il y a entre eux et nous une sympathie ou une aversion, que n'inspiraient ni les faunes, ni les dryades antiques. Sans cesse l'enfer complote notre perte, sans cesse les divins messagers nous prêtent leur secours ; les saintes et les vierges intercèdent pour nous, et la mère du Rédempteur compatit à nos souffrances. Chez les Grecs, le ciel se terminait, en outre, au sommet de l'Olympe, et leurs dieux ne quittaient pas notre atmosphère. Les génies chrétiens s'enfoncent dans l'immensité ; ils vont plus loin que le télescope et la raison de l'homme ; ils voyagent de globe en globe avec la lumière éternelle.

Ce que Chateaubriand nomme les *machines poétiques*, c'est-à-dire le mythe ou la forme qu'ont revêtue les idées chrétiennes, lui semble aussi l'emporter de beaucoup sur les mythes païens. Pour ne s'arrêter qu'au monde invisible, quelle distance sépare l'enfer, où nous introduisent Milton, Alighieri, Kolpstock, et les champs cimmériens que nous ouvre Homère, le Tartare que nous décrit Virgile ! Nous avons encore le merveilleux du purgatoire ; ce séjour, dans lequel l'âme expie ses fautes par des maux temporaires, et conserve au fond même de sa douleur une invincible espérance, nul rapsode n'en a jamais franchi le seuil. Le paradis, avec le Très-Haut pour centre et pour ornement principal, avec les Anges, les Séraphins, les Trônes, les Dominations, avec son éclat, son harmonie, ses joies intellectuelles, laisse bien loin derrière lui les pâles bocages de l'Élysée. Les mânes antiques regrettaient la vie ; aucun regret ne trouble chez nous la félicité des justes.

Tels sont les changements essentiels opérés dans la littérature par notre dogme. Système fécond, il lui a rendu la grâce, la fraîcheur du jeune âge. Elle serait morte de vieillesse et d'ennui, en faisant murmurer la lyre païenne, si le Rédempteur ne lui était apparu au sommet du Golgotha, et ne lui avait enseigné de nouveaux accords. Il n'est donc pas seulement le libérateur du genre humain, il a aussi délivré l'art du sommeil effrayant qui le gagnait. Pour achever le parallèle, l'auteur de *René* oppose à l'œuvre d'Homère, forêt primitive où tous les poètes de la Grèce et de Rome allaient chercher des inspirations, l'œuvre non moins colossale du peuple hébreu, ces livres saints autour desquels se pressent tous les poètes modernes, commes les filles des pasteurs autour des puits de l'Idumée. Il en trouve le langage plus simple, les mœurs plus antiques, la narration plus habile, les descriptions plus riches, les images plus heureuses, le sublime plus émouvant et plus pur. Il arbore donc à la porte un étendard triomphal, puis quitte ce vieil édifice pour considérer les productions plastiques et ce qu'il nomme spécialement la littérature.

La musique, étant par excellence l'art du sentiment et de la rêverie, a dû surtout fleurir sous une religion qui a multiplié, approfondi nos sentiments, et développé dans l'âme le principe rêveur qu'elle porte en elle, comme un secret témoignage de ses grands destins inaccomplis.

Spirituelle et morale avant tout, la religion chrétienne «fournit à la peinture un beau idéal plus parfait et plus divin que celui qui naît d'un culte matériel. Corrigeant la laideur des passions, ou les combattant avec force, elle donne des tons plus sublimes à la figure humaine, et fait mieux sentir l'âme dans les muscles et et les liens de la matière. Elle fournit aux arts des sujets plus beaux, plus riches, plus dramatiques, plus touchants que les sujets mythologiques. » Enfin, comme elle a seule découvert à l'homme les charmes de la nature, elle a seule rendu le paysage possible, et les Ruysdaël, les Claude Lorrain lui appartiennent. Les Grecs ne connaissaient pas même la perspective.

A peu de différence près, ces causes de supériorité militent également en faveur de la statuaire.

L'architecture a puisé dans le sol évangélique une séve plus abondante encore. Le moyen âge l'a complétement renouvelée; il a suspendu les voûtes du temple à des hauteurs infinies, reculé les bornes de son enceinte, multiplié ses ornements et ses effets. Sous notre loi, les murailles sont devenues transparentes; l'édifice a pris un caractère majestueux, une grandeur mélancolique, dont les anciens n'ont jamais revêtu leurs bâtiments.

Ces dernières idées sur l'architecture ne sont pas tout à fait celles de notre auteur. Il ne reconnaît point d'une manière aussi positive l'excellence du style gothique. Il avait trop peu d'études spéciales et se laissait trop influencer par les opinions courantes, pour émettre hardiment cette proposition hétérodoxe. Il juge donc barbares les formes de nos églises; le système de construction le plus savant, le plus réfléchi, le plus audacieux, le plus vaste, le plus délicat, le plus sublime que le génie humain ait encore inventé, ne posséderait, à l'entendre, que des beautés *morales* ou exceptionnelles et presques monstrueuses. S'il avait mieux connu l'essence de l'architecture, mieux comparé celle du moyen âge et celle des Grecs, les innombrables avantages de la première eussent frappé ses regards; il se serait hâté d'en faire honneur au dogme chrétien. La statuaire demandait aussi plus de développements; elle s'est posé chez nous un autre idéal que chez les anciens; il fallait dresser la théorie de son nouveau mode d'existence. Mais, quoique les réflexions de Chateaubriand sur les arts n'aient point l'étendue et la profondeur convenables, personne alors ne se serait peut-être aussi bien tiré d'affaire, et il devançait encore la marche générale de son temps. Les apparitions grecques, debout à la lisière du moyen âge, éloignaient tous les esprits de ses sombres vallées.

Nous franchirons les yeux clos la partie du livre où l'auteur mesure les progrès de la science, depuis la chute des faux dieux. La supériorité des modernes sous ce rapport, n'admet aucun doute. Les recherches, qui ont la nature pour objet, ne nous intéressent d'ailleurs qu'accessoirement, au point de vue où nous sommes placé.

Passons donc avec Chateaubriand à la littérature, c'est-à-dire à ces ouvrages qui, par le fond, dépendent des pouvoirs rationnels et, par la forme, relèvent de l'imagination, produits intermédiaires dans lesquels on voit les ressources de l'art embellir un monument qu'il n'a point construit.

Le christianisme a favorisé l'étude de l'homme. Quand des dieux tout matériels trônaient au-dessus des nuages, le vice se distinguait à peine de la vertu; l'austère idéal, d'après lequel nous jugeons tous les actes, n'avait pas encore pris possession de l'intelligence humaine; notre exquise sensibilité n'avait pas accru la finesse des observations en augmentant la susceptibilité de l'observateur. Les moralistes actuels se trouvent donc dans des conditions plus propices que les moralistes païens.

Les mêmes causes ont dû perfectionner l'histoire. L'analyse des caractères individuels et nationaux lui rend chaque jour d'éminents services. L'aspect de l'Europe chrétienne est bien plus varié que celui du monde antique. Nous avons en outre des siècles d'expérience, qui manquaient à nos rivaux. Et puis, une découverte moderne suffirait pour nous donner des avantages imposants. Les anciens n'eussent jamais cherché comme nous à saisir, dans l'innombrable multitude des faits, les mystérieux desseins de la Providence. C'est par cette route néanmoins qu'on est arrivé à mettre en lumière une portion des lois qui gouvernent le sort de l'humanité. Quand la philosophie de l'histoire nous ouvre, ainsi qu'un palais magique, ses salles éclairées de mille flambeaux, nous devons toujours nous souvenir que Bossuet en a posé la première pierre.

L'art du discours a suivi les progrès de tous les autres genres. Les orateurs chrétiens, tels que saint Ambroise, saint Jérôme, Tertullien, saint Chrysostôme, saint Basile, Fénelon, Bossuet, Massillon, Fléchier, Bourdaloue, offrent tous, comparés aux modèles grecs et latins, « un ordre d'idées plus général, une connaissance du cœur humain plus profonde, une chaîne de raisonnements plus clairs, enfin une éloquence religieuse et triste ignorée de l'antiquité. »

Chateaubriand termine son examen des richesses nouvelles, que la littérature et l'art ont acquises sous le règne de l'Évangile, par le tableau des harmonies diverses qui unissent les monuments et les préceptes chrétiens, soit avec la nature, soit avec les détails de notre existence. Il prouve sans peine combien cette religion méditative, cette religion de douceur et de charité, s'associe intimement à nos craintes, à nos joies, à nos faiblesses innocentes, et combien ses édifices, empreints d'un si grave caractère, rehaussent le charme des sites au milieu desquels ils se trouvent placés.

La quatrième et dernière partie du livre a pour sujet le culte. Or, le culte, n'étant après tout que la forme visible et la manifestation extérieure de la pensée religieuse, a de nombreux rapports avec l'art. Il possède plus ou moins de beauté, d'élégance, de noblesse; il frappe plus ou moins l'esprit. Et comme de la réalité il passe, à l'aide de la description, dans le domaine littéraire, un double lien le rattache aux arts. Faire ressortir l'élévation, la pureté, la magnificence qu'il a prises sous le dogme chrétien, c'est donc toujours plaider la cause de notre poésie. D'où l'on peut déduire que l'auteur ne la perd jamais de vue; chacune de ses argumentations lui profite, et son ouvrage forme, d'un bout à l'autre, une sorte d'esthétique chrétienne.

Assurément elle n'est point complète; nous avons déjà signalé des lacunes, nous pourrions en signaler encore. Chateaubriand a, par exemple, presque entièrement oublié la poésie surnaturelle des légendes, des mystères et des ballades, tout ce merveilleux moins sublime que le merveilleux épique, mais plus rapproché de l'homme, plus intimement uni à son existence journalière, d'un effet plus romanesque et d'autant plus sûr que la réalité vulgaire s'y mêle au fantastique, lui servant, pour ainsi dire, de caution auprès du lecteur. Il ne met qu'accidentellement le pied sur ce formidable terrain; un genre d'inventions qui a brillé d'un tel éclat parmi nos pères, qui les a troublés, effrayés, réjouis, attendris, dont les gracieuses ou funèbres peintures se déroulaient dans la chaumière du pauvre comme dans les manoirs des seigneurs, ce genre si puissant et si moderne avait droit à un examen attentif, à un chapitre spécial. Les littératures de l'Europe contiennent une foule de productions importantes qu'il revendique. Le plan des ouvrages chrétiens méritait aussi une étude, et Chateaubriand l'a négligée. Mais quelle œuvre humaine embrasse toute la sphère de son sujet? Nous ne prenons donc point note de ces omissions pour accuser le poète; nous voulons seulement appeler les regards des travailleurs sur les espaces qu'il a laissés en friche.

L'ensemble et les détails du livre annoncent également le génie. C'est un vaste lac, où se réunissent, comme autant de sources limpides, tous les mérites que peut offrir un ouvrage : pensée hardie, unité de vues, sentiment énergique et doux à la fois, conviction ardente, style pur et somptueux. Aussi forme-t-il le principal écrit de l'auteur. Les admirables poëmes d'*Atala* et de *René* s'y trouvent joints et en sont des efflorescences. Les *Martyrs* ont pour cause génératrice la même idée; les *Natchez* nous révèlent le sort ultérieur du frère d'Amélie. Les plus importantes créations de Chateaubriand émanent donc, à n'en pas douter, du *Génie du Christianisme*. Chose singulière ! sans s'être jamais occupé de l'Allemagne, sans avoir probablement jamais eu l'envie de pénétrer dans son laborieux Etna, où se façonnent tant de doctrines, d'opinions, d'armures philosophiques de tout genre, il a procédé à la manière de nos voisins. La théorie a d'abord enchaîné son attention; il s'est demandé quelle route il devait prendre et n'a pas cheminé au hasard, comme les paladins du moyen âge, en laissant la bride sur le cou de leur monture. Ses œuvres plastiques n'ont été que le produit de ses idées critiques.

Son livre fondamental a eu à subir d'injustes reproches. On a dit, par exemple, qu'il manquait d'unité, qu'il péchait sous le rapport de la composition ; suivant certains juges, ses chapitres, d'une exiguïté ridicule, ne se lient presque pas entre eux. Cette espèce de blâme m'a toujours surpris. L'étendue des chapitres me paraît une circonstance indifférente ; le goût de l'auteur et le degré d'analyse où est arrivée sa pensée doivent en fournir la mesure. Dans l'*Esprit des lois*, Montesquieu multiplie extrêmement les divisions ; loin d'y perdre, l'ouvrage y gagne en clarté. Quant à l'harmonie générale de l'œuvre, elle me semble parfaite. Il n'y a qu'à jeter les yeux sur la table des matières, pour voir qu'elles sont rangées avec le plus grand ordre. Chateaubriand part du dogme, des mystères, des idées primordiales, et, de ce haut pinacle, descend peu à peu, sans manquer un échelon, jusqu'aux détails du culte et de la vie réelle. Tous les objets occupent la place qui leur convient, tous les problèmes secondaires, enveloppés dans le problème dominant, sont, à part quelques omissions, débattus en leur lieu. Remontez le cours de la littérature française, vous trouverez difficilement sur les bords un ouvrage mieux conçu et mieux organisé.

Mais, si l'auteur y fait très bien ressortir les progrès dont l'intelligence, la société, la poésie et l'art sont redevables au christianisme, s'il juge très bien l'univers moderne, tel qu'il s'offre au spectateur lorsqu'on l'envisage du haut d'une cathédrale, il l'aperçoit exclusivement de ce point de vue, et néglige tout ce qui échappe aux regards sur cette plate-forme aérienne. Cependant le monde actuel n'a pas pour unique source la religion de nos pères. Notre civilisation a fleuri dans d'autres climats et d'autres lieux, au sein d'autres races, d'autres événements, d'autres idées politiques et d'autres lois que les civilisations de l'antiquité. Ces différences ont eu, à coup sûr, leur effet; les dogmes n'étant pas le seul germe créateur d'où naissent les sociétés, les principes voisins mêlent leur action au travail des croyances. Leurs changements ne demeurent donc pas sans résultats, et l'on ne peut se dispenser d'en tenir compte pour l'explication des faits historiques.

Chateaubriand essaye néanmoins de les jeter dans l'ombre. Il voudrait annuler tous les pouvoirs extérieurs, afin que l'âme restât l'unique puissance du monde. Selon lui, ce n'est pas la température qui débilite le corps et l'intelligence de l'homme sous les tropiques; cette double langueur a pour cause une tristesse involontaire qui assiége l'esprit, lorsqu'il se voit au milieu d'une nature exubérante, dont la force colossale domine et gêne son activité. De l'essence immortelle l'abattement se communique aux organes périssables. Le vase n'agit point sur la liqueur, « c'est la liqueur qui tourmente le vase. » Il blâme madame de Staël d'avoir attribué à l'influence du Nord et des races barbares, en même temps qu'au dogme évangélique, la profonde mélancolie des poètes modernes. La religion chrétienne lui paraît l'expliquer suffisamment. Si l'œuvre était différente, ce spiritualisme outré couvrirait certains points de larges ombres ; nous traverserions par moments de cruelles ténèbres. Mais ici, la tache qu'il forme est presque imperceptible ; on la croirait volontiers inhérente au sujet. Chateaubriand a pour le christianisme une pieuse admiration ; il cherche quels fruits il a portés dans le monde social, dans la littérature et dans l'art. N'est-il point naturel qu'il exagère de temps en temps sa valeur ; qu'il le regarde comme l'unique tronc sur lequel s'épanouissent toutes choses ? Il est vrai que de la sorte il n'arrive pas à formuler une théorie complète de l'art moderne, beaucoup de traits sont omis dans sa description ; mais ils ne se rattachaient point à son plan d'études et ne sauraient être pour lui un sujet de reproche. C'était à ses successeurs d'analyser pour leur part les autres caractères du romantisme; s'ils avaient déployé la même intelligence que leur chef, ce vaste môle serait entièrement construit, et l'ignorance, la sottise, l'amour de la routine, viendraient s'y briser en folle écume.

Par malheur, bien loin de fournir leur pierre et d'allonger la digue, ils n'ont pas même compris les travaux terminés. Quand l'auteur eut fini son ouvrage, les critiques de toutes les provinces littéraires accoururent pour l'abattre au plus vite ; la nature de leurs objections prouve que le sens leur en échappait, et qu'ils n'en soupçonnaient point la portée. Huit ans plus tard, il n'inspirait à Marie-Joseph Chénier que des paroles amères. L'*Anti-Romantique*, livre anonyme publié dans le courant de 1816, ne mentionne même point Chateaubriand parmi les novateurs ; le belliqueux champion réserve tous ses coups pour madame de Staël, M. de

Sismondi et Guillaume Schlegel. Enfin, les critiques officiels de l'école moderne l'ont invariablement renié, ainsi que nous le démontrerons plus bas. Ils lui faisaient jouer le rôle de ces opulents propriétaires, dont les héritiers corrompus saisissent les biens et cachent le portrait (1).

(1) Cette appréciation générale, que tout le monde a depuis lors adoptée, parut neuve à Chateaubriand lui-même, quand je l'imprimai pour la première fois : la lettre suivante, qui me fut adressée par lui, sans que j'eusse l'honneur de le connaître, le prouve péremptoirement :

Paris, 8 février 1841.

J'ai lu, monsieur, avec une extrême reconnaissance, non pas votre article, mais votre bel et savant ouvrage sur le *Génie du Christianisme*. Tous les défauts que vous reprochez à mon travail s'y trouvent en effet et je les traite plus sévèrement que vous dans mes *Mémoires*. Du reste, depuis l'époque de la publication du *Génie du Christianisme*, j'ai mille fois combattu dans mes divers écrits les erreurs sur les arts et sur les principes dans lesquelles j'étais tombé. Il restera pourtant vrai que j'ai posé les premiers fondements de cette critique moderne que tout le monde suit aujourd'hui, en montrant ce que la religion chrétienne a changé dans les caractères des personnages dramatiques et dans les descriptions de la nature, en chassant les dieux des bois. Ce sont là deux résultats dont je me contente, moi qui n'ai aucune prétention à la critique. Je crois aussi avoir porté un rude coup au voltairianisme, et, si cela est, j'aurai rendu un grand service à la société. Au surplus, monsieur, je me permets de causer avec vous, comme vous avez eu la bonté de causer avec moi dans votre article : revenu de tout, je n'attache aucun prix à ce que j'ai fait, ni à ce que je pourrais faire. Les éloges me font toujours un très grand plaisir, parce que, tout vieux que je suis, je suis homme ; mais très sincèrement je ne crois pas les mériter. La foi me manque en toute chose, excepté en religion : voilà pourquoi les volumes de critiques auxquelles j'ai été exposé ne m'ont jamais blessé, parce que je me suis toujours dit : « On a peut-être raison. »

Vous, monsieur, vous maniez la critique avec tant de sûreté et de grâce, que je n'aurais à me plaindre que de votre indulgence. Agréez, je vous prie, avec mes félicitations, mes remercîments les plus empressés et l'assurance de ma considération très distinguée.

CHATEAUBRIAND.

CHAPITRE III.

Du plan chez les Anciens et les Modernes.

Importance capitale du plan dans toutes les œuvres humaines. — Les anciens ne formaient pas les mêmes combinaisons que nous. — Unité abstraite et collective des Grecs et des Romains. — Plan de l'Iliade, de l'Odyssée, de l'Énéide. — Conceptions théâtrales des Hellènes. — Les autres genres de poésie, l'architecture, le système religieux, les institutions politiques offraient, chez les anciens, les mêmes caractères. — Unité positive et réelle des modernes. — Tout dans nos arts, dans notre littérature, dans notre société, se rattache à l'individu. — La politique, la religion, le drame, l'épopée, la philosophie, les sciences naturelles subissent l'action de ce principe. — Les imitateurs des anciens ont, sans le savoir, changé leurs plans; les critiques n'ont pas vu le trait dominant qui sépare la civilisation antique de la civilisation moderne, la littérature classique de la littérature chrétienne et septentrionale. — Supériorité de notre méthode.

Nous regrettions tout à l'heure que Chateaubriand n'eût point comparé, dans le *Génie du Christianisme*, le plan des anciens et celui des modernes. Ils n'ont, en effet, aucune similitude. Or, on ne peut nier l'excessive importance du plan; il est le point de départ, la charpente osseuse, l'organisation intérieure qui anime et vivifie. Non-seulement il doit varier avec les époques, mais presque toutes les modifications externes, qui changent l'aspect de l'art, dérivent de son propre changement. Sans lui, point d'ouvrage : c'est la condition *sine quâ non* ; la forme naît de ses entrailles comme sa conséquence immédiate. Rien n'exigeait donc une attention plus scrupuleuse et l'on doit trouver bizarre que, depuis l'auteur des *Martyrs*, personne n'ait traité ce sujet fondamental. Nous allons essayer de remplir une aussi grave lacune.

Lorsqu'on étudie avec soin les monuments de l'antiquité, poèmes épiques, bas-reliefs, pièces de théâtre, édifices civils et religieux, on s'aperçoit bientôt que l'unité, comme la concevaient les Grecs, était abstraite et collective. Précisons cette sentence générale, et, pour suivre une marche logique, examinons d'abord la plus vaste des créations littéraires, l'épopée. Quel est le sujet de l'Iliade? La colère d'Achille. Homère nous en expose l'origine, la suite et la fin. L'œuvre commence avec elle et se termine dès qu'elle cesse. Or, la colère est une passion, un mouvement de l'âme ; elle ne constitue pas une entité. Elle ne saurait être que la modification d'un individu et n'existe pas sans un substratum. Quand on l'en détache, quand on la considère à part, elle devient donc une abstraction. Elle ne peut s'isoler que fictivement, dans l'intelligence, puisque la réalité ne l'offre jamais solitaire. Un poète qui la prend pour objet de ses peintures, met en conséquence sa fantaisie au service d'une abstraction.

L'analyse de l'Odyssée donne le même résultat. Le sublime aveugle ne se proposait point de chanter le sort d'Ulysse, mais uniquement son retour sous le toit de ses aïeux. Aussi ne raconte-t-il pas toute son histoire ;

il se borne aux infortunes qu'il éprouve depuis son départ de la Troade, jusqu'à son rétablissement inespéré dans ses domaines héréditaires. Ce qu'il a fait avant, ce qu'il fit après ne l'intéresse pas le moins du monde. Il laisse reposer son luth, dès qu'il a mené à fin cette longue aventure. Le sujet du poème n'est donc véritablement pas le roi d'Ithaque, mais une des grandes catastrophes de sa vie. Or, une action comme une passion n'existe que conditionnellement : elle n'est point par elle-même; il faut qu'un agent l'exécute. Fonder un ouvrage sur une action, c'est donc lui choisir une base abstraite.

L'Énéide rappelle beaucoup l'Odyssée. En dépit de son titre, elle n'est pas la biographie du héros, mais l'histoire de son établissement dans le Latium, origine lointaine du peuple souverain :

Genus undè latinum,
Albanique patres, atque altæ mœnia Romæ,

comme le dit l'invocation même du poète. Tout l'intérêt de l'ouvrage naît de sa lutte contre les obstacles qui l'empêchent d'atteindre l'Ausonie et d'y fixer son séjour. Lucain a suivi une route analogue : il ne chante ni Brutus, ni César, mais peint les malheurs de la *guerre civile*. Stace décrit la jalouse *haine* d'Etéocle et de Polynice ; Tryphiodore, la *Prise de Troie;* Apollonius d'Alexandrie, l'*Expédition des Argonautes*. Les anciens ont toujours donné pour centre à l'épopée un événement, une action ou une passion, jamais un individu, jamais une réalité subsistant par elle-même. Voyons maintenant le drame.

Peut-être ne trouverait-on pas une seule pièce grecque qui ne prouve ce que nous avons affirmé. Eschyle, dans le petit nombre de tragédies que les siècles envieux nous ont conservées de lui, semble avoir pris à tâche de faire ressortir le caractère particulier de la conception antique. Parcourez les *Sept chefs devant Thèbes*, et tâchez de découvrir quel en est le héros. Croyez-vous que ce soit Ismène, Étéocle, Antigone, Polynice, Amphiaraüs, Parthénopée ? Quant à moi, je ne penche ni pour les uns ni pour les autres. Le sujet me paraît être la guerre de Thèbes et l'affreuse destinée qui persécute la famille d'Œdipe : le fait et non les hommes qui l'ont accompli.

Les Perses donnent lieu à une analyse tout aussi concluante. Dès le début, nous voyons un peuple assemblé sur le rivage de la mer. Xerxès a livré les batailles de Platée et de Salamine ; l'Asie inquiète ignore l'issue des deux rencontres et l'on attend des nouvelles. Soudain le messager se présente : le roi des rois est vaincu ; l'épée grecque a détruit la majeure partie de ses soldats et dispersé le reste. En apprenant ce désastre, la foule est saisie de douleur, elle gémit sur le sort des victimes ; puis, lorsque Xerxès arrive enfin lui-même, elle passe de la plainte à l'indignation, elle l'accuse de folie, elle lui demande compte des milliers d'hommes qu'il a fait égorger. Il est impossible de nier que dans ce drame le principal acteur soit la nation des Perses ; en d'autres termes, qu'il repose sur une unité *collective*. Or, pour qu'une semblable unité existe, il faut que l'esprit embrasse, sous une même dénomination, tous les habitants d'un pays ; c'est donc vraiment une unité *abstraite*. Le personnage le plus important des *Suppliantes* est de même un personnage collectif : les cinquante filles de Danaüs. La pièce a pour sujet moins qu'une action, moins qu'un fait, moins qu'une infortune ; elle représente la situation de ces jeunes filles, entre les vaisseaux d'Egyptus qui les épouvantent et le roi d'Argos dont elles implorent la protection. Tant que dure le spectacle, elles restent immobiles près de l'autel de Jupiter ; leur position change et le drame s'arrête. Qu'on passe en revue toutes les figures dessinées dans le Prométhée, on trouvera que toutes sont des symboles.

Je ne veux point multiplier les arguments ; Euripide et Sophocle parlent d'eux-mêmes. A leur témoignage se joint l'autorité d'Aristote, et jamais littérature ne fut résumée par un homme, comme celle des Grecs par ce génie profondément analytique. Le passage suivant est si connu, que je devrais peut-être m'abstenir de le rappeler : « Le but de la tragédie, c'est ce qui fait le bonheur ou le malheur, c'est-à-dire l'action : car c'est elle qui nous rend fortunés ou infortunés, tandis que la qualité, l'essence de l'être nous rend seulement tels que nous sommes. » Plus loin il ajoute : « Les poètes tragiques ne composent point leur action pour représenter le caractère, mais représentent les mœurs pour amener l'action. » Ces deux phrases n'ont pas besoin de commentaires ; je ferai seulement observer que la seconde explique d'une manière aussi naturelle que satisfaisante les caractères génériques du drame ancien.

Il semble que la comédie, à laquelle on assigne pour but de réformer les spectateurs en leur montrant leurs ridicules, n'aurait jamais dû parvenir à grouper ses éléments autour d'une abstraction. Elle s'adresse aux individus et veut améliorer leur conduite : elle doit donc nous en découvrir les résultats fâcheux ou absurdes, dans des individus pareils à nous. Aucune sorte de composition ne révèle pourtant d'une manière plus évidente la tournure spéciale du génie antique. Presque tous les défauts, presque toutes les qualités d'Aristophanes dérivent de cette source. Comment, sans violer l'essence du genre, suivra-t-il la marche ordinaire de ses contemporains? D'abord il peindra de préférence les ridicules généraux de la nation; il mettra souvent en scène le peuple athénien sous les traits d'un esclave gourmand et bavard ; puis, au lieu de s'attacher au développement des faits et des caractères, il brisera son intrigue autant de fois qu'il le jugera convenable pour côtoyer de plus près sa pensée. Il créera de la sorte une poésie tellement symbolique, qu'à moins d'en saisir le sens caché, il est imposible d'y rien comprendre. D'ailleurs les matières qu'il traite sont des matières politiques : tantôt il conseille aux Athéniens de se réconcilier avec Lacédémone et de ne pas prolonger une guerre ruineuse (la Paix, Lysistrata, les Acharniens, les Guêpes, les Oiseaux); tantôt il leur fait sentir l'indignité de l'idole qu'ils ont choisie, de Cléon, fils d'un corroyeur (les Chevaliers) ; une autre fois il critique la trop grande facilité du gouvernement d'Athènes à admettre au rang de citoyen, et même aux premières places, des étrangers, des esclaves, des gens de basse condition ou notés d'infamie (les Grenouilles) ; enfin, il attaque le beau sexe tout entier dans les Fêtes de Cérès et dans les Harangueuses. Quant à la comédie moyenne, elle ne se distingue de la première que par l'absence des noms. Les personnages politiques n'en étaient pas moins nettement désignés aux rires de la multitude, et le poète censurait leurs actions avec la même liberté. Nous ne pouvons rien dire de la seconde comédie; il ne nous en est rien parvenu.

Si maintenant nous entrons dans le domaine de l'ode, pour y continuer nos investigations, nous obtiendrons des résultats semblables. Ecoutez un moment Pindare. Vainqueur aux jeux pythiques, Arcésilas est venu le prier de chanter son triomphe; il a promis à l'heureux lutteur de le rendre immortel; mais comme il trouve fort ennuyeux de célébrer un homme, il préfère nous raconter la fondation de sa patrie et l'expédition des Argonautes, sous prétexte que Battus, l'un des aïeux d'Arcésilas, avait été le dix-septième descendant d'Euphémus, parti pour la Colchide avec Jason. Mégaclès et Psaumis de Camarine l'ont aussi prié de consacrer leur gloire dans ses vers. Le malheur a voulu qu'il leur donnât sa parole, et néanmoins il ne sait plus de quelle manière esquiver son sujet. Il termine sa tâche à la hâte, et laisse ses deux héros tout ébahis de le voir s'arrêter après la troisième strophe. Il aime mieux prendre le tour le plus bizarre que de prostituer à un individu les faveurs de sa muse. Son désordre célèbre, que les critiques ont regardé comme une marque d'enthousiasme, est produit par ses efforts continuels pour ne pas s'occuper des athlètes dont il doit faire l'apothéose. Il les quitte sans cesse, afin de traiter des matières plus générales.

En architecture, les formes que les artistes grecs affectionnent sont les formes géométriques, et parmi les formes géométriques, celles qui se composent uniquement de lignes droites. Personne n'ignore que les configurations régulières et à angles droits sont de toutes les moins fréquentes dans la nature. La spéculation les revendique comme un de ses produits les plus purs ; car, si la réalité les suggère, elle ne les donne pas complètes. L'architecture grecque, amoureuse de plans parallélogrammatiques et d'édifices cubiques, surmontés d'un triangle, est donc un art abstrait dans ses éléments. Les Romains accrurent le nombre de ceux-ci en leur adjoignant le cercle, et, sous ce rapport, ils se rapprochèrent des formes affectées par la matière, puisque les astres, les fruits et les prunelles des animaux nous en offrent de semblables ; néanmoins, les lignes qui tracent le contour des rotondes et l'hémicycle des pleins-cintres, sont beaucoup trop exactes pour qu'on les compare à la gracieuse irrégularité des objets naturels. Dans l'emploi qu'en ont d'ailleurs fait les Romains, aucun trait ne rappelle les perspectives fuyantes de la réalité.

Quittons un moment l'enceinte de l'art pour entrer dans celle de la politique. Quelles constitutions régissent les peuples de la Grèce et de l'Italie ? Tous n'obéissent-ils pas à des gouvernements collectifs ? La nation entière participe aux actes publics, ou remet le soin des affaires qu'elle ne dirige pas elle-même entre les mains de sénateurs, d'archontes, d'éphores, tout au plus de consuls et de rois, qui, bien loin d'être considérés comme autocrates, ne sont que des présidents temporaires. Le signe distinctif des sociétés antiques, c'est la prédominance de l'Etat sur l'individu, de la patrie sur l'homme. Sparte suffirait pour le prouver. Dans la cité idéale que Platon élève en accumulant les rêveries, il ne fait que résumer cette tendance de l'esprit grec ; mais, emporté par son désir de tracer un modèle complet d'organisation politique, il exagère tellement l'importance de l'Etat aux dépens de l'individu, que son projet devient tout à fait inexécutable, parce qu'il repose sur une base hypothétique, à savoir que l'homme peut être uniquement citoyen.

Ce n'est pas seulement la terre que modifie ce singulier amour de l'unité abstraite; il envahit encore le ciel de l'antiquité. Le premier de leurs dieux, c'est le Destin, puissance invisible et mystérieuse, à laquelle on ne donne aucune figure précise et que les artistes n'osent choisir pour sujet de représentation. Le Destin est une divinité abstraite que l'intelligence conçoit, que la superstition redoute; mais l'imagination ne lui prête ni désir ni haine, comme aux autres pouvoirs célestes. Ses attributs sont une urne et un bandeau : l'urne dans laquelle il puise au hasard, le bandeau qui lui couvre les yeux, symbole de l'action obscure qu'il exerce sur le monde sans la comprendre lui-même. Plus bas, nous apercevons le sénat des douze grands dieux et la république des trente mille divinités inférieures. L'unité de l'univers, dont ils entretiennent la vie, n'est donc pas une unité réelle comme celle que produirait l'unité de la cause première; c'est une unité collective, la résultante d'une multitude d'efforts simultanés.

L'aspect sous lequel nous apparaissent les temps modernes est bien différent. Deux exemples fameux, pris dans la peinture et dans la sculpture, vont d'abord nous servir de termes de comparaison.

On demande à Poussin quatre tableaux que doivent remplir les emblèmes du printemps, de l'été, de l'automne et de l'hiver. Qu'eût fait un artiste grec? Il aurait dessiné quatre figures mythologiques, flanquées de certains attributs. Poussin jugea plus poétique de remplacer une froide personnification par un événement réel, l'idée abstraite de saison par un événement historique qui lui servit de signe. En conséquence, il peignit Adam et Ève au milieu du paradis, Ruth suivant les moissonneurs de Booz, Caleb et Josué rapportant aux Hébreux inquiets les raisins de l'Idumée, et, pour scène dernière, le globe terrestre enseveli dans le linceul des eaux.

Michel-Ange s'est chargé de sculpter l'image de la nuit sur le tombeau des Médicis. Croyez-vous qu'il pense à tailler une déesse allégorique? Le grand homme sait trop combien ces êtres conventionnels intéressent peu le spectateur. Au lieu de tirer du bloc une Diane nocturne, un classique Morphée, laissant tomber sur les yeux des humains ses lourds pavots de marbre, il en fait sortir une jeune femme mollement plongée dans le repos. Qu'est-ce en effet que la nuit? une négation, l'absence de la lumière, accompagnée d'un état spécial des animaux et des plantes. La sculpture ne trouve point là de sujet convenable pour son ciseau. D'un autre côté, revêtir la nuit de formes symboliques, c'est habiller une abstraction. Michel-Ange préféra montrer dans un individu les effets qu'elle produit ; là où le sculpteur antique aurait mis une idée, il a mis une réalité.

Tournons-nous actuellement vers la religion, la politique et la littérature.

Guillaume Schlegel s'est épuisé à courir autour du drame moderne : il cherchait un point de vue qui lui permît d'en saisir l'unité. Comme le figuier des Banians, la plupart de nos pièces semblent avoir plusieurs tiges; on se perd sous les voûtes formées par leurs ramifications luxuriantes, sans pouvoir découvrir la souche principale qui donne naissance à des jets si nombreux. Telle œuvre de Shakespeare renferme sept ou huit actions ; chacune vient à son tour occuper la scène, et l'on croirait voir ces petites figures qui sortent tout à coup de leurs niches, pour frapper l'heure sur le timbre des vieilles horloges. Mais c'est faute d'avoir embrassé l'ère chrétienne dans son ensemble que Guillaume Schlegel s'est couvert de tant de sueurs inutiles. S'il est vrai que la littérature soit le miroir de la société, l'intérieur d'un poème doit offrir la même organisation que l'époque dans laquelle vivait l'auteur. Le monde antique nous en a déjà fourni une preuve ; les temps dont le nôtre est successeur immédiat en recèlent une seconde, ou la maxime tombe d'elle-même ; une exception de deux mille ans n'est pas admissible.

A l'instant où commence l'agonie de la civilisation païenne, le monde devient la propriété d'un seul homme. Les peuples de l'Orient et du Couchant, du Nord et du Midi, s'inclinent devant le trône d'Auguste. Ce symptôme annonce que l'arrêt de mort de l'antiquité vient d'être signé par la Providence. Son aspect change; le pouvoir passe des mains de la nation et des corps qui la représentent, aux mains d'un individu. La vie collective, première condition de son existence, languit et meurt sous le regard d'un maître. Aussi l'empereur ceint à peine le diadème, que Rome est saisie d'un tremblement prophétique. Elle pâlit au milieu de ses fêtes, ses genoux défaillants cèdent au poids de son corps : elle se sent expirer.

Mais par une admirable prévoyance de la nature, les causes de ruine sont en même temps des causes de reproduction. Le principe d'individualité, qui fait tomber le paganisme en poussière, va rendre cette poussière féconde et tirer un nouveau monde de son sein.

Et d'abord, Jésus s'annonce comme le fils de Dieu. Beaucoup le renient, mais ceux qui croient en lui confondent la religion qu'il apporte avec l'adoration de sa personne. Nul d'entre eux n'oserait isoler ses paroles. C'est un verbe, une révélation incarnée, un dogme fait individu. Le Dieu qu'il proclame ne ressemble point aux dieux innombrables du polythéisme : sa présence occupe l'immensité tout entière. Rien qui ne vienne de lui, rien qui ne retourne à lui ; une véritable unité, celle de la cause première, remplace l'unité abstraite, l'unité purement harmonique de la période antérieure. Cependant le Nazaréen reçoit l'investiture de l'hémisphère occidental avec la couronne d'épines, la palme dérisoire et le manteau de pourpre sanglante. Il meurt, et quelques années s'écoulent ; les éléments de l'empire se fuient déjà l'un l'autre, comme les aiguilles aimantées dont on met les pôles semblables en présence. Les évêques succèdent aux autorités municipales ; puis lorsque la hache germanique a dépecé l'empire, les peuples nouveaux prennent chacun un roi parmi les chefs qui les ont conduits à la bataille. Le temps marche, marche toujours, et bientôt la féodalité se constitue. L'empereur, comme représentant de la puissance matérielle, monte au sommet de cette hiérarchie belliqueuse ; derrière lui, viennent les monarques; derrière les monarques paraissent les ducs et les comtes ; derrière ceux-ci, les chevaliers et les feudataires inférieurs. Quelque part qu'on tourne les yeux, on rencontre un homme au centre d'une action. L'individu règne ; c'est lui qui commande, récompense et punit; les lois sont mortes depuis longtemps et la cité n'est plus qu'un mot.

Dans l'Église, même organisation. Le pape, en qui se résume le pouvoir spirituel, domine du haut des sept collines ses vassaux intellectuels, répandus d'un bout de l'Europe à l'autre. Les cardinaux, les métropolitains, les évêques s'échelonnent au-dessous de lui. Partout l'homme exerce une influence directe sur l'homme.

En architecture, au lieu du parallélogramme, nous apercevons la croix. Le plan n'est plus géométrique, abstrait : il prend la forme d'un instrument sanctifié par un divin martyre. Le concret s'est substitué à l'idée pure. La masse de l'édifice, loin de s'enfermer entre les six faces d'un cube, présente des combinaisons tellement spéciales qu'elles ont dû manifestement naître dans des circonstances toutes particulières. Les voûtes, les flèches, les clochetons et les roses font d'ailleurs penser à des objets réels.

L'épopée ne chante plus un événement, la destruction d'une ville ou la lutte acharnée de deux races ; elle prend pour thème un homme fameux, dont les peuples ont longtemps vu le glaive reluire sur leurs têtes. Elle trace autour de Siegfried, d'Attila, d'Arthus et de Charlemagne les cycles merveilleux de la poésie chevaleresque. C'est devant ces grandes figures qu'elle sent l'éloquence monter de son cœur à ses lèvres. Aux mélodies plaintives de l'orgue, aux longs récits de l'épopée, les troubadours et les ménestrels répondent en accordant leur viole d'amour. Ils ne célèbrent ni les mythes religieux, ni des guerres nationales, mais la beauté de leur dame et les ivresses de leur passion. S'ils descendent jusqu'au mode des pleurs, ce sera pour peindre le désespoir qui agite son épée flamboyante au fond de leur âme. Quelque ton qu'ils prennent du reste, jamais ils ne sortent d'eux-mêmes ; leur muse ne passe point le seuil de la conscience et décrit sans cesse les querelles intestines de leurs sentiments.

Est-il besoin de dire à présent en quoi consiste l'unité du drame? Dans la poésie, comme dans la réalité moderne, l'individu rattache à lui tout ce qui l'environne. La continuité de la destinée remplace la continuité de l'action. De là vient que celle-ci peut s'interrompre avec Boiardo, Pulci, Sterne, l'Arioste, et perdre sa simplicité avec Shakespeare, sans que l'œuvre cesse de former un ensemble parfaitement coordonné ; de là vient que le héros peut naître au premier acte et mourir à la dernière scène. Il ne s'agit plus d'un événement ou d'une situation, mais bien d'un homme ; tant que dure la vie du héros, le poète a le droit de suivre ses traces ; leur chemin est le même.

Passez en revue les productions les plus diverses de l'Europe depuis la chute de Rome, vous trouverez dans toutes un système de composition identique. On pourrait, s'il était nécessaire, en donner des preuves sans nombre. La poésie lyrique, toujours occupée d'émotions intimes, n'existait réellement pas avant le christianisme. Le roman, genre ignoré des anciens, parce qu'il fixe les regards ou sur les malheurs des individus, ou sur les agitations de leur âme, dévoilerait à lui seul la force croissante de la personnalité moderne, depuis son apparition au troisième siècle de l'ère actuelle jusqu'à la présente année, où il se montre si florissant. Notre comédie a pour but exclusif de peindre les caractères. Il n'est point une seule occupation de l'activité humaine que le principe de l'individualité ne régisse chez nous. Notre philosophie est née de la psychologie, c'est-à-dire de l'analyse que l'individu fait subir à ses propres facultés. Descartes, Locke, Berkeley, Hume, Reid, Dugald Stewart, Kant, Fichte, Hegel sont surtout des psychologues. La pensée grecque, au contraire, ne sortait point du domaine objectif. C'est ce que prouvent ses différents systèmes cosmogoniques et ontologiques. Dans les sciences naturelles, nous avons remplacé par l'observation, ou l'étude des lois spéciales de chaque objet, les orgueilleuses hypothèses de l'antiquité, qui voulait imposer ses théories à la nature.

Non-seulement les critiques n'ont point remarqué cette différence, mais les poètes qui ont pris les anciens pour modèles ne l'ont pas davantage aperçue. Ils voulaient copier leur manière et négligeaient tout d'abord le point le plus essentiel; tant on a de peine à imiter l'art d'une période trop éloignée, tant il est absurde de vouloir dépouiller sa propre nature! Les classiques, en croyant restaurer la Grèce, ont bâti leurs œuvres selon le plan moderne. C'est presque toujours un individu qui en forme le pivot, et non pas un événement ou une action. Nicomède, le Cid, Polyeucte, Horace, Pompée, Sertorius le prouvent suffisamment. Il y a dans ces pièces plusieurs péripéties consécutives, le héros change plusieurs fois de situation, et sans la permanence de l'intérêt qu'il excite, l'ouvrage n'aurait pas d'unité. Horace eût fourni trois sujets à un artiste ancien : la guerre d'Albe et de Rome, terminée par la lutte des Horaces contre les Curiaces, eût rempli le premier drame ; les amours de Camille et sa fin tragique, le deuxième ; le jugement de son frère et son absolution, le dernier. Le Cid n'eût pas été moins productif : la querelle de don Diégo et du comte de Gormas, occasionnant la mort de celui-ci, première pièce ; descente des Mores, victoire du Cid, deuxième pièce ; accusation, acquittement et fiançailles de Rodrigue, troisième pièce. Le mariage de Pauline en l'absence de Sévère et le désespoir du chevalier romain ; les doutes, la conversion de Polyeucte au christianisme et son attentat contre les idoles païennes ; sa captivité, sa mort et le changement soudain de sa famille auraient de même fourni matière à une trilogie grecque. Si l'on en doute, qu'on relise l'OEdipe à Colonne, le Philoctète et l'Ajax de Sophocle, on verra combien est étroit le sujet qu'ils embrassent. Les pièces de Racine donnent lieu à de semblables remarques. Bajazet, Alexandre, Esther, Iphigénie, Britannicus, Andromaque, Athalie sont le véritable centre des ouvrages où ils paraissent, et non point seulement des intermédiaires entre les spectateurs et une action envahissante, dont on désire les rendre témoins. Et outre que les auteurs modernes ont compliqué toutes les fables qu'ils ont empruntées des Grecs, ils les ont, dans mainte circonstance, doublées d'épisodes, qui prouvent à quel point l'unité rigoureuse de l'action antique leur est peu naturelle et peu agréable.

On doit au surplus regarder comme un bonheur providentiel pour les chrétiens qu'ils n'aient pu s'assimiler le goût des Hellènes sous ce rapport. Ils eussent ainsi rétrogradé vers un art moins parfait. Le plan qu'ils suivent est littérairement bien meilleur.

Un coup d'œil jeté sur la philosophie et la poésie nous montre effectivement qu'elles obéissent à des tendances contraires. L'une s'élève de généralités en généralités jusqu'à ce qu'elle atteigne les régions métaphysiques, par delà lesquelles elle ne trouve plus assez d'air pour soutenir son vol ; l'autre regarde les abstractions comme de vagues chimères et s'efforce de reproduire l'apparence de la vie, c'est-à-dire, du concret. Quand le philosophe étudie ses semblables, il cherche en eux l'homme universel, la portion constante de leur être, qui reste la même sous tous les climats et dans tous les temps ; il veut saisir l'essence et les traits immuables de leur nature, se former un type absolu, qui, dominant toutes les individualités, ne renferme aucun élément individuel. Le poète, au contraire, affectionne les attributs spéciaux ; il vise à faire illusion et tout est particulier dans le monde réel ; son homme avant de le charmer doit donc avoir pris une tournure et une physionomie si caractéristiques, si frappantes, qu'elles le distinguent du reste de l'espèce. Alors seulement il peut s'applaudir de son travail, regarder avec joie sa créature et la nommer Tartufe, Richard III ou Lovelace.

Il y a une évidente harmonie entre cette loi fondamentale de l'art et le plan tel que les modernes le conçoivent. Celui des Grecs et des Romains heurtait l'essence de la poésie ; sous ses auspices, l'abstraction prenait place dans un domaine où elle ne doit jamais paraître. Ici encore nous sommes donc en progrès sur nos devanciers, et, comme c'est un point d'une extrême importance, je m'estime heureux d'avoir fourni ce nouvel argument au système de la perfectibilité humaine.

CHAPITRE IV.

Suite du mouvement religieux.

La Harpe converti. — Ses fureurs contre la Révolution et la philosophie du xviiie siècle. — *Du fanatisme dans la langue révolutionnaire.* — *Correspondance littéraire avec la Russie.* — *Le triomphe de la Religion.* — Système historique de M. de Bonald. — La littérature est l'expression de la société. — Le progrès religieux a fait passer notre espèce de la religion domestique des premiers hommes à la religion nationale des Juifs, et de celle-ci à la religion universelle du christianisme. — Le même mouvement s'opère dans la société, la politique et les belles-lettres. — Les dernières passent des sujets domestiques aux sujets nationaux, puis aux motifs d'un intérêt général. — Examen de cette théorie. — Mauvaise application d'un principe juste en lui-même. — La littérature ne suit point la marche que suppose M. de Bonald. — La poésie moderne est moins abstraite, plus individuelle que la poésie antique. — Complication progressive de l'art. — Doutes mal fondés de M. de Bonald sur l'avenir de la littérature.

Un si prodigieux mouvement de réaction entraînait la France vers les abîmes du passé, que les plus libres penseurs, que les philosophes et les démocrates les plus hardis fulminaient contre la république, tombaient à genoux devant les autels. Chateaubriand lui-même avait débuté par une œuvre d'incrédule et de réformateur politique. Son *Essai sur les Révolutions*, qu'il a depuis tant de fois désavoué, ne sent ni le chrétien ni le royaliste. Quelqu'un aurait-il présumé que l'auteur deviendrait le plus ferme soutien de l'Église et des Bourbons ? Voyez cependant comme l'esprit public était changé : dans son livre fondamental, il put garder le silence sur l'inquisition, les dragonnades, la Saint-Barthélemy, les massacres des Pays-Bas, les férocités de la maison d'Autriche, la sanguinaire astuce des capucins et des jésuites, sans que l'on remarquât cette omission volontaire. N'espérant point disculper des forfaits abominables, inspirés par le catholicisme, Chateaubriand avait mieux aimé n'en rien dire. Son habile tactique fut couronnée de succès : pendant un demi-siècle, personne n'a remarqué ou signalé cette importante lacune.

Mais un auteur plus étroitement lié au parti de l'avenir et qui lui avait donné des gages nombreux pendant trente ans, La Harpe montrait une bien plus grande animosité contre la révolution. Disciple de Voltaire, son protégé, son commensal et son fils adoptif (1), répétant avec une docilité enfantine ses moindres aperçus, enchaîné aux erreurs de son faux système littéraire, poussant l'admiration jusqu'à l'idolâtrie, jacobin après 89, honnissant encore la piété comme un absurde fanatisme, dans trois déclamations publiées par le *Mercure*, en 1793, l'irascible critique n'en devenait pas moins bigot l'année suivante, pendait un rosaire à son côté, se trempait d'eau bénite et excommuniait les philosophes. Son

(1) La Harpe, qui passait quelquefois une année entière à Ferney, ne se contentait pas de donner au moderne Lucien le titre de père : il le nommait *papa*, pour marquer une plus intime union de cœur, une tendresse plus familière, et le vieux goguenard l'appelait toujours *mon fils*.

livre intitulé : *Du fanatisme dans la langue révolutionnaire, ou de la persécution suscitée par les barbares du dix-huitième siècle contre la religion chrétienne et ses ministres* (1797), doit être classé parmi les plus véhémentes objurgations lancées contre la république. L'auteur rompt sans ménagement avec son passé, brûle ce qu'il adorait, adore ce qu'il brûlait, et ne trouve pas de termes assez injurieux pour exprimer sa fureur. *Le Triomphe de la Religion, ou le Roi-Martyr*, épopée en six chants, et une œuvre en prose : *Fragments de l'Apologie de la Religion*, attestent le même zèle furieux, la même dévotion outrageante. Ces emportements font songer aux vers de Boileau sur Santeuil :

> On croirait en lui voir le diable
> Que Dieu force à louer les saints.

La même année où parut le *Génie du Christianisme*, La Harpe fit imprimer un ouvrage d'une autre nature. Il avait eu pendant longtemps une correspondance littéraire avec le grand-duc de Russie, fils de l'empereur. Il le tenait au courant des nouveautés poétiques et philosophiques, lui racontait succinctement la vie des auteurs et jugeait leurs productions. Peut-être ne voulait-il pas d'abord publier ces lettres ; mais comme il y avait narré une foule de détails intéressants, comme elles ne forment pas moins de six volumes (depuis 1774 jusqu'à 1791), il pensa qu'elles pourraient servir de supplément à son cours et les tira du secret. Elles excitèrent contre lui un violent orage ; la plupart des auteurs qu'il avait dépeints le trouvaient naturellement d'une injustice révoltante ; mille plaintes, milles menaces l'assaillirent. Mais il avait l'habitude du métier ; il ne se laissa pas émouvoir et entendit les réclamations, le sourire à la bouche. Comme un bon pilote, il savait de quel point du ciel venait la tempête et l'avait lui-même prédite. Pour nous qui lisons l'ouvrage d'une manière plus tranquille, nous n'y voyons pas cette intention de dénigrer dont on accusait l'auteur. Il tient la balance d'une main juste et ferme ; presque tous ses arrêts ont été sanctionnés par le public. Cette circonstance nous montre que rien n'est aussi dangereux que de vouloir apprécier les hommes et surtout les écrivains. La louange même les blesse souvent, lorsqu'elle ne leur est pas donnée dans la mesure et sous la forme qui l'égalerait à leur ambition. Au reste, ce livre ne contenant pas d'idées nouvelles et n'abordant même pas la sphère des idées proprement dites, nous ne l'examinerons point en détail.

La *Législation primitive* de M. de Bonald, publiée en 1802, nous occupera davantage. Comme c'est là que l'auteur a pour la première fois développé cette fameuse sentence : La littérature est l'expression de la société, nous résumerons et jugerons ici sa doctrine critique. Il l'a formulée à diverses reprises. Le quatrième chapitre de sa *Théorie du pouvoir*, publiée pendant son émigration (1), renferme une page où il en ébauche les traits généraux. En 1801, il l'exposa moins brièvement dans un article du *Mercure*. L'année suivante, il l'effleura dans son traité *De la législation primitive*, et à l'appui de ses phrases rapides, il inséra l'article parmi les notes. Il remua de nouveau ces idées en août 1806 et les traita

---

(1) En 1794.

d'une manière plus détaillée qu'il n'avait encore fait (1). Presque tous les morceaux critiques formant partie de ses *Mélanges* (1819) contiennent des allusions à ce système. M. de Bonald n'y a jamais renoncé, ne l'a jamais changé : il a eu sur ce terrain la même persévérance que sur celui de la politique et de la philosophie. Ses opinions littéraires sont d'ailleurs la conséquence de sa doctrine sociale. Nous les résumerons donc sans peine ; leur unité en facilite l'intelligence et l'explication.

Les vues historiques qui leur ont donné le jour ayant été revêtues par l'auteur lui-même d'une forme succincte, nous citerons cette courte analyse :

« Le progrès, le développement, l'accomplissement de la société religieuse a été, nous dit-il, de faire passer le genre humain de la religion domestique des premiers hommes à la religion nationale des juifs, et de celle-ci à la religion générale du christianisme, qui doit réunir tous les hommes dans la croyance des mêmes dogmes et la pratique de la même action religieuse ou du même culte ; société la plus parfaite ou la plus civilisée, parce qu'elle est la plus éclairée, la plus forte et la plus stable des sociétés, même à ne la considérer que politiquement.

« Le progrès, le développement, l'accomplissement de la société politique en Europe a été de faire passer les hommes de l'état domestique, errant et grossier des peuplades scythiques, germaines ou teutones, dont l'état social se retrouve encore chez les Tartares de la haute Asie ou chez les sauvages du nouveau monde, à l'état

---

(1) Dans un travail intitulé : *Du Style et de la Littérature*.

public et fixe des peuples civilisés qui composent la chrétienté. Car les peuples naissants sont des nations divisées par familles, et les peuples civilisés sont des familles réunies en corps de nation. *Familiæ gentium*, dit l'Écriture. »

Considérant les belles-lettres, après la religion et la politique, M. de Bonald trouve qu'elles suivent une marche analogue, et cette similitude lui paraît confirmer la loi générale qui, selon lui, gouverne l'histoire. « Ainsi, à observer, depuis Homère jusqu'à nos jours, les progrès de la littérature, qu'on peut regarder comme l'expression de la société, on la voit passer graduellement du genre *familier* et naïf, et en quelque sorte domestique, au genre d'un naturel plus noble, et qu'on peut appeler public. »

Si donc la longue querelle des anciens et des modernes n'a jamais produit de résultats satisfaisants, c'est qu'on s'est occupé des ouvrages sans remonter aux causes, sans se demander sur quelles bases doit porter le parallèle; notre apologue n'est pas l'apologue des anciens, notre drame le drame des anciens, notre épopée l'épopée des anciens, notre société enfin la société des anciens; car la littérature est le miroir de la société; ses changements supposent que le monde civil a changé avant elle.

La manière dont le poète fait agir et parler ses personnages se nomme les mœurs. Ces mœurs sont privées ou publiques : privées quand elles peignent les rapports des individus au sein de la famille; publiques, quand elles peignent les rapports généraux des êtres en société.

Cette distinction des mœurs poétiques en deux genres se reflète dans la littérature ; elle y produit le genre familier, domestique, pastoral, bachique, élégiaque, chantant les plaisirs, les soucis de l'homme privé ; et le genre héroïque, tragique, lyrique, épique, célébrant les personnages illustres, les grandes catastrophes sociales, religieuses ou politiques.

La perfection du genre familier est le naturel naïf, qui, poussé trop loin, se change en niais et en puéril ; la perfection du genre héroïque est le naturel grand, élevé, sublime, dont l'excès produit le gigantesque, le monstrueux. Les anciens, plus près des temps où l'homme vivait uniquement en famille, se sont distingués dans le premier genre ; Homère surtout offre des modèles de naïveté. Les modernes, parvenus à un état social plus avancé, ont mis leurs forces au service du genre héroïque ; Bossuet et Corneille, entre autres, renferment des traits de grandeur sublime que les anciens n'ont pas égalés.

C'est là qu'est le point décisif du procès ; là se trouve l'unique moyen de conciliation.

Si l'on veut comparer avec fruit la littérature ancienne et la littérature moderne, il faut prendre les extrêmes des deux genres, la poésie pastorale pour le genre familier, la poésie épique pour le genre noble. Le parallèle sera facile et de la dernière rigueur, car nous possédons les idylles de Théocrite, les bucoliques de Virgile et les pastorales de Gessner (le coryphée du genre chez les modernes, dit M. de Bonald!); l'Iliade, l'Énéide et la Jérusalem délivrée attendent aussi notre examen. Or, en étudiant ces trois productions à la fois dans chaque espèce, « on remarque l'enfance des genres dans les premières, et au temps de l'enfance de la société ; l'adolescence des genres dans les secondes, et au temps de l'adolescence de la société ; la virilité des genres dans les troisièmes, et au temps de la perfection de la société. En sorte qu'on peut dire, en forme de proportion géométrique, que les idylles de Théocrite, les églogues de Virgile, les pastorales de Gessner, sont entre elles dans les mêmes rapports que les épopées d'Homère, de Virgile et du Tasse. »

Ainsi, les mœurs exprimées par Théocrite sont d'une simplicité rustique ; il mérite même un reproche plus grave, que Virgile a aussi encouru dans son églogue de Corydon et Alexis. Gessner peint une nature simple, mais décente ; il évite à la fois le luxe et la grossièreté. Virgile tient le milieu entre la naïveté inculte de Théocrite et l'habile parure de Gessner. Les mêmes rapports subsistent entre les trois épopées. A ne considérer que les matières qu'on y traite, le sujet est purement familier dans Homère : il s'agit d'une esclave enlevée à son maître. Plus national dans Virgile, c'est la fondation de Rome ; plus général dans le Tasse, c'est le dogme chrétien, qui doit devenir la religion universelle, défendu contre les mécréants. Les circonstances sont ici dignes de la cause : l'Europe entière se jette sur l'Asie ; les rois les plus puissants terrassent de leur propre main les infidèles.

Les mœurs donnent lieu à des observations pareilles. Agamemnon est brave, il sait gouverner les peuples ; ce sont des mœurs publiques bonnes dans un chef ; mais son orgueil, sa brutalité irritent tous ses auxiliaires. Énée est brave et pieux, ses mœurs sont meilleures ; mais sa folle passion pour Didon contrarie la grandeur de sa destinée et les ordres des dieux. Godefroid réunit toutes les vertus d'un héros ou d'un chef ; il n'a aucun des vices, aucune des faiblesses de l'homme privé.

Les héros d'Homère se livrent à des soins domestiques, ceux de Virgile s'amusent à des jeux, ceux du Tasse ressentent les douleurs et les transports de l'amour. Les faiblesses du cœur sont les seules passions qu'admette la noblesse du genre héroïque, les seules qui ne fassent point disparate dans les scènes du drame, dans les narrations de l'épopée.

La valeur noble, généreuse, soutenue, des héros du Tasse l'emporte sur la valeur féroce, brutale, versatile, des héros d'Homère ; les combats du premier trahissent l'influence du droit des gens reçu chez les chrétiens, qui laisse à l'humanité tout ce qu'il peut lui accorder sans diminuer la bravoure. Les héros de Virgile, moins parfaits que ceux du Tasse, ont moins de rudesse que ceux de l'Iliade. Virgile est en progrès sur Homère, comme le Tasse sur Virgile.

La tragédie grecque comparée à la tragédie française présente absolument les mêmes rapports. Il y a dans la nôtre plus d'art, d'intérêt et d'action, des mœurs plus nobles et plus soutenues. Ici l'anneau du milieu se trouve brisé : le drame latin n'existe pas. La comédie seule permet d'achever le parallèle. « La bouffonnerie d'Aristophanes, la décence de Térence, l'élévation de Molière et de nos bons comiques, dans le Misanthrope, le Glorieux, le Méchant, dont le genre, noble sans être héroïque, n'était pas connu des anciens, nous donneraient les trois termes de l'enfance, de l'adolescence et de la virilité. Nous les retrouverions aussi distinctement marqués dans la nudité d'Ésope, dans la simplicité de Phèdre et dans les grâces de La Fontaine ; enfin les épigrammes de l'anthologie, celles de Martial et les nôtres nous offriraient les mêmes points de comparaison. »

M. de Bonald achève ce tableau plus hardi qu'exact en rendant au christianisme la justice qu'il mérite ; puisqu'il a été la source du progrès social, il l'a été aussi du progrès des lettres.

Telle est l'invariable et unique application que l'auteur de la *Législation primitive* fit de son système à la poésie. On peut lire tous ses ouvrages, on ne trouvera pas autre chose. Une fois seulement la ressemblance de cette idée mise au jour par Buffon, que le style exprime l'homme, avec son jugement à lui, que la littérature est l'expression de la société, lui inspira l'envie de soumettre à l'analyse la sentence du grand naturaliste, pour séparer les éléments qu'elle renferme. Il s'en acquitta d'une manière habile ; mais on voit que dans cette espèce de digression sa propre théorie demeura toujours devant ses yeux.

« L'homme est esprit et corps ; le style, expression de l'homme, sera donc idées et images ; idées qui sont la représentation d'objets intellectuels ; images qui sont la représentation et la figure d'objets sensibles et corporels. Un bon style consiste dans l'heureux mélange de ces deux objets de nos pensées, comme l'homme lui-même, dans toute la perfection de son être, est formé de l'union des deux substances et réunit à une intelligence étendue des organes capables de la servir. » Un style, où règne solitairement la pensée, manque d'éclat, de charme et de souplesse ; un style tout en images éblouit et fatigue, de même que ces pièces de théâtre, qui font passer rapidement sous les yeux une multitude de décors.

Mais l'homme n'est pas seulement doué d'intelligence et d'imagination ; il possède en outre une sensibilité plus ou moins vive. Le style sera donc sentiment aussi bien qu'idées et images. Pensée, fantaisie, sentiment, voilà les trois sources du style. Le style parfait suppose en conséquence vérité dans les idées, vérité dans les images, vérité dans les sentiments, vérité dans leur rapport mutuel ; s'il les contient, il offre mille attraits, il exerce sur l'âme une puissante influence.

Maintenant que nous avons exposé la doctrine de M. de Bonald, nous allons en apprécier la valeur.

Il faut dans ce système distinguer deux parties : l'élément le plus général, le plus abstrait, à savoir, la maxime qui fait de la littérature l'expression de la société, puis l'élément secondaire, spécial, restreint, l'application de cette maxime à l'histoire des lettres, en prenant pour point de départ la théorie politique et religieuse de l'auteur.

Considéré d'une manière absolue, le principe est irrécusablement vrai. Sa justesse, son évidence ont assuré son triomphe et nous ne l'étayerons d'aucune preuve. La philosophie de l'histoire des arts ne pourra s'élever sur une autre base. Nous devons seulement regretter que, depuis sa divulgation, ce théorème soit demeuré en jachère, ou du moins n'ait produit que des tiges clairsemées de froment, lorsqu'une critique un peu habile lui aurait fait engendrer de merveilleuses moissons.

Les résultats que M. de Bonald croit légitimement obtenir par son secours, ne méritent pas les mêmes éloges. Nous pouvons d'autant moins leur accorder une valeur réelle, qu'ils sont en contradiction avec la théorie qui forme la matière du chapitre précédent. Les trois périodes, dans lesquelles l'ingénieux auteur renferme le développement de l'art, ne me paraissent point admissibles. Comment prouverait-on que la poésie a été plus famillière chez les Grecs, plus nationale chez les Latins, plus générale chez les modernes? Le contraire semble vrai; loin que la vie de famille ait brillé de tout son chaste et solitaire éclat sous le règne des habitudes grecques, c'est la vie publique, sociale, la vie de l'agora, qui atteignit son point culminant. Lacédémone avait annulé la première; de peur que les amours naturels ne l'emportassent sur l'amour de la patrie, elle avait brisé la pierre du foyer domestique, dépouillé de son secret et de ses charmes la retraite conjugale; l'individu n'était pour elle qu'un citoyen. Quoique la politique n'exerçât point un aussi rude empire au milieu d'Athènes, que les habitants n'eussent point sacrifié leur indépendance à l'État, celui-ci n'en absorbait pas moins presque toute leur attention; c'était vers la tribune que se dirigeaient sans cesse leurs regards. Aussi la littérature grecque franchit-elle rarement le seuil de l'existence privée; elle aime le grand air, la vaste enceinte des places et les rayons qui tombent de son ciel diaphane. Ses deux épopées racontent, l'une la principale guerre des temps héroïques, l'autre les malheurs qui en furent le résultat. L'enlèvement de Briséis ne ne forme pas le sujet de l'Iliade; ce que l'auteur expose, ce sont les fatales conséquences de l'irritation d'Achille, dans une lutte mortelle entre deux races. Que chante la lyre grecque sous les doigts de Simonide et sous ceux de Pindare? Les fêtes nationales. C'est au milieu des fêtes religieuses, à la clarté du soleil, devant toute la population d'Athènes, que le drame monte sur son cothurne et verse dans les âmes la joie ou la terreur. Il a pour base des traditions historiques, mythologiques; les événements contemporains ne sont célébrés par lui que s'ils intéressent le peuple entier : Eschyle peindra l'affliction des Perses vaincus. Entre les mains d'Aristophanes, la comédie tourne sans cesse autour des affaires publiques; les erreurs des gouvernants alimentent son éternel sarcasme. Le don de la parole sert à émouvoir les assemblées, l'orateur grec n'a souci que des questions générales. L'historien antique ne donne jamais à son œuvre la forme restreinte des mémoires, cette forme si commune chez nous. Dans les temps qui nous occupent, la vie politique dominait donc entièrement l'existence privée.

Les mœurs des Romains nous offrent le même caractère. Brutus immole à son pays ses affections paternelles, Décius meurt pour lui assurer la victoire. Longtemps les préoccupations guerrières et les luttes du forum détournent les intelligences de la littérature; quand elles s'éveillent enfin au sentiment du beau, elles se portent d'elles-mêmes vers les routes frayées par l'imagination antique. L'histoire, la philosophie, la législation, l'éloquence de la tribune s'emparent soudain de toutes leurs forces. Mais au lieu d'être plus nationale que la poésie hellénique, la poésie latine renferme plus d'éléments individuels. Aucun littérateur grec ne montre autant de personnalité qu'Horace. Virgile, par moments, révèle une tendresse inconnue aux époques précédentes ; on sent qu'il a pleuré sur les bords du Mincius, en écoutant la vague mélodie des flots et de la brise. Ovide dans ses *Tristes*, Cicéron dans le *De officiis*, le *De amicitiâ*, le *De senectute*, Catulle et les autres élégiaques romains nous dévoilent une partie de leur âme. La généralisation progressive de la littérature que nous annonce M. de Bonald ne me paraît donc pas avoir eu lieu chez les Latins.

Ce système présente encore moins de justesse, quand on veut l'appliquer aux temps modernes. Bien loin de devenir plus extérieur parmi nous, l'art est devenu plus intime. La littérature française des siècles de Louis XIV et de Louis XV a seule un tour abstrait, une pompe officielle, qui pourraient légitimer de pareilles vues. Tout s'y passe réellement en public, tout y suit les lois d'une rigoureuse étiquette. Les personnages de ce monde factice ne marchent pas, ne boivent pas, ne se nourrissent pas, ne dorment pas, ou ne dorment que juste assez de temps pour avoir les rêves nécessaires à l'action. Leurs habillements sont incorporés avec leur chair et ne les quittent ni le jour, ni la nuit. En cela, nos aïeux ont été bien plus loin que les Grecs, je le confesse. Mais, nous l'avons déjà dit, ce furent d'une part l'engouement pour les anciens, de l'autre la réunion de la noblesse autour du roi et les habitudes qu'elle prit sous le regard du despote, qui communiquèrent cette impulsion à notre littérature ; en essayant de reproduire des temps mal connus et trop éloignés de nous, le manque de couleurs précises et de détails réels la jetait dans l'abstraction ; grandie au blême soleil de la cour, elle observait exactement les règles de sa fausse délicatesse. Elle fut donc environnée, dès son origine, de circonstances anomales ; elle s'éloigna autant qu'elle put de la vie moderne et ne saurait conséquemment représenter la littérature des peuples chrétiens. Elle brille comme une fleur exotique au milieu de nos parterres ; quoiqu'elle ait son charme et son éclat, elle ne possède ni la vigueur, ni la beauté, ni l'énergique arome qui distinguent les filles du sol.

La véritable poésie moderne a une tout autre nature. Non-seulement elle n'est pas plus générale, plus cérémonieuse que l'art païen, mais elle est plus libre et plus individuelle. L'attention donnée par le christianisme aux vertus domestiques, le sentiment idéal qu'il entretient dans les cœurs, les rêveuses tendresses si conformes à son esprit devaient tirer les lettres du sein de la foule et leur ouvrir, comme une retraite inspiratrice, le cercle enchanteur de la famille. La vie silencieuse des manoirs les appelait également près du foyer. Lorsque les pluies de l'automne avaient effondré les routes, qu'à peine une visite troublait de loin en loin le silence des châteaux, que les bois sans feuillage étaient sans mélodies, et que, pour unique distraction, les nobles dames regardaient l'ombre des tours avancer lentement sur la neige, il fallait bien que l'homme poétisât sa muette demeure et y concentrât des affections qui n'eussent point eu d'aliment au dehors. Les beaux jours ne terminaient qu'en partie cette longue solitude ; les courses guerrières y faisaient diversion, plutôt qu'elles ne l'animaient. Le système féodal éparpillait la nation ; point de vie commune, point d'orageuses assemblées. Ce système a depuis longtemps fourni sa carrière ; mais l'organisation qui lui a succédé n'éloigne pas moins les individus de la place publique ; les gouvernements sont pour nous des forces abstraites, à la manœuvre desquelles nous ne participons point ; tout au plus nous fournissent-ils des sujets de disputes et de vaines remarques. Cinq ou six cents privilégiés mettent seuls la main aux affaires. Notre existence politique est une fiction ; nous ne vivons réellement que de notre existence privée.

La littérature a donc suivi les traces du monde social. Elle a peint mille tableaux d'intérieur, elle a chanté les délices du toit héréditaire. Loin de négliger les traits que fournit l'expérience commune, elle a su les ennoblir par le sentiment, la religion et l'enthousiasme. Elle est si naturellement portée à le faire, qu'elle obtient, pour ainsi dire, ce résultat sans le vouloir ; ses goûts domestiques se montrent jusque dans les œuvres qui paraissent devoir leur être le moins propices. Le drame absorbe bien plus de détails familiers que la tragédie. Les modernes ont en conséquence un avantage énorme sur les anciens, quand ils livrent leur barque au flot taciturne et lent de la poésie intime. C'est avec une émotion toujours renaissante qu'ils décrivent la paix d'une maison bien ordonnée, les tilleuls du jardin, les vignes de la façade, le pétillement du bois dans l'âtre et les causeries des longues soirées d'hiver. Il y a tel écrivain allemand ou anglais qui, sous ce rapport, contre-balancerait à lui seul tous les auteurs de l'antiquité. Si l'on réunissait les pages où ceux-ci ont élevé à l'idéal des circonstances, des habitudes journalières, les œuvres de Cowper mises en regard suffiraient pour les éclipser. L'événement le plus simple et le fait le plus commun y prennent un intérêt merveilleux. Le chantre pensif inonde de lumière et d'harmonie son tranquille séjour.

Il est donc certain que M. de Bonald aurait dû constater le progrès des mœurs poétiques, l'élévation croissante des caractères, sans attribuer ces effets à une prétendue généralisation de la littérature. Les principes moraux se sont épurés, l'idéal de l'homme a suivi leurs perfectionnements, voilà ce qui est positif ; mais le célèbre écrivain tombe dans l'erreur, quand il spécifie la manière dont la transformation a eu lieu. Les soins domestiques, auxquels se livrent les héros d'Homère, n'annoncent pas un goût inné du vieil aveugle pour ces descriptions ; ils révèlent seulement l'état presque sauvage où se trouvaient alors les Grecs. C'est la facilité avec laquelle nous contentons nos besoins, qui rend ces occupations triviales ; quand l'homme se procure péniblement sa subsistance, elles changent de caractère. L'incertitude, qui accompagne sa vie matérielle, donne à ces humbles détails l'attrait d'une lutte contre la nature, contre le hasard et parfois contre la mort. Le poète leur accorde lui-même ce genre d'intérêt. Dans le récit des aventures d'Ulysse, Homère exalte sans cesse la libéralité des hôtes, qui, après l'avoir bien nourri, chargent encore ses vaisseaux de froment et d'autres denrées ; il peint avec une exactitude et une chaleur qui provoquent le sourire tous les banquets, tous les morceaux qui lui ont été offerts. Eh bien, lorsqu'on suit dans leurs effrayantes entreprises les Colomb, les Pizarre, les Fernand Cortez, lorsqu'on les voit au milieu de la solitude exposés à mourir de faim, le journal de leurs périlleux repas éveille une grande curiosité. Nous en dirons autant pour le symbole de l'industrie humaine, l'actif Robinson. Atala, Paul et Virginie inspirent la même sollicitude, parce qu'ils nous montrent des personnages contraints de remédier à l'insouciance de la nature et d'opposer leur force ou leur adresse aux menaces du besoin.

Pour ce qui regarde l'histoire proprement dite, le système de M. de Bonald a cependant son côté vrai ; les Saint-Simoniens ne tardèrent pas à le voir et s'approprièrent ses idées. Oui, le cercle social élargit par degrés sa circonférence. Aux agglomérations peu nombreuses de la famille, du clan, de la tribu succédèrent les petites républiques, les petites monarchies, les petits peuples, comme ceux de l'Idumée, de la Grèce, de l'ancienne Italie, de la vieille Gaule et de la vieille Espagne. Rome absorba ces fragments et les souda l'un à l'autre pour en former une colossale unité. Les barbares ne détruisirent pas complétement son œuvre ; ils n'isolèrent point de nouveau toutes les pièces qu'elle avait réunies. Après sa chute, on vit s'organiser des nations plus étendues qu'avant son triomphe, et la papauté, les dominant du haut des sept collines, devint leur centre et leur régulatrice. Jamais seigneurie n'avait fait planer ses lois sur un aussi vaste empire.

Indubitablement quelque chose d'analogue doit s'être accompli dans la littérature. Mais ce progrès corrélatif n'a pas eu lieu sous la forme que lui suppose M. de Bonald. Le développement du caractère public, au détriment des tendances familières, ne représenterait pas la marche de la société. Lorsqu'on envisage le monde réel, les affections, les idées politiques sont certainement plus larges que les affections, que les intérêts privés : ils se rapportent à une nation entière, les autres concernent des individus. En littérature, cet ordre est subverti ; l'homme individuel a plus de généralité que l'homme politique. Celui-ci nous apparaît comme soumis à un gouvernement ; sa force se déploie, pour ainsi dire, entre des murailles légales ; celui-là nous offre les traits essentiels et universels de l'humanité. L'agrandissement de l'Etat devait d'ailleurs augmenter l'importance du foyer domestique. Une si ample patrie, dont les taxes rappellent seules l'organisation à une foule de citoyens, ne peut éveiller le même intérêt qu'un pays où tous avaient des droits législatifs. L'attrait que les affaires publiques ont perdu, la famille l'a gagné. Le courant de l'histoire poussait donc la littérature vers un genre plus intime.

L'extension de la sphère sociale s'est réfléchie dans l'art d'une autre manière que ne le pense M. de Bonald. Quelle partie de la littérature correspond véritablement à la constitution civile et religieuse ? Ce ne sont pas les mœurs, les idées, le caractère, mais le plan, c'est-à-dire l'organisme poétique. Il reproduit avec une exactitude parfaite la complication plus ou moins grande, l'étendue plus ou moins vaste du système social. Or, la tragédie grecque comparée au drame est d'une simplicité merveilleuse. Elle n'offre jamais qu'une seule et unique situation ; pas d'intrigues, pas de mouvement ; quand la position des acteurs change, la pièce s'arrête. Voilà pourquoi les imitateurs des anciens ont souvent été forcés de réunir deux ou trois ouvrages grecs en un seul, quand ils voulaient donner de l'intérêt à leurs pastiches. Ils contentaient de la sorte une exigence des spectateurs modernes, en suivant une loi de la poésie romantique. Sous ce rapport, en effet, le théâtre espagnol, anglais et allemand diffère au dernier point du théâtre d'Athènes. Un drame de Shakespeare, de Gœthe, de Calderon ou de Schiller eût découragé Sophocle. A voir tant de scènes, d'acteurs, de catastrophes, il eût perdu l'espoir de dresser jamais une charpente aussi habile, aussi prodigieusement compliquée. On taillerait vingt tragédies grecques dans un de nos drames. Nos pièces sont donc plus vivantes, plus attachantes, d'une exécution plus laborieuse et d'un effet plus pathétique ; l'action y est substituée aux longues tirades, le mouvement aux harangues. Nous ne sommes pas obligés de recourir à la cheville des chœurs pour leur donner une étendue convenable. Elles remplissent donc bien mieux les conditions du genre.

L'architecture a subi des métamorphoses analogues. Depuis les Egyptiens et les Grecs, elle a sans cesse multiplié ses formes, reculé les parois de ses enceintes, rapproché du ciel ses voûtes et ses couronnements. Le plafond, le cube, le triangle primitifs, les cellas, les colonnades, les hémicycles se sont agrandis, amplifiés sur le sol de Rome, et adjoint l'ellypse, la voûte et le dôme. L'Italie païenne construisit des monuments plus riches, plus variés, plus spacieux que l'Égypte et la Grèce. Les Bysantins mêlèrent à ces conquêtes les flèches, les tours, les croix, les portails, les voussoirs, les rosaces ; l'édifice prit entre leurs mains une diversité d'aspect, une opulence de lignes, devant lesquelles pâlissent toutes les créations antérieures. Les gothiques développèrent ces éléments, leur associèrent l'ogive, les porches, les faisceaux de colonnettes, les galeries à jour, les arcs-boutants, les escaliers diaphanes, percèrent les murs de baies colossales, les remplirent de vitraux, imaginèrent un système d'ornementation où la grâce le dispute à la somptuosité. Si l'on n'envisage que le nombre de ses parties intégrantes, l'architecture gothique est déjà plus compréhensive et plus étendue que les architectures païennes. Elle réunit une multitude de principes, comme le christianisme embrasse et domine une foule de peuples. Mais à cette richesse supérieure de formes, elle joint une coordination bien autrement vaste, audacieuse et compliquée. Douze temples grecs tiendraient sans peine dans une de nos cathédrales. La moins brillante de toutes offre peut-être cent fois plus de coupes, de lignes, d'effets et de travail que le premier monument d'Athènes ou de Rome. Au lieu de l'unité mesquine, étroite, facile et nue des anciens, nous avons une puissante, immense et laborieuse unité, qui met d'accord une masse surprenante de détails. Quelle admiration eussent ressentie Phidias et Ictinus à l'aspect de ces magiques édifices, dont ils n'auraient pu seulement construire une aile !

La sculpture a suivi la même progression. Au temps du polythéisme, elle ne traitait que des scènes bornées, où un petit nombre d'acteurs sollicitaient les regards. Les frontons les plus célèbres, comme ceux du Parthénon, des temples de Jupiter Panhellenius et d'Apollon Épicurius, ne renferment que dix ou douze figures. Les marbres du Cotyle, représentant la bataille des Centaures et des Lapithes, les métopes du Parthénon, qui retracent le même fait, ne contiennent certainement point au-delà de cinquante personnages. Ceux qui forment la procession des Panathénées montent peut-être à deux cents. Tel est le sujet le plus complexe abordé par le ciseau grec. Les Égyptiens restèrent en deçà ; lorsqu'ils voulurent multiplier les images, ils les calquèrent l'une sur l'autre, ainsi que le démontrent leurs avenues de béliers et de sphynx. Une pareille méthode éloigne toute idée de composition. Chez nous le tympan et les voussoirs d'une seule porte offrent la même somme de figures que la cérémonie entière des Panathénées. La sculpture grecque et romaine fut, pour ainsi dire, tragique ; elle n'employa qu'un petit nombre d'acteurs, selon le goût des nations païennes. La statuaire du moyen âge est principalement épique : elle embrasse dans la plupart de ses produits l'histoire de l'univers et celle de l'humanité. Elle trace des tableaux successifs de la création, de la chute, de la rédemption, du jugement et de la vie future ; elle nous expose les destinées d'Israël, la biographie du Christ, les miracles des saints, les événements surnaturels de la légende ; elle commence son poème avec le monde et le termine lorsqu'il s'anéantit devant le courroux de Dieu. Elle taille donc ses personnages par milliers et les suspend sous les porches, sous les ogives des façades, le long des galeries, autour du chœur et au sommet des clochetons. Elle tire de la pierre une véritable population de figures idéales.

Cette même tendance épique se retrouve dans la peinture chrétienne. D'après tout ce que nous savons de la peinture grecque et latine, nous sommes en droit de penser qu'elle a dû fuir avec terreur les grandes compositions. La perspective linéaire, la perspective aérienne, le clair-obscur, la dégradation des nuances et les raccourcis étant alors peu connus, les artistes ne pouvaient exécuter de larges tableaux, où il aurait fallu échelonner sur divers plans de nombreux acteurs (1). Dès ses débuts, au contraire, la peinture moderne révèle un goût prononcé pour les larges ensembles. Elle dessine sur les vitraux cette même histoire du monde que la statuaire sculptait de la base au faîte des temples. Comme sa sœur, elle tire du néant d'innombrables créatures. Si elle orne les murailles, elle y déploie une égale profusion. Sur les tapisseries, ce luxe ne l'abandonne point, comme le démontre celles de Bayeux, de Nancy, d'Aix, d'Aulhac, du château d'Haroué, de Dijon, de Beauvais, de Berne, de Rheims et de la Chaise-Dieu. Dans les manuscrits à miniatures. elle devient inépuisable et met au jour des armées entières. Plus tard, elle se perfectionne sans changer ; la renaissance exécute de vastes poèmes. Ce n'est pas un Grec assurément qui eût, ainsi que les Giotto, les Orcagna, les Masaccio, les Benozzo Gozzoli, déroulé de si gigantesques scènes autour du Campo-Santo. Les Jugements derniers de Michel-Ange, de Rubens, de Jean Cousin, la Dispute du Saint-Sacrement, l'école d'Athènes, l'histoire de Psyché, la bataille de Darius et d'Alexandre par Altdorfer, les tableaux de Martin, ceux des Breughel, présentent une foule de per-

---

(1) Voyez l'analyse du Parallèle des anciens et des modernes.

sonnages, d'attitudes, d'effets et d'intentions, qui montrent que la peinture s'est agrandie comme le système social.

La musique n'échappe point à cette loi de développement. Selon toutes les probabilités, les anciens ignoraient l'harmonie ; l'accord immédiat des notes entre elles, la mélodie, suffisait pour les ravir. Nous y joignons cette savante architectonique des sons, qui coordonne les phrases successives d'un morceau, les instruments divers d'un orchestre. Et remarquez que ces instruments se sont beaucoup multipliés chez nous. Aussi nos compositeurs diffèrent-ils des musiciens antiques, comme un général d'un soldat.

Telle est, si je ne me trompe, la ligne qu'ont suivie les arts dans leur marche parallèle aux progrès de la société. Ils vont toujours s'agrandissant et se compliquant ; leur étendue augmente et leur intérieur se meuble. M. de Bonald avait parfaitement observé le cours général de l'histoire ; mais quand il applique ses formules à la littérature, il se trompe de chemin et court d'étranges bordées.

Son erreur est doublement fâcheuse ; elle ne lui laisse découvrir le passé qu'à travers une brume illusoire et lui fait renier l'avenir, en le lui montrant sous un jour lugubre. Le manque d'espoir était une conséquence inévitable de ses fausses déductions, comme le prouve la manière dont il l'exprime : « Hélas ! dit-il, les arts de la pensée eux-mêmes, ces arts que nous avons portés à une si haute perfection, semblent tendre à leur fin. Quand toutes les règles sont connues, toutes les combinaisons de la langue employées, et peut-être l'imitation de toutes les scènes de la vie publique et domestique épuisées, alors sans doute la carrière de l'art est parcourue. Les anciens ont atteint le sublime du naïf et les modernes le sublime du grand ; on veut aller plus loin, et l'on outre le naïf jusqu'au puéril et le sublime jusqu'au monstrueux » (1).

Ces paroles pleines de découragement annoncent dans l'auteur peu de connaissances littéraires. Il n'avait lu que nos poètes et ceux de l'antiquité ; mille formes, mille ressources, mille combinaisons trouvées par les littératures romantiques et issues des profondeurs de notre civilisation, étaient complétement ignorées de lui ; ne sachant pas ce qu'on avait fait, il savait encore moins ce qu'on pouvait faire, et pleurait la mort des arts, dans l'instant même où ils allaient subir une glorieuse transformation. Ne cite-t-il pas Gessner comme un auteur du premier ordre ?

Quelquefois cependant il revient à des idées plus consolantes et plus philosophiques : il paraît alors pressentir avec joie une révolution littéraire. « Il semble, dit-il, que la fin du monde païen approche, et que ces restes

---

(1) La crainte de voir le sol littéraire définitivement épuisé se montre à toutes les époques, où une forme est depuis longtemps en vogue et depuis longtemps cultivée : au dix-septième siècle, on affirmait que les anciens avaient laissé peu de choses à faire ; le siècle suivant parlait dans les mêmes termes de son prédécesseur, et Mme Sand, effrayée des innombrables exploits du roman feuilleton, s'écriait, en 1846, qu'il faudrait une nouvelle race d'hommes pour tirer ce genre de la langueur où il tombe, et où il peut rester enseveli, sans que nous pleurions sa fin tragique. Mais de pareilles prophéties ne doivent jamais inquiéter sur le sort de la littérature : les combinaisons de l'esprit humain sont infinies, comme celles des événements, des passions et des principes naturels. Les mathématiques démontrent victorieusement ce fait.

d'idolâtrie, qui se mêlaient à toutes nos institutions, s'effacent peu à peu de la société. Il faut une extrême délicatesse pour parler aujourd'hui, ailleurs que dans le genre burlesque, d'Apollon et de Pégase, des Muses, de la fontaine d'Hippocrène et du sacré vallon. Vénus, les Jeux, les Ris et les Grâces commencent à vieillir, et même ce n'est qu'avec réserve et précaution qu'on peut hasarder encore de nommer Mars et Thémis. »

De l'examen sérieux qui précède, on peut, je crois, tirer la conclusion suivante : M. de Bonald avait plus de force d'esprit que de science littéraire, plus de talent pour inventer que pour démontrer et appliquer. Le principe découvert, ou plutôt formulé par lui, a seul une grande importance; mais sa valeur est telle, que des milliers de pages sans vues philosophiques ne le contrebalanceraient point. Une idée neuve et très générale possède une incalculable puissance; mille déductions en jaillissent, comme des fleuves qui sortiraient d'une mer souterraine. Quiconque voudra se livrer à des considérations historiques sur les arts, songera infailliblement à M. de Bonald; et n'eût-il trouvé que cette maxime, elle défendrait son nom de l'oubli. Ajoutons qu'il a besoin d'une pareille sauvegarde. Collègue de MM. Chateaubriand et De Maistre dans leur expédition légitimiste, il fut le Lépide de ce triumvirat. Ses théories politique, religieuse, sociale, eurent toutes une conformation débile, qui restreignit leur durée. Ouvrages du moment et façonnées pour les circonstances, elles perdirent chaque jour de leur prix. L'auteur n'était pas encore descendu dans la tombe que leurs ruines semaient déjà la poussière. Plus vigoureux que lui, De Maistre et Chateaubriand joignaient à leurs pensées transitoires d'impérissables vues ; leur génie élevait, afin d'abriter leur gloire, un monument solide, qui n'avait point pour unique base des conjonctures éphémères.

CHAPITRE V.

Mouvement général de la littérature.

Théoriciens secondaires. — *Traités sur l'éloquence de la chaire et sur l'éloquence du barreau*, par Lacretelle aîné. — Différente position de l'éloquence chez les anciens et les modernes. — La grande éloquence eût péri avec les institutions républicaines, si les temples chrétiens ne lui eussent donné asile. — Ressources inépuisables de la littérature. — Bon goût, élévation de Lacretelle. — *Etudes sur Molière*, par Cailhava. — Le *Laocoon* de Lessing, traduit par Charles Vanderbourg. — Les critiques français ne le lisent point ou ne le comprennent pas. — Nouvelle édition des *Mémoires* de Palissot *pour servir à l'histoire de la littérature française*. — Pauvreté de ce livre. — *Mélanges de littérature*, par Suard. — Son goût pour l'histoire moderne. — Ses jugements sur notre vieux théâtre. — Sa haine pour le pédantisme. — Représailles contre la République. — *Le Printemps d'un proscrit ; observations sur la poésie descriptive*, par Michaud. — *La Pitié*, par Delille. — Tendances littéraires et innovations métriques de l'auteur.

Nous avons maintenant à parler d'ouvrages et d'auteurs peu connus ; ce chapitre aura l'air d'une descente dans les caveaux funèbres d'une église provinciale ; des noms oubliés, des gloires ternies passeront devant nos yeux. Mais les hommes secondaires qui vont nous occuper ont tous eu de leur vivant leur portion d'influence; on leur prêtait l'oreille, ils accéléraient ou contrariaient le mouvement progressif de la littérature ; nous ne devons point leur refuser une minute d'attention.

Le premier qui s'offre à nous est Lacretelle aîné. En 1802, il publia ses œuvres diverses, parmi lesquelles figure avantageusement le *Traité sur l'éloquence de la chaire.* Quoiqu'il ne renferme pas de principes créateurs, de notions régénératrices, l'on y distingue une parfaite indépendance morale, beaucoup de justesse d'esprit et des idées vraiment excellentes. Il est d'ailleurs plutôt propice qu'hostile aux innovations. Coïncidence étrange! Il débute par des remarques tout à fait contraires à celles de M. de Bonald. Examinant les destinées de l'éloquence chez les anciens et les modernes, il les trouve bien différentes. «Il n'y a, dit-il, rien de public, rien de national dans notre ordre politique et civil. L'éloquence a perdu son empire; sa voix même s'est éteinte dans ce calme et ce secret des conseils où s'agitent les grands intérêts, où se préparent les grands événements. La loi en sort silencieusement, pour être inscrite dans nos cours de magistrature, d'où elle règne sur les citoyens sans la majesté de la proclamation publique.»

L'éloquence allait donc mourir chez nous, si elle n'avait été adoptée par la religion, au moment où les affaires lui devenaient inaccessibles. Le culte païen n'était proprement qu'un spectacle institué en l'honneur des dieux; il n'imposait aucun devoir. Ses ministres ne songeaient pas à gagner les cœurs; ne scrutant ni les actions ni les pensées, ils gardaient le silence dans leurs temples, satisfaits de captiver l'imagination par la pompe de leurs cérémonies.

Les choses ne pouvaient se passer de même sous une doctrine éminemment spiritualiste, qui cherchait avant tout le salut des hommes. Les fêtes n'eussent pas été en harmonie avec son essence, et l'attente des fidèles aurait été trompée, si l'âme n'y avait point eu sa part et si des admonestations, des encouragements, des enseignements ne lui avaient été offerts, comme une sorte de banquet divin. La religion de la pensée devait triompher à l'aide du Verbe. Aussi dès que les mystères qui forment sa base sont consommés, elle emploie l'instruction pour atteindre son but, et son principal miracle est le don des langues communiqué aux hommes qui doivent la répandre. «Elle la représente, cette parole, sous les images les plus imposantes ; elle la nomme le *pain* qu'elle distribue, le *glaive* qui la défend.» Ainsi en quittant le forum pour la chaire, l'éloquence a obtenu de plus nobles succès et une gloire non moins brillante.

On rapprocherait sans efforts ces deux arts en plusieurs points. On pourrait examiner si les dogmes consolants ou sévères de la religion chrétienne n'émeuvent pas plus profondément les âmes que les inquiétudes et les joies de la liberté, s'il est plus beau, plus difficile d'entraîner au combat une nation vaillante, que d'arracher les hommes « à toutes les voluptés de la vie, pour leur faire embrasser toutes les rigueurs de la pénitence; si nous ne pouvons pas opposer nos orateurs chrétiens aux orateurs des républiques anciennes, mettre en balance le génie de Bossuet et celui de Démosthènes, comparer le pathétique de Massillon avec celui de Cicéron, le charme et l'élégance de leurs styles. Il serait plus aisé de pousser bien loin ce parallèle que de décider les questions qu'il offrirait.»

On le voit, l'auteur du traité n'ose point émettre un avis définitif sur ce grave problème que Chateaubriand avait résolu l'année précédente. Mais il penche du côté de nos orateurs, et il a d'autant plus de mérite à le faire que son opuscule date vraisemblablement d'une époque antérieure, comme il arrive pour tous les morceaux que l'on réunit par la suite, sans avoir songé d'abord à les publier sous un même titre. Son *Essai sur l'éloquence judiciaire*, qui fut imprimé en 1807, avait été écrit en 1783. Nous ne pouvons au reste nous empêcher d'admirer ici l'opiniâtre persistance avec laquelle ce théorème sort de l'ombre en toute occasion, se glisse dans tous les livres critiques et se pose devant tous les esprits remarquables. C'est là une faveur accordée à la raison de l'homme : quand une fois elle a soulevé une question importante, elle ne l'abandonne jamais, et si le dernier mot de l'énigme lui échappe, elle en poursuivra l'étude pendant l'éternité. Celle-ci, par bonheur, se range dans une autre classe.

Lacretelle a d'ailleurs généralement foi aux promesses de l'avenir. « Il est de la nature des choses, dit-il, que les arts et les talents trouvent sans cesse à inventer, ou du moins à perfectionner. Ils acquièrent tout ce que l'accroissement des sciences et les révolutions journalières leur découvrent, et les plus petits changements dans la position des hommes ou des choses appellent à d'autres vues, préparent d'autres tableaux. »

Bourdaloue, Massillon, l'abbé Poule sont les trois orateurs dont Lacretelle examine plus spécialement les œuvres. Ses remarques ont presque toutes beaucoup de justesse, et la verve, la chaleur de son style augmentent leur attrait. Peu d'ouvrages critiques plaisent au même point. On sent palpiter un noble cœur sous ces formes vivantes, et la rectitude de la pensée y naît de l'élévation morale. Il nous serait facile d'extraire encore plusieurs aperçus, plusieurs jugements dignes d'attention ; mais nous sommes contraint de nous borner. Les passages qu'on a lus permettent d'apprécier l'intelligence de Lacretelle ; nous allons en citer un autre qui peint son âme :

« Les talents devraient inspirer une certaine décence des mœurs, une certaine fierté de sentiments ; ceux qui les cultivent ne devraient pas descendre au-dessous de leur gloire ; ils devraient sentir que l'effet de leur génie demande quelque conformité dans leurs mœurs avec les maximes qu'ils professent. »

Le *Traité sur l'éloquence du barreau* est moins intéressant et moins important. Le sujet offre moins de ressources ; il ne concerne pas la littérature d'une manière aussi directe. L'auteur y montre cependant ses qualités habituelles. Un amour pur et sérieux de l'art dicte ses réflexions. Dans le premier essai, il avait défendu la logique de l'enthousiasme contre le froid raisonnement des dialecticiens sans génie. Leur calme ne lui paraît pas un signe de force, l'air glacial qu'on respire dans leurs ouvrages une garantie de vérité. L'âme qui ne s'exalte jamais, au lieu d'être une âme vigoureuse, est à coup sûr une âme faible et languissante. Elle n'a pas assez d'énergie pour embrasser avec passion les idées qui la séduisent. Elle croit mieux apprécier les choses, et, retenue par sa vaine circonspection, elle en laisse échapper le sens intime. Dans son deuxième traité, Lacretelle oppose la grande éloquence à l'esprit de chicane et montre les avantages de l'orateur littéraire, en déplorant néanmoins la fâcheuse situation de l'avocat moderne. Entouré de mille trappes qui peuvent sans cesse l'engloutir, il avance d'un pas craintif et ne rappelle qu'exceptionnellement la fière allure des tribuns antiques. Malgré tous ces obstacles, Lacretelle juge encore l'ardeur préférable à une contrainte pusillanime.

Son excellent goût se révèle dans d'autres aperçus. Il n'y a, selon lui, par exemple, qu'une manière d'orner les petits objets, c'est de leur laisser toute leur simplicité; on doit les traiter avec cette aisance qui forme, en général, mais particulièrement ici, le premier charme du style. Quelle leçon pour les auteurs français ! Combien d'entre eux ont, ainsi que Boileau et Delille, employé toutes leurs forces à revêtir d'une pompe maladroite des détails communs et insignifiants ! La belle gloire que d'esquiver le mot propre et de faire l'apothéose d'un mousquet ou d'un légume !

Nous ne nous arrêterons pas aux travaux de moindre importance que renferment les premiers et les seconds mélanges de Lacretelle. On y remarque de bonnes pensées, mais trop fugitives pour mériter un examen spécial.

Les *Etudes sur Molière*, par Cailhava, ne sont autre chose que des commentaires sans but théorique et disposés selon l'ordre des temps. Il y est souvent question de Melpomène et de Thalie.

Le *Laocoon* de Lessing, traduit cette même année par Charles Vanderbourg et fort élégamment traduit, peut certes prendre place au nombre des plus utiles conquêtes de la langue française. Nous doutons seulement qu'il ait été bien lu. Le titre en a éloigné beaucoup de personnes : on l'a pris pour un livre d'archéologie, ne soupçonnant pas qu'à propos du groupe antique Lessing pût traiter une foule de questions générales. C'est dans le fait un livre d'esthétique, où brillent des idées de premier ordre sur la peinture, la statuaire, la poésie et le beau considéré en lui-même. Son introduction parmi nous aurait été favorable aux arts, si les critiques y avaient cherché des enseignements. Selon toute apparence, ils ne l'ouvrirent même point.

En 1803, une nouvelle édition des *Mémoires* de Palissot *pour servir à l'histoire de la littérature française* ranima les haines que l'auteur avait précédemment fait naître, et dont il aimait à s'environner, comme la frégate et le courlis aiment à se plonger dans les tourbillons de la tempête. L'ouvrage n'est pas tel qu'on pourrait le croire d'après son titre. Il ne donne réellement aucun détail biographique, anecdotique ou littéraire sur les contemporains. C'est une suite de jugements sentencieux qui apprennent peu de choses. Palissot vise à l'effet qu'on obtient souvent, lorsqu'on parle d'un ton bref et péremptoire, sans motiver ses décisions. Beaucoup de lecteurs regardent comme un signe de force et d'habileté cette prestesse laconique; elle annonce ordinairement l'absence de réflexion et la misère intellectuelle. Il faut une grande légèreté d'esprit, une grande étroitesse de cerveau pour croire possible de vider toutes les questions à l'aide de deux ou trois phrases. La vérité ne se laisse pas ainsi prendre au vol; elle est d'une essence moins aérienne. Comme les minéraux enfouis sous nos pieds, elle dort dans le sein profond de la nature et dans les secrets détours de la pensée; il faut y descendre pour la conquérir.

Ces prétendus mémoires ont d'autant moins de valeur et de charme, que Palissot leur a donné la forme d'un dictionnaire ; on ne peut même les lire comme un récit continu. L'auteur a imité de tout point, et dans son style et dans ses dispositions typographiques, la nomenclature qui termine le *Siècle de Louis XIV*, par Voltaire. Il aurait pu choisir un meilleur guide. Mais la nouvelle édition renfermant quelques notices sur des œuvres récentes, il est curieux pour nous d'y chercher son opinion. Dès les premières remarques, on voit se trahir en lui une tendance hostile aux métamorphoses que subissait alors la littérature. Il invite, par exemple, madame de Staël à ne pas employer sans nécessité de nouveaux mots, tels qu'*inoffensive*, *indélicat*, *indélicatesse*, *intempestive* même, qui n'est pas assez autorisé. « Elle a trop de mérite, dit-il, pour chercher à se distinguer par ces affectations. La langue de Pascal, de Bossuet, de Fénelon, de Racine doit lui suffire. »

Quand il examine Atala, il nous apprend « qu'à l'exception de quelques pages intéressantes, l'ouvrage lui a paru très vicieux de style et très ennuyeux. »

« Nous avons eu, dit-il plus loin, le courage de lire le *Génie du Christianisme*. Nous n'avons pu concevoir comment les choses exquises qu'il renferme pouvaient être de la même main qui s'en permet souvent de si ridicules ou de si bizarres. »

Il reproche à Ducis son amour trop exclusif pour le théâtre anglais et principalement pour Shakespeare. Ce faux goût l'empêcha, selon lui, de sentir assez vivement le prix d'une ordonnance régulière.

Il loue Sabatier de s'être élevé avec force contre le

déluge de poésies allemandes, dont il prétend que la France était alors inondée. « S'il était permis, dit-il, d'en juger par ces traductions barbares, la poésie ne serait guère plus avancée en Allemagne qu'elle ne l'était chez nous du temps des Ronsard, des Garnier et des Jodelle. »

Palissot ne se montre pourtant pas toujours aussi aveugle et aussi routinier. Il pose sans regret une couronne sur le front de Bernardin de Saint-Pierre et décerne à André Chénier le premier éloge public dont il ait reçu l'honneur, ce qui forme un contraste bizarre avec son attachement aux vieilles modes littéraires. Il avait connu le jeune poète; il avait été mis dans la confidence de ses tentatives, et ces liaisons personnelles l'aidèrent à ouvrir les yeux. La pièce qu'il recommande le plus est l'idylle de la *Liberté*; cela donnerait bonne opinion de son goût. Il termine son article en disant qu'il avait fondé de grandes espérances sur le mérite de cette victime expiatoire, immolée par la hache des révolutions. Malgré cette espèce de bonne fortune critique, on ne peut voir dans Palissot qu'un homme insignifiant.

Suard est un écrivain plus habile. Ses *Mélanges de littérature*, dont les premiers volumes parurent en 1803 et les derniers en 1804, se distinguent au milieu des ouvrages stationnaires qu'on publiait alors, comme un navire qui marche, fût-ce lentement, se distingue au milieu de vaisseaux immobiles. Ce livre annonce dans l'auteur un sentiment de l'histoire peu commun alors. Pour chasser à jamais les visions païennes qui égaraient les intelligences, il fallait détourner l'attention de la Grèce, la porter vers les origines du monde actuel et réconcilier les modernes avec eux-mêmes. Un goût naturel imprimait justement à Suard cette direction. Il fut toujours plus curieux de nos anciens usages que de ceux des Grecs et des Latins. « S'ils donnent moins de carrière à mon imagination, ils l'appuient, dit-il (1), sur quelque chose de plus solide. Athènes et le Pirée ont pour moi une existence presque fabuleuse; mais quand on me parle de Paris et de la Seine, j'entends parfaitement ce qu'on veut me dire. Quand il m'en coûte douze francs pour faire entrer une pièce de vin dans Paris, il me paraît plaisant de songer que, sous Louis le Gros, une des portes de cette même ville, et il n'y en avait que deux, rapportait au roi douze livres tournois par an de droits d'entrée. »

Ce retour vers notre histoire est la source même de l'école nouvelle. La lassitude, l'ennui, le dégoût des souvenirs païens devaient lui donner le jour. La littérature n'a vraiment de puissance et de charme que lorsqu'elle descend au fond de nos cœurs, pour y éveiller nos sentiments les plus généreux, pour y flatter nos souhaits les plus intimes; elle n'est, en un mot, que l'idéalisation de la vie réelle. Comme la poésie française n'avait pas jusqu'alors suivi cette route, elle était destinée à périr aussitôt qu'on éprouverait le besoin d'un art national. Suard attribue à l'ignorance notre funeste engouement pour l'antiquité : c'est parce que nos pères ignoraient le monde moderne qu'ils le dédaignaient. L'enseignement des colléges ne porte-t-il pas uniquement sur les Grecs et les Romains? Ne croyait-on pas en savoir assez, quand on

---

(1) Préface du morceau intitulé : *Coup d'œil sur l'histoire de l'ancien théâtre français.*

pouvait citer au hasard Sophocle, Virgile et Horace? On ne tâchait donc point d'élargir la sphère de la pensée : car personne n'est moins curieux que les gens dénués d'instruction, personne n'aime moins à se donner de la peine dans le but d'apprendre quelque chose. Il faut leur administrer, pour ainsi dire, les connaissances malgré eux; tandis que les savants sont toujours prêts à chercher bien loin, avec beaucoup de fatigue et de souci, les renseignements qui doivent compléter leurs études.

L'histoire succincte du vieux théâtre français se recommande par la brièveté, par la facilité de la narration. Le lecteur y trouve une foule de détails intéressants, et marche avec plaisir sous la conduite d'un homme spirituel. Non-seulement l'auteur n'affiche pas un mépris scandaleux pour notre ancienne littérature, mais il la juge quelquefois d'une manière plus saine que des critiques venus après lui. Bien loin de voir dans l'école de Ronsard et de Jodelle une lutte contre l'antiquité en faveur des principes modernes et de l'art national, il remarque, d'une part, que ces écrivains ne s'adressèrent pas au peuple, mais recherchèrent les suffrages de la cour, prosternée à cette époque devant les formes païennes qu'elle avait admirées pendant les guerres d'Italie ; de l'autre, qu'une fureur scientifique empêchait alors le goût de se développer. Effectivement, dès que le savoir est le premier mérite, tout ce qu'on sait devient un objet de vénération, et l'on ne juge plus ce qu'on ne pense qu'à étudier.

La Pléiade porta si loin son enthousiasme, qu'un jour ses membres s'étant réunis à Arcueil, où Jodelle était allé fêter le carnaval, « ils le couronnèrent de lierre, comme Bacchus, père de la tragédie, et tous, parés de lierre et de pampre en l'honneur de leur dieu, ils lui présentèrent un bouc orné de même, qu'ils amenèrent en dansant tout autour et en chantant une ode à Bacchus, où ce dieu était désigné sous le nom de *dieu brise-soucy, démon aime-danse*, etc. Pour que la chose fût plus parfaitement dans le costume, on eut soin de donner à l'ode le nom de *dithyrambe*, dans ce jargon à demi grec que Ronsard avait mis à la mode. » On prétend même que, pour compléter la ressemblance de Jodelle avec son patron, ses amis, enivrés d'une joie pédantesque, lui sacrifièrent le bouc.

A voir de pareils transports, ne semble-t-il point que l'imagination française, longtemps captive, rompait ses chaînes, et qu'un art splendide, l'accueillant au sortir de sa prison, l'entraînait vers le mystérieux séjour de l'idéal ? Hélas ! il n'en était rien : le souvenir de ces fêtes attriste la pensée, quand on songe à leurs déplorables conséquences. Les hommes dont elles finissaient de troubler le jugement n'étaient pas des libérateurs, mais des esclaves, qui, ayant eux-mêmes vendu leurs droits naturels, dissipaient en folles orgies le prix de leur indépendance.

Les fâcheux résultats de cet asservissement ne se firent pas attendre. La Cléopâtre de Jodelle fut suivie de nombreuses pièces dans le même goût, et les imitations ne valurent pas mieux que leur type. Comme le remarque Suard, se sont de plates et froides traductions de Sénèque, en style vulgaire ou ampoulé, souvent écrites d'une manière tout à fait inintelligible. C'était bien la peine de renier nos aïeux !

Mais cet opuscule ne révèle pas seul les tendances novatrices de Suard ; elles se font encore jour dans de moindres travaux. Tels sont des articles sur les Bardes, les Scaldes et les chants populaires de la Grande-Bretagne, spécialement sur le recueil de Percy. On voit que l'auteur a lu avec charme ces poésies du Nord, qui versèrent bientôt leur onde limpide et vivifiante dans l'étang desséché de notre littérature. Il loue en outre des mérites de style proscrits jusqu'alors. La facilité, l'abandon, l'énergie, la hardiesse, « même sans correction et sans élégance », lui paraissent infiniment supérieurs à une élégance, à une correction dénuées de chaleur et de force. Il prend le parti de la pensée contre ceux qui l'accusent de détruire l'art et de glacer l'enthousiasme. « Les arts, dit-il, sont une création de l'esprit humain ; il serait bien inconcevable que l'ouvrier, en se perfectionnant, tendît à détruire son propre ouvrage. »

On aurait pourtant une fausse idée de Suard, si on le grandissait au point de lui donner la taille d'un réformateur. Ce n'est qu'un homme de troisième ordre. Il n'a pas émis de doctrine littéraire, il n'a pas conçu d'idées systématiques. Ses instincts méritent l'approbation, mais il n'avait que des instincts. Quand il faut envisager directement un problème, sa molle et vague personnalité l'abandonne ; il reprend le harnais classique et tire de nouveau la lourde charrette des anciennes erreurs.

Ainsi est fait l'esprit de l'homme. Nul d'entre nous ne brise complétement avec les superstitions du passé ; nu ne se met en route pour l'avenir, sans cacher dans son bagage quelques vieilles idoles.

Cependant tous les proscrits de la Révolution, abrités

derrière le pouvoir consulaire, prenaient leur revanche. Delille et Michaud transperçaient à leur tour les réformateurs vaincus. Obligé de fuir après le 10 août, arrêté en 1795, frappé d'une sentence de mort par une commission militaire, mais sauvé par un homme généreux, condamné à la déportation par le Directoire, Michaud avait certes bien des raisons pour ne point aimer la politique de 89. Royaliste enthousiaste, il avait combattu de sa plume la métamorphose nécessaire qui régénérait la vieille société. Quoique les novateurs eussent été contraints de le poursuivre, ou d'abjurer leurs principes, il ne leur en gardait pas une moins vive rancune. Ses douleurs et ses craintes envenimaient, exaltaient ses convictions. Des montagnards l'avaient recueilli dans les hautes vallées du Jura; les magnifiques paysages qui l'environnaient, lui firent comprendre, lui firent goûter le charme de la nature et des lieux solitaires. Au sourd grondement des cascades, au murmure des forêts, aux tintements irréguliers des clochettes que portent les troupeaux, il chanta ses malheurs et ses joies d'ermite ; les musiciens de la feuillée semblaient lui dicter ses vers. Ainsi fut composé le *Printemps d'un Proscrit*, publié en 1803. L'amour de la vie champêtre et la haine des discordes civiles inspirent tour à tour l'auteur : il peint bien les tableaux qu'il a vus, il y mêle une émotion qui les anime. Mais un attachement malheureux à la mythologie gâte une foule de passages. Une réalité splendide et majestueuse n'avait pu vaincre ses habitudes classiques. Dans les *Observations sur la Poésie descriptive*, qui précèdent l'ouvrage, il fut même poussé par la routine à combattre l'idée de Chateaubriand, que le christianisme a fécondé, agrandi ce genre littéraire. L'auteur censuré avec éloges prit victorieusement la défense de sa théorie. Toute la préface de Michaud oscille, comme le poème, entre l'avenir et le passé. Il admire chez les anciens des traits, des tendances peu admirables; il méconnaît la richesse prodigieuse de Thompson. Mais il souffrait, il était en présence de la nature : la douleur et la vue des montagnes lui inspirent des considérations neuves et justes.

Le poème de *La Pitié*, par Delille (1803), révèle les mêmes sentiments que l'ouvrage de Michaud. L'âme généreuse, qui avait bravé Robespierre dans sa toute-puissance, le maudissait encore dans sa tombe. Le chantre des *Jardins* pleurait le sort des malheureux frappés et mutilés par la guillotine, semblait évoquer ces doux et majestueux fantômes, comme Ossian évoquait sur les nues les ombres de ses pères ; seulement, au lieu du fils de Fingal, c'était un rimeur poudré qui tenait la lyre. Plus hardi néanmoins que tous les autres poètes, il regrettait les Bourbons, les appelait dans leur patrie et leur adressait au-delà des mers un serment de fidélité. Il ne voyait en Napoléon que l'héritier des démagogues, que le plus adroit des révolutionnaires. Bien loin de garder le silence, il osait écrire ce rude avis, prêt à endurer la persécution, à chercher, s'il le fallait, un asile sur la terre étrangère. Le poète industrieux ne manquait ni de force ni de dignité, quand les circonstances demandaient de l'énergie.

Il ne se soumit pas non plus toujours docilement aux vieilles habitudes littéraires. Admirateur passionné des Grecs et des Latins, il découvrait et appréciait par cela même dans leurs ouvrages des qualités franches, naturelles, primitives, que ne possédaient point leurs imitateurs. Les anciens ne montraient pas à l'égard des mots la pruderie des auteurs français. Ils n'eurent garde de les diviser en castes ennemies, leur attribuant des vertus chimériques et des priviléges particuliers. La langue de leurs poètes était donc plus riche, plus vive et plus flexible. Delille signale cette différence et quelques autres d'une manière qui eût été jugée bien hétérodoxe, s'il avait déclaré son opinion ailleurs que dans la préface de ses Géorgiques. « Chez les Romains, le peuple étoit roi ; par conséquent, les expressions qu'il employoit partageoient sa noblesse. Il y avoit peu de ces termes bas dont les grands dédaignassent de se servir ; et des expressions populaires n'auroient point signifié, comme parmi nous, des expressions triviales. On peut en dire autant d'une multitude d'idées et d'images. — Parmi nous, la barrière qui sépare les grands du peuple, a séparé leur langage ; les préjugés ont avili les mots comme les hommes, et il y a eu, pour ainsi dire, des termes nobles et des termes roturiers. De là la nécessité d'employer des circonlocutions timides, d'avoir recours à la lenteur des périphrases ; enfin d'être long de peur d'être bas ; de sorte que le destin de notre langue ressemble assez à celui de ces gentilshommes ruinés, qui se condamnent à l'indigence de peur de déroger. » Voilà, si je ne me trompe, des propositions catégoriques. A-t-on mieux dit de nos jours, blâmé plus fortement les vanneurs de mots, les experts en syllabes ? N'est-ce pas une joie de les entendre ainsi maltraiter par un de ceux qu'on leur donne pour chefs ?

L'influence de la noblesse, continue Delille, appauvrissait notre idiome, en même temps qu'elle l'affaiblissait. Le peuple a des sensations énergiques, des mœurs naturelles et une langue sans voiles : on admire dans ses discours la vigueur ingénue de son caractère. C'est un sol riche, où les locutions poussent librement et hardiment. Point de restrictions ni d'ambages : le mot propre et les épithètes les plus saillantes. Les grands, au contraire, se tiennent sur la réserve ; ils atténuent leurs pensées, modèrent habilement leur paroles : la circonspection gouverne leurs entretiens comme leur conduite. Le soleil n'éclaire point de ses vivants rayons les pâles bosquets où se promène leur intelligence ; il n'y pénètre qu'un demi-jour vague et brumeux. Les émotions s'y refroidissent, le langage y perd sa verve et sa chaleur.

Les Romains habitaient davantage les campagnes, nous habitons de préférence les villes. Le goût de la société, le désir de plaire, la galanterie et les circonstances factices de la vie urbaine ont absorbé l'attention des Français. Ils ont peint surtout les recherches du sentiment, les finesses de la passion ; le monde moral les séduisait à ce point que le monde physique a été oublié par eux. Ils semblaient ne pas voir les objets extérieurs et ne pas soupçonner que le luxe de la nature efface toutes les élégances de l'industrie humaine. La poésie épique, avide de descriptions et d'images, leur a donc échappé ; ils n'ont fait preuve de talent et de force que dans l'art du théâtre, où les rapports sociaux fournissent à l'auteur les éléments uniques de son œuvre.

Delille regrette aussi plusieurs libertés de la versification romaine : les enjambements, la césure mobile. Les

Latins variaient à leur gré la marche du mètre ; ils ne lui imprimaient pas un mouvement uniforme, léthargique et restreint, comme celui d'une balançoire. Guidé par ces observations, l'ingénieux rimeur s'efforçait d'obtenir pour nos poètes des immunités analogues. Il écrivait donc :

> Soudain, amoncelée en montagne écumante,
> L'onde bondit : les uns sur la cime des flots
> Demeurent suspendus ; d'autres au fond des eaux
> Roulent, épouvantés de découvrir la terre :
> L'onde en grondant répond aux éclats du tonnerre,
> Le fond des mers bouillonne ; et les sables mouvants
> Sont poussés par les flots et battus par les vents.

A quelle époque le traducteur des Géorgiques demandait-il ces réformes? En 1769, avant que Chénier fît des essais du même genre, avec plus de hardiesse et plus de talent. Nous aurions peut-être dû rappeler ceux de Delille quand nous avons parlé de ses descriptions agrestes; mais sa vie littéraire présente ce phénomène insolite, que la majeure partie de ses compositions furent publiées dans sa vieillesse, de 1800 à 1813, lorsqu'il avait déjà la soixantaine. On aurait cru voir un de ces arbres tardifs, qui ont besoin pour mûrir leurs fruits des rayons pâlissants de l'automne et ne les laissent choir en abondance qu'au souffle des premières bises. Son action principale date conséquemment de cette période, où le public l'entourait d'une faveur si extraordinaire que pas un de nos poètes vivants n'a obtenu un succès égal. Comme du reste les anciens lui servaient de modèles, comme il procédait avec une rare timidité, ses innovations prudentes ne pouvaient être mal accueillies en France.

CHAPITRE VI.

Mouvement général de la littérature.

Imitation de l'Allemagne : *Le Peintre de Salzbourg*, par Charles Nodier. — Esprit novateur de Senancour : *Obermann*. — Théories littéraires de l'auteur. — Seconde définition du romantique. — Il diffère du romanesque et réside surtout dans les formes d'une nature simple, ou dans les effets des sons. — La culture le détruit dans le paysage, la société dans l'homme. — Vingt-et-unième lettre d'Obermann. — Perpétuel abattement de Senancour. — *Analyse de la Beauté*, par William Hogarth, traduite de l'anglais. — *Dictionnaire des Beaux-Arts*, par Millin. — Première mention de l'esthétique. — *Poétique anglaise*, de Hennet. — Cours public sur l'ancienne littérature française, par Marie-Joseph Chénier. — Son *Tableau de l'état et des progrès de la littérature française depuis 1789*. — Sa nullité en critique et ses jugements saugrenus.

Avec moins de force et de grandeur que Chateaubriand, deux hommes suivaient alors une ligne poétique presque aussi franche et tentaient presque aussi ouvertement de rajeunir notre littérature épuisée. Comme écrivains et comme penseurs, on doit les placer au-dessous de lui ; mais il leur reste une belle gloire : ils devançaient la foule de leurs concurrents et le nimbe des réformateurs brillait sur leur tête.

Le Peintre de Salzbourg est la dernière imitation

française de Werther. Mais si d'une part il clôt une série, de l'autre il annonce une métamorphose. Les Dernières aventures du jeune d'Olban exceptées, il offre chez nous le premier exemple d'une œuvre bien faite, remontant par l'inspiration à des sources germaniques. Les réflexions, les sentiments, le sujet sont à peu près les mêmes que ceux de Gœthe, ou plutôt sont de la même famille, car l'auteur déploie une assez grande originalité ; il évite plusieurs fautes dont le célèbre poète n'avait point su se garantir. Charles Nodier ménage les digressions, répand sur l'ensemble une douce lumière et change un peu le dénouement. Son héros a aussi l'âme plus tendre et moins violente. Ce fils du Nord, le regard animé d'une expression nouvelle, s'introduit au milieu de nous comme un compatriote.

M. de Senancour ne se borna point à innover dans l'exécution et par le fait ; il émit certaines idées littéraires dont personne, pas même son prôneur habituel, n'a remarqué l'existence ni déterminé la valeur. La préface annonce que le livre renferme des descriptions, « de celles qui servent à mieux faire entendre les choses naturelles et à donner des lumières, peut-être trop négligées, sur les rapports de l'homme avec ce qu'il appelle l'inanimé. » Voilà certes un dessein théorique des plus manifestes. Notre nation évitait depuis si longtemps la nature, qu'elle avait réellement besoin d'un interprète qui lui en exposât le sens. Mille liens nous unissent au monde physique ; notre humeur bonne ou mauvaise, nos pensées, nos résolutions même sont fréquemment son ouvrage. Senancour a étudié ces rapports avec une minutieuse et quelquefois avec une sombre patience.

Il nous avertit également qu'il a rejeté une multitude d'expressions banales, « de figures employées quelques millions de fois et qui, dès la première, affaiblissaient l'objet qu'elles prétendaient agrandir. L'émail des prés, l'azur des cieux, le cristal des eaux, les lis et les roses de son teint, les gages de son amour » et beaucoup d'autres phrases trivialement ampoulées lui soulèvent le cœur. Il pense que le style a besoin d'une refonte générale.

L'œuvre même contient plusieurs aperçus révolutionnaires. Le mot romantique prononcé une fois par Letourneur, ne l'avait pas été depuis : Senancour l'employa de nouveau. Il en exposa le sens d'une manière conforme à l'opinion de son devancier. Le *troisième fragment* d'Obermann fait connaître ses vues à cet égard. Il l'a intitulé : *De l'expression romantique et du ranz des vaches*. Nous transcrirons ici les passages qui contiennent la substance de sa pensée.

« Le romanesque, dit-il, séduit les imaginations vives et fleuries ; le romantique suffit seul aux âmes profondes, à la véritable sensibilité. La nature est pleine d'effets romantiques dans les pays simples ; une longue culture les détruit dans les terres vieillies, surtout dans les plaines dont l'homme s'assujettit facilement toutes les parties.

« Les effets romantiques sont les accents d'une langue que les hommes ne connaissent pas tous, et qui devient étrangère à plusieurs contrées. On cesse bientôt de les entendre, quand on ne vit plus avec eux ; et cependant cette harmonie romantique est la seule qui conserve à nos cœurs les couleurs de la jeunesse et la fraîcheur de la vie. L'homme de la société ne sent plus ces effets trop éloignés de ses habitudes ; il finit par dire : Que m'importe ?

« Mais vous que le vulgaire croit semblables à lui parce que vous vivez avec simplicité, hommes primitifs, jetés çà et là dans le siècle vain, pour conserver la trace des choses naturelles, vous vous reconnaissez, vous vous entendez dans une langue que le vulgaire ne sait point.

« C'est dans les sons que la nature a placé la plus forte expression du caractère romantique ; c'est surtout au sens de l'ouïe que l'on peut rendre sensibles, en peu de traits et d'une manière énergique, les lieux et les choses extraordinaires. Les odeurs occasionnent des perceptions rapides et immenses, mais vagues ; celles de la vue semblent intéresser plus l'esprit que le cœur : on admire ce qu'on voit, mais on sent ce qu'on entend. »

Chacun de ces alinéas mérite un commentaire spécial ; nous allons les soumettre à l'analyse pour éclaircir l'idée qu'ils renferment.

C'est seulement depuis trente années que le mot romantique est devenu un signal de discorde. On l'employa d'abord d'une manière paisible et instinctive, dans le sens que lui attribue Senancour. Il servait à exprimer des effets vagues, délicieux, pénétrants, qui remuaient l'âme jusqu'en ses derniers replis et dont on ne savait pas encore définir la puissance. Or, ces émotions si fortes et si douces avaient toujours pour cause une beauté de la nature ou de l'art, entièrement d'accord avec les principes de la vie moderne, avec les dispositions, les goûts, les attachements qu'elle nourrit dans les intelligences. Le spectateur, le lecteur sentait alors un mystérieux plaisir agiter le fond de son être ; un courant électrique avait touché les ressorts intimes de son existence morale et donné le mouvement à ses fibres les plus secrètes. D'autres beautés l'impressionnaient d'une manière moins vive, moins délectable ; elles n'arrivaient pas au centre de son organisation. Elles pouvaient lui plaire, le distraire, l'occuper ; le don de faire naître l'extase et l'enchantement ne leur appartenait pas. De tous les moyens, de tous les produits de l'art, ceux qui devaient le moins souvent obtenir ce genre de triomphe, ce sont évidemment ceux qui rappelaient un art antérieur et exprimaient une autre civilisation. S'éloignant de nos goûts, de nos pensées, de nos habitudes, le temps a fini par détruire leur prestige ; ils n'excitent en nous qu'un faible intérêt ; ils ne remplissent point nos cœurs de cette joie indicible et profonde, qui est le sentiment même de la vie dans sa plus grande intensité. Les ouvrages calqués sur ceux des anciens n'avaient donc pour nous aucun attrait *romantique ;* les hommes seuls qui avaient fait leurs *classes* et devaient à l'étude du passé des engouements artificiels, pouvaient leur donner une préférence qu'ils ne méritaient point ; on les nomma *classiques*, parce qu'ils se rattachaient à l'enseignement des colléges. Les productions plus modernes, plus naïves, plus séduisantes furent dès lors en horreur aux esprits stériles.

Les exemples que cite notre auteur confirment ces observations : Il parle d'abord des effets romantiques de la nature dans les pays simples, qui ont gardé leur physionomie originelle. En les cultivant, l'homme y imprimerait la trace de ses besoins, de ses douleurs, de ses inquiétudes, la forme divine céderait la place aux formes chétives de la nécessité. Lorsque les plaines, les bois, les rivières et les côteaux ont perdu leur grâce virginale, que des desseins mercantiles se trahissent partout, le monde extérieur ne nous fait point oublier nos misères de chaque jour ; notre asservissement, notre indigence sont empreints sur sa face. Mais égarons-nous dans la solitude ; que les végétaux balancent à nos yeux leurs têtes couronnées de fleurs, que les torrents se précipitent sans contrainte en des gouffres sonores, que les rochers éternels, que les libres montagnes dressent au-dessus des nuages leurs inaltérables cimes, l'âme environnée d'objets indépendants s'abandonne à ses rêves ; l'esprit de Dieu plane seul autour d'elle ; les fleuves et les collines, l'insecte et le reptile, l'arbuste et l'oiseau, uniquement gouvernés par leurs propres tendances, lui révèlent mille grâces secrètes, mille harmonies touchantes. Or, je le demande, cette tendresse de l'homme pour la nature sauvage, le sentiment religieux qu'elle lui fait éprouver, ne sont-ils point des affections particulières aux modernes ?

La société produit sur l'homme le même effet que ses travaux produisent sur les champs. L'usage, les convenances, les petites obligations le mutilent, le gênent, l'amoindrissent ; ses qualités se relâchent, l'hypocrisie ôte à ses défauts leur vigueur poétique ; l'existence devient une routine. Ce n'est point là que se développent les sentiments profonds, ce n'est point là qu'on trouve la fidèle image d'une époque. Les citadins de tous les temps se ressemblent ; pâles épreuves d'un même type, on ne doit voir en eux que le résultat des nécessités, des conditions de la vie urbaine. L'homme de nos jours le plus sensible aux effets romantiques sera donc celui qui se laissera le moins abâtardir par ces sortes d'exigences factices, qui ne leur soumettra ni ses goûts, ni ses opinions, ni ses habitudes, qui, plein des grandes idées modernes, les préservera d'un impur alliage, et connaîtra, résumera d'autant mieux son siècle qu'il en habitera les hauteurs et promènera ses regards sur tous les points de son étendue. Le trafiquant noyé dans la brume des villes ne jouit certes pas du même coup d'œil.

En attribuant surtout aux sons le caractère romantique, Senancour marche de nouveau sous la bannière des principes modernes. Chateaubriand a signalé l'intime rapport qui unit la musique et ses progrès aux croyances de nos aïeux. L'action de notre climat septentrional, le penchant rêveur des Celtes et des Germains contribuèrent aussi à la développer. Art du vague, idiome mystérieux qui fait un appel direct au sentiment et n'offre à l'esprit que d'incertaines images, les Grecs ni les Romains n'ont pu en sonder les blêmes profondeurs et l'obscur idéalisme. Organisés d'une autre manière, nous aimons ce champ de course indécis, où l'imagination se précipite sans frein et sans obstacle, traverse des populations de fantômes, voyage plus rapidement que la tempête, et, sous une lueur crépusculaire, chevauche infatigablement dans le royaume illimité des songes.

La lettre vingt-et-unième d'Obermann est fort curieuse. Les problèmes généraux de l'esthétique y sont tous effleurés, et elle n'a que cinq pages ! La définition que l'auteur donne du beau ne manque ni d'exactitude, ni de largeur ; un philosophe allemand ne réussirait pas mieux. « Le beau, dit-il, est ce qui excite en nous l'idée de rapports disposés vers une même fin, selon des convenances analogues à notre nature. » Elle embrasse, comme on voit, l'objectif et le subjectif : elle ne laisse rien en dehors d'elle. Senancour adopte néanmoins un peu plus bas la fausse doctrine de l'utilité dans l'art, doctrine éminemment française qu'on ne peut assez honnir, et contre laquelle se sont élevés tous les grands théoriciens. Pris en somme, cette espèce de traité annonce beaucoup d'intelligence ; plusieurs autres fragments d'Obermann ont droit au même éloge : on déplore, en les lisant, la sinistre apathie dont l'auteur n'a pas su se défendre, et qui a glacé avant leur floraison les germes extraordinaires de son talent. Ah ! si l'on avait pu ranimer ce cœur toujours prêt à faiblir ! si l'on avait pu allumer dans cette riche organisation la flamme des énergiques volontés ! Mais, hélas ! elle ressemblait à un château du Nord, vaste et sombre, élégant et pittoresque, où l'on aurait prodigué les matériaux, les ornements et le travail, mais où, sur cette froide terre en butte aux vents du pôle, l'architecte oublieux n'aurait point ménagé d'âtre, aurait laissé sans clôture le vide des fenêtres, si bien que des spectres seuls y pourraient fixer leur demeure, parcourant jour et nuit ces salles désertes, ce funèbre hôtel, ce palais de l'hiver, mêlant leur plainte aux plaintes de la bise et leur forme vaporeuse aux mortels brouillards d'une région désolée.

— En 1805 fut traduite l'*Analyse de la beauté*, de William Hogarth, preuve certaine que les études générales sur l'essence de l'art n'étaient pas alors en mauvais renom.

L'année suivante parut le *Dictionnaire des beaux-arts*, de Millin, que nous délaisserions, comme n'ayant aucun rapport avec notre sujet, s'il n'était le premier livre où l'on ait parlé en France de l'esthétique allemande. L'auteur ne voulait même d'abord que traduire l'ouvrage de

Sulzer, intitulé : *Théorie universelle des beaux-arts*, production médiocre, sans caractère et sans unité, qui ne vaut point sa réputation, à laquelle il attache trop d'importance, et dont Gœthe a fait une juste critique. Bientôt Millin s'aperçut que pour joindre l'histoire aux idées abstraites, il fallait refondre presque tous les articles : de là est né son dictionnaire.

Parmi les auteurs qu'il cite et dont il invoque la garantie, nous mentionnerons Baumgarten, Kant, Humboldt, Hagedorn, Richardson, Fussly, Gœthe, Home et Raphaël Mengs. Il connaissait donc, au moins de nom, la plupart des hommes fameux qui ont écrit sur l'esthétique ; mais je doute que leurs livres lui fussent connus. Il en est qu'il n'a, certes, jamais ouverts. Son article *Sublime* le prouve d'une façon péremptoire : il ignore entièrement le système de Kant, et dit à peu près l'avoir étudié dans la *Critique du jugement*. Toutes les matières générales sont traitées sans verve et sans connaissance de cause : l'article *Esthétique* est d'une extrême faiblesse. Des sujets plus spéciaux n'ont pas mieux inspiré l'auteur ; il ne voit que barbarie et disproportions dans l'architecture ogivale. On doit néanmoins lui tenir compte de ses efforts pour se mettre au courant de la science et des recherches qui l'ont conduit de bonne heure en des voies peu fréquentées.

La *Poétique anglaise* de Hennet (1806) révèle plus de discernement. L'auteur connaît à fond le sujet qu'il traite. Il aime d'un amour sérieux la poésie britannique ; il en pénètre les finesses, il en admire la grâce et le naturel, il en comprend la force et l'audace. Peu d'hommes ont aussi bien étudié ses productions : il connaît maint ouvrage dont les Anglais eux-mêmes ne s'occupent plus. Il ne débat pas, du reste, les questions générales que soulève une littérature si différente de la nôtre : satisfait d'aplanir le chemin aux curieux, il n'ambitionne pas d'autre gloire. Son premier volume renferme des indications de tout genre sur les lois, les habitudes spéciales de la poésie britannique ; le deuxième raconte la biographie des poètes ; le troisième offre des morceaux d'élite, traduits avec soin et quelquefois avec bonheur. C'est encore le meilleur guide que l'on puisse choisir pour pénétrer dans ce parc frais, luxuriant et idéal de la littérature anglaise. S'il passe sans rien dire près de quelques vallées mystérieuses, de quelques ombrages solennels, il vous fait au moins parcourir les principaux sentiers, il vous montre les points de vue les plus célèbres. Il a facilité aux compatriotes de Racine l'intelligence des auteurs anglais ; et développer en eux le goût des littératures étrangères, c'est accomplir une œuvre méritoire, c'est élargir le cercle parfois trop restreint de leurs idées.

En 1806 et 1807, un cours public fait avec grand succès à l'Athénée, aurait dû bien suprendre les auditeurs, s'ils avaient été capables de réfléchir. Marie-Joseph Chénier exposait les destinées de notre ancienne littérature, depuis l'origine de la monarchie jusqu'au règne de François Ier (1). Les derniers poètes latins de la décadence, les obscurs rimeurs de nos temps primitifs, les brillants troubadours, qui portaient la guitare et l'épée, les trouvères narquois au fin sourire, toutes nos vieilles gloires, évoquées par le professeur, environnaient sa

(1) Des fragments de ce cours ont été publiés en 1818, et forment un volume in-octavo, maintenant assez rare.

chaire, comme ces troupes merveilleuses que les peintres catholiques assemblent sur les nues. Malgré quelques exclamations en faveur de Boileau et de Voltaire, il semblait témoigner un véritable intérêt pour ces représentants du christianisme et de la féodalité. Il avait pris la peine de lire leurs ouvrages, il les appréciait avec justesse, avec indépendance. Le mouvement de réaction historique, l'enthousiasme pour le moyen âge, auxquels se laissait entraîner la France, égaraient le classique opiniâtre loin des autels d'Apollon et des Muses.

Mais il revint presque aussitôt sur les bords du Pernesse. Le *Tableau historique de l'état et des progrès de la littérature française depuis* 1789, rapport lu devant Napoléon, le 27 février 1808, par Marie-Joseph Chénier, nous semble un ouvrage entièrement nul. On croirait ouïr un bâtard de Voltaire qui jase avec la même assurance, la même étourderie, la même puérilité, sans avoir ni sa grâce ni ses talents. Ce sont à chaque page d'irrévocables décisions, d'insignifiantes maximes, de vulgaires ou absurdes jugements prononcés d'un ton d'oracle. Aussi déborde-t-il d'admiration pour l'auteur de la Pucelle envisagé comme critique. « S'il existe, dit-il, un commentaire au-dessus de toute comparaison, c'est assurément celui que Voltaire nous a donné sur Corneille. Là, presque toujours les critiques sont des traits de lumière ; là, souvent une phrase renferme une théorie complète et quelquefois une théorie nouvelle. » Un enthousiasme aussi bien placé donne la mesure de l'appréciateur.

Dans ce déluge de fausses idées, de comiques sentences, quelques passages plus divertissants que les autres fixent l'attention. Chénier s'exprime de la manière suivante sur le compte de Gœthe : « Tout ce qu'on peut remarquer avec éloge, c'est que M. Gœthe ose imiter Racine et Voltaire, et c'est beaucoup pour un Allemand. »

Atala le transporte de fureur. Il en trouve le sujet immoral, le plan défectueux, les incidents vulgaires, mal amenés, sans lien et sans intérêt. Il nie même que Chateaubriand sache décrire la nature.

L'ex-conventionnel reproche à Delille ses enjambements, ses licences de versification, il le rappelle aux lois décrétées par Malherbe.

La seule fraction estimable de cet ouvrage est un endroit où l'auteur énumère les obligations de la critique. Il montre qu'elle doit du respect et non de l'idolâtrie aux grands écrivains décédés, que les vivants ont droit à une juste et perpétuelle bienveillance, que les aspirants enfin, gages d'une illustration prochaine, réclament d'affectueuses paroles. Quand elle s'élève à la théorie, elle trace moins des bornes qu'elle ne pose des principes. « La fausse critique nuit et veut nuire ; elle est ennemie des talents, dont la vraie critique est l'auxiliaire. L'une est le métier de l'envie ; l'autre est la science du goût dirigée par la justice. »

A ce brillant éclair succède malheureusement une nuit profonde. Embourbé comme l'était l'historien dans les vases de la routine, cette lumière subite ne dura pas assez longtemps pour qu'il pût gagner la terre ferme. Il l'entrevit un moment de loin ; il essaya peut-être d'y parvenir. Mais cette plage désirée s'effaça bientôt ; il resta sans mouvement, sans espoir, dans le marais lugubre, l'œil inutilement ouvert, les pieds déjà glacés, la mort au fond de l'âme et la mort autour de lui

CHAPITRE VII.

Le moyen âge et le XVIII° siècle jugés par le XIX°.

Tableau de la littérature française au XVIII° siècle, par M. de Barante.
— Mérites de cet ouvrage; son succès durable. — L'auteur applique pour la première fois la maxime de Bonald : La littérature est l'expression de la société. — Les écrivains et les philosophes du XVIII° siècle n'ont pas, suivant lui, causé la révolution, mais subissaient eux-mêmes l'influence du milieu où ils vivaient. — L'auteur exagère cette donnée nouvelle. — La littérature agit sur la société, comme la société agit sur la littérature ; les esprits supérieurs ne sauraient être dépourvus d'initiative. — Rigueur injuste de M. de Barante envers Jean-Jacques, Beaumarchais et Diderot. — Il regrette que la poésie française ait quitté les voies nationales. — L'Institut avait mis au concours le sujet qu'il a traité. — Victorin Fabre, Jay, Eusèbe Salverte et Masson disputent le prix. — Réveil de l'esprit d'examen. — *Comparaison de la Phèdre de Racine avec la Phèdre d'Euripide*, par Guillaume Schlegel. — Publication et défense des *Martyrs*, par Chateaubriand. — Fureurs de la critique et indignation de l'auteur. — *Réflexions sur la Tragédie*, par Benjamin Constant.

M. de Barante a, comme critique, une bien autre importance que ceux dont nous avons jugé les travaux dans les chapitres précédents. Son histoire de la littérature française pendant le dix-huitième siècle doit être mise au nombre des meilleures productions de ce genre. Elle ne renferme guère que des idées nouvelles ; le style en est pur, élégant et chaleureux ; l'auteur apprécie les hommes, les gouvernements, les créations poétiques d'une manière indépendante et originale. Son succès mérité cause un extrême plaisir, quand on songe à tant de réussites frauduleuses, qui choquent le bon sens, prostituent la gloire et déshonorent l'humanité. C'est, avec le grand ouvrage de Chateaubriand, le meilleur livre critique paru de 1800 à 1810.

Il a pour base des principes importants. Beaucoup d'auteurs avaient jusqu'alors regardé l'histoire comme le produit des circonstances et de volontés plus ou moins judicieuses, soutenues par de grandes positions : le sort de l'univers dépendait ainsi du caprice des événements et du caprice des hommes ; le muet, l'aveugle hasard laissait tomber indistinctement de ses mains ignorantes le bonheur ou le malheur des peuples. Voltaire surtout avait défendu, propagé ce système. Il choqua M. de Barante. L'humanité lui parut suivre une ligne régulière et fatale. De la réunion des hommes, de leur commerce habituel, naît, selon lui, une certaine progression de sentiments, d'idées, de raisonnements, que rien ne peut suspendre. « C'est ce qu'on nomme la marche de la civilisation ; elle amène des époques tantôt paisibles et vertueuses, tantôt criminelles et agitées. Nos goûts, nos opinions, nos impressions habituelles en dépendent en grande partie. »

Cet enchaînement de tous les faits, de toutes les pensées humaines, le conduit à porter sur le dix-huitième siècle un jugement qui étonna certes bien des lecteurs. Il était admis en effet, comme un principe indubitable, que les écrivains de ce temps avaient seuls, par leurs railleries, par leurs systèmes, par leurs ouvrages de toute espèce, détruit dans les cœurs la foi religieuse, le sentiment du bien, la médiocrité des goûts et la déférence pour la noblesse. On leur imputait donc les malheurs infinis survenus quelques années plus tard. C'étaient eux qui avaient mis le feu aux poudres et fait sauter dans les airs le navire social. On évoquait autour de leur mémoire les ombres sanglantes des trépassés. M. de Barante éloigna ces fantômes accusateurs. Il montra que le dix-huitième siècle et la révolution n'étaient pas sortis de la littérature, mais de l'état général où se trouvaient le royaume et les esprits.

La littérature de cette époque n'est donc à ses yeux ni une conjuration formée par tous les auteurs pour anéantir les anciens pouvoirs, ni un noble concert pour le bonheur de l'espèce humaine; il adopte la maxime de M. de Bonald et n'y voit que l'expression de la société. « Au lieu de disposer des mœurs et des opinions d'un peuple, les lettres en sont bien plutôt le résultat; elles en dépendent immédiatement; on ne peut changer la forme ou l'esprit d'un gouvernement, les habitudes de la société, en un mot, les relations des hommes entre eux, sans que, peu après, la littérature éprouve un changement correspondant. » Ainsi donc, la marche de celle-ci n'est pas plus arbitraire et fortuite que la marche de la société; le monde réel l'enveloppe dans son tourbillon; ils fournissent l'un et l'autre une carrière inévitable.

Il découle de ce principe que les auteurs ne répondent entièrement ni de leurs idées, ni de leur influence. Leur direction leur est donnée par l'époque : « C'est un courant sur lequel ils naviguent : leurs mouvements en accélèrent la rapidité, mais lui doivent la première impulsion. » Leur mauvaise foi seule témoignerait contre eux. S'ils cherchent la vérité dans la droiture de leur cœur, on ne doit point leur demander compte du résultat de leur enseignement. Chefs subalternes d'une gigantesque armée, ils vont où les guide l'ordre mystérieux du destin.

C'est ainsi que la remarque de M. Bonald fut mise en pratique pour la première fois.

M. de Barante eut seulement le tort de déprécier la littérature et de lui donner une position trop inférieure. Combattant des vues exagérées dans le sens contraire, le désir de vaincre l'a emporté au-delà des bornes, il a fait des lettres un simple miroir où se peignent les formes de la vie, mais n'ayant avec elle d'autre rapport que d'en offrir l'image. La littérature, prise dans son ensemble, a une plus grande valeur : elle est la pensée humaine à l'état pur et sans mélange. Or, nulle cause ne possède un égal pouvoir ; et la mettre au dernier rang, c'est blasphémer contre elle. Les auteurs, il est vrai, ne pensent pas seuls ; bien des réflexions leur viennent du dehors, soit qu'ils les tiennent d'hommes remarquables en d'autres genres, soit qu'ils les puisent dans l'opinion publique : le sourd instinct des masses les travaille, les influence obscurément. Toutefois, on ne peut nier leur action vigoureuse et leur prééminence morale : une foule de notions adoptées plus tard par la multitude ont traversé d'abord leur esprit ; elles passent de leur bouche harmonieuse sur les lèvres épaisses du vulgaire. La littérature, ou l'ensemble des produits intellectuels d'une époque, n'accélère donc pas seulement le cours de la civilisation, qui l'entraîne et la dirige à son insu ; elle est dans bien des cas semblable aux vents maritimes, dont l'haleine fait glisser les navires sur une onde immobile.

Si au lieu de désigner par ce mot les œuvres politiques, philosophiques, religieuses, scientifiques et autres, M. de Barante lui avait donné le sens du mot *poésie*, on aurait pu admettre ses conclusions. Le barde ne cherche pas à étendre le domaine de la pensée; il ne découvre pas de principes nouveaux. Ce qui l'occupe le moins dans le monde, c'est de pénétrer, d'analyser l'essence des choses, d'en saisir et d'en faire ressortir les éléments inconnus. Son talent ne ressemble d'aucune manière à l'aptitude qu'exigent ces fouilles souterraines. Le luth docile, qu'anime le souffle de la brise, ne peut rendre les mêmes services que la pioche creusant le sein de la terre. Un amour exclusif jette le poète au-devant de la beauté; pour donner un corps à ses rêves, il emploie la matière qu'il a sous la main et refléchit son époque sans le vouloir. Ses conceptions les plus brillantes, son idéal le plus pur sont formés de la même substance que l'univers contemporain. Il n'essaye pas de changer la direction suivie par la foule, il se borne à précipiter la marche de cette dernière. Dans les autres cantons du domaine intellectuel, l'esprit se montre moins passif. Cherchant toujours à élargir le cercle du savoir, à modifier les opinions, il transforme graduellement la société en changeant les bases de l'ordre social. Son activité lente ou rapide est la cause et la loi secrète du progrès. Si l'on veut faire de ce travail éternel un simple résultat, comme M. de Barante, on intervertit les rôles. Mais n'insistons pas trop sur ce caractère hyperbolique de son opinion ; c'était là le côté neuf du problème ; l'auteur a naturellement abondé dans son sens.

Placé a un point de vue aussi philosophique, il a pu esquisser largement son tableau du dix-huitième siècle, reproduire cette époque avec une grande intelligence et un grand accord; il a su en réunir les éléments autour de quelques centres naturels. La doctrine de la sensation est parfaitement examinée dans son principe et dans ses résultats; la haine du présent, la soif d'innovation, qui régnaient alors, sont jugées avec le calme de l'histoire. M. de Barante peint d'une manière ferme et habile le cours général de l'époque. Bien des remarques précieuses se dessinent, comme des traits lumineux, sous sa plume; bien des silhouettes caractéristiques se détachent sur le transparent de sa pensée.

Nous lui reprocherons toutefois de s'être montré dur et injuste envers Rousseau. Il l'accuse vivement d'orgueil, d'impureté, d'égoïsme; il a, selon lui, toujours manqué de bienveillance. Peut-être Jean-Jacques a-t-il lui-même donné prise à ces sortes d'imputations : il eut la maladresse de raconter une foule de détails qu'on ne lui demandait pas. Il voulut s'offrir sans voile aux regards des curieux, les mettre dans le secret de ses fautes et de ses malheurs, de ses vices et de ses vertus. Qu'a-t-il gagné à ces tristes confidences? L'intérêt de ses partisans n'a point augmenté, la haine a fait usage de ses aveux; beaucoup d'hommes moins estimables que lui se sont crus en droit de le traiter avec dédain. Les lecteurs les plus indulgents pour eux-mêmes prirent des airs pudiques; la morale se trouva tout à coup défendue par une légion d'amis qu'elle ne connaissait point la veille. Ces gens n'oubliaient qu'une chose, c'était d'examiner leur propre conduite. Eh! messieurs, avant de foudroyer un grand homme, mettez donc un peu la main sur votre cœur ! En est-il un seul parmi vous qui puisse regarder sans inquiétude et sans tristesse au fond de sa mémoire ? Ah ! l'expérience nous a révélé de sombres mystères ! Que de rapines, de viols, d'assassinats ignorés ! La justice humaine est comme la gloire, comme le bonheur, comme toutes les choses du monde ; certaines chances font gagner les uns, pendant que les autres perdent la partie et sont sacrifiés. Quels terribles aveux nous glaceraient l'âme, si l'on contraignait chaque homme de nous dévoiler, à la manière de Jean-Jacques, ses actions les plus secrètes ! Un tel frémissement d'épouvante saisirait peut-être les nations, que la race humaine en garderait jusqu'à son dernier jour un tremblement spasmodique.

La rigueur de M. de Barante a, je n'en doute pas, une source honorable; elle naît d'un vif amour pour le bien, et porte ce caractère : seulement il aurait pu mieux diriger ses traits. Ce qui le choque surtout dans l'auteur d'*Emile*, c'est sa jalouse indépendance, son exhaltation maladive et solitaire ; il n'aime entendre ni les cris de douleur, ni les soupirs étouffés que le génie, en butte aux coups de la fortune, mêle sans le vouloir à son éloquente parole. Cette haine de la plainte, cette animosité peu généreuse contre l'affliction, l'empêcha plus tard de comprendre Schiller, et lui fit blâmer cruellement une âme aussi pure que les rêves des anges. S'il se fût occupé davantage de Bernardin de Saint-Pierre, il est probable qu'il lui aurait été de même très hostile. M. de Barante n'a pas su se mettre à la place de ces écrivains longtemps malheureux ; loin de s'identifier avec leur position, il les a jugés au milieu de son calme et de son allégresse ; il a manqué de sympathie à leur égard. Quelque sereine néanmoins qu'ait été sa propre existence, il fait voir par moments qu'il a une assez pauvre opinion de ses semblables. « Notre âme attristée par les révolutions, dit-il, trouve surtout conformes à ses sentiments les auteurs qui ont vécu au milieu des déchirements et des malheurs des peuples : eux seuls nous paraissent vrais et profonds. Le mépris des hommes, le doute sur leurs vertus, le défaut d'espérance pour l'avenir, les réflexions d'où rien ne peut sortir de consolant, voilà ce que nous retrouvons avec un triste plaisir dans les historiens et les philosophes. Nous nous consolons en imaginant que le passé n'a été ni plus heureux, ni plus digne de l'être. »

Puisque M. de Barante, avec tous les moyens de satisfaction qui rendent la vie d'un littérateur paisible et honorée, a encore eu sous les yeux des catastrophes assez lugubres pour motiver ces paroles amères, puisqu'il y a pris assez d'intérêt pour en souffrir, est-il surprenant que des auteurs moins favorisés du ciel, moins prémunis contre la désolation, aient revêtu les mêmes pensées d'une forme plus énergique et plus sombre ? En même temps que les malheurs généraux, fondaient sur eux des malheurs privés ; l'indigence les entourait de sa hideuse escorte : les maux physiques, le dédain de la multitude, l'assujettissement de l'âme à une foule de soins vulgaires, qui la choquent d'autant plus que cette âme est plus élevée, une guerre sourde et perpétuelle contre des hommes subtils enrichis par leurs travaux et ne leur en accordant jamais de bonne grâce le légitime salaire. De tous les individus créés, les penseurs et les poètes sont les moins faits pour ces luttes avilissantes ; nourris d'idéal et fatigués par la contemplation, ils s'irritent doublement des chagrins sans noblesse qu'engendre la misère. Le sansonnet apprend dans sa cage les chants de la servitude ; le pygargue y dévore la proie qu'on lui jette ; l'aigle s'y laisse mourir, l'œil mélancoliquement tourné vers ce soleil dont il défiait jadis les rayons et suivait la brillante carrière. Madame de Staël et Alfieri, nés tous les deux au sein de l'opulence, se virent sur le point de perdre leur fortune ; leurs mémoires prouvent qu'à cette époque leur âme fut bouleversée par la terreur. Eh bien, que l'on soumette aux épreuves de la détresse les critiques fastueux, qui gourmandent d'un air protecteur le génie morose ou colère, et nous verrons si leurs paroles ne trahissent pas la même affliction, le même désespoir, quand il leur faudra disputer contre la perfidie leur pain de chaque jour !

Dans cette vive esquisse, M. de Barante a en général le défaut de blâmer trop sévèrement des hommes remarquables. C'est ainsi que Beaumarchais et Diderot perdent entre ses mains toute leur grandeur ; il les juge comme des rebelles et des fanatiques.

Au surplus, ces légères taches ne déprécient pas les idées neuves et excellentes que renferme l'ouvrage. L'auteur donne en plein dans l'école progressive. Rejetant les maximes banales, il accuse le seizième siècle d'avoir dénaturé notre poésie. « Vers le seizième siècle, dit-il, nos écrivains, au lieu de perfectionner les lettres gauloises, se portèrent pour héritiers de la Grèce et de Rome. Ils adoptèrent des dieux qui n'étaient pas les nôtres, des mœurs qui nous étaient étrangères, et répudièrent tous les souvenirs français pour se transporter dans les souvenirs de l'antiquité. On commença à copier ou à travestir les modèles antiques et à repousser les impressions et les inspirations de la vie habituelle. » Cet engouement lui semble d'autant plus fâcheux que notre sol était assez fertile pour produire une poésie originale. Si notre littérature ne s'était pas abandonnée aux mauvais génies du polythéisme, si elle était restée fidèle à nos souvenirs, ne dédaignant pas nos fabliaux, nos romans de chevalerie, nos anciens mystères, elle eût peut-être marché lentement vers la perfection, mais elle eût gardé un caractère national et vrai ; nos mœurs, nos croyances, nos superstitions chantées par elle lui eussent acquis les bonnes grâces du peuple et l'auraient préservée de tout malheur durant le voyage.

L'empiétement illicite des formes, des idées grecques sur les formes et les principes modernes semblent avoir été pour M. de Barante une véritable cause d'affliction ; il en parle à diverses reprises et peint toujours comme un acte fatal l'abandon de notre passé. Notre histoire même tomba dans l'oubli ; on exaltait Miltiade, Caton, Régulus, Alexandre, on ne prononçait pas les noms de Du Guesclin et de Bayard.

M. de Barante n'a donc point pour le seizième siècle cette admiration insensée, que des critiques peu sagaces ont tâché par la suite de mettre à l'ordre du jour. Il blâme aussi l'emphatique apothéose du siècle de Louis XIV, apothéose qui date de Voltaire. « Il nous a fait oublier que la France avait une gloire plus antique et plus solennelle que celle de ce siècle d'élégance. Plus que tout autre, il a voulu représenter les temps qui avaient précédé cette période comme obscurcis par la barbarie. Pour lui, pour sa génération et pour celles qui l'ont suivie, notre nation ne méritait quelque intérêt qu'à dater du dix-septième siècle.

D'autres passages présentent la même idée sous une autre face et l'entourent de nouveaux détails. Aucun Français avant M. de Barante n'avait osé remonter directement au moyen âge et proscrire sans respect l'idolâtrie classique. Chateaubriand lui-même, tout ennemi qu'il soit du polythéisme, n'avait point vu dans l'imitation de ses ouvrages une cause de dépérissement pour notre littérature.

Ce principe général se trouve uni à de nombreux aperçus également neufs. L'auteur montre, par exemple, que rien ne dessèche l'imagination comme de lui donner un but pratique. Elle en contracte une froideur glaciale et perd sa merveilleuse puissance. Dans Voltaire, cette erreur substitue la déclamation au sentiment, efface les couleurs locales et détruit la vérité des caractères. Les phrases sentencieuses, déjà très multipliées dans Corneille, tombent sur la tête échauffée du spectateur comme une pluie d'hiver et lui rappellent soudain qu'on se propose de l'instruire, quand il ne cherchait qu'à être ému.

M. de Barante fait encore voir combien il est nécessaire de peindre ses émotions personnelles. Toute image, toute opinion, tout sentiment pris ailleurs qu'en nous-mêmes ressemble aux fleurs des herbiers : c'est un pâle squelette et non plus une coupe magique, d'où la vie s'épanche en torrents de parfums. Nous omettons d'au-
s idées remarquablement novatrices.

Cette précocité, cette justesse d'opinions et de principes ont soustrait le livre au cours du temps, et l'ont, pour ainsi dire, amarré sur les bords de ce fleuve exterminateur, qui emporte les mauvais ouvrages de toute espèce et les bons ouvrages d'un intérêt trop spécial ou trop peu durable. Il cause le même plaisir que si l'on venait d'y mettre la dernière main et que s'il soutenait les premières attaques de la vague éternelle.

Le travail de M. de Barante avait été provoqué par l'Institut, qui, dans la séance du 8 avril 1808, avait remis pour la quatrième fois au concours le tableau littéraire du xviiie siècle. Les prix ne furent décernés qu'en 1810. Cette persévérance de l'Académie à demander une peinture générale de l'époque terminée par la tempête révolutionnaire, ne laisse pas d'être significative. Les hommes qui la composaient, avaient presque tous formé leur talent, acquis leur réputation avant le 18 brumaire. Ils tenaient de cœur aux principes, aux traditions voltairiennes, et pliaient mal les genoux dans les églises nouvellement restaurées. Les adversaires de 89, les champions de l'ancien régime, les dévôts officiels et les catholiques sincères ne trouvaient pas de termes assez injurieux cependant, pour railler et maudire les philosophes. Les libres penseurs, les démocrates, les acteurs survivants de nos luttes politiques entendaient impatiemment ces outrages. De là l'exhortation opiniâtre, et, en quelque sorte, l'appel guerrier de l'Académie.

Outre M. de Barante, quatre auteurs parurent dans la lice, Victorin Fabre, Jay, Eusèbe Salverte et un nommé Masson ; je pourrais leur adjoindre Leuliette, qui traita le même sujet à l'Athénée, en 1808. Les deux premiers remportèrent simultanément la victoire. Ces études historiques sont toutes favorables au xviii° siècle. Quoique M. de Barante maltraite quelques réformateurs, il absout la littérature agressive des encyclopédistes et même l'époque entière, puisqu'il montre la nécessité de l'attitude qu'elles avaient prise, de la lutte qu'elles soutinrent. Ses concurrents n'ont sur les lèvres que des paroles d'enthousiasme. Ils louent sans restriction la belliqueuse phalange des novateurs, ils portent aux nues Rousseau et Voltaire. Eusèbe Salverte et Leuliette rédigent même une protestation dans les formes contre les détracteurs de la philosophie. La corporation littéraire avait donc atteint son but : les droits de la raison se trouvaient constatés de nouveau, la tradition des libres penseurs était publiquement renouée. Tandis que l'Empire se consolidait en apparence, les deux principes qui devaient l'abattre prenaient des forces : les doctrines monarchiques encouragées par Napoléon, la clairvoyante analyse du xviii° siècle minaient sourdement son pouvoir, préparaient sa chute. Et le célèbre capitaine, si habile dans tous les genres de tactique, ne voyait pas qu'il était pris entre deux feux !

Quant aux idées littéraires, ces mémoires n'en renferment aucune : ce sont des œuvres banales, où les maximes de Boileau, l'étroite poétique de Voltaire et de La Harpe règnent sans contradiction.

Peu de temps avant que M. de Barante condamnât ainsi notre pédantisme, un étranger lui portait d'autres coups (1). Depuis soixante ans, la muse chrétienne s'é-

(1) Le Tableau de la littérature française au dix-huitième siècle parut en 1809, l'opuscule de Schlegel en 1807.

tait réveillée de son long sommeil, dans les forêts de la Germanie. Elle chantait de douces paroles qui attendrissaient et faisaient pleurer la nation, en la reportant vers les scènes charmantes de son adolescence. L'Allemagne pensait avec une douce tristesse aux jours d'enthousiasme où elle n'avait sur la terre d'autre but que le ciel, où elle aimait mieux perdre une joie que de commettre une faute, où, parmi le fracas de la vie présente, elle ne cessait d'ouïr les concerts divins. Et à mesure qu'elle comprenait mieux l'âge qui finit, elle comprenait mieux l'âge antérieur. Les choses se caractérisent et se spécifient mutuellement par leur diversité. On ne pénétra donc jamais si bien le sens de l'antiquité, qu'au moment où la grandeur méconnue de la civilisation chrétienne frappa les yeux. La force et l'harmonie intime des œuvres grecques, dont on n'avait encore apprécié que la sagesse et la mesure, se dévoilèrent tout à coup. On sentit l'indigence des imitateurs et la faiblesse des pastiches, où ils croyaient avoir reproduit le monde colossal d'Homère et d'Eschyle. Sa dignité rude, gigantesque, leur avait complétement échappé. Des hommes qui n'avaient pas assez de goût pour aimer notre littérature nationale, étaient incapables de saisir l'essence du vieux génie grec. De là une double récrimination. Les nouveaux venus accusèrent les classiques d'avoir sottement diffamé les croyances, les mœurs, l'esprit des peuples modernes, et d'avoir défiguré l'art antique. Chez nous, cette dernière accusation fut la première intentée; nous avons vu Chénier, David, Népomucène essayer de refondre entièrement l'idéal païen. On ne se tourna que plus tard vers le moyen âge. Chez les Allemands, ce fut le contraire :

on admira d'abord le moyen âge; on voulut ensuite faire sortir la poésie grecque du flot ténébreux des préjugés, comme une seconde Vénus anadyomène. Dans ce sens, Winckelmann est aussi romantique que Schiller et Uhland. En se servant de notre idiome pour écrire sa *Comparaison de la Phèdre de Racine avec la Phèdre d'Euripide* et en la publiant à Paris, Guillaume Schlegel se plaça donc au rang des penseurs qui ont modifié notre littérature. Il montra combien l'auteur moderne a gâté la pièce primitive, combien celle-ci est plus touchante, plus vraie, plus pittoresque. Il fit voir que cette imitation, violemment rapprochée de nos habitudes, est aussi inférieure au drame ancien que l'original lui-même peut l'être à une œuvre de Shakespeare. D'où il résulte que le poète doit peindre la société qui l'environne ; elle lui fournit des éléments plus purs que la civilisation précédente, elle lui donne la supériorité à force égale. S'il quitte cette route, il perd ses avantages; il renonce aux bénéfices de sa position pour lutter sur un champ de bataille où il ne peut vaincre. Il n'a pas les mérites de son époque et acquiert imparfaitement ceux de l'époque antérieure.

Cet ouvrage fut comme un coup de trompette, qui éveilla les deux armées littéraires un moment assoupies dans leurs camps. Tous les journalistes fondirent sur l'auteur ; madame de Staël se vit obligée d'accourir à son aide. Mais Schlegel lui-même ne se laissa pas maltraiter impunément. Sa brochure n'avait été, pour ainsi dire, qu'une légère escarmouche ; il préparait une autre attaque, plus importante et plus acharnée. En 1808, il professa publiquement à Vienne son Cours de littérature dramatique, imprimé en 1809. Dans ces trois volumes, il déploya tout son front de bataille ; on verra quelles furent les suites de la lutte, quand nous aurons à parler de la traduction française.

Les Martyrs, de Chateaubriand, publiés en 1808, ne ramenèrent pas le calme. La meute classique, transportée de fureur, poussa de vrais hurlements. La crainte gagna le cœur du poète, et il se mit sur la défensive. Jamais la critique n'avait été prise d'un tel accès de phrénésie. Un outrage n'attendait pas l'autre, on se disputait l'honneur de déchirer le monstre, d'en faire justice une fois pour toutes. Ces braves limiers se savaient soutenus par Napoléon ; Chateaubriand l'avait peint sous les traits de Galerius, et l'empereur en était vivement blessé. Bientôt sa colère s'étendant sur toute la famille, il donna ordre de fusiller le cousin de l'auteur, le malheureux **Armand de Chateaubriand**, qui était alors suspect. Les gazetiers ne parlèrent point des allusions que renferme le tableau de la cour de Dioclétien, mais la tendance de l'ouvrage leur offrait assez de prise. Pourquoi aussi *l'opiniâtre idéologue* soutenait-il que la religion chrétienne est plus favorable que le paganisme à la poésie, et le merveilleux chrétien supérieur au merveilleux mythologique ? Pourquoi ne point chanter, comme d'habitude, Momus et Comus, Apollon et Diane, Jupiter et Junon, Vénus et Vulcain, sans oublier les Jeux, les Ris et les Grâces ? Chateaubriand témoigna un complet mépris à ses antagonistes (1), mais, dans son trouble, il eut le tort de

---

(1) « Je ne puis m'empêcher de gémir sur le misérable esprit qui règne dans notre littérature. Quelle idée doivent prendre de nous les étrangers,

leur faire des concessions, de dire qu'il ne voulait *rien changer, rien innover,* qu'il *adorait les anciens,* qu'il marchait sur leurs traces, que la règle des trois unités lui semblait immuable, éternelle, parce qu'elle a pour base *les lois de la nature et produit la plus grande perfection possible.* Aveux inutiles, démentis par ses ouvrages! Faiblesse regrettable, occasionnée par l'espèce de torture morale qu'il subissait! Quand on a levé la bannière pour un principe, qu'on n'en suspecte point la justesse et qu'on se trouve devant certains adversaires, il faut rester immobile à la place qu'on a prise, se cuirasser d'un invariable dédain, ne jamais regarder au nombre de ses ennemis et ne jamais leur accorder la moindre satisfaction. *Meliùs frangi quàm flecti* (1).

Les *Réflexions* de Benjamin Constant *sur la tragédie,* publiées en 1809, avec sa pièce de *Wallstein,* pèchent par le même esprit de condescendance ou de timidité. On y remarque à la fois une intelligence, une admiration assez grandes du théâtre anglais et allemand, si peu semblable au nôtre, et un respect absolu pour les lois de notre scène. Le théoricien explique tous les avantages de l'autre procédé ; il montre combien il est supé-

---

en lisant ces critiques moitié furibondes, moitié bouffonnes, d'où la décence, la bonne foi, l'urbanité sont bannies ; ces jugements où l'on n'aperçoit que la haine, l'envie, l'esprit de parti et mille petites passions honteuses. En Angleterre, en Italie, ce n'est pas ainsi qu'on accueille un ouvrage ; on l'examine avec soin, même avec rigueur, mais toujours avec gravité. S'il renferme quelque talent, on s'en fait honneur pour la patrie. En France, on dirait qu'un succès littéraire est une calamité pour tous ceux qui se mêlent d'écrire. — Je suis las de recevoir des insultes pour remercîment des plus pénibles travaux, etc. »

(1) Devise des Louvois.

rieur et favorise l'énergie, l'intérêt, la vraisemblance. On le croirait le partisan le plus dévoué de la littérature moderne; on ne soupçonne point que tant d'aperçus nouveaux puissent s'unir à des idées routinières. Mais l'auteur vous échappe tout à coup : il justifie les règles françaises, la loi des unités lui semble excellente. Il ne veut pas qu'on l'abroge et cherche pour la soutenir des raisons différentes de celle qu'on allègue communément. Cet opuscule ne peut donc avoir eu qu'une utilité indirecte ; l'ancienne doctrine y obtenant des éloges, il n'a guère contribué à l'émancipation de notre littérature. Les critiques du dix-huitième siècle avaient poussé l'indépendance bien plus loin. Mais en préparant les Français à goûter le charme de la poésie étrangère, il prépara la subversion de leur ennuyeux théâtre. Le *Wallstein* du même écrivain n'a pas dû exercer d'autre influence. Les caractères y sont moins généraux que ceux dont on avait alors l'habitude ; çà et là brillent quelques parcelles de vraie poésie allemande, comme ces paillettes d'or qui flottent dans certaines rivières ; mais l'œuvre originale a perdu presque toute sa grandeur et son attrait. La pièce est froide, incolore, monotone ; les vers taillés sur l'ancien patron ne font naître aucun plaisir. Singularité merveilleuse du génie français ! Du moment qu'il touche le sol critique, sa vigueur l'abandonne ; il n'a plus ni justesse, ni audace. Le talent immense auquel nous devons les traités *De l'esprit de conquête* et *De l'usurpation*, le livre *Du polythéisme romain*, tant de beaux discours et l'immortel *Adolphe,* n'osait s'affranchir des conventions théâtrales et en acceptait même le joug avec une sorte d'humilité chrétienne !

TABLE.

LIVRE PREMIER.

Pages.

CHAPITRE Iᵉʳ. — Définition et origines des deux écoles. — La littérature romantique exprime la société du moyen âge; la littérature classique réfléchit le monde grec et romain. — Double origine des deux écoles. — La Renaissance copie les formes de l'art et de la poésie antiques. — Causes qui la préparent et qui favorisent son développement. — Restes de la civilisation païenne, lassitude du moyen âge, charme romanesque d'un passé mal connu, vanité des auteurs, matérialisme et incrédulité naissante. — L'école moderne véritable, dont Shakespeare est le fondateur et le représentant, n'a pas même été entrevue par la France 1

CHAPITRE II. — Formation de la littérature française. — Fécondité inventive de la France au moyen âge. — Elle crée tous les genres littéraires cultivés par les modernes, mais ne sait point perfectionner ses propres inventions. — Pourquoi ? — Irréflexion, légèreté morale du peuple français. — Vulgarité des basses classes, violentes réactions. — La France imite les anciens faute d'idées et faute de style. — Elle prend l'uniformité, la régularité pour la beauté. — Influence du cardinal de Richelieu et des Bourbons. — Esprit négatif de Malherbe et de Boileau 13

CHAPITRE III. — Querelle des anciens et des modernes. — Premières tentatives d'affranchissement. — Question du langage, protestations en faveur de notre idiome. — *Illustration de la langue françoise*, par Joachim Du Bellay. — Henri Estienne ; ses œuvres de philologie française. — Fondation de l'Académie. — Discours de Bois-Robert. — Discours de Guillaume Colletet. — Arnauld d'Andilly. — *Discours de la poésie chrestienne*, par Godeau.— Opinion du cardinal de Richelieu. — Mépris de Descartes, de Malebranche et de leurs élèves pour les Anciens. 32

CHAPITRE IV. — QUERELLE DES ANCIENS ET DES MODERNES. — Desmarests de Saint-Sorlin. — Ses débuts profanes. — Il se convertit et prend la défense du christianisme contre le paganisme, des modernes contre les anciens. — *Les Délices de l'esprit*. — Préface de *Marie-Madeleine*. — *Traité pour juger les poètes grecs, latins et françois*. — *Poème d'Esther*, par le sieur de Boisval. — Autres ouvrages théoriques de Saint-Sorlin. — Opinion de Colbert. — Lamentations de Commire et de Santeuil. — Les deux partis invoquent l'aide de Charles Perrault, qui garde le silence. — Charpentier soutient le parti des modernes. — Ses deux livres intitulés : *Défense de la langue françoise*, *Excellence de la langue françoise*. 55

CHAPITRE V. — QUERELLE DES ANCIENS ET DES MODERNES. — Fontenelle prend parti pour les modernes. — *Dialogues des Morts*. — Ayant résigné ses fonctions, Perrault s'adonne entièrement à la littérature. — Son *Épistre chrestienne sur la Pénitence* louée par Bossuet. — Son poème de *Saint Paulin* ; la préface. — Opinions littéraires de Bossuet — *Le Siècle de Louis le Grand* lu à l'Académie. — Fureur de Boileau, sarcasmes de Racine. — Fontenelle rentre en lice. *Discours sur l'Églogue*. *Digression sur les anciens et les modernes*. — *Epître au Génie*, par Perrault. — *Parallèle des Anciens et des Modernes*. — Analyse complète de l'ouvrage. 85

CHAPITRE VI. — QUERELLE DES ANCIENS ET DES MODERNES. — Réponses de Boileau. — Ses épigrammes. — Préface de l'Ode sur Namur. — *Réflexions sur Longin*. — Concessions de Boileau ; les deux antagonistes se réconcilient. — Défauts du *Parallèle*. — Inflexible constance de Perrault. — Opinion de Racine. — Opinion de La Bruyère. — L'Angleterre et l'Italie prennent part à la querelle. — Traduction de l'Iliade, par La Motte. *Discours sur la poésie*, *Discours sur Homère*. — Réponses de Mme Dacier. — *Des causes de la corruption du goût*. — Réplique de La Motte : *Réflexions sur la critique*. — Réconciliation de La Motte et de Mme Dacier. — Autres champions des deux systèmes. — Les médiateurs. 149

CHAPITRE VII. — TENTATIVE POUR RÉFORMER L'ENSEIGNEMENT. — L'érudition chrétienne sous Louis XIV. — Enseignement païen. — Remords du père Thomassin. — Il entreprend de réformer l'instruction donnée à la jeunesse. —Traditions de l'Église. Anciens débats sur cette matière. — *La méthode d'étudier et d'enseigner chrestiennement et solidement les belles-lettres.* — *La méthode d'étudier et d'enseigner chrestiennement et solidement la philosophie.* — Autres livres pédagogiques du père Thomassin. — Il meurt à la peine. 151

CHAPITRE VIII. — Tentative pour réformer l'enseignement. — *Traité du choix et de la méthode des études*, par l'abbé Fleury. *De l'éducation des filles*, par Fénelon. — *De ratione discendi et docendi*, par le père Jouvency. — Opinion de Bossuet. — *Remarques sur Virgile et sur Homère, et sur le style poétique de l'Ecriture Sainte*, par l'abbé Faydit. — *De la manière d'étudier et d'enseigner les belles-lettres*, par Rollin. — Le nouveau système échoue. — Anathèmes du clergé contre la littérature et les beaux-arts. 175

CHAPITRE IX. — Tentative pour réformer la critique. — *Traité du Sublime, adressé à Boileau*, par Silvain, avocat au parlement. — Silence que garde l'auteur de l'*Art poétique*. — Découragement de Silvain. — Il fait imprimer son manuscrit au bout de vingt-quatre ans.— Similitude de cet ouvrage avec la *Critique du Jugement*, de Kant. — Silvain est le premier homme qui ait expliqué le Sublime. — Son livre n'est compris de personne. — L'abbé Terrasson essaie d'introduire la philosophie dans la critique. — L'abbé Du Bos. — *Réflexions sur la poétique*, par Fontenelle. — Le livre *De pulchro et de amore*, par Niphus 204

CHAPITRE X. — Réforme du théâtre. — Lassitude des règles. — Opinion de Jean-Jacques. — Besoin de naturel. — Polémique de La Motte ; son *Discours sur la Tragédie*. — Critique des trois unités. — Voltaire se déclare pour la routine. — Ses variations et ses contradictions. — Principes de Marmontel ; ses incertitudes. — Les tragédies bourgeoises de Lachaussée. — Système de Diderot : ses préfaces et ses pièces. — Beaumarchais : préfaces théoriques de ses drames, comédies et opéras. — Originalité de son talent. — Introduction de l'histoire moderne sur le théâtre — Le drame de *François II*, composé par le président Hénault d'après le système de Shakespeare. — De Belloy, Sauvigny, D'Arnaud. — Inutile essai pour réformer la déclamation : le comédien Aufresne. 239

CHAPITRE XI. — Tentative de réforme universelle. — Sébastien Mercier. — Succès populaire de ses drames. — *Essai sur l'art dramatique.* — Nouveauté des aperçus qu'il renferme. — Hardiesse de l'auteur. — Il répudie toutes les vieilles méthodes, tous les vieux principes. — Son admiration pour Shakespeare, Caldéron et Lope de Vega. — Son enthousiasme spiritualiste. — Il traduit plusieurs ouvrages allemands. — Tentative pour renouveler et enrichir notre langue. — *Histoire du poète Iserben.* — Persévérance de Mercier. — On ne lui a pas rendu justice. — Ses défauts 271

CHAPITRE XII. — Retour vers la nature. — Influence de Buffon. — Amour de Jean-Jacques Rousseau pour la nature. — Ses analyses intimes. — Absurdité de sa haine contre la littérature. — Bernardin de Saint-Pierre; tendances générales de son esprit. — Ses *Études de la nature* n'obtiennent d'abord aucun succès. — On ne les a pas comprises depuis. — Elles forment, avec les *Harmonies,* une esthétique de la nature et du sentiment. — Nouveauté des aperçus qu'elles renferment. — L'auteur ébranle à son insu tout le vieux système littéraire. — Son influence sur Chateaubriand. — Similitudes de l'auteur des *Martyrs,* de Jean-Jacques et de Bernardin. — Lettres du temps. — Correspondance de Thomas et de Ducis. — Poésie descriptive : Delille, Roucher, Saint-Lambert 290

CHAPITRE XIII. — Étude des littératures étrangères. — Répugnance de d'Alembert pour la littérature renouvelée des Grecs. — Toutes les époques savantes se préoccupent des littératures étrangères, mais l'imitation ne doit pas prévaloir sur l'inspiration. — Étude de la poésie anglaise. — De Muralt, Voltaire, l'abbé Leblanc révèlent l'Angleterre à la France. — Le succès de Shakespeare dépasse les intentions de Voltaire : sa fureur. — Ducis accommode au goût français les drames du poète britannique. — Letourneur les traduit. Ses intelligentes préfaces. Ce n'est pas un simple traducteur. — Emportements, grossièretés de Voltaire. — Réponses de Lady Montague et de Joseph Baretti. — Etude de la littérature allemande. — On traduit Gessner, Haller, la *Louise* de Voss, le *Werther* de Gœthe. — *Les dernières aventures du jeune d'Olban,* par Ramond. — Bonneville. — *Progrès des Allemands,* par le baron de Bielfeld. — *Idée de la poésie allemande,* par Dorat. —

Nouvelle influence de la littérature espagnole : Lesage, Florian, Linguet, Beaumarchais.................. 311

CHAPITRE XIV. — ÉTUDE DU MOYEN AGE. — Goût naissant pour notre vieille littérature. — Premières recherches sur nos origines. — Pasquier, Fauchet, Hotman. — Développement des études françaises au XVII° siècle. — Duchesne, Jean d'Achery, Du Cange, Mabillon, Sauval, Favyn, Baluze, Ruinart, etc. — Livres historiques de l'abbé Fleury.— Publications des ordres religieux : la *Gallia christiana*, les *Acta sanctorum*. — Nouvel accroissement des études nationales au XVIII° siècle. — Œuvres collectives des Bénédictins, des Oratoriens et des Jésuites : *Art de vérifier les dates*, *Histoire littéraire de la France*. — Boulainvilliers, Jacques Lelong, Bouquet, Félibien, Lebeuf, Sainte-Palaye. — Travaux de la noblesse et de la magistrature. — Manuscrits non publiés. — Les souvenirs, les chartes, les documents du moyen âge ont été sauvés de la destruction par le clergé, comme la littérature grecque et romaine. — Diversité des courants intellectuels à toutes les époques. — Entêtement des académies............. 340

CHAPITRE XV. — EFFETS LITTÉRAIRES DE LA RÉVOLUTION. — Chute de la noblesse et du système classique. — Aversion du peuple et des bourgeois pour la mythologie. — Intime accord de la liberté politique et de l'indépendance littéraire. — Lenteur des révolutions poétiques. — Réminiscences gréco-latines qui surchargent le style des conventionnels. — Les idées nouvelles devaient peu à peu produire une nouvelle forme. — Symptômes de régénération. — L'*Hymne à l'Être suprême*, par Marie-Joseph Chénier. — Strophes de Delille. — Exemples oratoires : Saint-Just, Robespierre, Danton, Isnard, Hébert, Legendre, Camille Desmoulins. — Préjudice causé à la Révolution française par l'amour excessif de l'antiquité................ 360

CHAPITRE XVI. — INFLUENCE DU GÉNIE CELTIQUE. — Caractère et esprit des Celtes ou Gaëls. — Leur opiniâtre amour de l'indépendance. — Pays qu'habitent leurs descendants. — Intérêt nouveau excité par cette race. — Bizarrerie poétique, destination mystérieuse de ses monuments. — Son amour pour la nature et pour les plages maritimes. — Sites admirables que choisissaient les Gaëls. — Leurs goûts solitaires. — Affinité du christianisme et de leur génie. — Influence de la cour et des bourgeois. —

Réveil de l'esprit celtique. — Il produit la révolution française et l'école moderne. 371

LIVRE DEUXIÈME.

CHAPITRE Ier. — PREMIÈRES OPINIONS DE Mme DE STAEL. — Influences diverses qu'elle a subies. — Ses idées participent à la fois du XVIIIe siècle et du XIXe : — *Essai sur les fictions.* — L'empirisme dans la critique. — Aversion pour le merveilleux, pour l'allégorie, la fable, les similitudes et les tropes. — Le roman historique et tous les autres genres littéraires sacrifiés au roman de mœurs. — La mythologie défigure les passions au lieu de les peindre. — Enthousiasme de Mme de Staël. — *De la littérature considérée dans ses rapports avec les institutions sociales.* Analogies de ce livre avec la situation politique. — Beauté du sujet. — L'auteur a fait fausse route. — Ses perpétuelles contradictions. — Elle nie le progrès des lettres, la valeur esthétique du moyen âge, et sacrifie les Grecs aux Romains. — L'imitation des anciens posée comme un principe éternel. — Faiblesse générale de l'œuvre : heureux aperçus de détail 387

CHAPITRE II. — RESTAURATION CATHOLIQUE. — Analogies entre l'ouvrage *De la littérature considérée dans ses rapports avec les institutions sociales* et le *Génie du Christianisme.* — Chateaubriand et Napoléon. — Coïncidence de leur double tentative. — Opinions religieuses du premier consul. — Hardiesse de Chateaubriand. — Causes qui préparent sa réussite. — Dégoût des hommes, amour de la nature favorables au sentiment religieux. — Caractères du livre de Chateaubriand. — C'est surtout un ouvrage d'esthétique chrétienne. — Son originalité, son influence. — Analyse. — Supériorité poétique du christianisme sur le paganisme. — Concessions de Chateaubriand au vieux système littéraire. — Son point de vue exclusif. — Omissions involontaires et omissions calculées. — Aveuglement, fureurs de la critique 406

CHAPITRE III. — DU PLAN CHEZ LES ANCIENS ET LES MODERNES. — Importance capitale du plan dans toutes les œuvres humaines. — Les anciens ne formaient pas les mêmes combinaisons que nous. — Unité abstraite et collective des Grecs et des Romains. — Plan de l'Iliade, de l'Odyssée, de l'Énéide. — Conceptions théâtrales des Hellènes. — Les autres genres de poésie, l'architecture, le système religieux, les institutions politiques offraient, chez les anciens, les mêmes caractères. — Unité positive et réelle des modernes. — Tout dans nos arts, dans notre littérature, dans notre société, se rattache à l'individu. — La politique, la religion, le drame, l'épopée, la philosophie, les sciences naturelles subissent l'action de ce principe. — Les imitateurs des anciens ont, sans le savoir, changé leurs plans ; les critiques n'ont pas vu le trait dominant qui sépare la civilisation antique de la civilisation moderne, la littérature classique de la littérature chrétienne et septentrionale. — Supériorité de notre méthode. 444

CHAPITRE IV. — SUITE DU MOUVEMENT RELIGIEUX. — La Harpe converti. — Ses fureurs contre la Révolution et la philosophie du XVIIIe siècle. — *Du Fanatisme dans la langue révolutionnaire.* — *Correspondance littéraire avec la Russie.* — *Le Triomphe de la Religion.* — Système historique de M. de Bonald. — La littérature est l'expression de la société. — Le progrès religieux a fait passer notre espèce de la religion domestique des premiers hommes à la religion naturelle des Juifs, et de celle-ci à la religion universelle du christianisme. — Le même mouvement s'opère dans la société, la politique et les belles-lettres. — Les dernières passent des sujets domestiques aux sujets nationaux, puis aux motifs d'un intérêt général. — Examen de cette théorie. — Mauvaise application d'un principe juste en lui même. — La littérature ne suit point la marche que suppose M. de Bonald. — La poésie moderne est moins abstraite, plus individuelle que la poésie antique. — Complication progressive de l'art. — Doutes mal fondés de M. de Bonald sur l'avenir de la littérature. 462

CHAPITRE V. — MOUVEMENT GÉNÉRAL DE LA LITTÉRATURE. — Théoriciens secondaires. — *Traités sur l'éloquence de la chaire et sur l'éloquence du barreau*, par Lacretelle aîné.—Différente position de l'éloquence chez les anciens et les modernes. — La grande éloquence eût péri avec les institutions républicaines, si les temples chrétiens ne lui eussent donné asile. — Ressources inépuisables de la littérature. Bon goût, élévation de Lacretelle. — *Etudes sur Molière*, par Cailhava. — *Le Laocoon* de Lessing, traduit par Charles Vanderbourg. Les critiques français ne le lisent point ou ne le comprennent pas. — Nouvelle édition des *Mémoires* de Palissot *pour servir à l'histoire de la littérature française.* — Pauvreté de ce livre. — *Mélanges de littérature*, par Suard. — Son goût pour l'histoire moderne. — Ses jugements sur notre vieux théâtre. Sa haine pour le pédantisme. — Représailles contre la République. — *Le Printemps d'un Proscrit ; observations sur la poésie descriptive*, par Michaud. — *La Pitié*, par Delille. — Tendances littéraires et innovations métriques de l'auteur. 489

CHAPITRE VI. — MOUVEMENT GÉNÉRAL DE LA LITTÉRATURE. — Imitation de l'Allemagne : *Le peintre de Salzbourg*, par Charles Nodier. — Esprit novateur de Senancour : *Obermann*. — Théories littéraires de l'auteur. — Seconde définition du romantique. — Il diffère du romanesque et réside surtout dans les formes d'une nature simple, ou dans les effets des sons. — La culture le détruit dans le paysage, la société dans l'homme. — Vingt-et-unième lettre d'Obermann. — Perpétuel abattement de Senancour. — *Analyse de la Beauté*, par William Hogarth, traduite de l'anglais. — *Dictionnaire des Beaux-Arts*, par Millin. — Première mention de l'esthétique. — *Poétique anglaise*, de Hennet. — Cours public sur l'ancienne littérature française, par Marie-Joseph Chénier. — Son *Tableau de l'état et des progrès de la littérature française depuis 1789.* — Sa nullité en critique et ses jugements saugrenus. 507

CHAPITRE VII. — LE MOYEN AGE ET LE XVIIIe SIÈCLE JUGÉS PAR LE XIXe. — *Tableau de la littérature française au XVIIIe siècle* par M. de Barante. — Mérites de cet ouvrage ; son succès durable. — L'auteur applique pour la première fois la maxime de Bonald : La littérature est l'expression de la société. — Les écrivains et les philosophes du XVIIIe siècle n'ont pas, suivant lui, causé la révolution, mais subissaient eux-mêmes l'influence du milieu où ils vivaient. L'auteur exagère cette donnée nouvelle. — La littérature agit sur la société, comme la société agit sur la littérature ; les esprits supérieurs ne sauraient être dépourvus d'initiative. — Rigueur injuste de M. de Barante envers Jean-Jacques, Beaumarchais et Diderot. Il regrette que la poésie française ait quitté les voies nationales. — L'Institut avait mis au concours le sujet qu'il a traité. — Victorin Fabre, Jay, Eusèbe Salverte et Masson disputent le prix. — Réveil de l'esprit d'examen. — *Comparaison de de la Phèdre de Racine avec la Phèdre d'Euripide*, par Guillaume Schlegel. — Publication et défense des *Martyrs*, par Chateaubriand. — Fureurs de la critique et indignation de l'auteur. — *Réflexions sur la Tragédie*, par Benjamin Constant. 519

www.ingramcontent.com/pod-product-compliance
Lightning Source LLC
Chambersburg PA
CBHW070825230426
43667CB00011B/1699